2022/2023

中国家用纺织品行业发展报告

2022/2023 CHINA HOME TEXTILE INDUSTRY DEVELOPMENT REPORT

中国家用纺织品行业协会　编著

中国纺织出版社有限公司

内 容 提 要

《2022/2023中国家用纺织品行业发展报告》分为八篇。行业报告篇分析了2022年我国家纺行业的运行情况，对我国纺织行业的品牌化进程做了概述。国际动态篇介绍了全球家纺进出口贸易最新情况，并对2022年我国家纺外贸出口结构变化进行了分析。国内市场篇分别从全国大型零售市场、全国纺织专业市场对2022年家纺内销市场做出系统分析，并着重分析床上用品零售市场的运行情况及发展趋势。上市公司篇对家纺行业主板上市公司和新三板上市公司的生产经营情况及发展特点进行了分析。热点研究篇着眼"绿色低碳"，分析了再生纤维素纤维在床品领域的应用以及我国家纺行业跨境电商的发展状况及趋势。研发创新篇为凸显家纺产业时尚与文化创新力，对三个全国性的家纺设计大赛成果进行了总结。趋势流行篇发布了我国纤维流行趋势、纱线流行趋势以及床上用品和布艺流行趋势。相关产业篇介绍了与家纺产业链密切相关的棉纺织、化纤、印染及缝纫机行业的年度运行情况。另外，附录部分收录了2022年度与家纺有关的各类奖项及相关经济数据等资料。

本书是一部集中反映家用纺织品行业年度发展情况与趋势的研究报告，旨在为相关企业、部门机构科学决策和国家宏观经济管理提供具有权威性和指导性的参考依据。

图书在版编目（CIP）数据

2022/2023中国家用纺织品行业发展报告 / 中国家用纺织品行业协会编著 . -- 北京：中国纺织出版社有限公司，2023.8
ISBN 978-7-5229-0792-5

Ⅰ.① 2… Ⅱ.①中… Ⅲ.①纺织工业 － 工业发展 －研究报告 － 中国 － 2022-2023 Ⅳ.① F426.81

中国国家版本馆 CIP 数据核字（2023）第 134754 号

2022/2023 ZHONGGUO JIAYONG FANGZHIPIN HANGYE FAZHAN BAOGAO

责任编辑：孔会云　　特约编辑：蒋慧敏　陈彩虹
责任校对：高　涵　　责任印制：王艳丽

中国纺织出版社有限公司出版发行
地址：北京市朝阳区百子湾东里A407号楼　邮政编码：100124
销售电话：010—67004422　传真：010—87155801
http：//www.c-textilep.com
中国纺织出版社天猫旗舰店
官方微博http：//weibo.com/2119887771
北京通天印刷有限责任公司印刷　各地新华书店经销
2023年8月第1版第1次印刷
开本：889×1194　1/16　印张：21
字数：390千字　定价：268.00元
京朝工商广字第8172号

序 Foreword

2022年，是党和国家历史上极为重要的一年。党的二十大胜利召开，擘画了全面建设社会主义现代化国家、以中国式现代化全面推进中华民族伟大复兴的宏伟蓝图，吹响了奋进新征程的时代号角。2022年，也是极不平凡的一年，国际环境风雨如晦，国内新冠肺炎疫情形势复杂，给我国经济发展带来压力，其中家纺行业产销规模有所收缩，出口下行趋势明显。

重压之下，我国经济韧性强、潜力足、回旋余地广、长期向好的基本面不会改变。我国仍然是全球第二大消费市场和第一大网络零售市场，我国政府始终坚持稳字当头、稳中求进的发展原则，出台了一系列稳增长政策、稳货币政策和积极的财政政策，以提振内贸市场信心，激发民营企业市场主体活力，同时持续构建"以国内大循环为主体、国内国际双循环相互促进"的发展格局，对外开放程度不断提高，RCEP的生效和"一带一路"建设布局为双循环格局持续注入活力。

我国家纺行业拥有扎实的发展基础，面对时代的挑战，应坚持稳中求进的总基调，围绕纺织行业"十四五"发展目标，用"创新、协调、绿色、开放、共享"的理念，构建绿色发展模式，提高行业科技含量，加强自主品牌建设，培育行业高端人才，强化时尚创新能力，促进区域协调发展，优化行业双循环格局，充分展现多年深化调整转型所积累的发展韧性，在逆境中实现蜕变，向高质量发展。

《2022/2023中国家用纺织品行业发展报告》在维持原有风格的基础上，不断深挖行业研究、聚焦行业热点。《中国家用纺织品行业发展报告》自问世以来，获得了业界和社会多方的关注和好评，虽然还有不尽完善之处，但中国家纺协会一直在努力，力求把本书打造成一部集中反映行业年度发展情况与趋势的研究报告，为产业发展升级提供服务指南。

最后，本书在编写过程中得到了社会各界人士的大力支持、真诚鼓励和热心帮助，借此机会本人代表中国家纺协会向相关单位及个人表示衷心的感谢！

朱晓红

2023年6月

目录 Contents

行业报告

2022年中国家用纺织品行业运行报告及2023年趋势展望

中国家用纺织品行业协会产业部

2022年，受新冠肺炎疫情频发反复、地缘政治冲突长期化、通胀高企等不利因素影响，全球经济趋于下行态势，市场需求疲弱，贸易环境更趋复杂。我国家纺行业总体承受较大压力，行业产销规模有所收缩，出口下行趋势明显，内销维持稳定。总体盈利能力稳定，展现出行业发展韧性。

一、行业全年运行承压缓进

2022年，在国内外新冠肺炎疫情散发频发等不利因素影响下，市场需求动力整体不足，供应链严重受阻，家纺行业产销规模较上年同比有所收缩。据国家统计局数据测算，规模以上家纺企业营业收入同比下降4.11%。与此同时，行业技术改造转型升级和成本控制初见成效，规模以上家纺企业营业成本和期间费用大幅减少，利润保持了2.11%的小幅增长，行业总体呈现承压缓进的发展态势，行业质效逐步改善（图1）。

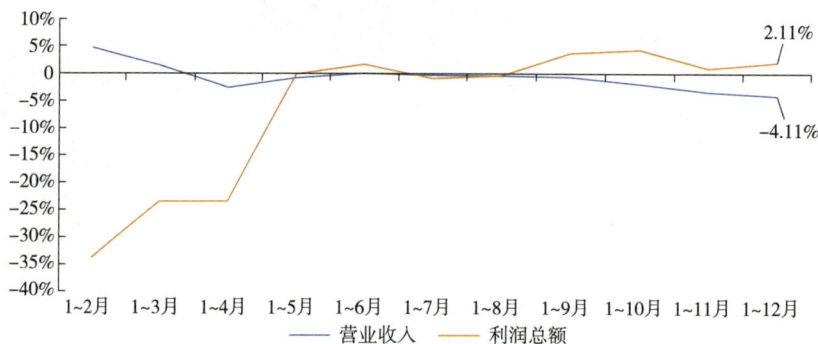

图1　2022年规模以上家纺企业营业收入与利润总额增长走势
数据来源：国家统计局

（一）内外贸压力与机遇并存

1. 出口下行趋势明显

全球经济低迷、消费疲软，加之订单回流红利消失等诸多因素给家纺外贸企业带来较大压力，2022年家纺出口下行趋势明显。据我国海关数据统计，全国全年出口家纺产品共计460.48亿美元，同比下降3.85%，其中，出口数量同比下降8.42%，产品单价同比增长4.99%且维持在高位水平，出口额单月同比增速逐月收窄，自8月以后环比增速连续收窄，量减价增局面致使外贸企业压力逐渐攀升（图2、图3）。

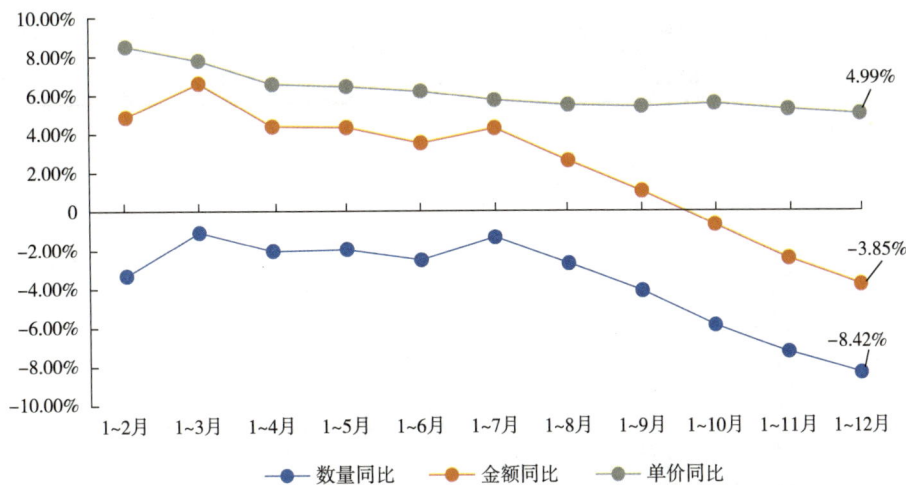

图2　2022年我国家纺出口数量、金额、单价同比走势
数据来源：中国海关

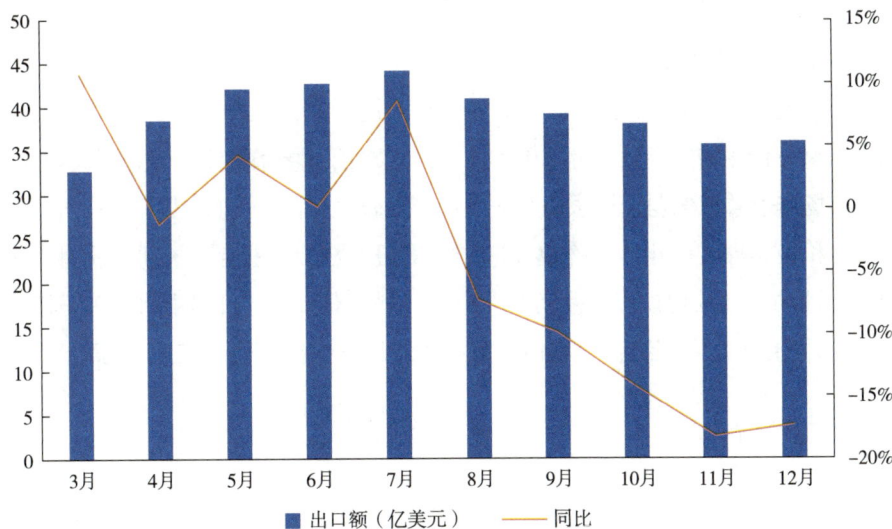

图3　2022年单月我国家纺产品出口额及同比增速
数据来源：中国海关

从主要出口市场看，美国、欧盟及日本等发达经济体发展疲态进一步显现。据中国海关数据显示，2022年我国对传统市场美国、欧盟、日本出口家纺产品同比分别下降16.85%、14.19%和5.44%，新兴东盟市场总体则保持稳定增长。据统计，2022年我国对东盟市场出口家纺产品共计82亿美元，同比增长13%，其中数量同比增长8.28%，单价同比增长4.35%（表1、图4）。

表1　2022年我国家纺产品对主要市场出口情况

主要市场	出口额 （亿美元）	数量同比增长率 （％）	金额同比增长率 （％）	单价同比增长率 （％）
美国	102.61	−22.70	−16.85	7.57
欧盟	58.93	−14.28	−14.19	0.11
日本	29.88	−8.56	−5.44	3.41
东盟	82.22	8.28	13.00	4.35

数据来源：中国海关

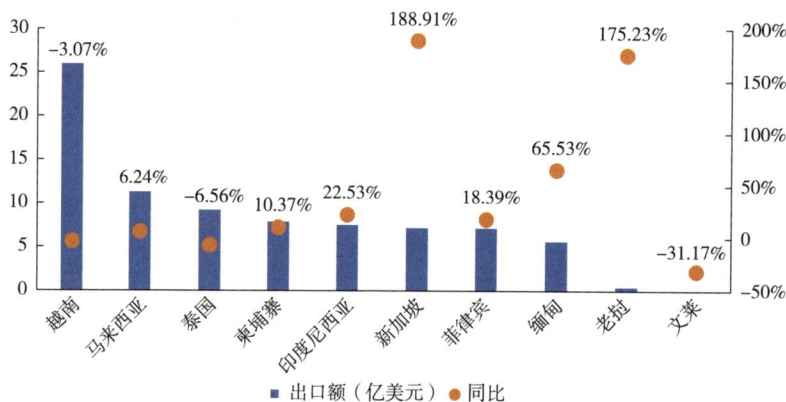

图4　2022年我国家纺产品对东盟十国出口额及同比

2. 内销总体趋于平稳

2022年国内新冠肺炎疫情几经反复，物流压力陡增、供应链严重受阻、前期原料成本高企等不利因素给家纺企业的生产运营带来极大压力，加之消费场景恢复缓慢、居民收入增长放缓等因素，国内市场需求总体偏弱，给家纺企业内销带来较大挑战。与此同时，行业骨干企业加快转型升级步伐，积极拓展智能化、品牌化改造，注重研发与成本控制，行业质效水平得到进一步改善。国家统计局统计的规模以上家纺企业全年内销产值基本与上年持平，中国家用纺织品行业协会跟踪统计的250余家家纺企业和13个重点产业集群内销产值均实现小幅增长（图5、图6）。

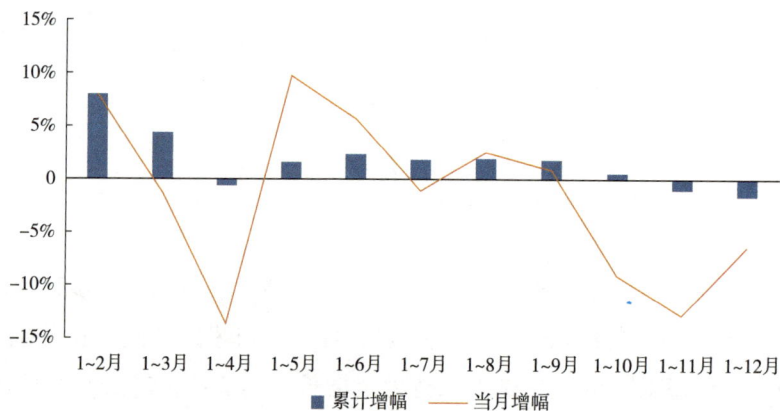

图5　2022年规模以上家纺企业内销产值同比增长走势
数据来源：国家统计局

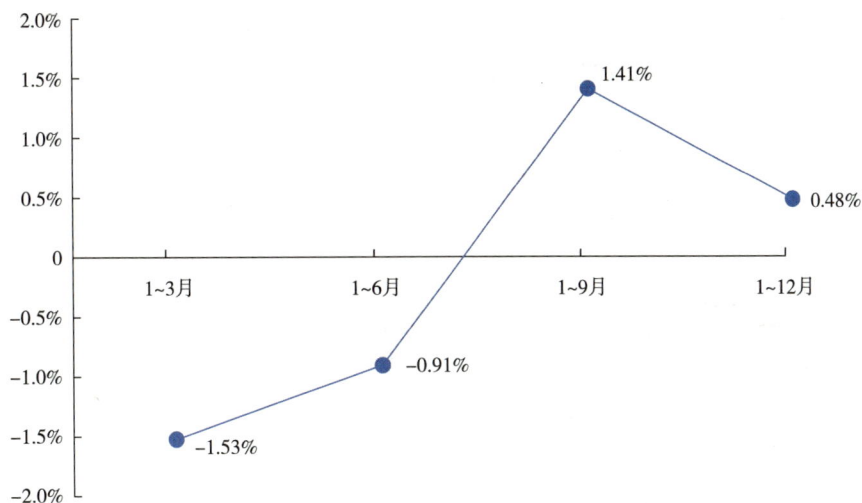

图6　2022年协会跟踪统计253家样本企业内销产值同比增长走势
数据来源：中国家纺协会

（二）各子行业承压运行

1. 床上用品运行趋稳

2022年床上用品行业内外销均受到不同程度的下行压力，企业收入有所减少。随着上游棉花价格逐步回落，涤纶长丝价格趋于稳定，一定程度上缓和了成本压力。

从出口情况看，据中国海关数据显示，2022年我国床上用品出口额135.47亿美元，同比下降15.46%。其中对美国、欧盟、日本传统市场出口下降明显，东盟市场仍保持较高水平的增长。从内销情况看，受国内新冠肺炎疫情影响，床上用品市场消费动力总体偏弱，传统销售旺季营业额较上年下滑较为明显。国家统计局统计的1095家床上用品企业2022年内销产值同比下降6.02%（图7）。

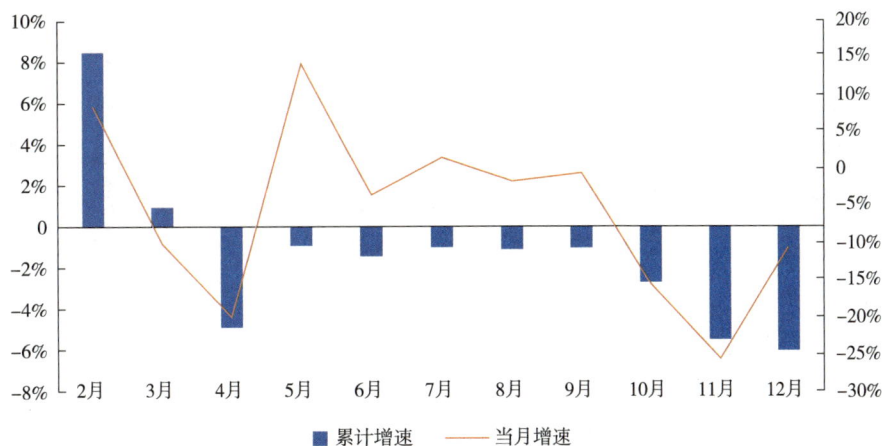

图7　2022年规模以上床上用品企业内销产值同比增长走势
数据来源：国家统计局

行业效益趋于稳定。据国家统计局数据测算，2022年床上用品规模以上企业利润总额同比保持小幅增长（1.26%）（图8）。床上用品骨干企业在大健康、睡眠科技等热点领域的积极探索也为行业转型升级起到积极的引领作用。

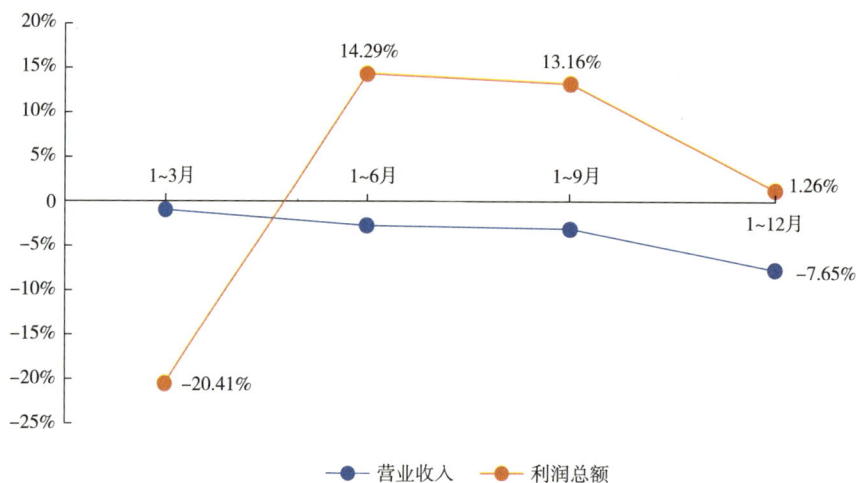

图8　2022年规模以上床上用品企业营业收入和利润总额同比增长走势
数据来源：国家统计局

2. 毛巾行业持续收缩

毛巾行业总体呈收缩态势。2022年我国毛巾出口额26.02亿美元，同比下降4.93%。在毛巾的主要产品出口市场中，除日本市场保持增长外，其余都有不同程度下降（表2）。

表2　2022年我国毛巾主要出口市场情况

主要出口市场	东盟	美国	日本	欧盟
出口额（亿美元）	7.78	4.10	3.47	1.66
同比（%）	−8.73	−18.84	13.59	−8.57

数据来源：中国海关

据国家统计局数据测算，2022年规模以上毛巾企业营业收入与上年基本持平，利润总额同比下降8.68%。洗脸巾、棉柔巾等新兴产品的出现对传统毛巾的消费需求及习惯或造成影响。在外贸环境错综复杂、替代产品频出影响需求的压力背景下，毛巾行业还需积极探索，在寻求新的消费需求的同时注重产品工艺技术研发升级与文创品牌化道路发展，为行业转型升级注入新活力。

3. 布艺行业增幅回落

2022年布艺行业增长出现拐点，在近几年始终保持高速增长的基础上出现回落。出口的布艺成品如窗帘、装饰织物等降幅明显。一方面与上年外贸订单回流的红利造成的高基数有关；另一方面，主要经济体市场疲软、地缘政治冲突造成的需求大幅下滑等因素都对布艺产品市场需求造成较大影响。

布艺出口以面辅料拉动为主，东盟市场起到支撑作用。据中国海关数据显示，2022年我国布艺产品出口额171.86亿美元，同比小幅增长（1.02%）。由于新冠肺炎疫情原因导致的大量纺织服装订单流向东盟地区，或推动其加大对我国布艺面辅料进口。成品窗帘出口额除东盟市场实现小幅增长以外，其他市场较上年有所下滑。

二、家纺行业重点发展方向

2023年，在经济增长放缓、地缘局势复杂多变、通胀压力高位等宏观背景下，全球宏观经济运行环境仍趋复杂严峻。需求疲软、市场流动性受阻、原料成本高位波动还将继续给我国家纺行业带来较大挑战。但与此同时，我国家纺行业仍然具备平稳恢复的基础条件，随着我国新冠肺炎疫情防控进入新阶段，在国家一系列稳定增长政策的持续发力作用下，国内经济稳定的基本面为家纺企业发展提供基础与保障。2023年是全面贯彻落实党的二十大精神的开局之年，也是"十四五"承上启下的关键之年，家纺行业还需继续践行行业"十四五"发展的主要目标，深度推进行业高质量发展。

（一）深化数字技术融合，引领产业转型升级

加快产业数字化、智能化转型工程。充分发挥数据要素的价值创造作用，促进家纺产业在设计研发、生产制造、仓储物流、销售服务等方面进行全流程、全链条、全要素改造。通过数字技术在家纺产业的应用，实现从多方面改善生产环节的供给能力。运用大数据、云计算、人工智能、工业互联网等多种数字技术与家纺制造产业的深度融合发展。在研发设计领域通过数字孪生、人工智能等新技术提高研发效率，加速科学研究进程与科技成果的工程化、产业化，加快新产品上市速度，在生产流程中实现对设备、生产线、车间及工厂的全方位无缝衔接、智能管控，最大限度优化工艺参数，提高生产效率，从而降低生产运营成本。

（二）优化资源配置，促进产业协同发展

顺应新一代信息技术与制造业融合发展趋势，在家纺产业集群中探索发展共享制造新模式，优化资源配置，提升产出效率。打造柔性供应链平台，构建从产品设计研发到产品回收再制造的生命周期体系。通过发展共享经济，促进集群企业优化运营和转型升级发展。同时大力加强中小微企业经营理念的转变，建设规范、现代的企业经营模式。加快改善中小微企业的作业环境，加快装备升级换代，积极探索中小微企业"专精特新"的发展路径，培育发展一批主营业务突出、竞争力强、成长性好、专注于细分市场的专业化"小巨人"企业。

（三）强化文化赋能，提升时尚创新力与品牌向心力

大力发展时尚特色的现代家纺产业，以时尚创特色、促品牌、搭平台，促进我国家纺产业向价值链中高端延伸。继续加大对研发创新与企业品牌文化研究的投入，强化时尚创新能力建设，大力支持研发中心、设计师工作室的建立与运营。培育一批时尚重点企业和时尚重点品牌，提升时尚创意设计，增强品牌营销能力，建设时尚创新平台。

加强家纺时尚研究、交流与传播，通过设计大赛、流行趋势研究与发布，壮大行业设计师队伍，提升时尚国际话语权。通过时尚资源的集成创新，发挥创造美好生活的职能，打造

引领消费潮流的新型产业业态。

全方位多维度打造行业品牌核心竞争力。发挥企业主体作用，多层次建设立体格局，促进加工制造品牌、终端消费品牌、区域品牌及国际化品牌的共同发展。强化企业基础能力提升，培养壮大一批生产制造品牌；强化企业软实力建设与市场化运营，做强终端消费品牌；强化产业集群内部协同与特色构建，提升区域品牌美誉度和影响力；强化品牌国际化推进，实现世界品牌建设的突破发展。

（四）践行绿色发展理念，推动产业可持续发展

坚持贯彻绿色发展理念，推进家纺产业绿色发展新模式，全面提升环保意识，践行绿色发展责任，致力于建设绿色工厂、绿色园区，构建从原料、生产、营销、消费到回收再利用的高端家纺产业循环体系。加快采用新技术、新装备，加快淘汰落后产能，优化流程，提高资源综合利用水平。加大再生纤维等环境友好原料的使用比重，推行生态设计，开发绿色家纺产品，提高产品能效环保低碳水平。加快回收利用进程，加强边角余料、废水热能以及废旧家纺产品的回收再生利用，大力推进床上用品、窗帘、毛巾等家纺产品以旧换新等业务服务，切实提高回收利用水平。在前处理、染色、印花及后整理各环节推动节能减排染整技术应用及推广工程。

三、结语

当前全球宏观下行经济压力仍将制约国际市场需求增长。全球纺织供应链本土化、区域化、多元化趋势增强，国际市场竞争压力还将扩大。我国"稳增长"系列政策、稳健的货币政策和积极的财政政策持续发力，有望全面提振内贸市场信心，激发民营企业市场主体活力，从而有力支撑国民经济运行平稳回升。内销市场具备平稳恢复基础，居民收入的预期改善将为消费增长提供首要支撑。消费升级背景下家纺行业仍可积极作为，在国家大力弘扬文化自信的背景下，家纺行业在国潮、大健康、品牌化、可持续发展等大趋势下仍将有广阔的开拓空间。在双循环背景下，区域全面经济伙伴关系（RCEP）逐步生效和"一带一路"建设总体布局也为行业外贸拓展领域提供保障。家纺企业需要继续践行稳中求进总基调，积极探索消费需求增长点，整合资源优势，积极拥抱数字化、智能化产业发展新模式，促进行业转型升级。坚持深入推进结构调整，稳定释放发展韧性，提升抗风险能力，在复杂形势下努力推动行业高质量发展取得新成效。

撰稿人：王冉

2022年中国纺织服装品牌发展报告

中国纺织工业联合会品牌工作办公室

2022年，在国际经贸格局调整与产业链重构、消费需求方式持续升级、新信息技术手段快速革新的新时代背景下，纺织全行业更加注重高质量发展，纺织服装品牌创新步伐加快，围绕品牌建设各个环节的多维度创新态势明显，品牌在推动行业高质量供给发展与满足人们美好生活的作用更加凸显。

一、政策环境：国家品牌战略体系更趋系统化

国家品牌相关政策措施更加系统落地，更加注重品牌建设工作的体系化设计布局，更加关注品牌建设与消费市场的适配衔接。自《关于加快推进服装家纺自主品牌建设的指导意见》出台、消费品工业"三品"专项行动实施以来，形成品牌建设工作体系、数字化创品牌、优供给促消费成为国家品牌战略重中之重。

2022年7月，国家发展改革委、工业和信息化部、农业农村部、商务部、国务院国资委、市场监管总局、国家知识产权局发布《国家发展改革委等部门关于新时代推进品牌建设的指导意见》，提出到2025年，基本形成层次分明、优势互补、影响力创新力显著增强的品牌体系，培育一批品牌管理科学规范、竞争力不断提升的一流品牌企业，形成一批影响力大、带动作用强的产业品牌和区域品牌。到2035年，形成一批质量卓越、优势明显、拥有自主知识产权的企业品牌、产业品牌、区域品牌，中国品牌综合实力进入品牌强国前列。

为加快推进数字化助力消费品工业"三品"战略实施，进一步提升消费信心、挖掘消费潜力，巩固增强消费对经济发展的基础性作用，2022年7～9月，工业和信息化部以"优品智造 尚品臻选 有品生活"为主题，组织开展2022"三品"全国行活动，内容包括：百家优质品牌引领消费升级、百家数字工厂拓展消费场景、百家区域品牌推介名优好物、百场"促消费"活动营造良好氛围。

10～12月，工业和信息化部组织开展2022纺织服装"优供给促升级"活动，以高质量供给引领和创造需求，促进纺织服装产业升级、产品升级、消费升级。内容包括：加强产业链上下游合作，维护供给体系韧性与稳定；组织行业内对接交流，促进产业升级、产品升级；推动智能化绿色化发展，加快新技术新装备应用；提升企业创意设计能力，增强品牌消费引

领作用；开展特色产品推广活动，扩大纺织品服装消费。

二、市场环境：国内消费市场新态势明显

（一）内需市场有待进一步恢复

受国际经贸形势复杂多变、新冠肺炎疫情散发频发等多重因素影响，近几年，我国社会消费品零售总额整体呈波动态势。2022年，社会消费品零售总额43.97万亿元，同比下降0.2%，市场需求有所恢复但仍显不足，多个月份零售额同比有所下降（图1）。从衣着类消费来看，服装、鞋帽、针纺织品类零售额1.3万亿元，同比降低6.5%，居民人均消费衣着支出1365元，同比下降3.8%（图2）。

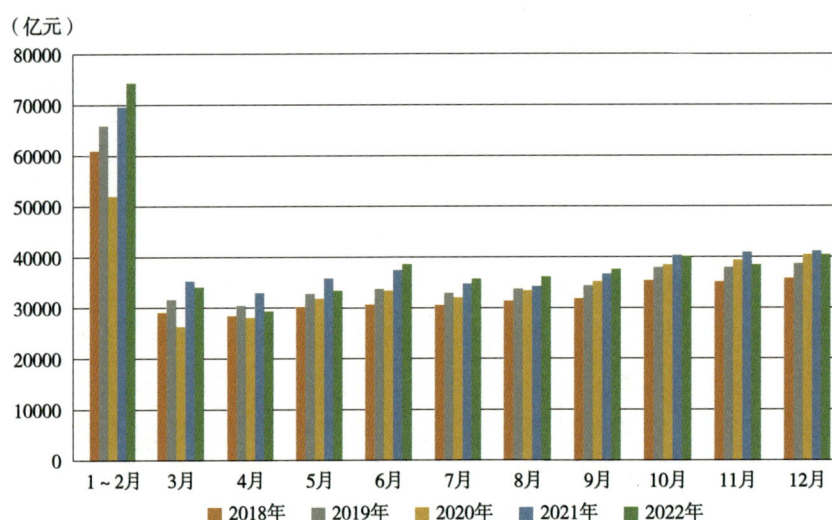

图1　2018~2022年社会消费品零售总额走势
资料来源：国家统计局

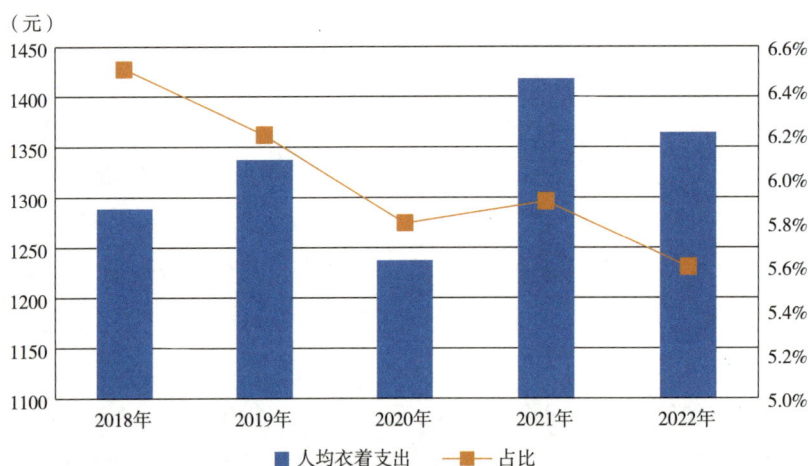

图2　2018~2022年人均衣着消费支出走势
资料来源：国家统计局

（二）消费需求持续升级

人们消费水平不断提升，消费需求从基础型消费逐步过渡到品质型、情感型、享受型消费，个性化、差异化、多元化消费趋势更加明显，时尚产业迎来更为广阔利好的消费市场空间。年轻消费群体占据消费主流，强调兴趣消费、文化消费、差异化消费，国风文化快速流行，继而影响其他年龄层群体，成为消费市场的引领；新冠肺炎疫情的常态化让人们对健康更加关注，运动场景多元化趋势明显，慢跑、瑜伽、骑行等中低强度轻运动和居家运动受到欢迎，健康类消费呈现大众化态势；消费者更加关注风格、品质、感受等，更加关爱自己、追求自然与可持续时尚，敢于表达个性。

（三）"一青一老"消费群体更受关注

我国"Z世代"人口的规模约2.64亿，占总人口的比重近20%，所贡献的消费规模已高达40%。有关预测显示，未来10年73%的"Z世代"人口将会成为职场新人，中国"Z世代"到2035年整体消费规模将增至16万亿元，成为未来整个消费市场增长的核心要素。与此同时，《2022年国民经济和社会发展统计公报》数据显示，我国60周岁及以上人口为2.80亿，占比达19.8%，人口老龄化趋势日趋明显，"银发族"的消费需求值得关注（图3）。

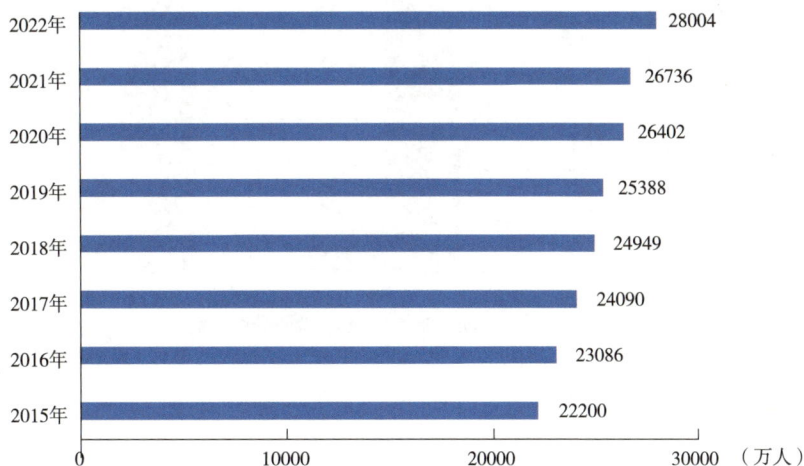

图3　2015～2022年末60周岁及以上人口数走势
资料来源：国家统计局

三、自身发展：纺织服装品牌在创新中不断成长

品牌企业整体运营承压。工业和信息化部"重点培育纺织服装百家品牌（2022版）"（以下简称"百家品牌"）中，107家品牌企业2022年上半年营业收入户均同比增长7.23%，35.51%的企业营业收入同比有所下降；利润率为7.08%，同比下降2.4个百分点（图4）。

在整体承压的背景下，纺织服装品牌更加注重不断探索与主动创新，从品牌产品力、智造力、文化力、营销力、可持续力等方面更加系统化提升品牌力。从"百家品牌"情况来看，2022年上半年品牌企业研发设计投入较2021年有所提高，研发设计人员比重比2021年提高0.11个百分点，研发设计投入强度提高0.26个百分点（图5）。

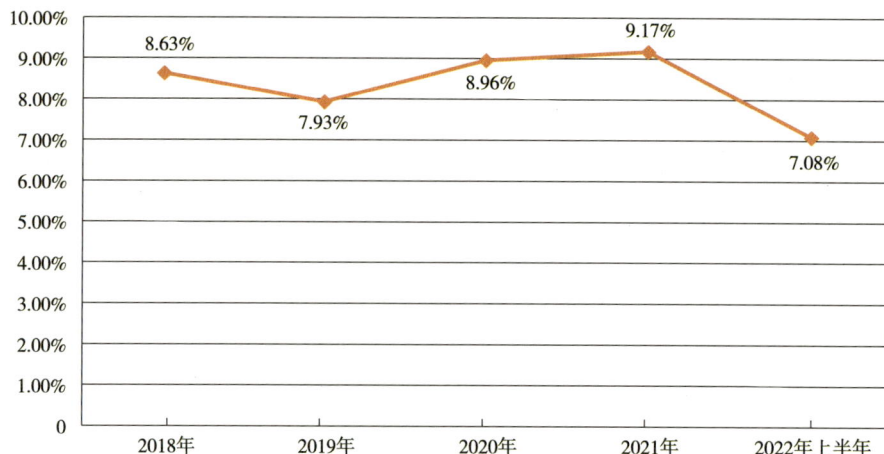

图4 "百家品牌"中品牌企业利润率变化趋势
资料来源：中国纺织工业联合会

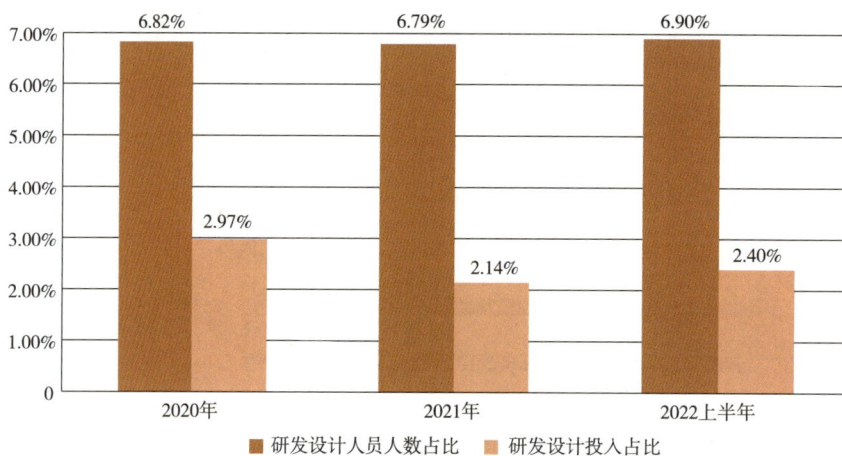

图5 "百家品牌"中品牌企业研发设计投入情况
资料来源：中国纺织工业联合会

（一）品牌产品力不断提高

纺织服装品牌产品设计力与时尚引领力不断提升，产品设计讲求品质、功能与时尚文化融合，顺应与引领消费的能力不断提升。

（1）从设计工艺来看，更加注重借助新纤维、新技术进行品质与廓型的优化；

（2）从产品功能来看，更加注重健康舒适等功能升级，"零感、凉感、无压、高弹、高暖、适暖"等概念成为引领消费新风向；

（3）从产品风格来看，更加注重打破穿着场景、年龄等界限，引导轻运动等自由生活方式；

（4）从设计平台来看，大数据、云计算、人工智能等新技术手段的高速发展，支撑了流行趋势预测与创意设计开发平台的诞生与发展。

2022/2023中国家用纺织品行业发展报告

从"百家品牌"情况来看，2022年上半年六成以上品牌企业新产品销售额比重超过60%，27%的企业销售额比重高达80%以上（图6）；新产品库存数量同比提高5.80%；消费品牌中74.47%的企业开展了个性化定制业务，38.30%的企业个性化定制产品销售额占比超过10%。

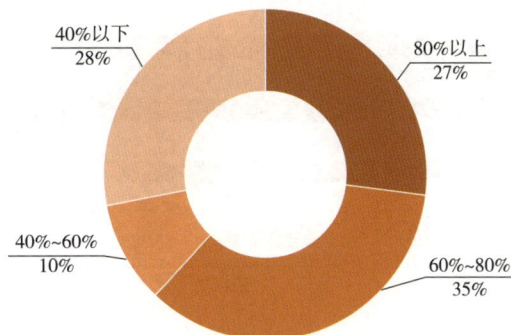

图6 "百家品牌"中品牌企业新产品销售额比重分布
资料来源：中国纺织工业联合会

（二）品牌智造力显著增强

新一代数字化、信息化、智能化技术正在推动产业链、供应链提质增效，带来产业资源重组、高效协同与形态革新。建设柔性化、数字化、绿色化的智能工厂，实现提升生产设计效率、缩短周期、节约用工、降低能耗，成为产业链布局优化、供应链提质增效、区域品牌竞争力提升的重要途径。2021年，纺织行业两化融合整体发展水平达到56.6，较"十三五"初期的47.8提升18.4%；关键工序数控化率为53.8%，生产设备数字化率为54.4%，智能制造就绪率为12.9%，比2020年分别提升4.1、2.3、2.5个百分点。从"百家品牌"来看，98.1%的企业应用了ERP系统，六成以上企业应用WMS系统、MES系统（图7），其中，消费品牌企业在供应链管理、仓储物流、产品生产环节的数字化应用覆盖面均超过80%，制造品牌企业在生产调度、成本管理环节的数字化应用覆盖面超过80%（图8、图9）。

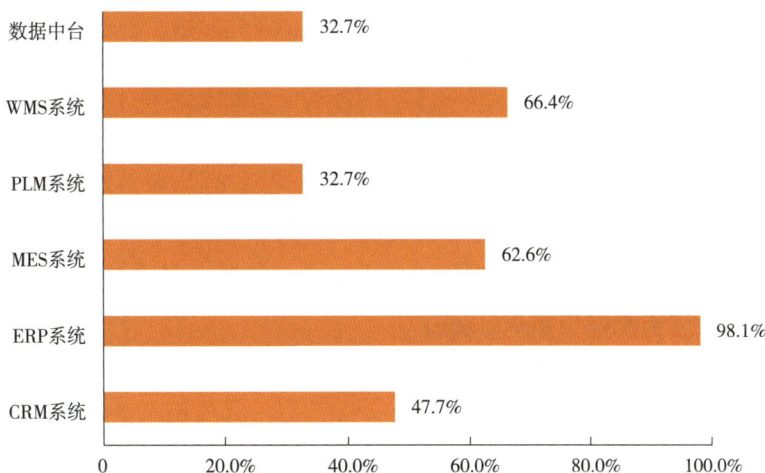

图7 "百家品牌"中品牌企业数字化管理系统覆盖面
资料来源：中国纺织工业联合会

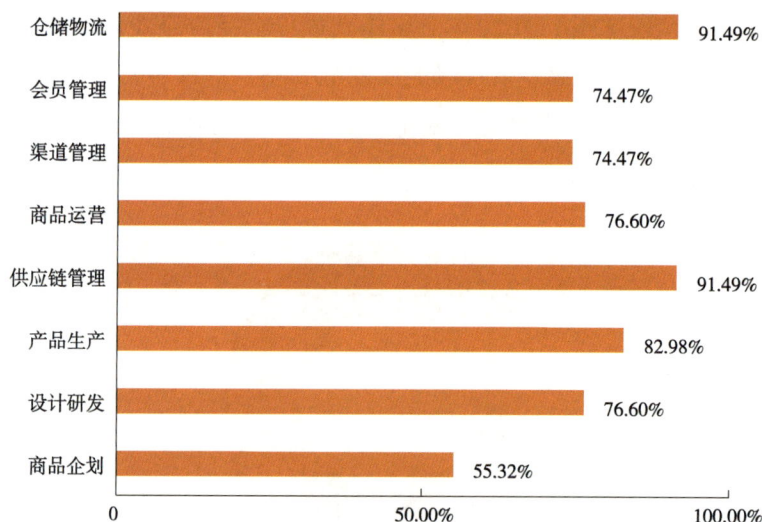

图8 "百家品牌"中消费品牌数字化管理环节覆盖面
资料来源：中国纺织工业联合会

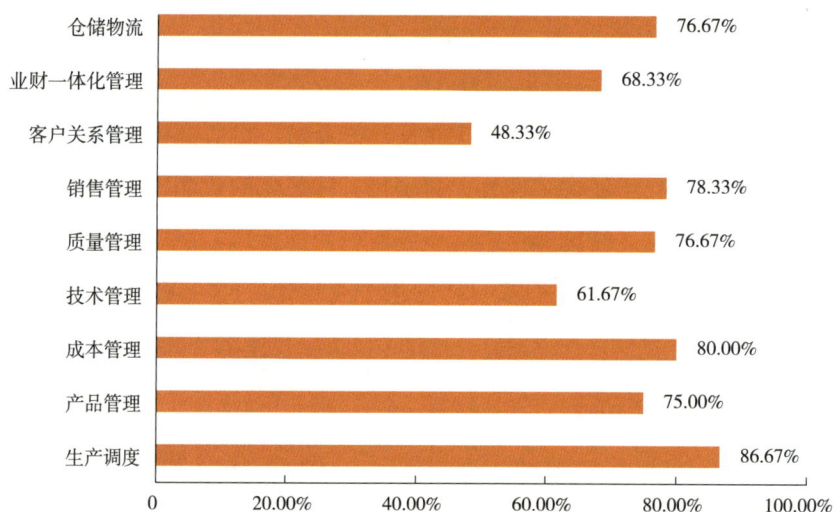

图9 "百家品牌"中制造品牌数字化管理环节覆盖面
资料来源：中国纺织工业联合会

（三）品牌文化力更加深厚

习近平总书记在党的二十大报告中30次提及"文化"，提出要"推进文化自信自强，铸就社会主义文化新辉煌。全面建设社会主义现代化国家，必须坚持中国特色社会主义文化发展道路，增强文化自信，增强实现中华民族伟大复兴的精神力量。传承中华优秀传统文化，不断提升国家文化软实力和中华文化影响力"。

文化赋能在品牌设计与形象打造等方面受到更大范围关注。

从时间轴来看，主要表现为中华优秀传统文化与当代时尚的传承创新，如非遗文化、特色元素、传统技艺等的深度挖掘，与当代时尚潮流、现代生活方式的融合创新，对美好生活与期望的表达。

从空间轴来看，主要表现为中华优秀传统文化与区域特色文化、中西方文化的碰撞结合，如设计元素与风格的开放化、融合化运用，彰显中华优秀传统文化开放包容的核心与精华。

（四）品牌营销力加快创新

在传统线上渠道基础上，网络直播、视频号等新渠道渗透率明显提高。2022年，在限额以上服装、鞋帽、针纺织品零售额同比下降的同时，线上服装零售稳定增长，穿类商品网上零售额同比增长3.5%。2022年，我国服装电子商务B2C市场交易规模约2.2万亿元，家纺电商销售规模近1000亿元。从"百家品牌"中消费品牌来看，渠道布局调整态势明显，2022年上半年线下店铺数量平均比2021年降低13.91%；线上销售额户均2.7万亿元，同比提高9.08%，占全渠道销售的比重为20.58%，基本维持2021年水平；34.04%的企业在国外市场设有线下店铺，21.28%的企业开展了跨境电商业务。

网络直播广泛覆盖。淘宝直播《2022直播电商白皮书》指出，2022年全网直播电商成交总额（GMV）约3.5万亿元，占总电商零售额的23%。中国互联网络信息中心数据显示，2022年底我国电商直播用户规模5.15亿，同比增长5105万，占网民整体的48.2%；"双11"期间，62个淘宝直播间成交额过亿元，632个淘宝直播间成交额在千万元以上，新主播成交额同比增长345%。"百家品牌"中九成消费品牌开通直播电商，2022年上半年直播电商销售额户均同比提高20.93%，占线上销售额的21.5%，比2021年提高4.36个百分点。

视频号渗透率显著提高。截至2022年6月，微信视频号月活规模突破8亿，抖音为6.8亿，快手3.9亿，微信视频号中抖音、快手平台的用户渗透率分别为59.2%、30.8%。

品牌营销模式多元化创新趋势明显。借助传统与国际节日庆典，增强与特定人群的黏性；通过跨界合作，强化与丰富品牌文化内涵与品牌形象，提高品牌识别性等；利用数字化、信息化、VR/AR等新技术手段，构建消费者画像，提升消费体验感，发现反馈爆款商品，助力产品创新优化，实现精准化营销。

元宇宙应用场景不断拓展。时尚产业与虚拟技术之间的结合日益密切，包括品牌虚拟代言人、虚拟服饰、虚拟购物、元宇宙主题时装秀、虚拟时装发布会等虚拟人物、时装与场景，成为品牌跨圈层传播、吸引年轻消费者的新渠道。艾媒咨询公布，2022年虚拟偶像带动整体市场规模1866亿元。

（五）品牌可持续力更受关注

相关数据显示，可持续时尚市场规模正以每年10%的增长速度稳步发展，预计到2030年，全球可持续时尚市场将达100亿美元。《解码中国Z世代的可持续消费观》白皮书显示，73%的消费者支持用可回收原材料制作运动服饰，54%的"Z世代"人群更关注可持续品牌的实用性，产品要能够经久耐用，并且可以循环利用。"百家品牌"中，14.02%的品牌企业已建立社会责任体系，14.95%的企业已开展产品碳足迹披露，9.35%的企业已制定或公开碳达峰碳中和目标及其路线图。

品牌可持续发展的广度与深度不断拓展。一方面，更加注重系统化提升。借助社会责任建设体系，更加系统化提升社会责任践行能力。多家品牌企业每年主动披露社会责任报告或环境、社会和治理报告（ESG报告），制订可持续发展计划，包括以人为本、可持续发展管理、绿色供应链、气候行动、社会公益等方面。另一方面，更加注重绿色化发展。通过技术创新、模式创新、管理创新，从原料、生产到消费不断提升全流程绿色化水平，强化生态友好材料使用、可持续设计，生产制造环节的能效提升、降耗减排，废旧衣物循环利用，引导绿色化消费、可持续时尚等，追求绿色材料、绿色制造、绿色消费的有机衔接，强调人与自然和谐共生。

四、立足新时代，多维度提升纺织服装品牌力

新时代背景下，充分发挥品牌建设的支撑与引领作用，进一步提升品牌力，成为行业高质量发展的重要课题。

依托新技术手段提升品牌力，培育一批品质高、能够满足消费升级需求、引领当代生活方式的消费品牌，产业协同能力强、高效快反的制造品牌，以及区域特色与供应链优势明显的区域品牌。

以文化力加持提升品牌力，积极推动中华优秀传统文化元素融入品牌，培育能够彰显中国品牌文化特色、传播中华优秀传统文化的特色品牌。

以协同化发展提升品牌力，注重发挥制造品牌、区域品牌、消费品牌的协同化发展，注重发挥平台经济、共享经济在品牌建设中的创新应用。

以责任化发展提升品牌力，加快推动社会责任建设体系的系统化构建，加快建立健全绿色低碳循环发展体系。

以国际化视野提升品牌力，从生产加工、研发设计、营销渠道、服务网络、公共海外仓等各方面着手着重提升品牌国际化运营能力，优化构建中国纺织服装品牌的全球产业链分工新优势。

撰稿人：惠露露

2022年中国家纺产业集群报告

中国家用纺织品行业协会

产业集群是产业现代化发展的主要形态，是决定地区经济发展乃至影响国际经济竞争力的战略性力量。习近平总书记高度重视推动制造业高质量发展、构建现代化产业体系，多次强调"打造有国际竞争力的先进制造业集群"，为我们加快培育发展产业集群指明了前进方向、提供了根本遵循、注入了强大动力。

一、家纺集群概述

早在2002年，中国纺织工业联合会就开展了纺织产业集群试点工作，主要分为市、县、镇三级。截至2022年上半年，中国家纺产业集群试点单位为24个（表1，包括以家纺为主的山东滨州和江苏南通国际家纺产业园2个中国纺织产业基地），覆盖家纺企业两万四千余家，从业人员逾46万人。2021年实现工业总产值2075.5亿元，规模以上企业产能占比约为46.08%。主营业务收入2011.27亿元，近三年年均增长3.6%；利润总额115.73亿元，近三年年均增长11.39%。出口占比约为26%。

表1 家纺产业集群汇总

序号	集群地区	名称
1	河北省高阳县	中国毛巾·毛毯名城
2	江苏省南通市通州区	中国纺织产业基地市 中国家纺名城
3	江苏省南通市通州区川姜镇	中国家纺名镇
4	江苏省南通市海门区三星镇	中国家纺名镇
5	江苏省苏州市吴江区震泽镇	中国亚麻名镇 中国蚕丝被家纺名镇
6	江苏省丹阳市导墅镇	中国家纺名镇
7	江苏省丹阳市皇塘镇	中国家纺名镇
8	江苏省苏州市吴江区七都镇	中国家纺面料名镇

序号	集群地区	名称
9	浙江省海宁市许村镇	中国布艺名镇
10	浙江省杭州市萧山区新塘街道	中国羽绒家纺名镇
11	浙江省杭州市萧山区义桥镇	中国床垫布名镇（之乡）
12	浙江省浦江县	中国绗缝家纺名城
13	浙江省桐乡市洲泉镇	中国化纤名镇 中国蚕丝被名镇
14	浙江省桐乡市大麻镇	中国家纺布艺名镇
15	浙江省建德市乾潭镇	中国家纺寝具名镇
16	浙江省嘉善县天凝镇	中国静电植绒名镇
17	安徽省岳西县	中国手工家纺名城
18	山东省高密市	中国家纺名城
19	四川省彭州市	中国家纺名城 中国休闲服装名城
20	青海省西宁市	中国藏毯之都
21	新疆维吾尔自治区和田地区	中国手工羊毛地毯名城
22	浙江省杭州市临平区	中国布艺名城
23	江苏南通国际家纺产业园	中国纺织产业基地市
24	山东省滨州市	中国纺织产业基地市

（一）区域分布

家纺产业集群主要分布于浙江、江苏、河北、山东、安徽、四川及新疆等地，其中浙江省与江苏省分布最为广泛，涉及15个家纺产业集群，工业产值占家纺总量的70%以上（图1）。

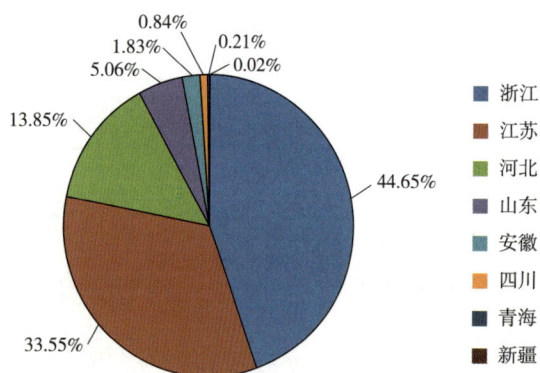

图1 家纺产业集群工业总产值地域分布

其中，浙江省包含杭州市临平区，萧山区新塘街道、义桥镇；海宁市许村镇；桐乡市大麻镇等9个集群，2021年实现工业总产值926.7亿元，占家纺总量的44.65%。江苏省涵盖南通市通州区川姜镇、海门区三星镇，苏州市吴江区震泽镇、七都镇等6个家纺产业集群，2021年实现工业总产值696.3亿元，占家纺总量的33.55%（图2、图3）。

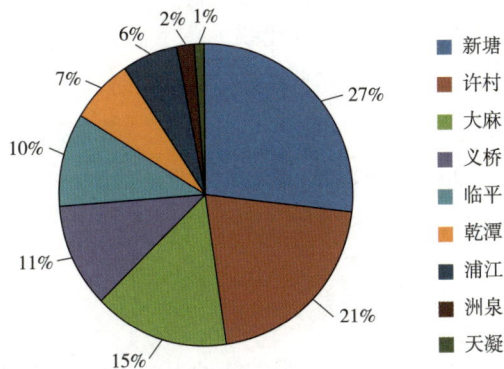

图 2　2021年浙江省家纺产业集群工业总产值分布

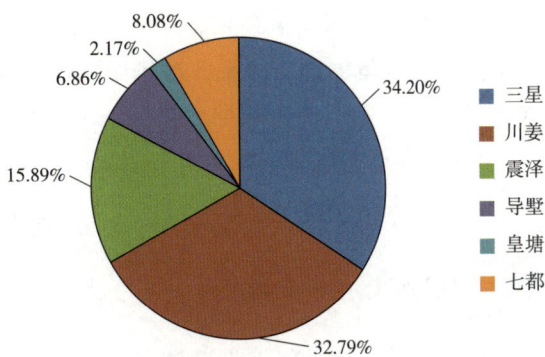

图 3　2021年江苏省家纺产业集群工业总产值分布

（二）产品类别

现有的22个家纺特色产业集群，囊括了家纺行业主要品类，其中床上用品集群9个，布艺集群3个，毛巾、地毯、蚕丝被集群各2个，羽绒被、家纺面料、床垫布、静电植绒集群各1个。随着供给侧改革持续深化，调结构促转型发展理念扎根实体经济，家纺产业集群认真落实国家高质量发展方针，围绕床上用品（包括蚕丝被、羽绒被、床垫布等在内）、布艺、毛巾、地毯这家纺四大板块，细分品类、差异化发展，并不断向大家居衍生产品探索延伸。

床上用品产业所占份额最大，占据家纺产业的半壁江山。以成品套件、羽绒被、化纤被、蚕丝被及绗缝被等各种被类产品为主，重点集群年产量约80716万（条/套），其中规模以上企业产量约占54%。2021年实现工业总产值1091.13亿元，占总量的52.57%（图4）；布艺集群主要分布于浙江省嘉兴市、杭州市及江苏省部分地区，产品主要包括窗帘布、沙发布、功能性布料等。2021年，布艺产业集群实现工业总产值587.36亿元，其中规模以上企业产量占比约为68%，重点产业集群布产量约703347万米，占家纺总量的28.30%；毛巾产业集群主要集聚在河北省保定市高阳县和山东省潍坊市高密市等地区，以生产各类毛巾和巾被类产品为主。2021年毛巾产量约51.2万吨，其中规模以上企业占比约为42.6%，实现工业总产值392.37亿元，近三年年均增长4.7%；地毯产业集群主要聚集于青海省西宁市以及新疆维吾尔自治区和田地区，产品以机织地毯、手工羊毛地毯为主，极具地域特色。其中机织地毯企业均达到规模以上生产水平。

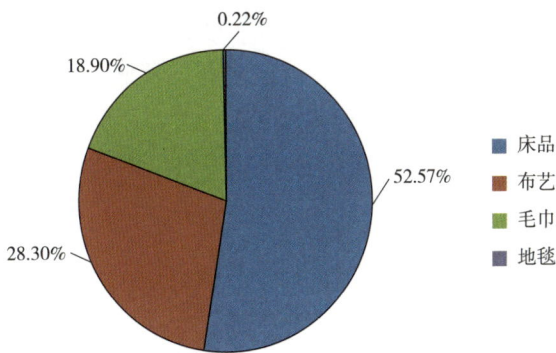

图 4　家纺产业集群主要品类产值分布

二、近年集群工作举措与成效

回顾"十三五"期间，家纺产业集群稳步发展，区域特色品牌加快形成与完善，社会影响力不断提高，对行业和当地经济发展发挥了积极促进作用。产业集群中的专业市场积极探索新渠道建设，采用信息化、互联网技术提升市场现代化发展，构建线上线下、批发零售、内销外销融合发展的新体系，市场中的电子商务、微商专区等得到快速发展。同时，行业依托各类平台资源，针对集群产业的集中度和发展特色，加快推进"机器换人""节能减排""提质增效"等技术改造在集群中的实践与应用，加快建设新型现代化产业集群。研究提出了世界级家纺产业集群概念与特征，并积极推进先行区示范区共建工作。

（一）品牌建设工作立体推进

区域品牌对产业经济带动越发显著，产业集群紧紧围绕家纺产业做精做强，区域品牌与区域经济互促互进。众多集群以区域品牌形式亮相展会和对外开展交流，扩大了区域品牌的影响力。叠石桥和余杭荣获中国纺织工业联合会授予的中国家纺区域品牌试点地区；通州获得工信部产业集群区域品牌试点；海门、海宁被列入共建世界级家纺产业集群先行区。

（二）区域协同发展有效落实

完善供应链互补，优化资源配置，实现相邻集群区域协同发展是集群工作的重要课题。近年来，各集群不断探索尝试并取得了积极效果。比如南通纺织集群主要集中在通州区川姜镇和海门区三星镇，二者分别以志浩市场和叠石桥市场为主导，差异化发展，相互促进。为进一步放大产业集聚效应，增强两大市场活力，南通市委市政府总揽全局、着眼长远，提出统一实施两大市场协同发展的战略，于2020年底正式挂牌成立江苏南通国际家纺产业园区。两年来在园区党工委、管委会领导下，打通上下游供应链，积极对接外部资源，进一步推动南通家纺产业高质量发展。在未来打造世界级家纺产业集群工作中将发挥更加重要的作用。

（三）质量标准工作扎实有效

中国家纺协会从2017年开始，已连续召开四次中国家纺质量大会，制定《家纺行业质量白皮书（2017—2020）》，面向全行业广泛征集质量提升典型案例，并予以公布推广。高阳县狠抓技术升级，通过设备提升助力产业提质增效；南通市海门区针对行业中小企业推行质量合作社模式，保障产业健康发展；南通市通州区通过团体标准的制（修）订工作，引领产业标准化、规范化运行，有效填补空白，补齐短板；大麻镇把产业数字化作为产业转型升级的主要手段，提升产业的竞争力。震泽镇推进"文商旅农"传承历史经典，重拾千年古镇的文化自信，助力丝绸产业转型升级。

（四）设计创新能力明显提升

近年来，行业设计创新能力明显加强，同时，消费者对家纺产品的个性化需求进一步促进创新能力的提升。行业大赛规模扩大，形式不断丰富，新增设的"震泽丝绸杯"设计大赛，与"海宁杯""张謇杯"共同构成行业三大赛事。"十三五"时期，"三大赛事"参赛的作品达2.45万件（幅），聚集了企业开发、院校研究和中外文化的优势资源，促进了中国元素与国际流行元素的融合，为研发创新不断注入活力。

（五）科技研发力度不断增强

各产业集群坚持创新发展，加大研发创新投入，大力发展具有自主知识产权的名牌企业和产品，培育壮大一批科技含量高、特色突出的骨干企业和"小巨人"企业，激发产业创新发展新活力，做强做大绿色、科技、时尚的家纺产业。

三、当前面临的问题及未来发展方向

步入"十四五"时期，我国将在全面建成小康社会的基础上，开启全面建设社会主义现代化国家的新征程，未来主要任务是如何满足人民日益增长的"美好生活需要"。面对世界百年未有之大变局和我国由高速增长阶段转向高质量发展阶段的深刻转型，中国经济发展的国内外环境已发生深刻变化。特别是近年来，国内点状疫情反复，物流、人流、货流受限，企业产销衔接压力加大；加之全球范围内通胀持续上升，中美经贸合作受限，俄乌冲突加剧致能源价格上行，原料成本居高，国内外市场需求走弱，企业经营显著承压。面对错综复杂的国内外局势，企业如何应对、集群如何发展、行业如何破局，是未来一段时期工作的主要任务。

（一）强化集群调研，引导行业发展

中国家用纺织品行业协会（简称中国家纺协会）始终把集群工作摆在突出位置，常抓不懈。中国家纺协会通过国家统计局、中国海关总署及跟踪的企业集群定期编制运行分析及出口数据，按时编制家纺行业报告，将有效信息及时反馈给集群和企业。未来协会将更多地深入实践，进一步加强调查研究。一方面加大集群走访调研力度，掌握实际情况，掌握一手数据；另一方面及时总结调研情况，针对各集群发展特色，协助地方政府编制产业规划等参考指导性文件。政企协"同"，坚持"政府引领、企业担当、协会助力"的主基调，融创并举，让1+1+1>3，让1+1+1="实"。

（二）发挥平台优势，展示集群特色

中国国际家用纺织品及辅料博览会（简称家纺展）作为亚洲最大的家纺博览会，已成功举办27届，2016年开始，由以往一年一展，调整为一年春秋两展。"十三五"期间，家纺展作为品牌推广主要阵地，先后已有南通、余杭（原）、海宁、桐乡、高阳、青海等17个产业集群以区域品牌形式亮相展会。未来，中国家纺协会将更加深挖平台潜力，深耕细分领域，保障展会平台的同时，充分利用中国家纺大会、各专业分会年会、质量大会、设计大赛、流行趋势、供应链精准对接、中家纺"一网一刊两微两号"融媒体等多平台、多渠道、多形式，全面助推产业集群特色发展。

（三）加快自动化、智能化升级步伐

"十三五"期间，家纺行业虽然在两化融合领域取得不错成效，但发展不平衡不充分的基本矛盾依然存在。家纺行业仍属于劳动密集型产业，智能化制造整体水平还有待提升。尤其是中小企业，采用先进自动化、智能化生产设备的投入较大，改造升级意愿不强烈。因此，首先要从集群工作入手，教育引导企业。从自动化设备、智能化软件入手，应用"互联网+""大数据+"和"智能+"推进企业改造升级，建立现代化企业运营模式，实现采购、生产、销售及物流等各个环节的相互联通，助力提质增效。

（四）整合资源、打通堵点，构建高质量供应链体系

在新的发展时期，要不断向产业链上下游延伸，融合研发数字工厂、智能仓储、物流管理、售后服务、金融帮扶等服务，由传统制造型企业向制造服务型企业发展，提升产业链效率。同时，还要加强区域合作，促进区域间的协调发展和平衡发展，建设一批特色明显、优势突出、公共服务体系健全的新型产业集群。优化产业布局，切实解决发展不平衡不充分的矛盾，满足人民日益增长的美好生活需要。

（五）构建直播电商综合培育体系

产业集群要推动传统店铺转变思想，发展"网红+直播+电商"，定期举办有影响力的直播活动。搭建直播带货综合服务平台，为商户提供内容策划、摄影拍摄、短视频制作等服务。制定完善的售前、售中、售后服务体系，保障消费者权益。同时，从知识产权、家纺文化、品牌特色等方面加大专业人才培养力度，保障人才队伍专业可靠。

（六）构建绿色发展新模式

坚定贯彻绿色发展理念，推进家纺产业绿色发展新模式，全面提升环保意识，践行绿色发展责任。致力建设绿色工厂、绿色园区，构建从原料、生产、营销、消费到回收再利用的高端家纺产业循环体系。加快采用新技术、新工艺和新装备，加快淘汰落后产能，优化流程，提高资源综合利用水平。加大再生纤维等环境友好原料的使用比例，推行生态设计，开发绿色家纺产品，提高产品能效环保低碳水平。加快回收利用进程，加强边角余料、废水热能，以及废旧家纺产品的回收再生利用，切实提高回收利用综合水平。

面对当前错综复杂的国内外形势，我们要深刻领会党中央的战略意图，胸怀"两个大局"，深刻领会习近平新时代中国特色社会主义经济思想，把提升我国产业集群竞争力放在更重要位置来抓来谋。通过现代化特色集群建设，全面推进区域产业与小城镇建设的协同发展，有效推动地区现代物流、电子商务、设计研发、贸易中介、旅游文化和住宿餐饮的提升发展。我们要不忘实业报国的初心，牢记强国富民的使命。踔厉奋发、笃行不怠，全力推动"十四五"时期家纺产业集群高质量发展。

撰稿人：王冉　赵辰

国际动态

全球家用纺织品进出口贸易稳步推进❶

中国家用纺织品行业协会产业部

一、全球家用纺织品出口贸易稳定恢复

2020~2023年，在新冠肺炎疫情影响下，国际环境复杂多变，地缘政治风险和贸易保护主义有所抬头，国际贸易不确定性增加，给全球家用纺织品贸易带来挑战。随着主要全球新冠疫苗接种进程加快，在欧美财政和货币刺激政策效应外溢和全球大宗商品价格显著上涨等因素支撑下，全球货物贸易在历经新冠肺炎疫情冲击后实现强劲反弹，纺织终端需求稳步恢复带动纺织品服装贸易加快增长。据联合国商贸统计数据库UN Comtrade数据统计，2021年全球家用纺织品出口额共计844亿美元，同比2020年增长24.92%，较2019年增长18.74%，展现出家纺行业的发展韧性（图1）。

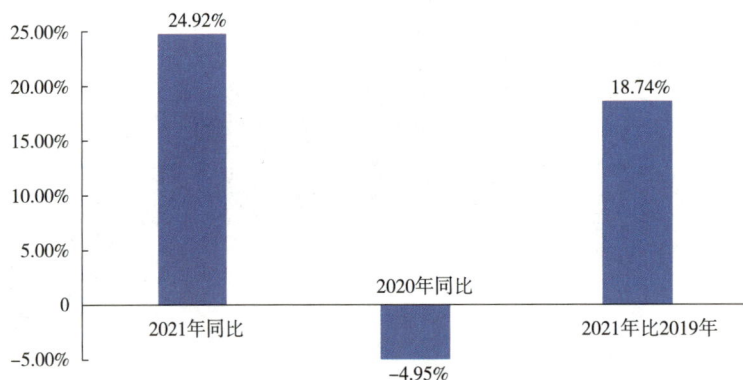

图1 2021年全球家用纺织品出口增幅

从大类家用纺织品类来看，除体量最小的手帕以外，2021年各类家用纺织品产品出口额同比均实现大幅增长，且增幅均高于20%。若排除新冠肺炎疫情波动因素，床上用品、地毯、毛巾、窗帘、毯子、装饰织物制成品、厨卫用纺织品及刺绣装饰品这八大类主要家纺产品较2019年也实现了10%~20%的增长幅度，且占比份额越大的品类，表现越突出。例如，家用纺织品类中占比份额较大的床上用品、地毯和毛巾三类产品，2021年的出口额较2019年分别大

---

❶ 本文根据联合国商贸统计数据库UN Comtrade对家用纺织品数据进行统计整理。

幅增长22.68%、17.48%和12.51%。窗帘是近几年唯一始终保持正增长的品类，由于新冠肺炎疫情笼罩下人们对居家卫生条件和改善居家生活环境的追求随之增加，欧美等发达经济体对窗帘等家居布艺的需求量明显激增，2021年全球窗帘出口共计64亿美元，同比增长22.05%，较2019年增长27.47%。总体来看，全球家用纺织品出口贸易格局整体稳定且具备一定的抗风险韧性（图2）。

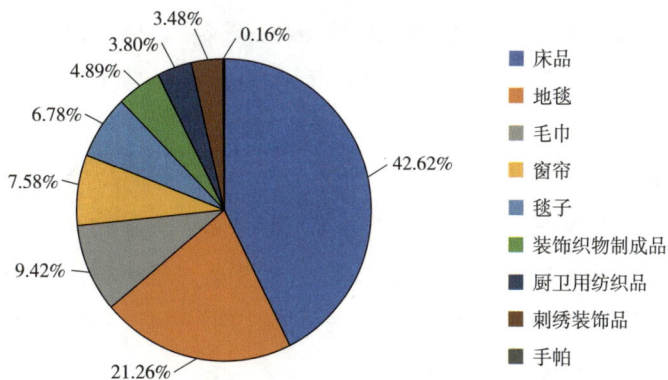

图2 2021年全球主要家用纺织品类出口额分布

二、我国的全球家用纺织品出口领先地位稳固

2021年，在新冠肺炎疫情导致的全球供应链运转及生产要素流动不畅的特殊条件下，我国展现了完整纺织产业链稳定供给优势，在国际市场需求复苏、出口订单回流等因素支撑下，我国继续稳居全球纺织品服装出口第一大国，出口竞争力保持稳定。我国家用纺织品在全球的出口占比仍稳居首位，约占全球家用纺织品出口总额的45%，且体量远超其他国家（图3）。

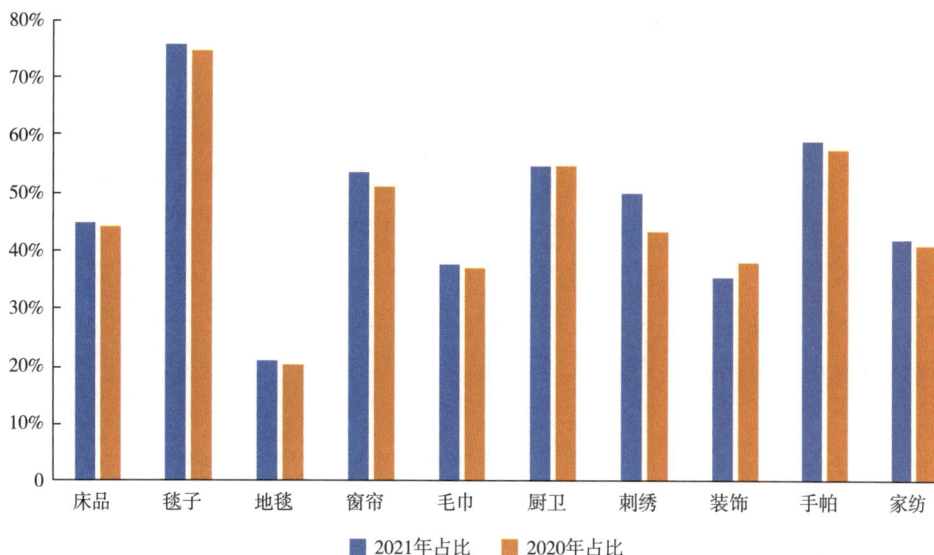

图3 2020年与2021年我国各类家用纺织品出口比重变化

从主要出口产品看，毯子、窗帘、厨卫用纺织品及手帕四类产品的出口额在全球该类产品出口中占据主导优势，占比均超过全球出口总额的一半。尤其是毯子出口额占全球的比重超过了75%，已成为我国第二大家用纺织品出口品类且增长势头良好，2021年我国毯子出口额43.4亿美元，同比增长33.51%，较2019年增长16.82%。我国也是全球最大的窗帘和厨卫用纺织品出口国，2021年出口额分别占该类产品全球出口总额的53.56%和54.65%，而其他国家和地区的出口占比均小于10%，足以体现我国该类产品的国际竞争优势明显。

我国是最大的地毯出口国，占全球地毯出口额的20.89%，而地毯在我国家用纺织品出口的比重则相对较小，占比约为10.6%，主要出口美国、日本和马来西亚等地。土耳其是我国最强劲的竞争对手，其地毯出口额占全球的17.81%；此外，印度近几年在地毯出口方面表现较为突出，跃居为全球第三大地毯出口国，占比为12.61%，2021年增速为34.03%，增幅高于我国和土耳其10个百分点。由于地毯是受中美贸易摩擦影响严重的家用纺织品类，2018年起对含我国出口地毯等产品加征10%的关税，并于2019年起将税率提高至25%，也给我国地毯企业出口带来压力，2021年我国对美国出口地毯比2019年下降21.79%。2021年我国地毯出口额37亿美元，同比增长26.51%，较2019年增长28.42%。

从主要出口市场情况看，美欧市场对纺织终端消费保持较活跃的态势。随着欧美国家疫苗接种率提升、居民收入稳定增长、商品类消费支出比重增加，最终传导至家用纺织品等终端纺织品需求增加。日本市场增势略显不足，其中占我国家纺产品在日本出口总量10%的毛巾产品仍然处于下滑状态。

与此同时，我国对其他新兴市场尤其是东盟市场成绩突出，出口增幅超过传统美国、欧盟、日本市场。现阶段，东盟成为我国毛巾和布艺产品出口第一大市场，随着疫情逐步恢复，东盟国家制造业恢复运转，对我国纺织产业链前道产品需求不断增加，起到有力的拉动作用。

三、全球主要家用纺织品进口市场稳定发展

（一）美国市场

美国作为全球最大的家用纺织品市场，2020年由于全球新冠肺炎疫情冲击导致其进口额同比大幅下降12.98%。进入2021年后，随着美国国内的疫苗接种率提升、居民收入稳定增长、商品类消费支出比重增加等因素的共同作用，美国市场对纺织终端消费保持较活跃的态势，对家用纺织品的进口额甚至超过了新冠肺炎疫情前的正常年份。据联合国商贸数据库数据统计，2021年美国家用纺织品进口额共计184亿美元，同比增长26.42%，较2019年增长10.01%（图4）。

从主要进口产品看，床上用品、毛巾、毯子和窗帘等是美国市场的主要进口品类。其中床上用品所占份额最大，2021年进口额约94亿美元，且呈逐年增长趋势，占全部家用纺织品进口的比重逐年攀升——从2019年的42%扩大到2021年的51%。床上用品进口主要来自中国、印度和巴基斯坦，其中从中国进口的比重超过50%，从印度进口约占20%。

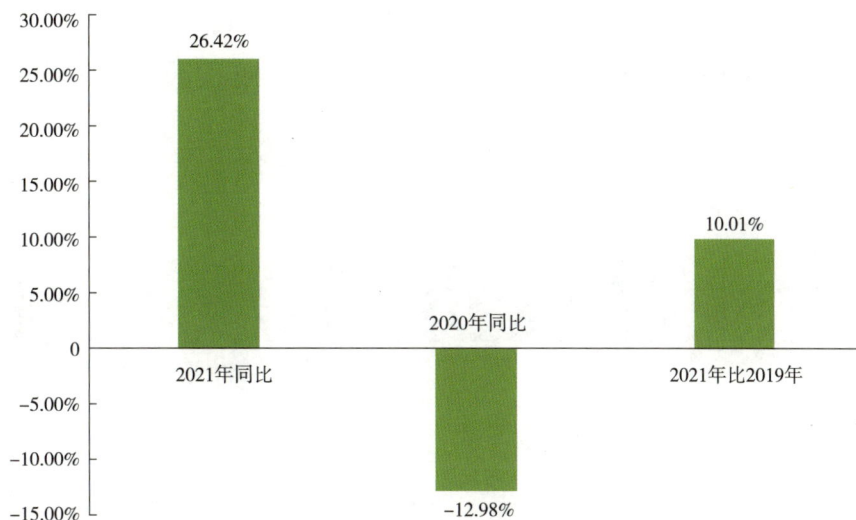

图4　2021年美国家用纺织品进口增幅

印度居于美国毛巾进口国的首位，其次为巴基斯坦和中国。2021年，美国从全球进口毛巾约26亿美元，同比上涨39.92%，较2019年增长22.72%，其中从印度进口占比41.85%，且占比份额逐年递增。第二位为巴基斯坦，占比约为24.48%。自2019年起，由于中美贸易摩擦引发的美国对中国进口的棉类产品加征7.5%的关税，而对印度、巴基斯坦等国进口实行关税优惠政策，无疑对中国毛巾产品对美出口造成极大影响。中国在美国毛巾市场份额已由2019年的25.48%逐年收缩至2021年的19.18%。

近几年，美国对地毯的进口额在其全部家用纺织品进口的比重呈逐年收缩态势。2021年，美国地毯进口额共计21.6亿美元，占比份额由2019年度17%收缩至2021年的4%，金额比2019年下降28.83%。印度与中国是其最主要的来源国，印度的占比份额最大，且从近几年的数据看，其占比份额有进一步扩大的趋势，2021年占比份额扩大到了37.53%。中国是其第二大地毯进口国。由于地毯是中美贸易摩擦中第一批进入加征关税名单的品类，给中国地毯出口企业带来极大的冲击，2021年美国对中国地毯的进口额较2019年下降21.79%（图5）。

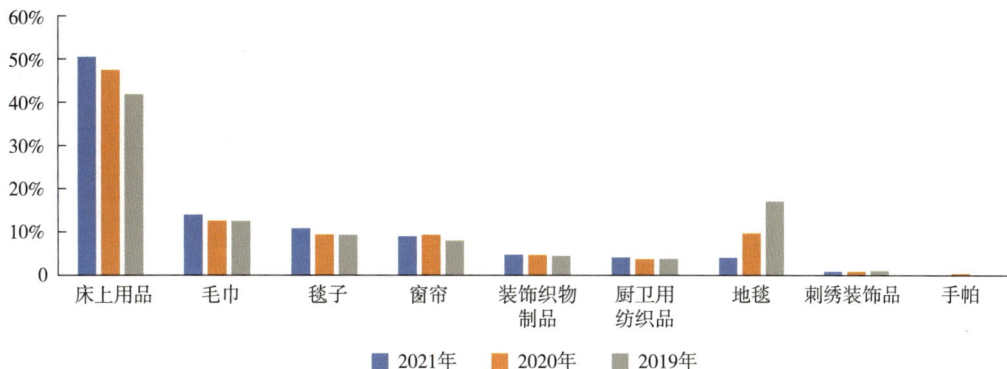

图5　2019~2021年美国各类家用纺织品进口比重变化

从主要进口来源地情况看，中国仍然是美国最大的家用纺织品进口来源国，但近几年呈逐渐收缩态势。2021年，美国从中国进口的床上用品、窗帘、毛巾、毯子、餐厨用纺织品等占全球进口总量的45.73%，较2020年缩减2.35个百分点，较2019年缩减3.75个百分点（图6）。

图6　2021年美国进口各类家用纺织品增幅

　　除中国外的前四个来源国——印度、巴基斯坦、墨西哥和土耳其的份额均有上升，四国累计占比42.71%，较2020年增加2.94个百分点，较2019年增加3.46个百分点。尤其是印度，不仅在毛巾、地毯等品类一直位居美国市场份额首位，其在床上用品、厨卫纺织品和装饰织物等主要家用纺织品品类方面也仅次于中国，位居美国市场份额第二位并呈现进一步扩张态势，中国在美国市场的竞争日益激烈。

（二）欧盟市场

　　2020年，新冠肺炎疫情之下的欧盟市场对各类家纺产品的进口额均有不同程度的下降，经过疫情冲击后，2021年欧盟整体零售基本恢复至疫情前水平，并开始小幅增长，且涨幅略高于2019年同期水平。2021年欧盟家用纺织品产品进口额共计116.03亿美元，同比增长29.23%，较2019年增长3.32%。

　　从主要品类情况看，欧盟市场对床上用品、地毯、窗帘和毯子的进口增长趋势较为稳定。床上用品作为占欧盟市场份额最大的家用纺织品品类，2021年其金额占比已逐步扩大到50.08%，约53亿美元，同比2020年增长28.91%，较新冠肺炎疫情前的2019年增长6.95%。地毯是欧盟进口增长最好的品类，2021年实现进口额22亿美元，较2019年大幅提高17.4%。此外，毯子进口额约6.84亿美元，较2019年增长15.9%；窗帘进口基本恢复至疫情前的水平，较2019年略增0.39%。这些品类基本已经扭转疫情造成的冲击，实现恢复性增长。

　　与此同时，毛巾、手帕及各类装饰性的纺织品类则尚未恢复。一方面，由于使用习惯的逐渐变化和新兴替代产品的接连出现，近几年发达国家和地区市场对毛巾和手帕两类产品的整体需求有逐步收缩迹象，这一现象也体现在对毛巾和手帕产品的进口中：2021年欧盟毛巾进口额同比提高19.08%，但若剔除新冠肺炎疫情影响，较2019年同期仍下降12.4%。可见对毛巾及手帕等传统家用纺织品产品需求有迹象悄然发生转变。另一方面，由于欧盟市场整体缺乏大规模财政补贴和强有力的外部刺激，整体零售市场恢复缓慢，对于"非刚需"的装饰纺织制品缺乏消费热情，其贸易额仍较2019年有所下降（图7、图8）。

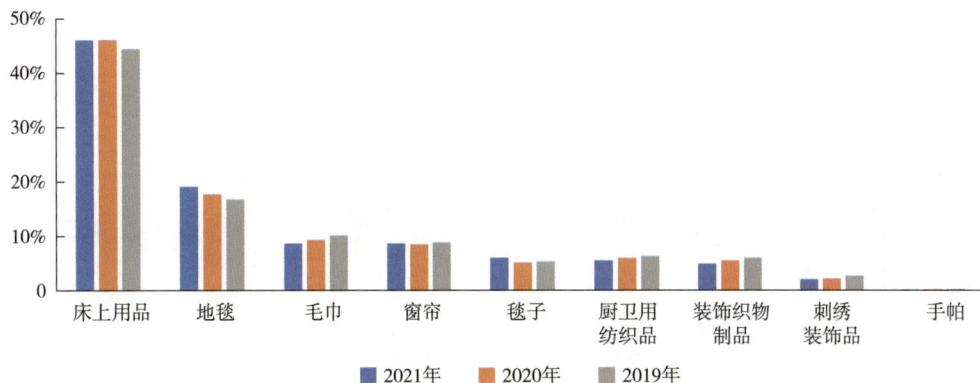

图7　2019~2021年欧盟市场进口各类家用纺织品占比变化

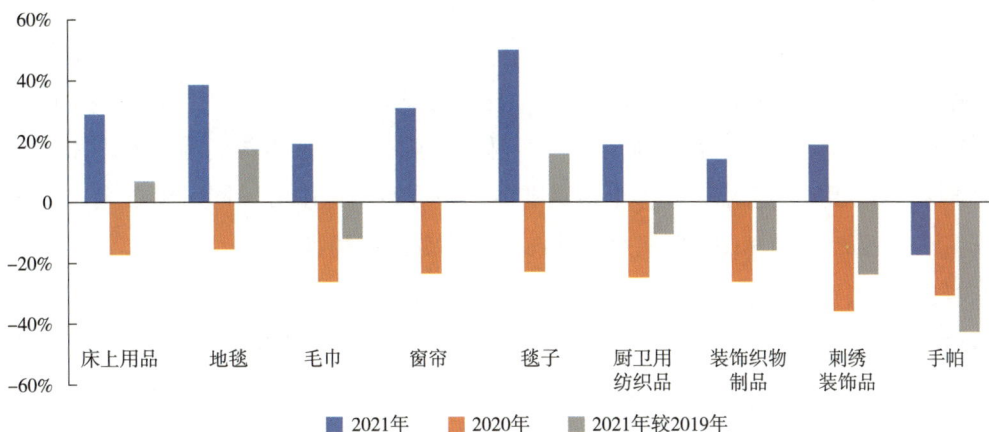

图8　2021年欧盟市场进口各类家用纺织品增幅

（三）"一带一路"沿线国家出口份额稳步提升

随着全球纺织市场资源的不断配置，多元化趋势更加明显，"一带一路"沿线国家之间的家用纺织品生产和商品贸易不断迈上新台阶。2021年，随着越南、印度和孟加拉等亚洲新兴经济体纺织服装加工能力稳定恢复，德国、意大利、荷兰和西班牙作为全球主要快时尚和高端奢侈品牌、设计师品牌以及技术、创新型纺织品的发源地，出口规模继续保持全球领先水平，都对"一带一路"沿线国家和地区的家用纺织品贸易起到积极的利好作用。据统计，2021年"一带一路"沿线65个国家和地区之间的家用纺织品出口贸易额较2020年同比增长26.99%，较2019年增长13.79%（图9）。

（四）RCEP生效强力助推全球家用纺织品贸易

2022年，随着《区域全面经济伙伴关系协定》（RCEP）的正式生效，向世界释放出坚定支持多边贸易体系的强烈信号，为加强国际合作促进贸易投资增长注入全新动力。RCEP成员GDP占全球比重为30.5%，是全球人口最多、经贸规模最大的自由贸易区。纺织产业是RCEP

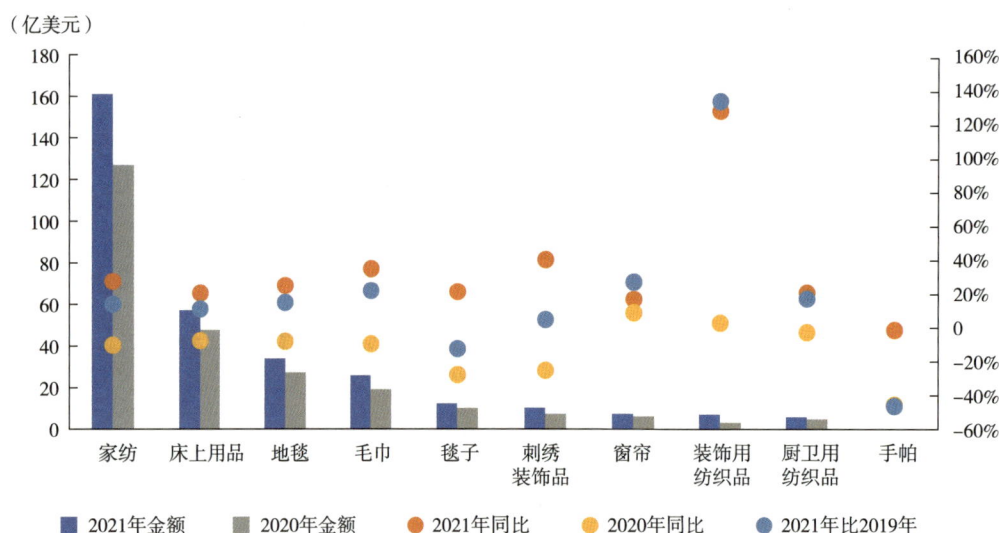

图9 "一带一路"沿线65个国家和地区之间的家用纺织品出口贸易情况

区域合作的先导产业、重点领域。2021年，全球纺织服装出口排名前十的国家和地区中，RCEP成员国占据三席，分别是中国、越南、马来西亚，出口额占排名前十的国家和地区比重的64.8%。RCEP区域已成为世界上最重要的纺织服装制造中心，同时涵盖全球多个重要的纺织品服装消费市场，RCEP框架对全球纺织供应链的构建具有重要的现实意义。2021年，RCEP成员之间出口家用纺织品共计102亿美元，同比增长15.56%，较2019年增长33.26%，增势迅猛（图10）。其中，中国居于主导地位，出口额占比超过80%。从主要成员国和产品看，中国对其他RCEP成员国家出口家用纺织品主要出口到日本，其次是越南和泰国。面料大多出口到越南、柬埔寨和印度尼西亚等国用于后续生产。RCEP通过经验分享，凝聚共识、明晰方向，推动务实合作，会议的举办对于畅通全球产业链供应链脉络、推动全球产业复苏和发展具有重要意义。

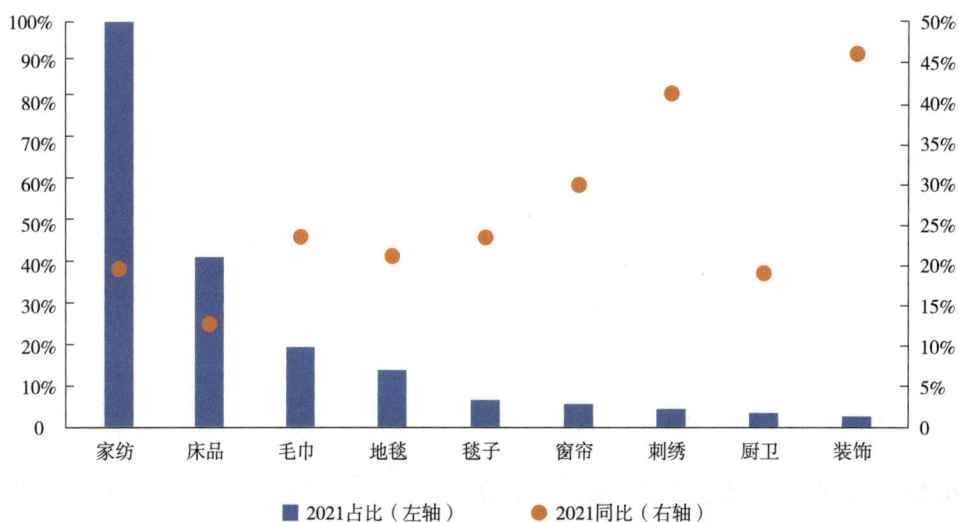

图10 2021年RCEP成员国之间的家用纺织品出口贸易额及增幅

四、结语

综上所述，从整体来看，2021年全球家用纺织品进出口贸易实现稳定发展，传统市场维持活跃，新兴市场不断发展壮大，为行业发展提供有力保障。当今世界正面临着百年未有之大变局，地缘政治、经济贸易、社会文化、数据网络、资源生态等风险相互叠加，持续影响着全球的纺织产业链布局。经济全球化是21世纪世界经济发展的一个不可抗拒的趋势，产业竞争将会越来越激烈，贸易中限制性措施也将会越来越多。面对前所未有的复杂形势，精准把握国际产业格局，调整时机，不断强化制造体系优势，解决好产业链、供应链短板，有效破解国际产业格局调整带来的风险困难是保持家用纺织品行业稳定发展的因应之策。

撰稿人：王冉

2022年中国家用纺织品出口规模回落

中国家用纺织品行业协会产业部

受全球通胀、大宗商品价格上涨、贸易保护主义等诸多因素影响，叠加2021年高基数，2022年我国家用纺织品出口规模明显回落。据海关总署数据显示，2022年我国家用纺织品出口额460.48亿美元，同比下降3.85%，从出口数量与单价来看，出口数量同比下降8.42%，出口单价同比增长4.99%，若剔除价格变动因素影响，实际出口数量下行趋势更为严重。但纵观历史数据来看，当前我国家用纺织品出口规模仍在高位水平（图1）。

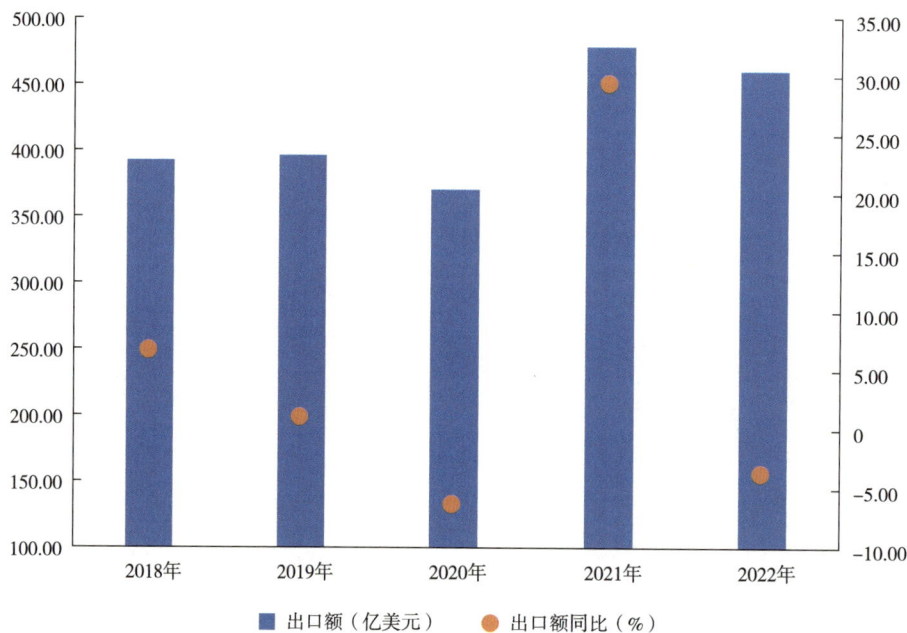

图1　2018~2022年我国家用纺织品出口额及同比

一、大类产品出口情况有所差异

2022年，6大类家用纺织品出口情况表现出差异，床上用品和毛巾产品出口额同比下降，布艺产品出口整体稳定，基本与2021年持平，毯子、地毯和餐厨用纺织品继续保持增长（图2）。

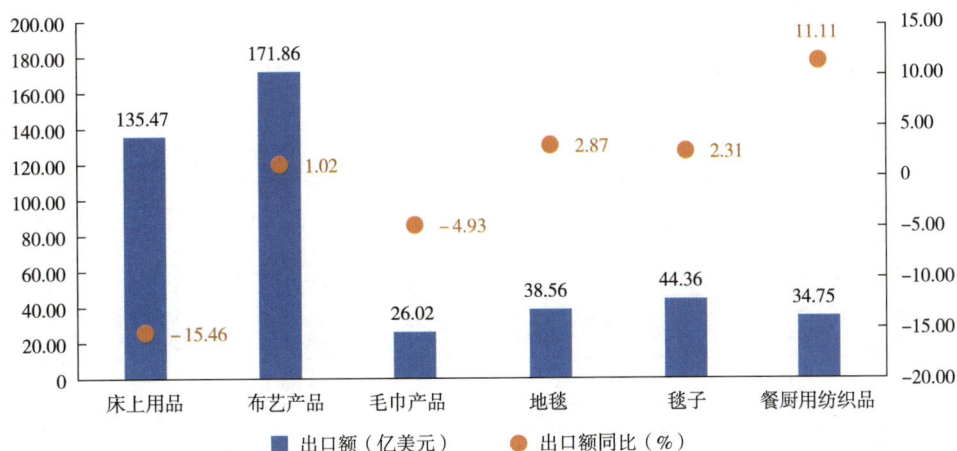

图2　2022年我国6大类家用纺织品出口额及出口额同比

（一）床上用品和毛巾产品降幅明显

2022年，我国床上用品出口额135.47亿美元，同比下降15.46%；毛巾产品出口额26.02亿美元，同比下降4.93%。从历史数据来看，两产品出口回归2019年新冠肺炎疫情前水平。2022年床上用品出口额仍较2019年增长3.5%，但考虑价格因素影响，实际出口数量或已逼近疫情前水平。毛巾产品出口额较2019年略降1.28%（图3）。

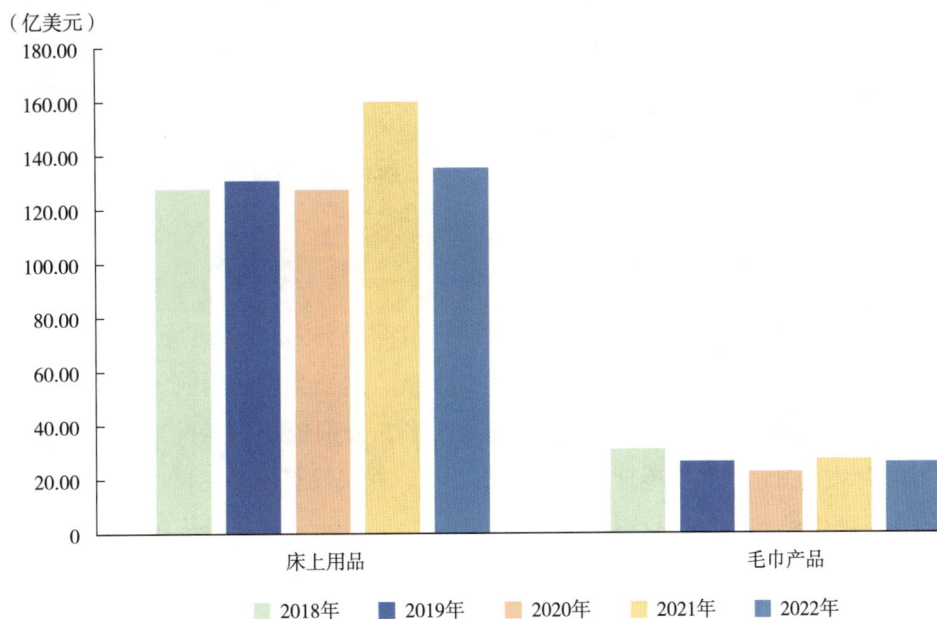

图3　2018~2022年我国床上用品、毛巾产品出口额情况

从市场角度来看，在美欧日传统市场，床上用品的出口下降明显，而在东盟市场仍保持较高水平增长。在主要的毛巾产品出口市场中，除日本市场保持增长外，其余都有不同程度下降，其中对第一位的东盟市场出口额同比下降了8.73%（表1）。从材质属性来看，我国出口的棉质家用纺织品主要集中在床上用品和毛巾产品，受贸易保护主义以及国际产能竞争的

影响，棉质家用纺织品出口进一步承压，加剧了两品类出口额同比下行，其中棉质毛巾产品出口额23.92亿美元，同比下降5.89%。

表1　2018~2022年我国对主要市场出口床上用品、毛巾产品情况

主要市场	床上用品		毛巾产品	
	出口额（亿美元）	同比（%）	出口额（亿美元）	同比（%）
美国	44.58	−26.71	4.10	−18.84
欧盟	18.35	−22.50	1.66	−8.57
日本	14.06	−9.98	3.47	13.59
东盟	15.59	19.90	7.78	−8.73

（二）布艺产品中面辅料增速好于成品

2022年，我国布艺产品出口额171.86亿美元，同比增长1.02%，其中布艺面辅料出口额111.37亿美元，同比增长5.17%；窗帘等制成品出口额60.49亿美元，同比下降5.82%。东盟市场在布艺面辅料的出口增长中起到有力拉动作用，越南、孟加拉国、柬埔寨、缅甸、印度尼西亚五国位列我国布艺面辅料出口前十市场（图4）。受地缘政治影响，国际订单流向东盟，以及我国企业在海外布局生产线，或推动其加大对我国布艺面辅料进口。

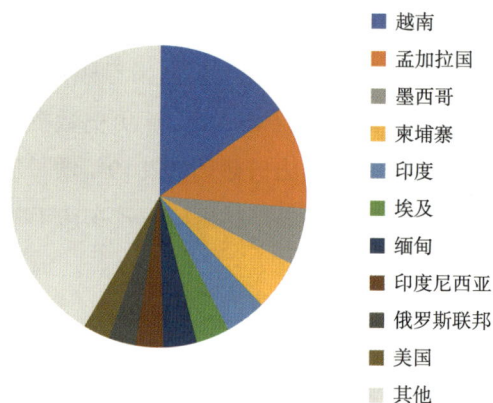

- 越南
- 孟加拉国
- 墨西哥
- 柬埔寨
- 印度
- 埃及
- 缅甸
- 印度尼西亚
- 俄罗斯联邦
- 美国
- 其他

图4　2022年我国出口布艺面辅料市场占比情况

（三）地毯、毯子、餐厨用纺织品保持增长

2022年，我国地毯、毯子、餐厨用纺织品出口额分别为38.56亿美元、44.36亿美元和34.75亿美元，同比分别增长2.87%、2.31%和11.11%，这三类产品当前仍然保持增长，且出口额绝对值远高于2019年新冠肺炎疫情前同期水平，分别较2019年同期水平增长31.42%、19.49%和34.28%（图5）。受欧美地区能源价格上涨、居民取暖成本大幅增长的影响，我国电暖毯出口有显著增长。2022年我国电暖毯出口额4.74亿美元，同比增长19.38%。其中，对北美洲出口额2.66亿美元，同比增长25.41%；对欧洲出口额1亿美元，同比增长25.45%。

二、出口市场格局略有改变

近年来，我国家用纺织品出口市场格局发生了细微变化。对美国、欧盟、日本市场出口额占我国家用纺织品出口规模份额略有下降，2022年对美国、欧盟、日本市场出口额占比较2019年分别下降了1.94、2.18和0.78个百分点，除美国、欧盟、日本市场以外的其他市场增势显著，占比有所扩大，其中对东盟市场出口额占比较2019年增长了3.07个百分点，对南亚三

国市场出口额占比增长了0.93个百分点。

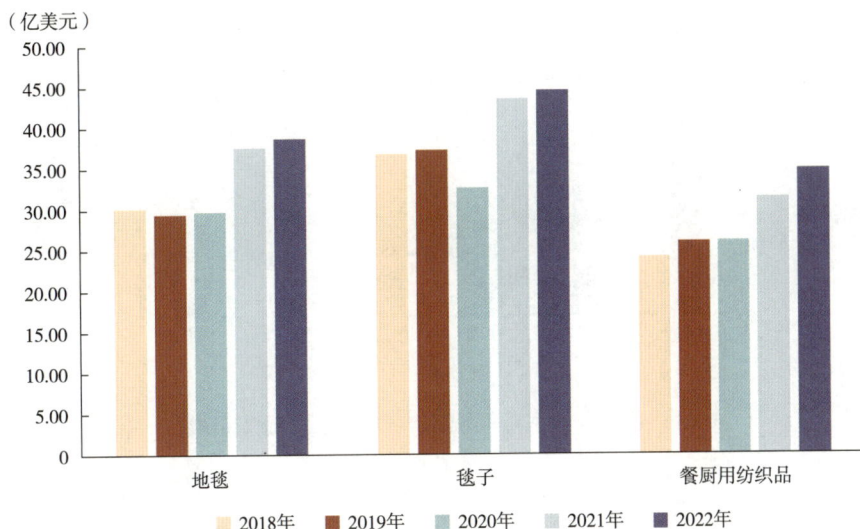

图5　2018~2022年我国地毯、毯子和餐厨用纺织品出口额

（一）美欧日市场降幅显著

2022年，在加息潮下，美国、欧盟、日本等发达经济体发展疲软，市场消费低迷。我国对美国、欧盟、日本传统市场的家用纺织品出口额191.42亿美元，同比下降14.42%；对除美国、欧盟、日本以外的其他市场出口额269.06亿美元，同比增长5.42%，增速高于美国、欧盟、日本市场19.84个百分点。其中，对美国市场的家用纺织品出口额102.61亿美元，同比下降16.85%；对欧盟市场的出口额58.93亿美元，同比下降14.19%；对日本市场的出口额29.88亿美元，同比下降5.44%，三大市场均降幅显著。若剔除价格因素，出口数量降幅更突出，对美国、欧盟、日本市场出口数量同比下降22.7%、14.28%和8.56%（表2）。

表2　2022年我国对美国、欧盟、日本市场出口家用纺织品情况

市场	出口额 （亿美元）	出口额同比 （%）	数量同比 （%）	单价同比 （%）
美国	102.61	−16.85	−22.70	7.57
欧盟	58.93	−14.19	−14.28	0.11
日本	29.88	−5.44	−8.56	3.41

（二）亚洲、非洲、大洋洲市场增速突出

2022年，我国家用纺织品出口增长亮点主要集中在亚洲、非洲和大洋洲，出口额同比增长了8.19%、4.64%和8.68%，其中对亚洲市场出口规模突出，2022年我国向亚洲市场出口家用纺织品201.25亿美元，占我国出口总量的43.7%，占比较2021年扩大了4.86个百分点（图6）。

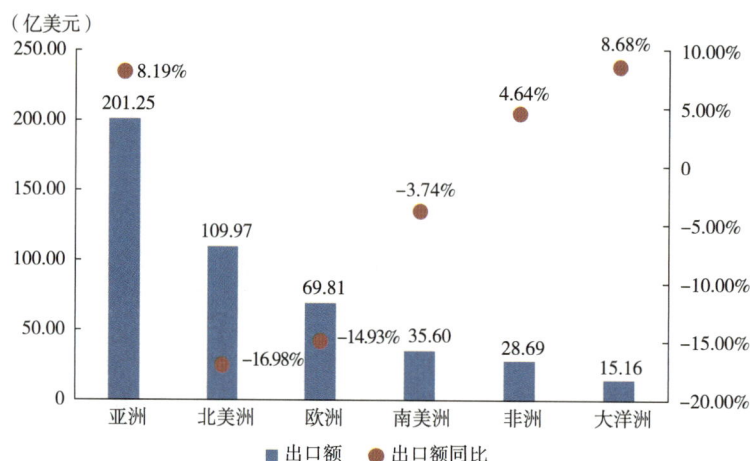

图6 2022年我国对六大洲市场出口家用纺织品情况

1. 东盟

2022年，我国对东盟市场出口家用纺织品82.22亿美元，同比增长13%，其中出口数量同比增长8.28%，出口单价同比增长4.35%。东盟市场已超过欧盟市场，成为我国家用纺织品出口第二大市场，近年来增长势头强劲，一直以来都维持着高增长趋势（图7）。其中越南、马来西亚和泰国在体量上较突出，同比变化较平和，稳定在2021年创造的高峰水平，而其他7国整体增速仍在高位，其中新加坡同比增速高达188.91%（表3）。

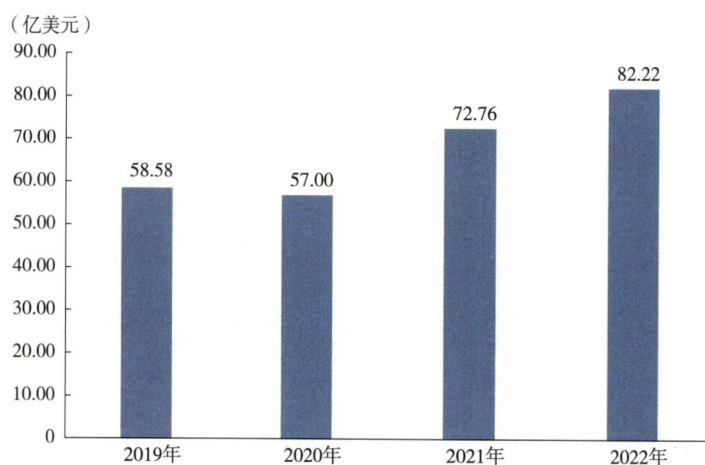

图7 2019~2022年我国家用纺织品对东盟市场出口额

表3 2022年我国家用纺织品对东盟市场出口额及同比增长率

国家	出口额（亿美元）	出口额同比（%）	国家	出口额（亿美元）	出口额同比（%）
越南	25.97	-3.07	新加坡	7.22	188.91
马来西亚	11.29	6.24	菲律宾	7.18	18.39
泰国	9.25	-6.56	缅甸	5.69	65.53
柬埔寨	7.90	10.37	老挝	0.11	175.23
印度尼西亚	7.54	22.53	文莱	0.06	-31.17

2．南亚

2022年我国向南亚三国市场出口家用纺织品26.2亿美元，同比增长9.26%，较2019年增长了38.91%，其中印度和巴基斯坦在2021年高基数基础上进一步攀升，同比增长19.89%和28.45%，孟加拉国基本与上年持平，同比略降0.46%（表4）。

表4　2022年我国家用纺织品对南亚三国市场出口额及同比增长率

市场	出口额 （亿美元）	出口额同比 （%）	市场	出口额 （亿美元）	出口额同比 （%）
印度	9.07	19.89	巴基斯坦	3.53	28.45
孟加拉国	13.61	−0.46			

3．中东地区

2022年我国向中东地区出口家用纺织品42.24亿美元，同比增长4.57%，较2019年增长8.93%。其中阿联酋、沙特阿拉伯、伊拉克、埃及和土耳其是我国家用纺织品在中东地区出口规模前五市场，对其合计出口量占中东地区总量的70%，在2022年均实现显著增长（表5）。

表5　2022年我国家用纺织品对中东前五市场出口额及同比增长率

市场	出口额 （亿美元）	出口额同比 （%）	市场	出口额 （亿美元）	出口额同比 （%）
阿联酋	8.91	6.69	埃及	4.97	2.17
沙特阿拉伯	7.31	16.71	土耳其	2.93	12.48
伊拉克	5.55	18.52			

在亚洲、非洲及大洋洲区域，还有一些增势良好的市场值得关注，如中亚5国、澳大利亚等。2022年我国对中亚5国出口家用纺织品9.55亿美元，同比增长52.20%，较2019年增长18.08%；对澳大利亚出口家用纺织品13.24亿美元，同比增长11.62%，较2019年增长40.25%。

三、前三出口口岸均有所下降

我国主要的家用纺织品集群地外贸承压，前三出口口岸浙江省、江苏省和山东省出口额同比均有不同程度下降，2022年，三省口岸分别出口家用纺织品157.46亿美元、100.49亿美元和53.23亿美元，同比分别下降4.99%、13.04%和1.83%。第四位的广东省实现增长，出口家用纺织品40.58亿美元，同比增长18.92%（图8）。另外新疆虽然出口规模不大，但是增速明显，出口家用纺织品5.83亿美元，同比增长119.46%。

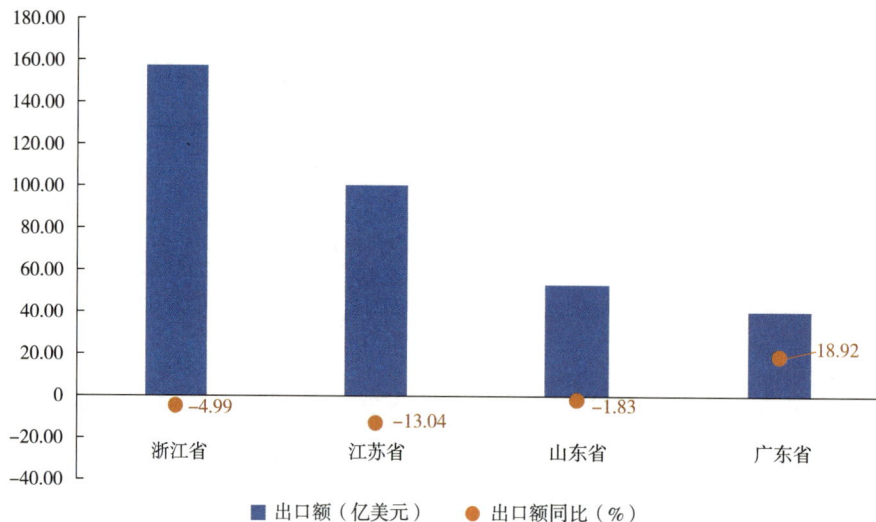

图8　2022年前四口岸出口家用纺织品情况

四、行业外贸环境机遇与挑战并存

（一）国际贸易环境复杂

近年来，地缘政治风险加剧，贸易保护主义抬头，给行业外贸带来极大阻力。2022年，我国对美国出口纯棉家用纺织品11.64万吨，合计10.88亿美元，出口额同比下降12.94%。若剔除价格因素影响，纵观我国对美国纯棉家用纺织品出口数量，降势显而易见。但同时也要看到，我国对东盟市场纯棉家用纺织品出口量正在增长（图9）。

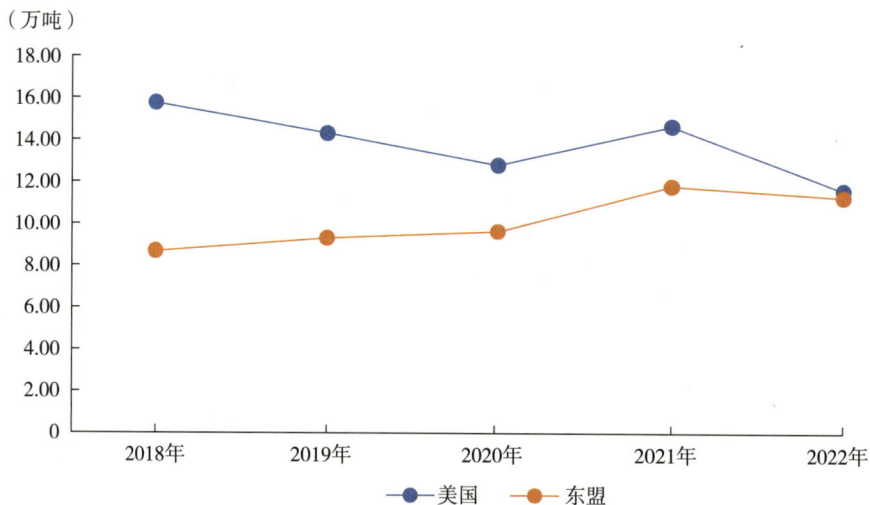

图9　2018~2022年我国纯棉家用纺织品对美国和东盟市场出口数量变化趋势

（二）国际竞争日趋激烈

印度、巴基斯坦、土耳其以及东盟地区纺织业的发展，我国劳动力生产成本优势逐渐变

2022/2023中国家用纺织品行业发展报告

弱，发达经济体对我国的贸易限制，种种因素加剧着我国家纺行业国际竞争压力。以我国家用纺织品出口第一大市场美国来看，虽然我国仍是其最大的进口来源国，但是所占比重有逐渐下降的趋势。据联合国数据显示，2021年，美国进口我国家纺制成品93.15亿美元，占其进口总量的52.95%，较2019年下降3.9个百分点，而排名第二、第三的印度和巴基斯坦2021年合计进口额占30.04%，较2019年增长2.62个百分点。

其中毛巾产品压力更加明显。2020年，我国降为美国进口毛巾产品第三来源国，进口额占其毛巾进口总量的19.18%，并与第一的印度和第二的巴基斯坦逐渐拉开差距。2021年，从印度的进口额占比高于我国22.67个百分点，而这一差距在2019年为10.9个百分点（表6）。

表6　2019~2021年美国毛巾产品前三大进口来源国占总量比重

国家	2019年占比（%）	2020年占比（%）	2021年占比（%）
印度	36.38	39.66	41.85
巴基斯坦	23.76	25.17	24.48
中国	25.48	21.25	19.18

（三）行业发展正处于重要战略机遇期

当前，我国已经进入全面建设社会主义现代化国家的新发展阶段，纺织行业的国际化发展处在重要战略机遇期。党的二十大报告中"推进高水平对外开放"、推动共建"一带一路"高质量发展等明确要求为纺织行业推进高水平国际化发展提供了重要指引。同时，2022年1月1日，RCEP正式生效，为行业贸易带来利好，RCEP区域涵盖我国重要家用纺织品出口市场——东盟、日本、澳大利亚、韩国、新西兰。2022年，我国对RCEP区域出口家用纺织品136.04亿美元，同比增长6.37%，占我国出口总量的30%，占比较2021年增加了2.83个百分点。

（四）行业拥有扎实的发展基础

我国纺织工业形成了全球体量最大、最完备的产业体系，产业链各环节制造能力与水平稳居世界前列，是世界纺织产业平稳运行的重要主体。当前我国纺织行业的国际化发展进入快车道，对外开放程度不断扩大，国际化水平得到显著提升。"以国内大循环为主体、国内国际双循环相互促进"的纺织产业国际化发展新格局正在逐步形成。其中家用纺织品出口规模更是占全球总量的40%以上，一批行业骨干企业充分利用国际国内两个市场、两种资源，积极融入全球产业链，形成了产能跨国布局和优质资源全球配置两条鲜明发展主线，具备抗风险能力和发展韧性。

五、结语

新冠肺炎疫情、加息、通胀、地缘政治冲突以及贸易摩擦等因素导致2022年世界经济发展低迷，未来这些因素将持续作用，我国出口贸易并不轻松。但我们坚信，行业正在一步一个脚印向好发展。我国政府出台了一系列政策助企纾困解难，同时，2022年中央经济工作会议已明确，要更大力度推动外贸稳规模、优结构，外贸环境将逐渐恢复正常。在利好政策下，行业企业发挥自身积极性和敢闯敢干的精神，整合全球产业链资源，优化出口产品质量和结构，探索跨境电商等新业态、新模式，巩固传统优势市场，开拓新兴市场，在多元化的发展道路上寻找适合自己的发展模式。

撰稿人：刘丹

国内市场

2022年中国床上用品市场运行情况及2023年发展趋势

中华全国商业信息中心

2022年是极不平凡的一年，在国际政治错综复杂的外部环境和内部新冠肺炎疫情多发叠发的情况下，我国经济运行经历了前所未有的压力和挑战，预期转弱、供给冲击、需求收缩，整体消费品市场全年略有下降。

2022年受新冠肺炎疫情影响，物流压力陡增，原料成本高企等不利因素严重阻碍了家纺企业的生产运营。消费场景恢复缓慢、居民收入增长放缓等导致的市场需求总体偏弱给家纺行业带来较大挑战，全国重点大型零售企业床上用品市场零售额也明显不及上年同期水平。不过，由于家纺骨干企业加快转型升级步伐，积极拓展智能化、品牌化改造，注重研发与成本控制，使得行业质效水平得到进一步改善，市场也在疫情防控乙类乙管新常态和促内需、扩消费的政策推动下有序复苏。

2023年，虽然我国经济仍面临诸多挑战，但是随着党中央推进经济运行整体转好的决心更加坚定、宏观政策更加明确、扩内需一揽子政策和接续政策持续落地，我们有理由相信，2023年将是开新局、育新机的充满期待的一年。

一、2022年我国消费品市场运行情况

2022年，尽管新冠肺炎疫情反复，对我国消费品市场造成较大冲击，但随着扩内需、促消费政策显效发力，疫情防控优化调整措施落实落细，我国消费品市场整体规模保持稳定，超大市场规模优势依然明显，居民消费长期向好趋势没有改变，新型消费模式较快发展，实体零售数字化转型不断推进，乡村市场消费潜力持续释放，基本生活类商品零售保持平稳增长，绿色消费、文化消费市场增势良好。

（一）消费品市场受新冠肺炎疫情冲击较为明显

2022年，我国社会消费品零售总额实现44万亿元，同比下降0.2%，增速较2020年、2021年两年平均增速放缓4.1个百分点。

分月度来看，1~2月，消费品市场迎来开门红，社会消费品零售总额同比增长6.7%。3~5月，本土疫情多发频发，居民外出购物、就餐减少，非生活必需类商品销售和餐饮收入受到

明显冲击，社会消费品零售总额同比分别下降3.5%、11.1%、6.7%。6~9月，全国疫情防控形势好转，促进新能源汽车、绿色家电等重点领域消费举措持续显效，社会消费品零售总额同比分别增长3.1%、2.7%、5.4%、2.5%。10~11月，多地疫情出现较大反弹，社会消费品零售总额同比分别下降0.5%、5.9%。12月，随着稳经济各项政策和疫情防控优化调整措施落实落细，市场销售有所改善，社会消费品零售总额降幅收窄至1.8%（图1、图2）。

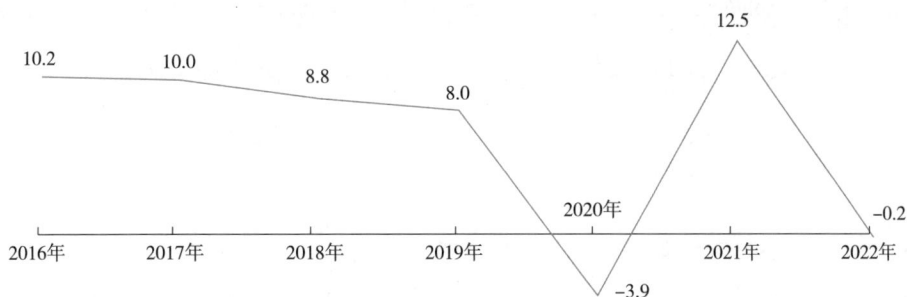

图1　2016~2022年社会消费品零售总额增速（%）
数据来源：国家统计局

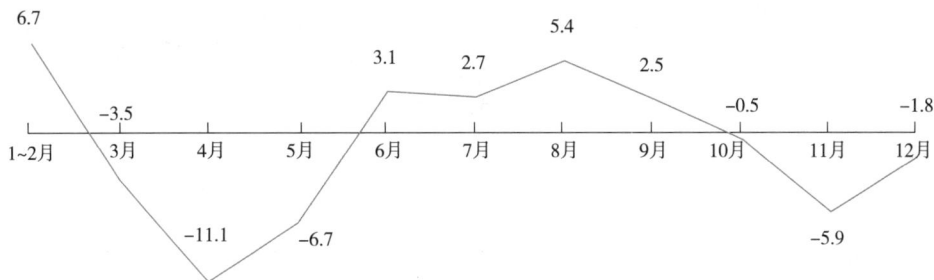

图2　2022年社会消费品零售总额月度同比增速（%）
数据来源：国家统计局

（二）实物商品网上零售额占比有所提升

在直播电商、无接触服务等新型消费模式稳步发展的推动下，网上消费实现较快增长。2022年，实物商品网上零售额同比增长6.2%，增速快于社会消费品零售总额6.4个百分点，其中，吃类、穿类、用类同比分别增长16.1%、3.5%和5.7%。此外，由于新冠肺炎疫情对线下消费场景的冲击程度较大，线下商品零售额有所回落，进一步加大网上消费占比提升幅度，实物商品网上零售额占社会消费品零售总额的比重达到27.2%，比上年提高2.7个百分点（图3）。

（三）商品零售收入保持正增长

在基本生活类商品零售保持平稳增长，居民品质升级、绿色升级类需求持续释放，石油及制品、汽车等大宗商品消费保持正增长等因素的推动下，2022年，商品零售总额同比增长0.5%，增速快于社会消费品零售总额0.7个百分点。餐饮收入在居民出行不便、社交活动减少的影响下，同比下降6.3%。

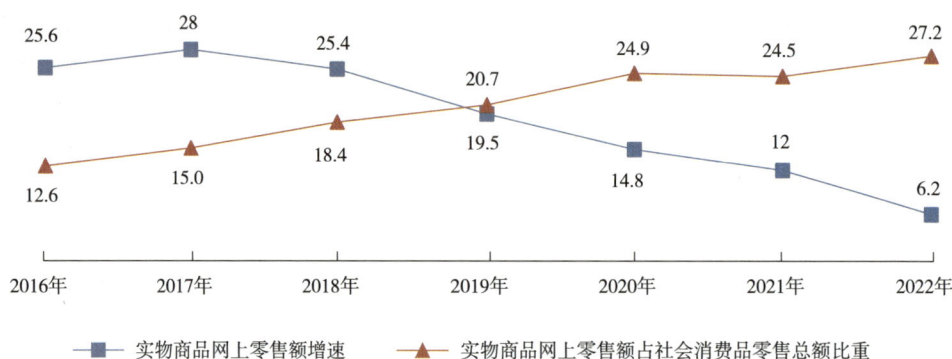

图3　2016~2022年我国实物商品网上零售增速及占比情况（%）
数据来源：国家统计局

    部分实体零售业态持续推进数字化转型升级，不断拓展消费场景、提升消费体验，推动限额以上零售业实体店商品零售同比增长1%，其中，生活必需品供应更为集中的便利店、超市商品零售额分别增长3.7%和3%，品质化升级类消费相对较多的专业店、专卖店商品零售额分别增长3.5%和0.2%（图4、图5）。

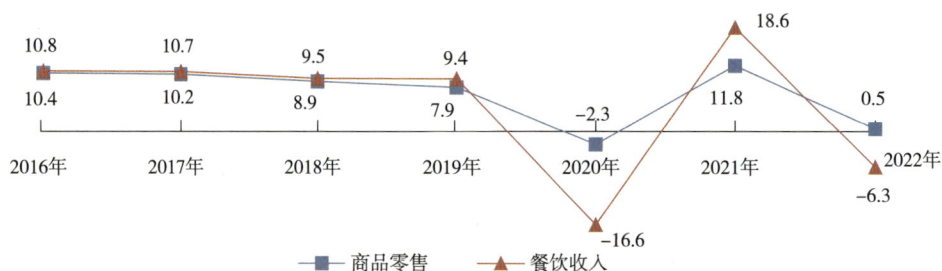

图4　2016~2022年我国商品零售和餐饮收入增长情况（%）
数据来源：国家统计局

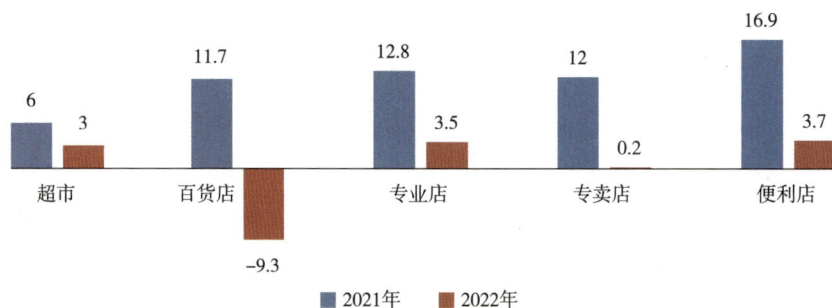

图5　2021~2022年限额以上单位各零售业态零售额增长情况（%）
数据来源：国家统计局

（四）乡村市场运行情况好于城镇

    2022年，乡村消费品零售额与上年基本持平，城镇消费品零售额同比微降0.3%（图6）。
    分月度来看，1~5月、10~12月乡村消费品市场增速均快于城镇1个百分点左右，6~9月疫情影响较小的时期，城镇消费品市场增速快于乡村（图7）。

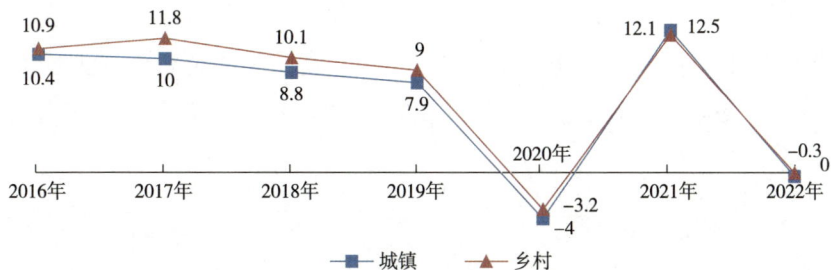

图6　2016~2022年城乡消费品市场增长情况（%）

数据来源：国家统计局

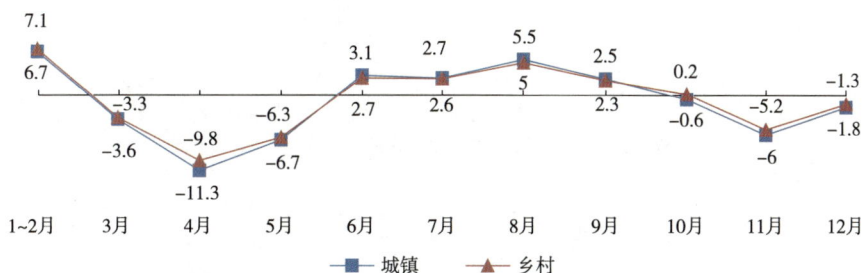

图7　2022年城乡消费品市场各月同比增速（%）

数据来源：国家统计局

（五）限额以上单位六类商品零售额实现正增长

限额以上单位商品类值中，疫情相关的中西药类零售额同比增长12.4%，增速最高。油价上涨推动石油及制品类零售额同比增长9.7%。居民基本生活消费实现较快增长，粮油、食品、饮料、烟酒类零售额同比增长7%。文化类消费持续良好的增长势头，书报杂志类和文化办公用品类零售额分别增长6.4%和4.4%。新能源汽车快速普及，推动汽车类零售额保持正增长（图8）。

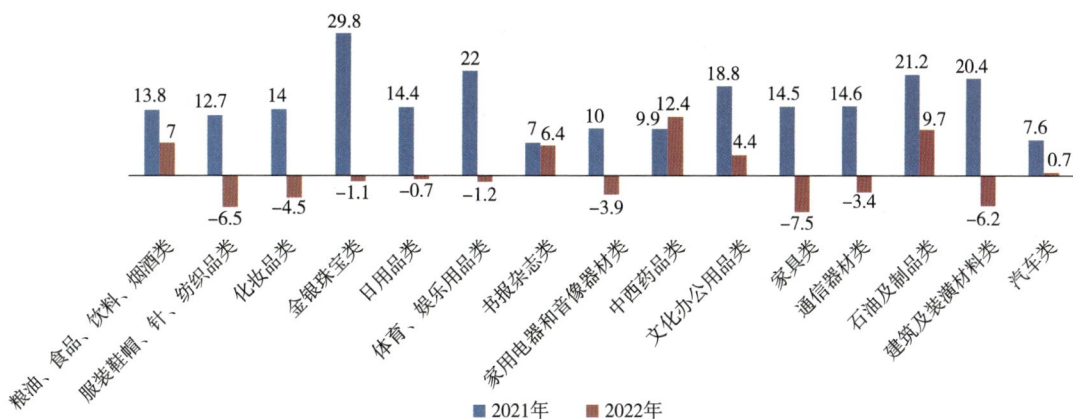

图8　2021~2022年我国限额以上单位各商品类值零售额增长情况（%）

数据来源：国家统计局

（六）全国重点大型零售企业零售额下降

根据中华全国商业信息中心的统计数据，2022年，以百货业态为主的全国重点大型零售企业零售额同比下降12.8%（图9）。其中，粮油、食品类和金银珠宝类零售额同比分别下降3.7%和4.5%，降幅相对较低。服装类、化妆品类、日用品类零售额均出现两位数降幅（图10）。

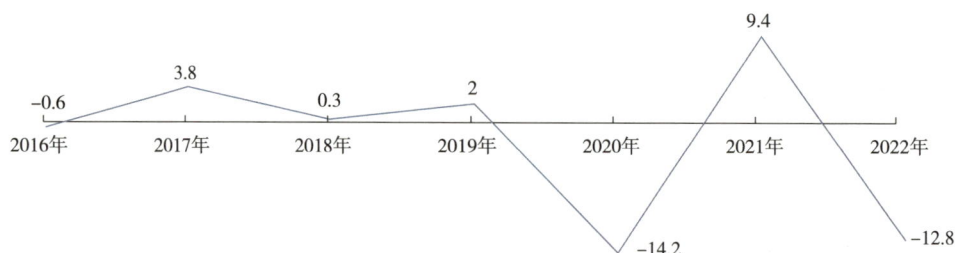

图9　2016~2022年全国重点大型零售企业零售额增速（%）
数据来源：中华全国商业信息中心

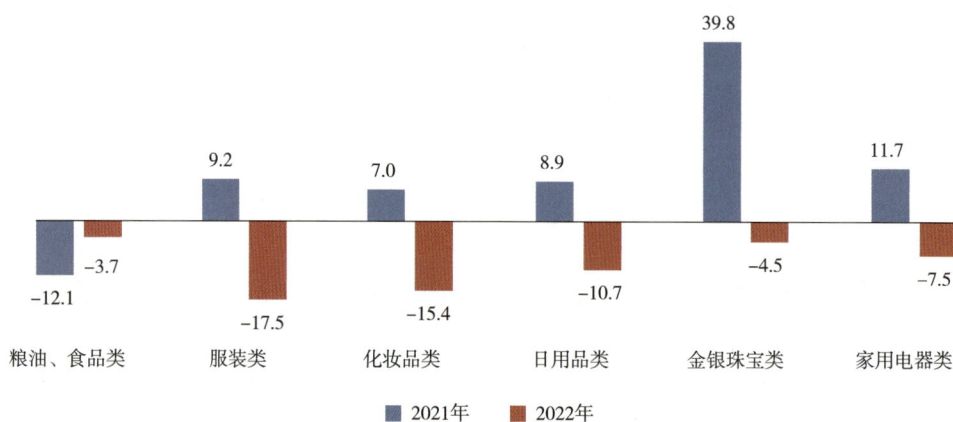

图10　2021~2022年全国重点大型零售企业各类别商品零售额增长情况（%）
数据来源：中华全国商业信息中心

二、2022年全国重点大型零售企业床上用品市场运行情况

（一）床上用品零售额同比下降14.4%

中华全国商业信息中心统计数据显示，2022年全国重点大型零售企业（以百货商场为主）床上用品零售额同比下降14.4%，与上年相比，增速有明显回落，且降幅大于全国重点大型零售企业整体12.8%的降幅水平（图11）。

分月来看，3月以来，床上用品零售额连续负增长，3~5月企业生产经营受到疫情冲击，零售额降幅达到两位数，经历了年中小幅上升以后迅速回落，年末受新冠疫情感染高峰影响降幅超过30%（图12）。

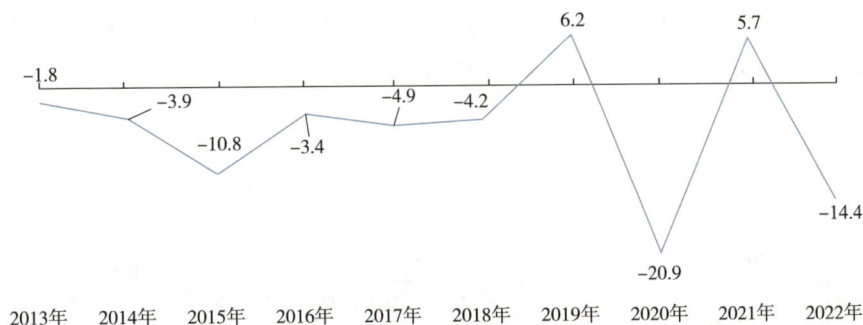

数据标签：−1.8　−3.9　−10.8　−3.4　−4.9　−4.2　6.2　−20.9　5.7　−14.4

2013年　2014年　2015年　2016年　2017年　2018年　2019年　2020年　2021年　2022年

图11　2013~2022年全国重点大型零售企业床上用品零售额增长情况（%）
数据来源：中华全国商业信息中心

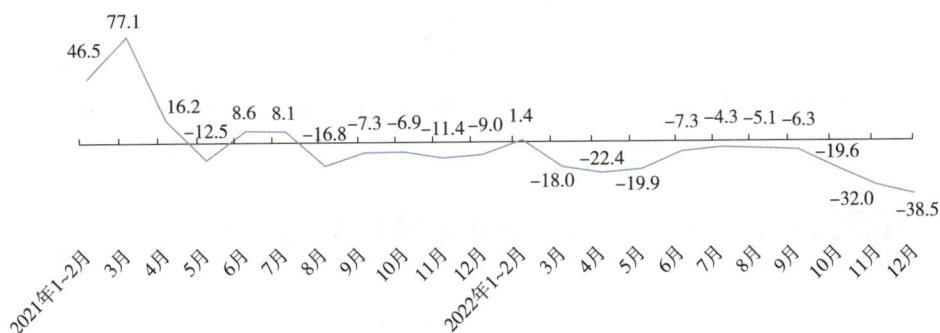

数据标签：46.5　77.1　16.2　−12.5　8.6　8.1　−16.8　−7.3　−6.9　−11.4　−9.0　1.4　−18.0　−22.4　−19.9　−7.3　−4.3　−5.1　−6.3　−19.6　−32.0　−38.5

2021年1-2月　3月　4月　5月　6月　7月　8月　9月　10月　11月　12月　2022年1-2月　3月　4月　5月　6月　7月　8月　9月　10月　11月　12月

图12　2021~2022年全国重点大型零售企业床上用品类零售额月度增速（%）
数据来源：中华全国商业信息中心

（二）一线城市零售额降幅明显

2022年，全国重点大型零售企业一线城市表现明显弱于二、三线城市市场，零售额同比下降22.5%，增速相比上年大幅降低25.9个百分点；二线城市同比下降11.5%，增速相比上年降低18.1个百分点；三线城市同比下降15.5%，增速相比上年降低20.7个百分点（图13）。

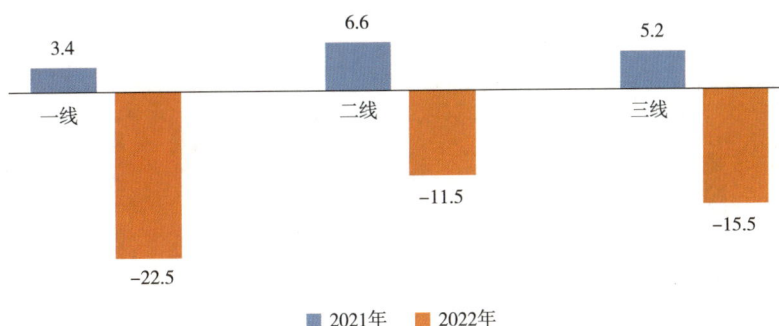

一线　3.4　−22.5
二线　6.6　−11.5
三线　5.2　−15.5

■ 2021年　■ 2022年

图13　2021年、2022年全国重点大型零售企业床上用品分线城市零售额增速（%）
数据来源：中华全国商业信息中心

（三）平均单价保持温和上涨

受国际政治局势影响，原料进口受阻，床上用品生产成本明显提高，价格波动影响了市场销售终端。中华全国商业信息中心统计数据显示，2022年床上用品和各种被价格均保持温和上涨态势❶，相比上年分别同比增长4.1%和5.0%（图14）。

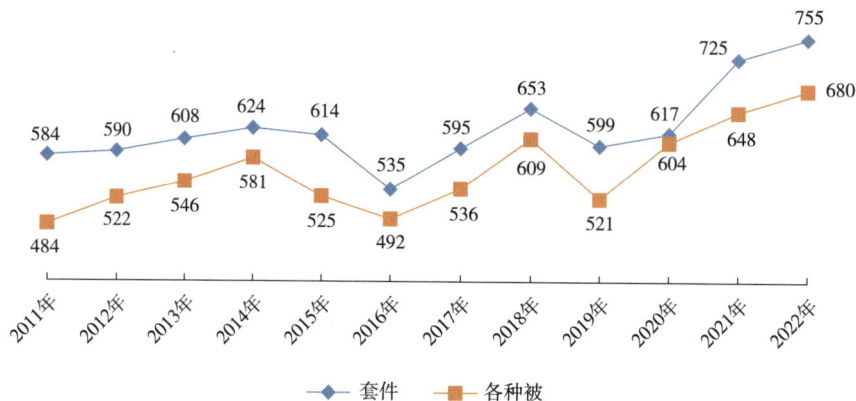

图14 2011~2022年全国重点大型零售企业床上用品套件和各种被平均单价（元）
数据来源：中华全国商业信息中心

三、2022年全国重点大型零售企业床上用品市场品牌运行情况

（一）床上用品套件

1. 市场集中程度提升

根据中华全国商业信息中心对全国重点大型零售企业品牌的监测数据，2022年我国床上用品市场集中度呈现小幅上涨趋势，排名前十的品牌市场综合占有率之和为42.6%，相比上年提高1.4个百分点；排名前二十品牌市场综合占有率之和为55.3%，相比上年提高2.8个百分点。近年来，随着收入水平的提升，人们在床上用品的消费过程中更关注品牌知名度和产品质量。龙头企业纷纷围绕品牌定位、产品研发、渠道拓展、服务升级等方面建立起各自的竞争优势，市场占有率稳步提升（图15）。

图15 2014~2022年床上用品套件市场综合占有率情况（%）
数据来源：中华全国商业信息中心

---

❶ 2022年价格为结合相关统计数据初步推算得到。

2. 品牌格局稳定

从2022年前十品牌排名情况来看，经过多年的市场竞争，我国床上用品市场已经建立了比较成熟的品牌格局，各品牌市场份额也比较稳定。罗莱、梦洁、富安娜、水星家纺分别以10.4%、7.6%、5.3%和5.1%的市场综合占有率继续排名前四位，构成床上用品市场的第一梯队。相比上年，罗卡芙和宜庭表现较为突出，分别从上年的第六名和第十名上升为2022年的第五名和第八名，市场综合占有率也有显著提升（表1）。

表1　2021年、2022年床上用品市场前十品牌占有率

2021年			2022年		
排名	品牌名称	占有率（%）	排名	品牌名称	占有率（%）
1	罗莱	10.1	1	罗莱	10.4
2	梦洁	7.5	2	梦洁	7.6
3	富安娜	5.2	3	富安娜	5.3
4	水星家纺	4.9	4	水星家纺	5.1
5	寐	3.1	5	罗卡芙	3.3
6	罗卡芙	3.0	6	寐	3.0
7	博洋	2.4	7	博洋	2.5
8	惠谊	1.8	8	宜庭	1.9
9	ESPRIT	1.7	9	惠谊	1.9
10	宜庭	1.6	10	ESPRIT	1.7

数据来源：中华全国商业信息中心

（二）床上用品各种被

1. 市场集中度稳步提升

2022年全国重点大型零售企业床上用品各种被前十品牌市场综合占有率之和为40.8%，相比上年提升了1.1个百分点，前二十品牌市场综合占有率之和为52.8%，相比上年提升了1.6个百分点。市场集中度持续稳步提升，说明各种被市场已经趋于成熟和稳定（图16）。

图16　2014～2022年全国重点大型零售企业床上用品各种被市场综合占有率情况（%）
数据来源：中华全国商业信息中心

2. 优势品牌地位基本平稳

受新冠肺炎疫情影响，中小家纺企业经营环境较为艰难，被市场淘汰后，释放出来的资源向龙头品牌集聚，龙头品牌市场占有率提高的趋势越来越明显。从2022年前五品牌排名情况来看，罗莱和梦洁在各种被市场中优势地位仍然突出，罗莱的市场占有率提升了0.27个百分点，梦洁仍然稳居第二位。相比上年，水星家纺表现较为突出，从上年的第四名上升为2022年的第三名，市场占有率提升了0.37个百分点（图17）。

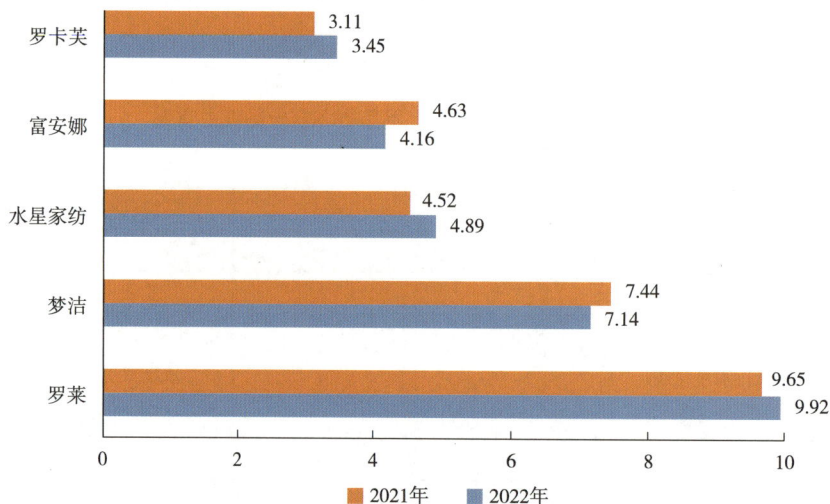

图17　2021年、2022年各种被市场优势品牌占有率（%）
数据来源：中华全国商业信息中心

四、2022年床上用品消费市场发展特点

（一）高端床上用品市场需求持续扩张，市场竞争愈发更加激烈

随着我国居民收入水平的提升，人们的消费能力也在不断提高，带来消费观念的转变和消费升级。除了满足基本使用需求外，高端床品逐渐成为一种品质与身份的象征。相关数据显示，2022年我国高端床上用品市场规模大约是93.6亿元，占床上用品市场的11.01%，前景广阔。

基于消费者的需求，国内家纺品牌纷纷开始进行技术革新，探索和开拓高端床上用品市场。2022年梦洁、罗卡芙、罗莱集团继续领跑高端床上用品市场，三家集团的市场占有率之和达到76.7%，超出去年6.6个百分点，显示出高端床上用品市场的集中化。而第四至第十的市场占有率排名则发生了较大变化，欧恋纳、芙雷特、ESPRIT的市场占有率排名分别从上年的十名以外上升至第五、第七和第十，竞争异常激烈。

（二）产业加速智能化、自动化升级

以全价值链数字化业务场景为核心，国内床上用品企业持续加大厂区智能化改造投入，致力于构建产供销一体化的管理和监测平台。在产品生产上，全面实现自动化生产，由监测平台统一控制，精准把握生产要素的投放和各车间之间的连接，既避免了原材料的浪费，降低了生产成本，又能有效地提高生产效率，保证产品质量。在物流运营上，大力发展智慧物

流，配备智能立库和自动化分拣设备，在提高分拣准确率的同时还能够节约人力。床上用品更是创新性地与能够监测温度、湿度，具有传感和控制作用的电子微模块结合，实现调节温度、改善睡眠环境等多种功能。智能化工厂的建设与智能化产品的应用和发展将会越来越普遍，床上用品行业正在迎来崭新的智能化时代。

（三）产品的装饰性、保健性和功能性有所提升

"90后"甚至"00后"人群逐渐成为当前的主流消费群体，与上一代消费者不同的是，年轻一代接触互联网的时间更早，消费观念具有明显的个性化和差异化特点。他们对于床上用品的要求不再局限于保暖和舒适等基础特性，转而将目光聚焦于产品的装饰性、保健性和功能性。消费者开始将床单、被套、枕巾等独立消费品当作整体室内软装的一部分，时尚化、艺术化的床上用品往往能带来更高的购买频次。同时，越来越多特殊功能被研发并应用到床上用品中，例如透气、排汗、抗菌、防螨、防紫外线、防油防水等。床上用品的材质也不再拘泥于传统的棉、羽绒、蚕丝等，一些新型面料如天丝、竹纤维等逐渐进入大众视野。

（四）儿童床上用品市场快速发展

随着三胎政策的全面放开，儿童床上用品市场需求逐渐提升。同时，"90后"人群成为母婴市场的重要目标群体，这类人群对于生活品质要求较高，育儿消费观念具有精致化、个性化的特点。第七次全国人口普查数据显示，我国0~14岁少儿已超2.5亿。面对不断增长的市场需求，一些床上用品品牌及时抓住机遇推出了儿童床品子品牌。和去年相比，2022年儿童床上用品市场和各种被市场排名前十品牌的市场综合占有率分别下降了1.5和7.8个百分点，儿童床上用品市场品牌格局尚未完全稳定，品牌在这一细分领域仍有较大机会。

（五）床上用品头部企业优势扩大

与去年相比，2022年床上用品市场和各种被市场头部企业的市场综合占有率均有所提高。其原因有以下两点：第一，人们的消费观念正在逐渐转变，越来越多的消费者愿意为高品质的床上用品付费，并且更加关注产品的质量、功能以及附加服务。而中小品牌与领先品牌相比，所具备的核心竞争力较低，研发能力和创新能力也远远不及这些大企业，生产的产品自然附加值更低，难以吸引高端客户群体。第二，在销售渠道方面，线下渠道由于受疫情影响客流量减少，百货商场通过淘汰小品牌的方式整合资源向头部企业汇集，线上渠道的平台流量也往往倾向于单价更高的大企业。头部企业拥有更强的抗风险能力、资源、技术等多方面优势，市场占有率持续提升趋势显著。

五、2023年我国消费品市场发展环境和趋势预测

（一）扩大内需战略实施将有力提振市场发展信心

习近平总书记在《当前经济工作的几个重大问题》中指出：总需求不足是当前经济运行

面临的突出矛盾。必须大力实施扩大内需战略，采取更加有力的措施，使社会再生产实现良性循环。要优化政策举措，充分发挥消费的基础作用和投资的关键作用。把恢复和扩大消费摆在优先位置，要增强消费能力，改善消费条件，创新消费场景，使消费潜力充分释放出来。《扩大内需战略规划纲要（2022—2035年）》指出：要全面促进消费，加快消费提质升级。顺应消费升级趋势，提升传统消费，培育新型消费，扩大服务消费，适当增加公共消费，着力满足个性化、多样化、高品质消费需求。《2023年政府工作报告》中指出：着力扩大国内需求。把恢复和扩大消费摆在优先位置。多渠道增加城乡居民收入。稳定大宗消费，推动生活服务消费恢复。由此可见，大力实施扩大内需战略，着重恢复和扩大消费是2023年的经济工作重点，这将极大地鼓舞消费品市场加快恢复增长、实现高质量发展的信心。

（二）经济预期改善将有利于居民消费水平进一步提升

《2023年政府工作报告》中指出，今年发展主要预期目标包括：国内生产总值增长5%左右，城镇新增就业1200万人左右，居民消费价格涨幅3%左右，居民收入增长与经济增长基本同步。为实现上述目标，政府工作报告指出：积极的财政政策要加力提效，对现行减税降费、退税缓税等措施，该延续的延续，该优化的优化，做好基层"三保"工作。稳健的货币政策要精准有力，保持广义货币供应量和社会融资规模增速同名义经济增速基本匹配，支持实体经济发展。社会政策要兜牢民生底线，落实落细就业优先政策，把促进青年特别是高校毕业生就业工作摆在更加突出的位置，切实保障好基本民生。此外，各省（直辖市）制定的2023年GDP增长目标大多在6%左右，均体现出稳字当头、稳中求进的经济发展要求。由此可见，在经济增长、居民收入、就业民生均得到有力保障的基础上，居民消费能力将持续增强，居民消费水平将进一步提升。

（三）防疫措施持续优化将促使消费市场加快恢复

自2022年11月以来，我国围绕"保健康、防重症"，不断优化调整防控措施，相继出台二十条优化防疫措施、新十条防疫措施，高效统筹疫情防控和经济社会发展，较短时间实现了疫情防控平稳转段，取得疫情防控重大决定性胜利。《2023年政府工作报告》中指出：当前我国疫情防控已进入"乙类乙管"常态化防控阶段，要更加科学、精准、高效做好防控工作，守护好人民生命安全和身体健康。由此可见，随着科学防疫措施的不断优化和深入落实，疫情对人们生活空间的限制将会大幅减弱，疫情对消费场景的损害将得到快速修复，居民对疫情的恐惧心理将逐渐消失，居民长期抑制的以餐饮、旅游、娱乐为主的服务消费需求将会迅速释放，与此同时，随着线下活动的增多，实体消费场所的客流量持续增多，将有利于线下商品零售实现逐步恢复。

（四）物价温和上涨将为消费稳定增长创造良好环境

《2023年政府工作报告》将CPI涨幅定在3%左右，这一预期目标与前两年保持一致。在输入性通胀压力尚未明显减弱，国内需求恢复将在一定程度上推高国内物价的环境下，实现物价温和上涨目标意味着政府将加大力度确保粮食、能源等大宗商品的生产安全、储备安全、供给安全，将进一步强化重要民生商品的保供稳价。习近平总书记强调，要严守耕地红线，稳定粮食播种面积，加强高标准农田建设，切实保障粮食和重要农产品稳定安全供给。今年政府工作报告也再次将"粮食产量保持在1.3万亿斤以上"列入了年度发展预期目标，并启动实施新一轮千亿斤粮食产能提升行动，加强粮食仓储物流设施建设，全方位夯实粮食安全根基。进一步强化能源等大宗商品的保供稳价也是稳物价工作的重点，政府工作报告指出：要加强重要能源、矿产资源国内勘探开发和增储上产。由此可见，在各项保供稳价政策举措接续发力之下，我国物价涨幅将实现总体可控，这将为我国消费持续恢复增长创造良好稳定的物价环境。

（五）社会消费品零售总额预计增长6%左右

2023年，我国消费品市场上的不确定性客观因素依然存在，但推动市场高质量发展的有利因素不断积累。一是我国消费发展长期向好的基本面没有改变，庞大的人口基数、稳步提升的城镇化水平，以及乡村市场较大的消费潜力将有力支撑我国消费市场的稳定恢复。二是我国将出台更加有利于稳就业、稳收入、稳市场主体的财政政策和货币政策，努力提升消费倾向高但受疫情影响较大的中低收入居民消费能力，有利于大力提振消费信心，释放消费潜力。三是国家将加大社会保障、转移支付等调节力度，并进一步提升社会保障水平，完善生育支持措施和应对人口老龄化政策举措，让更多人能消费、敢消费、愿消费。四是政府工作报告指出：加强住房保障体系建设，支持刚性和改善性住房需求，解决好新市民、青年人等住房问题。这将有利于我国房地产市场平稳发展以及居住类相关商品消费的稳定增长。由此可见，在国家扩大内需，恢复和加快消费的一揽子政策推动下，在居民收入稳定增长、营商环境持续改善、住房需求有效满足、大宗消费保持增长、新型消费快速壮大、消费价格稳定可控等有利条件的促进下，我国消费品市场有望加快恢复速度，社会消费品零售总额将实现6%左右的增长。

六、2023年床上用品消费市场发展趋势

（一）政策预期有利于产业发展

国家出台的与床上用品行业密切相关的政策主要有：

2022年4月，工信部推出的《关于化纤工业高质量发展的指导意见》提到，要加快技术改造，淘汰落后产能，提高国产纤维产品的质量和知名度，培育国产纤维产品的知名品牌等内容。

2022年6月，工信部等《关于开展2022"三品"全国活动的通知》指出，与床品相关的主要内容是要求优质品牌引领消费升级，在新冠肺炎疫情背景下通过数字技术推广新产品，支持产品融合民族元素，不断创新等。

2022年10月，工信部《关于开展2022纺织服装"优供给促升级"活动的通知》要求，家

纺行业等开展交流对接活动，不断进行产品创新，升级产品，加强企业品牌建设等。

2023年，政策重点将转为扩大内需，稳定经济增长。三孩政策的放开、促进房地产行业健康发展的相关举措的推出，以及构建推动经济发展的国际国内双循环体系等，这些政策对床上用品行业而言都是利好政策。从需求角度来看，这些政策有利于刺激消费，释放市场潜力；从供给角度来看，供给体系质量提高，能够实现更高水平的供需动态平衡。因此，2023年，政策将会对床上用品行业的健康发展起到促进作用。

（二）市场竞争更加激烈，市场集中度提升

贸易战使原来出口到美国及欧洲等国家的产品部分回流到国内市场，加剧了国内市场的竞争态势。由于床上用品科技含量相对较低，利润相对较薄，这种激烈竞争的态势如果演变下去，将会导致一些规模较小，经营不善的床上用品企业破产倒闭，从而使得市场进一步向一些更有竞争力的品牌集中。因此，2023年床上用品企业要想在激烈竞争的市场中存活下来，就需在产品创新、品牌建设、渠道拓展、成本管理等多个方面加强建设，从而为产品在市场竞争中争得一席之地。

（三）市场需求进一步多元

1. 需求功能多样化

随着经济的发展，人们消费能力的不断提高，对床上用品的要求也不断提高。为了追求高品质的生活，不同年龄层，不同地区、不同消费层次的消费群体对产品的要求也会有所不同。年轻群体由于生活节奏快，希望床上用品洗涤方便，甚至有时对一些一次性产品也情有独钟，往往对产品耐久性要求会有所忽视。年长群体则对健康有特殊需求，希望产品具有防虫防螨，健康检测等功能。商家有必要根据不同群体的消费需求，不断开发创新床上用品，从而满足不同消费群体对不同功能定位的需求。

2. 需求设计差异化

在产品功能满足使用要求的情况下，往往不同人群对产品的款式、外观都会有不同的追求。儿童喜欢一些带有卡通图案，颜色鲜艳的产品；年长者喜欢一些庄重大气，比较传统一些的风格。而年轻群体则更希望紧跟时尚潮流，具有一定的个性特设的产品。因此，在设计时，有必要紧贴市场需求，根据市场需要，不断推出让市场满意的产品。

3. 需求材料丰富化

近年来，床上用品随着市场需求的变化不断更新换代。床上用品由传统的棉花被逐步发展到今日的多孔被、羽绒被，套件面料从传统的纯棉面料发展到真丝面料，到今日的竹纤维、天丝等功能性面料，产品结构逐渐丰富，不仅限于传统的实用性，更多地加入了功能性、保健性、装饰性和绿色环保等诸多新功能。数据显示，我国床上用品面料和填充料共消耗纤维约700万吨，主要为棉和合成纤维，两者合计约占总量的90%。填充物用量约占40%；面料（含芯被类产品内胆面料）用量约占60%。在填充物用料中，合成纤维居多，占填充物的70%以上；而在面料中，棉制品居多，占面料用量的60%左右。

（四）实体店提供更加全面的高品质服务

和线上购买渠道相比，实体店可以让消费者真实、深入地感知场景。床上用品企业抓住了这一关键，打造沉浸式高端线下体验店，从视觉、触觉以及互动等多重角度和方式为消费者提供更好的购物体验，加深品牌印象，提高客户黏性。此外，大件床品的洗护和保养问题是阻碍消费者购买的一大痛点。基于此，实体店在提供高品质的产品之余，还配置了烘干机、洗衣机、熨烫机和除螨仪等设备，提供奢品级的洗护服务。一方面为消费者解决了床品护理问题，另一方面提高了与客户的接触频率，有助于提升顾客满意度和复购率。

随着新冠病毒感染防控全面放开，实体店的附加服务将向着更加深入、全面的方向发展，不断提高消费者的购买体验性和满意度。

（五）健康、天然、绿色成为行业发展趋势

绿色发展已成为全球共识，消费者对于床上用品环保性和安全性的关注度也在逐渐提高，推动床上用品行业朝着健康与绿色的时代趋势不断发展。在用料上，棉、羽绒、蚕丝等天然纤维产品广泛受到消费者青睐，家纺公司也在加大对于天然面料的开发力度，并且优先选用绿色环保、节能低耗的面料和染料；在生产工艺上，床上用品龙头企业积极采用低碳环保技术，减少化学助剂的使用，实现清洁生产与绿色制造。为了响应国家碳达峰、碳中和的号召，应对全球气候变化，健康、天然、绿色将成为行业长期发展的趋势。

2022年纺织服装专业市场及家纺市场运行分析

中国纺织工业联合会流通分会

2022年，新冠肺炎疫情持续冲击，地缘政治深刻影响，世界经济持续低迷，外部环境风高浪急，产业链供应链国际循环受阻、国内循环承压，国际贸易投资萎缩，大宗商品市场动荡，各种风险挑战远超预期。面对复杂的国际环境和疫情的反复冲击，我国纺织服装行业承压运行，其中，流通领域的运行压力尤为突出。根据中国纺织工业联合会流通分会监测数据，2022年我国万平方米以上纺织服装专业市场854家，市场总成交额达到2.13万亿元，同比下降8.54%，其中，中国纺联流通分会重点监测的44家市场商圈总成交额为13856.72亿元，同比下降5.05%。2022年，我国纺织服装专业市场面临巨大的发展压力，总量规模下滑明显。

一、总体情况

据流通分会统计，2022年我国万平方米以上纺织服装专业市场854家，市场数量同比下降6.56%；市场经营面积达到7276.80万平米，同比下降3.92%；市场商铺数量134.41万个，同比下降4.34%；市场商户数量108.82万户，同比下降4.71%；市场总成交额2.13万亿元，同比下降8.54%。

（一）总量规模方面

2016~2020年，我国万平方米以上纺织服装专业市场数量、市场经营面积、市场商铺数量、市场商户数量连续增长，增幅逐年收窄，自2021年开始出现下滑，2022年继续下滑。行业投资建设更加理性，新增市场数量逐年降低，歇业重装、关停倒闭、转变业态等市场数量增加，总量规模下滑。

（二）成交额增速方面

2016~2022年，专业市场总成交额年同比增速依次为2.81%、5.12%、3.85%、−1.08%、−2.22%、1.98%、−8.54%，自2019年起出现连续两年的下降，2021年专业市场成交额重新实现增长，2022年又出现明显下滑（图1）。

图1 2016~2022年纺织服装专业市场数量与成交额
数据来源：中国纺联流通分会

（三）运行效率方面

2022年纺织服装专业市场商铺效率为158.25万元/铺，同比下降4.39%；商户效率为195.46万元/户，同比下降4.01%；市场效率为29229.77元/平方米，同比下降4.80%（图2）。

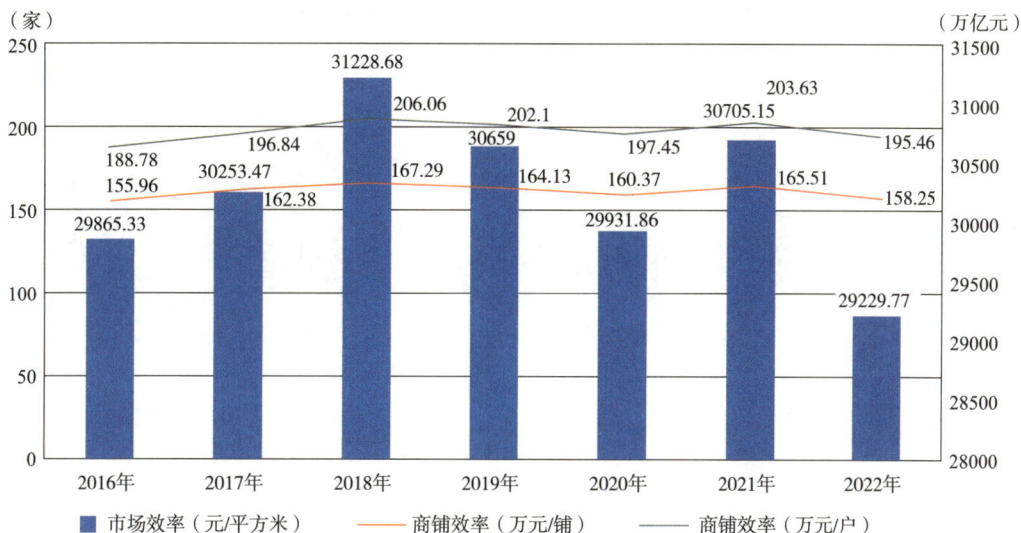

图2 2016~2022年纺织服装专业市场运行效率

（四）景气方面

2022年，纺织服装专业市场管理者景气与商户景气走势基本一致。从景气走势看，专业市场全年景气整体低迷，分别在上半年春装销售旺季和下半年夏装旺季达到50荣枯线以上；四季度受疫情影响，景气指数出现大幅下滑。从全年数值看，2022年专业市场管理者景气指数全年平均值为48.75，商户景气指数全年平均值为49.21，两项平均数均低于50荣枯线，相较2021年有明显下滑，管理者景气略低于商户景气（图3）。

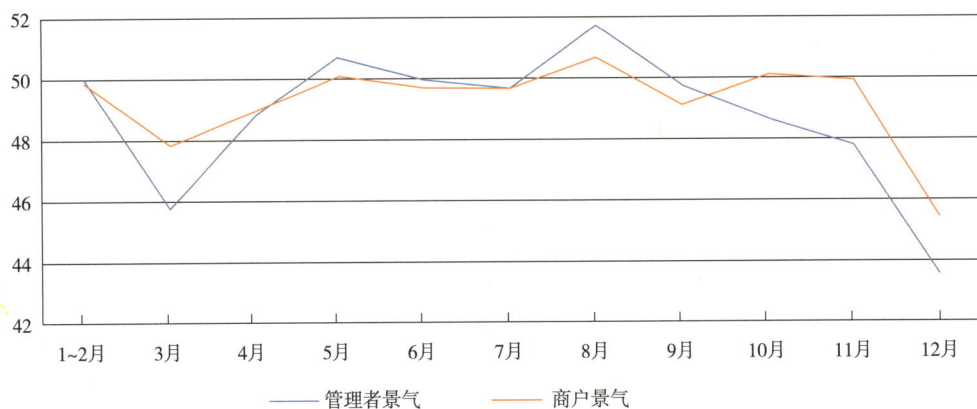

图3　2022年全年景气指数一览
数据来源：中国纺联流通分会

二、结构分析

（一）从区域看

854家专业市场中，东部地区515家，成交额18119.98亿元，占总成交额的85.19%，同比下降6.94%。中部地区187家市场成交额2160.69亿元，占总成交额的10.16%，同比下降15.35%。西部地区152家市场成交额989.26亿元，占总成T交额的4.65%，同比下降19.67%（表1、图4）。

表1　东部、中部、西部地区市场成交额占比及增速

地区	东部	中部	西部
成交额（亿元）	18119.98	2160.69	989.26
占比（%）	85.19	10.16	4.65
增速（%）	−6.94	−15.35	−19.67

数据来源：中国纺联流通分会

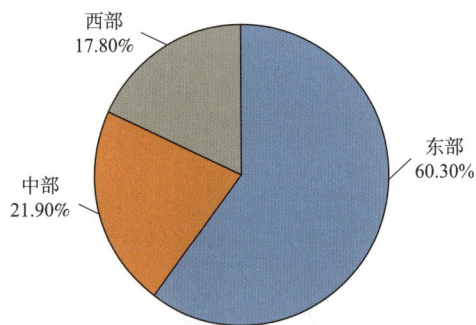

图4　东中西部地区市场数量占比
数据来源：中国纺联流通分会

（二）从品类看

服装和原、面（辅）料是我国纺织服装专业市场的主营商品，主营服装和原、面（辅）料的专业市场共602家，占市场总量的70.49%，成交额占总成交额的69.21%。其中，主营服装产品的专业市场449家，在各品类中成交额最高，达7758.33亿元，占总成交额的36.48%，同比下降17.54%；主营原、面（辅）料的专业市场153家，成交额位列第二，达6962.97亿元，占比32.74%，同比上升0.13%；主营家纺、小商品的专业市场也实现了成交额的正增长，其中，主营小商品的专业市场成交额增速最高，同比上升2.14%；家纺类专业市场运行稳中有进，同比上升1.40%；综合类专业市场同比下降19.33%；其他类专业市场同比下降10.60%（表2、图5）。

2022/2023中国家用纺织品行业发展报告

表2　各品类市场成交额占比及增速

品类	成交额（亿元）	占比（%）	增速（%）
面（辅）料	6962.97	32.74	0.13
服装	7758.33	36.48	−17.54
家纺	1780.86	8.37	1.40
小商品	2602.83	12.23	2.14
综合	1373.42	6.46	−19.33
其他	791.51	3.72	−10.60

数据来源：中国纺联流通分会

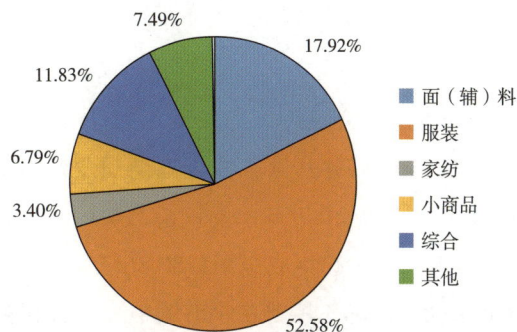

图5　各品类市场数量占比

数据来源：中国纺联流通分会

图例：面（辅）料　服装　家纺　小商品　综合　其他

三、重点监测市场分析

2022年1~12月，流通分会重点监测的44家纺织服装专业市场（含市场群）总成交额达到13856.72亿元，同比下降5.05%。其中，12家市场成交额同比上升，平均增幅为8.10%；32家市场成交额同比下降，平均降幅为−18.86%。

（一）运行效率分析

从市场运行效率看，44家重点监测市场平均运行效率为62382.55元/平方米，同比下降5.05%；平均商铺效率为477.29万元/铺，同比下降5.05%。

（二）市场区域结构分析

从区域结构看，1~12月，44家重点监测市场中，东部地区专业市场成交额为12388.87亿元，同比下降3.62%，占专业市场总成交额的89.40%；中部地区专业市场成交额为1026.50亿元，同比下降13.35%，占专业市场总成交额的7.41%；西部地区专业市场成交额为441.35亿元，同比下降16.34%，占专业场总成交额的3.19%（表3）。

表3　44家重点监测市场东部、中部、西部地区成交额占比及增速

地区	东部	中部	西部
成交额（亿元）	12388.87	1026.50	441.35
占比（%）	89.40	7.41	3.19
增速（%）	−3.62	−13.35	−16.34

（三）流通层级结构分析

从流通层级来看，44家重点监测市场单位中包括26家产地型专业市场、18家销地型专业市场。2022年1~12月，26家产地型市场成交额达到12583.81亿元，占总成交额的90.81%，同比下降4.32%；18家销地型市场成交额为1272.92亿元，占总成交额的9.19%，同比下降11.75%。

四、家纺市场分析

据流通分会统计，2022年万平方米以上专营家纺产品的专业市场（含市场群，一个市场群计为1家）共计29家，占全国纺织服装专业市场总数的3.40%。市场经营总面积370.45万平方米，同比增长0.76%；商铺总数4.19万个，同比增长0.72%；经营商户总数3.94万户，同比增长0.77%。2022年成交额1780.86亿元，占全国纺织服装专业市场总成交额的8.37%，成交额增速1.40%，在各品类专业市场中，增速位列第二；家纺市场运行效率为48072.89元/平方米，同比增长0.64%，家纺市场的运行效率略高于全国纺织服装专业市场平均运行效率的29229.77元/平方米，低于重点监测市场的62382.55元/平方米。

家纺专业市场连续七年实现成交额增长，2022年，主营家纺产品的专业市场运行基本平稳，在全国纺织服装专业市场整体运行下滑的情况下，仍然实现了1.40%的成交额增长，是三个实现增长的品类之一，增速位列第二，仅次于小商品市场。

从规模看，2022年，家纺专业市场的数量、经营面积、商铺数量、商户数量实现小幅提升；从市场运行效率来看，主营家纺产品的专业市场的运行效率高于全国纺织服装专业市场的平均运行效率。可见家纺市场日常运营良好，稳中有进，商户运行的灵动性更强，抗风险能力较好。

2022年，家纺行业渠道加速整合。一方面，家纺行业的电商销售蓬勃发展，"90后"消费者逐渐成为家居消费市场主力，其线上购物习惯和对品质生活的旺盛需求进一步促进家居电商的增长。另一方面，线下实体店为积极争取市场份额，不断提供高品质的服务和购物体验，打造沉浸式、体验式家居消费场景，打造体验式大店、无人店、人工智能门店等，极大地提升家居家纺产品的消费体验，满足新世代消费主力人群的消费需求。

未来，家纺市场将进一步向大家居产业延伸产品线。近年来随着"整装""大家居"等概念的不断涌现，家居一体化将成为未来家具家纺行业重要的发展趋势，为适应行业发展趋势，家纺企业将需要不断丰富自身的产品品类和服务功能，从单一产品向成套产品，从单纯提供产品向提供家居一体化服务方向转变，同时不断延伸产品线，以满足消费者需求，提高市场竞争优势。如沙发、窗帘床品、家居服饰、卫浴用品、品质睡眠周边产品等一系列产品将逐渐被打通，提供全套的家居解决方案。

五、2022年纺织服装专业市场运行分析

（一）数据分析

1. 纺织服装专业市场总量规模下滑

2022年，我国万平方米以上纺织服装专业市场数量、经营面积、商铺数、商户数、成交额等出现全面下滑。总量规模的较大幅度下滑是多年来尤其是疫情以来市场运行的多种复杂情况累积形成的。近年来，我国纺织服装专业市场一直存在总量过剩、同质化竞争严重、僵尸市场多、两极分化等情况，三年新冠肺炎疫情、渠道扁平化以及电商新经济等多重因素共

振叠加，对传统专业市场形成较为明显的冲击和压力，加速专业市场的优胜劣汰，新增市场数量减少，关停市场数量增加，行业结构不断优化；专业市场数量和规模的下滑，是专业市场集约化发展的重要体现，会进一步倒逼专业市场不断创新发展，坚持走结构优化和水平提升的高质量发展道路。

2. 面（辅）料市场与服装市场发展差异大

新冠肺炎疫情以来，面（辅）料市场的成交额增幅和整体运营情况整体好于服装市场。2022年数据显示，主营服装产品的专业市场成交额同比下降17.54%，主营原、面（辅）料的专业市场成交额同比上升0.13%。可见，在行业整体遇冷、不确定因素不断叠加的大背景下，面（辅）料市场受到的冲击相对较小，抗风险能力更强。一是由于面（辅）料市场多数为产地型市场群，有强大的产业依托，供应链结构稳定、效率更高；二是纺织服装行业对原面（辅）料的整体需求相对稳定，原面（辅）料市场受渠道端变革和消费方式改变的冲击较小。

3. 市场运行效率相对稳定

2022年，我国万平方米以上纺织服装专业市场数量同比下降6.56%，成交额同比下降8.54%，而市场运行效率下降4.80%，降幅低于总量规模降幅，市场效率波动相对较小，可见专业市场行业正在进行结构性调整，随着落后市场的淘汰，前一阶段规模性扩张带来的市场同质化和产品同质化问题正在消除。另外，我国纺织服装专业市场行业洗牌仍在继续，马太效应仍然明显，优秀的市场和商圈将吸引更多优质资源集聚。

4. 东部地区龙头市场群运营稳健

2022年，东部地区专业市场数量占全国总量的60.30%，成交额占全国总量的85.19%，成交额降幅低于中部、西部专业市场。可见，东部地区在我国纺织服装行业的核心地位仍然稳固。从成交额看，东部地区市场成交额下滑幅度较小，是得益于东部几大千亿元级、两千亿元级龙头市场集群的稳健发展，龙头集群在我国专业市场行业中的中流砥柱地位日益凸显。

（二）专业市场运行压力空前

1. 新冠肺炎疫情影响是总量规模下滑的核心原因

新冠肺炎疫情是2022年我国纺织服装专业市场运行面临的最大压力，也是总量规模下滑的核心原因。2022年前三季度，我国纺织服装行业先后面临局部地区阶段性停工停产、物流运转不畅等问题。第四季度，随着新冠肺炎疫情政策的放开，各地市场商户因健康原因，导致近两个月营业额的空白。新冠肺炎疫情影响直接截断了商户供应链上下游的多个节点，降低了生产流通的流畅性，打乱了商户正常的全年生产经营节奏。专业市场方面，市场受周边疫情和交通管控的连带影响较大，散批客户和零售客流锐减；货源方面，部分产地型市场面临工厂停工停产、熟练工返乡或隔离、无法如期交货等问题；商户方面，由于较长时间无法恢复至正常经营水平，导致全国纺织服装专业市场出现不同程度的商户流失、商铺空置现象。

2. 流通渠道变化是专业市场面临的长期挑战

近年来，随着科技革命的不断深入、全国交通基础建设升级和新一代主力消费群体的壮大发展，我国纺织服装行业的流通渠道发生着重要而深刻的变革，渠道的变化是我国纺织服装专业市场面临的长期挑战。新一代消费人群日常休闲方式更加多元化，消费者的消费习惯碎片化，消费渠道线上化，新冠肺炎疫情的暴发加速催化了线上消费市场，实体商业受到巨大冲击，层层分销的空间受到积压，尤其是服装等终端产品的中间流通环节被大幅压缩，批发业态压力加大。与此同时，纺织服装产业进入了供应链之争，全新的供应链分工正在建立，专业市场流通集散场所功能的竞争力正在减弱，新的核心竞争力和新的定位有待建立。

（三）创新亮点

2022年，全国各地纺织服装专业市场面临巨大的经营困境，也激发出无限的创新热情与活力，在逆境中积极探索，敢于担当，主动作为，在市场定位、会展对接、线上线下融合、跨境贸易等方面锐意创新，亮点不断，全力以赴确保纺织服装流通领域畅通循环。

1. **专业市场寻求产业新定位**

广州国际轻纺城积极响应国家恢复和扩大消费的号召，携手流通分会共建"中国纺织时尚中心"，全力打造纺织产业流通型消费新高地；通过18年紧紧围绕消费需求快速变化的匠心打磨与创新升级，汇集3000多个国内外面（辅）料品牌商户，常年展示数千万种最新、最潮面料，满足更多样化、个性化、高品质的消费市场需求，现已发展成为最具影响力的面（辅）料批发零售兼具的主题商场，市场年交易额超过1000亿元；2022年焕新登场的广州红棉中大门积极布局新一轮优化升级，建设"T11服装设计师品牌中心"，举办红棉国际时装周X云尚周，打造有氛围、有文化、有市场、有潮人的创意空间，红棉国际时装城荣列第二批"纺织服装创意设计示范园区（平台）名单"，尽显专业市场的潮流风向和时尚品位；广州白马服装市场以"中国领先的时尚产业运营商"为发展定位，着力构建"白马+"生态体系，从"专业市场运营商"向"时尚产业地产运营商"转型；意法商业集团杭州9意法女装中心和株洲意法时尚中心盛装亮相，打造一站式原创原产服装服饰综合体，推动品牌不断向上跃级，为服装行业注入源源不断的强劲动力；九天商管集团全力打造新型未来工场，立足源头厂货和原创款式，加快提升制造业竞争力，成为杭州首批"聚能工厂"示范单位；中纺中心服装城邀请专业团队重装升级，实现蜕变新生。

2. **专业市场大力推动会展对接**

专业市场积极开展展会、订货会、时尚周、采购节等交流对接活动，柯桥纺博会、中国轻纺城·孔雀云展、广州国际轻纺城面（辅）料采购节、海宁家纺布艺新品订货季、清河国际羊绒及绒毛制品交易会、南通国际家纺交易会、濮院针织机械及缝制设备展览会等行业盛会成功举办；常熟天虹服装城"品牌引进工作领导小组"和"江苏零售市场联盟建设工作领导小组"，与杭州意法精英买手团队、实力品牌厂家合作交流会；海城举办广州纺织服装产业对接会，为产业对接、区域经济一体化的发展注入新活力；郑州银基广场冬季购物狂欢节、东方时尚季·青岛时装周、株洲芦淞服饰消费节、大朗毛衣节等品牌活动成功举办，不断推进优供给促消费活动深入开展。

3. **专业市场推动线上线下融合发展**

专业市场推进线上线下融合和智慧物流建设，发展直播探店、直播销售、电商供货、私域电商，实现专业市场销售渠道多元化。广州国际轻纺城打造了覆盖各场景及终端的"5+1"电子商务基础配套服务体系；常熟规划建设直播电商"万千百十"工程；濮院以320创意广场为基础打造产业创新服务综合体，建设智慧物流平台，推动数字化、智慧化建设工作迈向新台阶；广州红棉中大门邀请来自韩国、广州十三行、红棉时装城网红大V们加入时装周直播阵营，掌握线上流量密码；义乌小商品城重点打造"拨浪鼓"市场综合服务平台、"义乌购"线上展示交易平台和"义采宝"移动客户端；柯桥轻纺城推动建设数字轻纺城项目，举办"丝路柯桥·布满全球"中亚纺织品专场网上交易会，完成一对一连线对接；东方丝绸市场搭建中国绸都网、云纺城、宜布网、跨境电商四位一体的电子商务矩阵；嘉兴众创毛衫精品市场建设"毛衫汇"平台，实现产品设计撮合交易、产品及原辅料批发交易；南通建设家纺直播生态产业园区，为家纺直播电商开辟新通路；"数字汉正，潮新汉派"云尚产业发布暨新汉派招商会，用专业化、数字化新模式助力汉派服饰转型升级；清河羊绒市场建设线上线下结合的羊绒制品销售平台"百绒汇"；朝天门大融汇搭建中心仓、集货仓、流转仓和智能物流方式，实现B2C、B2B全渠道的物流配送；沈阳五爱市场建设五爱物流云仓，为零售商户和电商企业提供"一站式"服务。

4.专业市场积极拓展跨境贸易

新冠肺炎疫情的持续加速全球外贸和消费线上化趋势，跨境电商逐渐"去中间化"，独立站异军突起；Shein自建平台模式的成功让行业看到独立站的更多可能性；获批市场采购贸易方式试点的专业市场，将布局海外市场、拓展国际渠道作为新的增长点，在外贸出口方面持续发力，实现突破性增长。义乌小商品市场抢抓西方万圣节、圣诞节等销售旺季，通过创新产品研发、优化供应链流程、扩大商贸推广、提高出口效率等一系列举措，扩大出口贸易额；常熟举办TikTok跨境电商直播节，在直播电商的基础上大力发展跨境电商；"辽宁西柳国际易货贸易园区"落地国际物流园区，为市场采购贸易提供强大的物流支撑，实现出口金额36173万美元，同比增长64.5%，成绩喜人；在第14届中国—东盟金融合作与发展领袖论坛上，大商所建设RCEP框架下的中国—东盟金融合作价格信息中心与风险管理中心，支持广西打造RCEP框架下中国—东盟金融合作的"桥头堡"。

（四）行业预判

2023年，随着防疫政策的全面放开，我国纺织服装流通领域将全面开启全新的发展阶段，继续在转型升级创新发展道路上勇毅前行，未来将呈现三个方面的发展趋势。一是在全国统一大市场建设的指引下，纺织服装专业市场将继续呈现数量减少、结构优化、水平提升的运行特点，优质资源将进一步向重点商圈、重点市场集聚，不断提升专业市场集约化发展水平；二是纺织服装流通领域将积极把握新一轮科技革命背景下，"产业革新、城市更新、市场焕新和主体创新"的发展新机遇，把握数字化、网络化、智能化发展方向，强化新平台、新模式、新业态的探索和应用，持续构建"线上线下融合化、供应链协同化和内外贸一体化"的产业新生态，实现专业市场新定位、新路径、新价值；三是伴随我国纺织服装行业进入产业转移、产业创新、产业升级三位一体发展新阶段，将给专业市场流通和地区布局带来深刻影响。

撰稿人：胡晶

Style3D

为大家纺家居数字时代量身定制，让时尚所见即所得

Style3D home 提供的软件和服务自成生态，形成全链路数字化的工作流程。解锁产品研发创造力，官方市场上万个3D素材供家纺企业下载应用，让企业提高生产力的同时还能实现可持续发展。

产品介绍

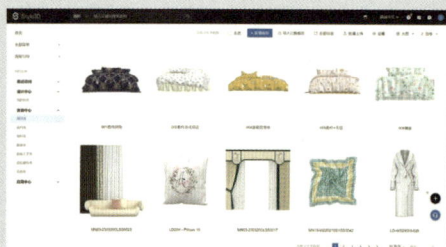

Style3D Cloud
3D研发全流程协同平台

上传
Upload

下载
Download

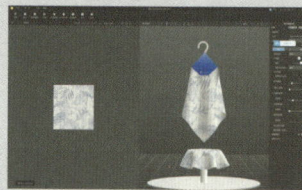

Style3D Fabric
3D数字化面料处理软件

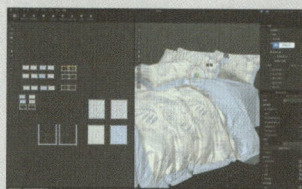

Style3D Studio
3D数字化建模设计软件

静谧森林的景象让人仿佛置身于一个完全与外界隔绝的世界，它散发着一种神秘而安详的氛围。树木高大而茂密，它们的枝叶交织在一起，形成了一个绿色的天篷，阻挡了阳光的直射，给森林带来了一种柔和的光线。

Style3D

静谧森林

扫码查看更多细节

提效

最快几分钟到几小时出样
几秒钟到几分钟修改
几分钟完成齐色

创造

海量设计工具
可视化呈现
全新的研发体验

环保

减少样品的消耗与浪费
实现家纺行业的可持续发展

扫码关注公众号
了解更多数字化资讯

400-158-0699
www.linctex.com
浙江凌迪数字科技有限公司

上市公司

2022年家用纺织品行业上市公司发展报告

中国纺织建设规划院

一、在全球主要证券市场上市的家纺企业增加至18家

截至2022年12月31日，在全球主要证券市场上市的家用纺织品企业增加3家（联翔股份、趣睡科技、太湖雪）至18家，其中在上海证券交易所6家、深圳证券交易所7家、北京交易所1家、香港联交所2家、新加坡证券交易所1家、澳大利亚证券交易所1家。18家上市公司的来源地区和细分行业分布见表1和表2。

表1　家用纺织品行业上市公司上市地及实际总部分布

序号	上市地及代码	公司简称	实际总部地区
1	HK00146	太平地毯	香港
2	HK02223	卡撒天娇	
3	SZ002083	孚日股份	山东
4	SZ300993	玉马遮阳	
5	SGX：COZ	宏诚家纺	
6	ASX：SHU	绅花纺织	浙江
7	SH605003	众望布艺	
8	SH605155	西大门	
9	SZ003041	真爱美家	
10	SH605080	浙江自然	
11	SH603272	联翔股份	
12	SZ002293	罗莱家纺	江苏
13	SH603313	梦百合	
14	BJ838262	太湖雪	
15	SZ002327	富安娜	广东
16	SZ002397	梦洁家纺	湖南
17	SH603365	水星家纺	上海
18	SZ301336	趣睡科技	四川

表2　家用纺织品行业上市公司行业细分

序号	上市地及代码	公司简称	细分行业
1	SZ002293	罗莱家纺	床上用品
2	SZ002327	富安娜	
3	SZ002397	梦洁家纺	
4	SH603313	梦百合	
5	SH603365	水星家纺	
6	SZ301336	趣睡科技	
7	BJ838262	太湖雪	
8	HK02223	卡撒天娇	
9	SGX：COZ	宏诚家纺	
10	ASX：SHU	绅花纺织	
11	SZ003041	真爱美家	户外床品
12	SH605080	浙江自然	毛毯
13	SZ002083	孚日股份	毛巾
14	HK00146	太平地毯	地毯
15	SH605003	众望布艺	沙发套
16	SH605155	西大门	窗帘布
17	SZ300993	玉马遮阳	
18	SH603272	联翔股份	

二、主要家纺上市公司经营指标对比分析

从已取得年报数据的16家主要家纺上市公司的经营数据分析，2022年16家企业中，大部分没有延续2021年的恢复性增长势头，持续反复的新冠肺炎疫情依然严重制约着家纺行业市场信心的恢复。

1. 主营业务收入

在16家有数据的公司中，2022年主营业务收入实现增长的只有6家，其他10家主营业务收入出现了不同程度的下滑（表3）。

表3　家纺上市公司历年营业收入

人民币核算（单位：亿元）								
代码	公司简称	2016年	2017年	2018年	2019年	2020年	2021年	2022年
SZ002083	孚日股份	43.75	48.20	51.71	49.87	44.32	51.57	52.48
SZ002293	罗莱生活	31.50	46.62	48.10	48.60	49.11	57.60	53.13
SZ002327	富安娜	23.12	26.16	29.18	27.89	28.74	31.79	30.80

人民币核算（单位：亿元）							
代码	公司简称	2016年	2017年	2018年	2019年	2020年	2021年	2022年
SZ002397	梦洁股份	14.47	19.34	23.08	26.04	22.20	24.63	20.33
SH603313	梦百合	17.20	23.40	30.50	38.32	65.30	81.39	80.17
SH603365	水星家纺	19.77	24.62	27.20	30.02	30.30	37.99	36.64
SH605003	众望布艺	3.66	3.89	4.25	4.88	4.95	5.87	4.17
SH605155	西大门	3.09	3.48	3.91	4.09	3.54	4.65	4.99
SZ003041	真爱美家		9.17	10.24	10.02	8.91	9.33	9.79
SH605080	浙江自然	3.39	4.25	5.09	5.45	5.81	8.42	9.46
SZ300993	玉马遮阳		2.56	3.22	3.84	3.85	5.20	5.47
SH603272	联翔股份			2.47	2.98	2.54	2.79	2.00
SZ301336	趣睡科技		3.08	4.80	5.52	4.79	4.73	3.23
BJ838262	太湖雪		1.61	1.96	2.37	3.11	3.73	3.41
合计		159.96	216.36	245.71	259.87	277.48	329.71	316.04
港币核算（单位：亿港元）							
代码	公司简称	2016年	2017年	2018年	2019年	2020年	2021年	2022年
HK00146	太平地毯	13.20	4.47	5.41		7.38	4.81	5.84
HK02223	卡撒天骄	3.57	3.47	3.38	3.79	3.09	3.20	3.00
合计		16.77	7.94	8.79	3.79	10.47	8.02	8.84

2. 主营业务毛利率

主营业务毛利率代表企业在单位产品中新创造的价值比率，可以从一个侧面反映企业产品创新被社会认可的程度。品牌企业的毛利率更多取决于产品的市场定位，而对于生产加工型企业来讲更多的体现的是产品的市场竞争力（表4）。

表4 家纺上市公司历年毛利率（%）

人民币核算							
代码	公司简称	2016年	2017年	2018年	2019年	2020年	2021年	2022年
SZ002083	孚日股份	23.43	21.80	19.90		18.79	16.62	12.57
SZ002293	罗莱家纺	48.46	43.50	45.50	43.90	43.18	45.00	45.96
SZ002327	富安娜	50.24	49.60	49.80	52.00	53.90	52.14	53.10
SZ002397	梦洁家纺	49.41	44.20	42.80	41.10	39.90	37.75	33.08
SH603313	梦百合	33.60	29.50	32.10	39.70	33.90	28.47	31.04
SH603365	水星家纺	36.94	36.36	35.10	37.60	35.30	37.95	38.70

人民币核算								
代码	公司简称	2016年	2017年	2018年	2019年	2020年	2021年	2022年
SH605003	众望布艺	41.85	42.42	38.67	42.51	41.94	36.83	35.00
SH605155	西大门	38.99	41.18	37.40	39.36	40.39	37.00	34.31
SZ003041	真爱美家		17.21	17.41	21.15	26.87	22.19	21.17
SH605080	浙江自然	36.10	36.09	35.06	39.83	40.68	38.76	36.61
SZ300993	玉马遮阳		42.36	43.90	46.29	46.58	43.57	41.66
SH603272	联翔股份			52.00	53.26	49.08	49.11	43.24
SZ301336	趣睡科技		28.77	29.77	33.59	27.89	27.86	26.09
BJ838262	太湖雪		44.12	42.13	40.71	39.93	41.14	41.65
港币核算								
代码	公司简称	2016年	2017年	2018年	2019年	2020年	2021年	2022年
HK00146	太平地毯	44.86	47.60	54.30		53.90	58.19	56.68
HK02223	卡撒天骄	62.78	64.60	63.20	60.40	62.10	61.29	62.23

3. 净利润

在16家有数据的公司中，2022年总体净利润连续三年持续下降，特别是梦洁股份持续大幅度的亏损，说明企业经营压力依然很大（表5）。

表5　家纺上市公司历年净利润

人民币核算（单位：亿元）								
代码	公司简称	2016年	2017年	2018年	2019年	2020年	2021年	2022年
SZ002083	孚日股份	3.81	4.10	4.35	3.67	1.92	2.68	1.96
SZ002293	罗莱家纺	3.40	4.50	5.45	5.59	5.93	7.19	5.74
SZ002327	富安娜	4.39	4.93	5.43	5.07	5.16	5.46	5.34
SZ002397	梦洁股份	0.99	0.81	0.93	0.95	0.47	−1.58	−4.48
SH603313	梦百合	2.00	1.50	2.00	3.92	4.20	−2.70	0.52
SH603365	水星家纺	1.98	2.57	2.90	3.16	2.70	3.86	2.78
SH605003	众望布艺	0.83	0.66	0.90	1.24	1.40	1.47	0.91
SH605155	西大门	0.50	0.61	0.76	0.88	0.78	0.90	0.80
SZ003041	真爱美家		0.28	0.63	1.02	1.22	1.08	1.55
SH605080	浙江自然	0.65	0.89	0.82	1.31	1.60	2.20	2.09
SZ300993	玉马遮阳		0.51	0.81	1.09	1.08	1.40	1.57
SH603272	联翔股份			0.47	0.85	0.64	0.67	0.36

人民币核算（单位：亿元）							
代码	公司简称	2016年	2017年	2018年	2019年	2020年	2021年	2022年
SZ301336	趣睡科技		0.25	0.44	0.74	0.68	0.68	0.37
BJ838262	太湖雪		0.15	0.17	0.12	0.25	0.36	0.31
合计		18.55	21.76	26.06	29.62	28.02	23.66	19.80

港币核算（单位：亿港元）							
代码	公司简称	2016年	2017年	2018年	2019年	2020年	2021年	2022年
HK00146	太平地毯	-0.38	1.90	-0.43		-0.39	0.17	0.25
HK02223	卡撒天骄	0.08	0.27	0.06	0.18	0.16	0.12	0.05
合计		-0.30	2.17	-0.37	0.18	-0.23	0.29	0.30

4. 存货周转天数

存货周转天数，表示企业用于正常生产经营的原材料、在产品、库存商品（产成品）等周转一次所需的天数，不同的企业由于各自的经营销售模式、采购模式、生产流程长短等因素决定了其存货周转一次所需的基本周期，但总体来说，存货周转天数越少说明企业运转越良性健康，特别是对于依靠自主销售渠道销售产品的品牌企业来说，存货的周转效率直接反映企业运转得是否健康有效。

在16家有数据的公司中，2022年存货周转天数下降或持平的有5家，上升的有11家（表6）。

表6 家纺上市公司历年存货周转天数（天）

人民币核算							
代码	公司简称	2016年	2017年	2018年	2019年	2020年	2021年	2022年
SZ002083	孚日股份	208	186	154	121	121	111	103
SZ002293	罗莱生活	146	114	162	170	153	140	185
SZ002327	富安娜	183	185	190	222	216	186	196
SZ002397	梦洁股份	260	219	204	177	204	183	182
SH603313	梦百合	64	60	60	86	88	102	119
SH603365	水星家纺	174	157	156	155	144	127	156
SH605003	众望布艺	77	86	93	95	108	109	148
SH605155	西大门	103	111	116	134	164	142	151
SZ003041	真爱美家		76	65	65	76	75	84
SH605080	浙江自然	345	192	105	145	158	140	154
SZ300993	玉马遮阳		140	135	142	145	145	161
SH603272	联翔股份				114	140	145	212

人民币核算								
代码	公司简称	2016年	2017年	2018年	2019年	2020年	2021年	2022年
SZ301336	趣睡科技		0	13	16	17	21	32
BJ838262	太湖雪		283	266	232	192	195	254
港币核算								
代码	公司简称	2016年	2017年	2018年	2019年	2020年	2021年	2022年
HK00146	太平地毯	109	145	124		74	93	83
HK02223	卡撒天骄	212	186	286	219	237	253	188

5.应收账款周转天数

应收账款周转天数是指企业应收账款周转一次的天数，和存货周转天数一样同样是反映企业运转是否良性和有效率的重要指标，特别是对那些需要依靠经销商渠道销售自己产品的品牌企业来说显得尤其重要。在16家有数据的公司中，2022年应收账款周转天数下降或持平的有5家，其他11家有所提升（表7）。

表7　家纺上市公司历年应收账款周转天数（天）

人民币核算								
代码	公司简称	2016年	2017年	2018年	2019年	2020年	2021年	2022年
SZ002083	孚日股份	34	33	39	44	45	38	36
SZ002293	罗莱生活	32	30	36	37	38	31	36
SZ002327	富安娜	39	44	43	38	27	24	26
SZ002397	梦洁股份	100	77	66	61	66	50	45
SH603313	梦百合	41	46	56	64	49	47	55
SH603365	水星家纺	20	23	18	17	13	15	13
SH605003	众望布艺				53	53	52	67
SH605155	西大门				26	29	23	29
SZ003041	真爱美家		34	35	38	37	40	51
SH605080	浙江自然	48	39	42	49	53	48	50
SZ300993	玉马遮阳		52	43	32	34	29	30
SH603272	联翔股份				185	132	434	112
SZ301336	趣睡科技		0	56	41	30	31	39
BJ838262	太湖雪		28	33	38	31	34	41
港币核算								
代码	公司简称	2016年	2017年	2018年	2019年	2020年	2021年	2022年
HK00146	太平地毯	63	99	76		35	45	46
HK02223	卡撒天骄	72	82	94	75	74	75	69

6. 盈利质量

盈利质量是指单位净利润的现金含量，等于经营现金流净额/净利润。由于现行会计制度的原因，企业报表上实现的利润和企业收到的现金并不一致，导致我们看到许多企业利润表上业绩很好，但企业的真实情况却并不尽人意。为了矫正这一制度的缺陷，我们必须把利润表上的净利润与现金流量表上的经营现金流净额两个指标比较起来分析，如果经营现金流净额与净利润的比值长期小于1，则认为该企业的盈利质量不高。

在16家有数据的公司中，2022年盈利质量指标大于1的有9家，小于1的有7家，行业整体盈利质量较2021年有所改善，说明企业在经营环境普遍偏紧的现实条件下加强了现金管理（表8）。

表8　家纺上市公司历年盈利质量

人民币核算（单位：元）								
代码	公司简称	2016年	2017年	2018年	2019年	2020年	2021年	2022年
SZ002083	孚日股份	3.06	2.08	1.19	1.62	4.64	2.09	4.07
SZ002293	罗莱家纺	1.49	0.88	0.20	1.36	1.44	1.01	0.75
SZ002327	富安娜	0.96	0.74	0.64	1.70	1.29	1.42	1.33
SZ002397	梦洁股份	1.17	1.26	2.09	5.85	7.67	−0.07	−0.74
SH603313	梦百合	0.75	0.38	0.89	0.33	1.40	−0.25	10.88
SH603365	水星家纺	1.34	1.19	0.84	0.75	1.38	1.20	0.37
SH605003	众望布艺	0.72	1.05	0.79	1.11	1.03	0.92	1.10
SH605155	西大门	1.28	1.02	1.07	1.39	1.61	0.86	1.27
SZ003041	真爱美家		2.03	1.30	1.35	1.47	1.17	0.96
SH605080	浙江自然	1.38	3.21	0.77	0.65	1.29	0.65	1.09
SZ300993	玉马遮阳		1.58	1.07	1.17	1.37	1.08	0.92
SH603272	联翔股份			1.55	0.81	1.45	0.91	0.97
SZ301336	趣睡科技		2.25	4.28	4.61	2.43	1.03	−0.26
BJ838262	太湖雪		0.95	0.12	0.30	0.74	−0.30	1.61
港币核算（单位：港元）								
代码	公司简称	2016年	2017年	2018年	2019年	2020年	2021年	2022年
HK00146	太平地毯	1.12	0.68	−0.11		1.90	5.91	3.38
HK02223	卡撒天骄	3.69	1.83	1.36	2.37	3.53	3.32	9.78

7. 运营效率

运营效率指标等于主营业务毛利额/（销售费+管理费），它表达的含义是一个单位的固定费用支出能给企业带来几个单位的新价值，它考察的是企业管理团队运营企业的效率，包括对市场开拓和管理提升的精准性。如果这一比值小于1，则表明企业管理团队的运营效率不高，企业处于入不敷出的状态，企业必须采取措施检讨费用的合理性和效率性，同时提高产品的毛利率。

在16家有数据的公司中，除梦洁股份外，其他15家2022年运营效率全部大于1（表9）。

表9　家纺上市公司历年运营效率

人民币核算（单位：元）								
代码	公司简称	2016年	2017年	2018年	2019年	2020年	2021年	2022年
SZ002083	孚日股份	2.96	3.01	3.08	2.48	2.69	2.73	2.32
SZ002293	罗莱家纺	1.40	1.43	1.51	1.58	1.69	1.70	1.63
SZ002327	富安娜	1.88	1.83	1.80	1.75	1.75	1.87	1.79
SZ002397	梦洁股份	1.25	1.22	1.30	1.38	1.25	1.15	0.72
SH603313	梦百合	1.70	1.44	1.74	1.79	1.65	1.17	1.22
SH603365	水星家纺	1.56	1.55	1.70	1.59	1.50	1.59	1.38
SH605003	众望布艺	3.21	2.89	3.17	3.22	5.57	5.26	3.08
SH605155	西大门	3.90	3.86	3.81	4.04	4.13	2.80	2.11
SZ003041	真爱美家		2.53	3.22	3.62	4.08	4.90	4.86
SH605080	浙江自然	3.68	2.22	4.14	4.59	5.51	5.97	5.44
SZ300993	玉马遮阳		3.45	4.70	5.01	5.00	4.92	4.60
SH603272	联翔股份			2.40	2.84	2.25	2.51	1.59
SZ301336	趣睡科技		1.73	1.68	1.89	2.47	2.39	1.83
BJ838262	太湖雪		1.30	1.47	1.40	1.51	1.64	1.49
港币核算（单位：港元）								
代码	公司简称	2016年	2017年	2018年	2019年	2020年	2021年	2022年
HK00146	太平地毯	0.98	0.56	0.85		0.88	1.07	1.07
HK02223	卡萨天骄	1.11	1.17	1.06	1.12	1.05	1.08	1.03

三、主要家纺上市公司经营及资本运作

1. 孚日股份（SZ002083）

该公司作为中国家纺行业第一家整体上市的企业，同时经营国际和国内二个市场。在国际市场，公司始终坚持全球贸易战略，凭借优质的产品和良好的信誉，与国际主要家纺品牌形成了紧密的合作关系，建立起以美国、日本、欧洲、澳大利亚、中东及东南亚为主销市场的全球贸易格局，在世界家纺领域拥有较强的话语权和企业品牌竞争力，自1999年以来公司在国内家纺企业中出口份额始终处于领先位次。在国内市场，公司主要经营"孚日""洁玉"二大主导品牌，全国销售网点达到20000多家，产品市场占有率处于国内领先地位。

2022年在全球经济持续通胀、大宗原材料价格高位运行、人民币汇率急剧波动、经济下

行的情况下，公司共实现营业收入 52.48 亿元，同比增长 1.77%，实现净利润 2.04 亿元。

孚日股份经营及资本运作见表10~表13。

表10 孚日分行业、分产品、分地区营业收入构成及其变动情况

项目	2022 年		2021 年		同比增减（%）
	金额（亿元）	占营业收入比重（%）	金额（亿元）	占营业收入比重（%）	
分行业					
家纺行业	38.08	72.56	40.74	79.00	−6.53
其他行业	14.40	27.44	10.83	21.00	32.98
分产品					
毛巾系列	32.28	61.51	34.86	67.59	−7.39
床品系列	5.80	11.06	5.89	11.41	−1.41
热电	6.50	12.38	5.48	10.62	18.64
自来水	0.25	0.47	0.25	0.49	−1.43
教育	0.07	0.14	0.17	0.33	−58.53
防护用品	0.09	0.18	0.34	0.66	−72.32
材料销售	2.69	5.13	2.81	5.45	−4.18
化工产品	2.91	5.54	1.66	3.22	75.21
电机产品	1.86	3.54	0.08	0.15	2264.67
租赁	0.03	0.05	0.04	0.08	−20.54
分地区					
外销	32.54	62.01	32.26	62.55	0.89
内销	19.94	37.99	19.31	37.45	3.23
营业收入合计	52.48		51.57		1.77

表11 孚日分产品营业成本构成及其变动情况

行业分类	项目	2022 年		2021 年		同比增减（%）
		金额（亿元）	占营业成本比重（%）	金额（亿元）	占营业成本比重（%）	
家纺行业	原材料	18.02	55.79	17.44	52.62	3.33
	辅助材料	2.55	7.91	2.96	8.92	−13.57
	水电气	2.91	9.02	2.71	8.18	7.44
	职工薪酬	5.03	15.57	5.54	16.72	−9.28
	折旧	1.39	4.30	1.25	3.78	10.72
	其他	2.40	7.41	3.24	9.78	−25.94
	合计	32.31	100.00	33.15	100.00	−2.53

行业分类	项目	2022 年		2021 年		同比增减（%）
		金额（亿元）	占营业成本比重（%）	金额（亿元）	占营业成本比重（%）	
其中：毛巾系列	原材料	15.11	55.07	14.16	51.04	6.72
	辅助材料	2.26	8.25	2.60	9.38	−13.01
	水电气	2.35	8.56	2.20	7.93	6.76
	职工薪酬	4.39	16.01	4.82	17.38	−8.89
	折旧	1.14	4.14	1.02	3.66	11.88
	其他	2.19	7.97	2.94	10.61	−25.70
	合计	27.44	100.00	27.74	100.00	−1.09
其中：床品系列	原材料	2.91	59.83	3.28	60.75	−11.26
	辅助材料	0.29	5.98	0.35	6.55	−17.73
	水电气	0.57	11.61	0.51	9.48	10.36
	职工薪酬	0.64	13.06	0.72	13.36	−11.91
	折旧	0.25	5.19	0.24	4.42	5.81
	其他	0.21	4.33	0.29	5.44	−28.28
	合计	4.87	100.00	5.40	100.00	−9.89

表12　孚日产品销售量、生产量、库存情况及其变化

行业分类	项目	2022年（吨）	2021年（吨）	同比增减（%）
毛巾系列	销售量	54208.00	64211.00	−15.58
	生产量	51967.00	64957.00	−20.00
	库存量	8281.00	9967.00	−16.92
床品系列	销售量	9682.00	12054.00	−19.68
	生产量	8997.00	11629.00	−22.63
	库存量	872.00	1520.00	−42.63

表13　孚日研发投入情况

项目	2022 年	2021 年	变动比例
研发投入金额（万元）	25873.42	26351.80	−1.82%
研发投入占营业收入比例（%）	4.93	5.11	−0.18%
研发人员数量（人）	317	330	−3.94%
研发人员数量占比（%）	2.82	2.40	0.42%

（1）国际市场开发方面。公司紧盯国际采购订单布局的调整和变化，积极抓住我国供应

链稳定以及"RCEP"生效实施的机遇，加强与客户线上线下沟通，不断开发差异化、高附加值产品，提升中高端市场份额，确保了出口业务平稳发展。其中，日本市场订单稳步增长，自主设计和提案产品增速较快，全年出口同比增长20%；欧洲、澳大利亚市场稳中有升，同比增长10%，体现了企业持续稳固的国际竞争优势。

（2）国内品牌建设方面。公司坚持稳中求进，加快内部组织架构调整，搭建孚日、洁玉、电商三大前端运营中心，推动了国内品牌建设稳步提升。

2. 罗莱生活（SZ002293）

公司采用多品牌运作策略，以满足消费者多元化个性需求和对高品质生活方式的追求。目前公司品牌覆盖超高端市场（廊湾、莱克星顿、内野）、高端市场（罗莱、罗莱儿童）和大众消费市场（LOVO乐蜗、恐龙）。

2022年受到整体经济下行，以及消费者出行减少的影响，公司实现营业收入53.14亿元，同比下降7.75%，实现归母净利润5.74亿元，同比下降19.59%（表14）。

表14　罗莱生活分行业、分产品、分地区、分销售模式营业收入构成及其变动情况

项目	2022年		2021年		同比增减（%）
	金额（亿元）	占营业收入比重（%）	金额（亿元）	占营业收入比重（%）	
营业收入合计	53.14	100.00	57.60	100.00	−7.75
分行业					
批发零售业	53.14	100.00	57.60	100.00	−7.75
分产品					
标准套件类	16.05	30.20	18.98	32.95	−15.45
被芯类	17.12	32.22	18.27	31.71	−6.28
枕芯类	2.77	5.21	2.84	4.93	−2.52
夏令产品	1.62	3.04	1.76	3.06	−8.15
其他	3.73	7.02	4.62	8.02	−19.32
家具	11.86	22.31	11.13	19.33	6.50
分地区					
华东地区	20.54	38.65	23.64	41.05	−13.15
华中地区	5.20	9.79	6.29	10.92	−17.34
东北地区	2.35	4.43	2.66	4.62	−11.59
华北地区	4.07	7.66	5.52	9.59	−26.33
西南地区	4.75	8.94	4.36	7.57	8.91
华南地区	3.14	5.90	2.93	5.09	7.01
西北地区	1.05	1.97	0.93	1.61	13.34
美国	11.86	22.31	11.02	19.13	7.61

项目	2022 年		2021 年		同比增减 （%）
	金额 （亿元）	占营业收入比重 （%）	金额 （亿元）	占营业收入比重 （%）	
国外（除美国） 及中国的港澳台	0.19	0.35	0.24	0.42	−23.31
分销售模式					
线上渠道	14.82	27.88	16.12	27.98	−8.06
线下渠道	38.32	72.12	41.48	72.02	−7.62

线下渠道：公司采取直营和加盟相结合的经营模式，在巩固扩大一线、二线市场渠道优势的同时，积极向三、四线及以下市场渗透和辐射。截至 2022 年 12 月 31 日，公司各品牌在国内市场拥有 2662 家终端门店，其中直营店307家，加盟店2355家。307 家国内直营门店总面积 43304平方米，年均单店销售收入 100.77 万元，较去年下滑29.08%，其中开业 12 个月以上直营门店的年均营业收入较同期下滑 14.50%。

罗莱生活经营及资本运作情况见表15~表19。

表15　2022年罗莱生活营业收入、营业成本、毛利率分类分析

项目	营业收入 （亿元）	营业成本 （亿元）	毛利率 （%）	营业收入比上 年同期增减 （%）	营业成本比上 年同期增减 （%）	毛利率比上 年同期增减 （%）
分行业						
批发零售业	53.14	28.72	45.96	−7.75	−9.36	0.96
分产品						
标准套件类	16.05	8.29	48.34	−15.45	−14.84	−0.37
被芯类	17.12	8.51	50.31	−6.28	−8.93	1.45
家具	11.86	7.44	37.23	6.50	6.43	0.05
分地区						
华东地区	20.54	10.84	47.21	−13.15	−16.05	1.83
美国	11.86	7.44	37.23	7.61	7.55	0.04
分销售渠道						
线上	14.82	7.33	50.54	−8.06	−11.78	2.09
直营	3.09	1.04	66.54	−16.58	−16.86	0.11
加盟	18.61	9.92	46.70	−8.28	−10.62	1.39
其他	4.76	2.99	37.15	−26.37	−27.24	0.75
合计	53.14	28.72	45.96	−7.75	−9.36	0.96

表16　罗莱生活分产品营业成本构成及其变动情况

产品分类	项目	2022年		2021年		同比增减（%）
		金额（亿元）	占营业成本比重（%）	金额（亿元）	占营业成本比重（%）	
标准套件类	家用纺织品	8.29	28.87	9.74	30.73	−14.84
被芯类	家用纺织品	8.51	29.62	9.34	29.48	−8.93
枕芯类	家用纺织品	1.32	4.59	1.41	4.45	−6.43
夏令产品	家用纺织品	0.89	3.09	0.96	3.04	−7.66
其他	家用纺织品	2.27	7.91	3.24	10.23	−29.96
家具	家具	7.44	25.92	6.99	22.07	6.43
合计		28.72		31.68		−9.36

表17　2022年罗莱生活门店分析

门店类型	门店数量（个）	门店面积（m²）	报告期内新开门店数量（个）	报告期末关闭门店数量（个）	关闭原因	涉及品牌
直营	307	43304	72	26	合同到期、商场整改等	罗莱、罗莱儿童、内野、廊湾、恐龙
加盟	2355	407480	327	192	业绩不达标、经营不善、合同到期、商场撤柜等	罗莱、罗莱儿童、内野、廊湾、恐龙

表18　罗莱生活批发零售业家纺产品产、销、存情况及其变化

项目	2022年（件）	2021年（件）	同比增减（%）
销售量	16211357	20824105	−22.15
生产量	13670005	14157019	−3.44
库存量	8765402	8809220	−0.50

表19　罗莱生活研发投入情况

项目	2022年	2021年	同比增减
研发投入金额（万元）	11253.81	12489.69	−9.90%
研发投入占营业收入比例（%）	2.12	2.17	−0.05%
研发人员数量（人）	317	301	5.32%
研发人员数量占比（%）	8.15	8.05	0.10%

　　线上渠道：公司在保持与天猫、京东、唯品会等大型电商平台紧密合作的基础上，持续布局抖音等短视频平台，通过自播、网红达人直播、社群营销、品牌小程序、小红书等多元化营销方式，提升品牌知名度及业务规模。2022年"6·18"期间，罗莱生活荣登全网GMV第一，抖音"6·18"床上用品销售额第一；"双11"期间，罗莱生活再次荣登全网GMV第一，

天猫罗莱官方旗舰店单店 GMV 第一。

2022 年，公司新申请专利 83 件，商标 65 件，著作权 160 件；截至报告期末，公司累计获授权专利 210 件，获注册商标 1239 件，获登记著作权 1820 件。

生产能力建设方面，在加大现有厂区智能化改造投入的同时，公司也逐年加大自制产能扩建。2022 年公司与南通市经济技术开发区签订了罗莱智慧产业园投资意向协议，并聘请第三方专业团队合作进行产业园区的整体规划。

3. 富安娜（SZ002327）

2022 年公司实现营业收入 30.8 亿元，较去年同期下降 3.14%；归属于上市公司股东扣除非经常性损益的净利润为 4.81 亿元，较去年同期下降 6.72%；归属于上市公司股东的净利润为 5.34 亿元，较去年同期下降 2.21%。其中，2022 年公司各渠道业务分布为：加盟营业收入占比约为 26.88%，直营营业收入占比约为 23.74%，电商营业收入占比约为 41.58%，其他营业收入（包括团购和家居）占比约为 7.8%。

富安娜经营及资本运作情况见表20~表26。

表20　富安娜营业收入构成及其变化情况

项目	2022年		2021年		同比增减（%）
	金额（亿元）	占营业收入比重（%）	金额（亿元）	占营业收入比重（%）	
营业收入合计	30.80	100	31.79	100	−3.14
分行业					
家纺/家具	30.80	100.00	31.79	100.00	−3.14
分产品					
套件类	12.06	39.16	12.55	39.66	−3.88
被芯类	12.02	39.04	12.33	38.81	−2.47
枕芯类	2.33	7.57	2.39	7.71	−2.32
其他类	4.38	14.23	4.53	14.25	−3.32
分地区					
华南地区	8.44	27.39	8.65	33.39	−2.48
华东地区	7.36	23.89	7.37	22.16	−0.13
华中地区	3.95	12.83	4.18	11.39	−5.50
西南地区	6.56	21.29	6.43	16.73	1.96
华北地区	2.06	6.68	2.44	7.66	−15.79
西北地区	1.13	3.68	1.32	3.97	−14.17
东北地区	1.31	4.24	1.40	4.70	−6.80
分销售模式					
直营	7.31	23.74	7.67	24.13	−4.68
加盟	8.28	26.88	8.14	25.61	1.64

项目	2022年		2021年		同比增减（%）
	金额（亿元）	占营业收入比重（%）	金额（亿元）	占营业收入比重（%）	
电商	12.80	41.58	13.23	41.63	−3.24
团购	1.37	4.46	1.76	5.55	−22.14
其他	1.03	3.34	0.98	3.09	4.85

表21　2022年富安娜各类销售渠道销售分析

销售渠道	营业收入（亿元）	营业成本（亿元）	毛利率（%）	营业收入比上年同期增减（%）	营业成本比上年同期增减（%）	毛利率比上年同期增减（%）
线上销售	12.80	6.88	46.31	−3.24	−3.45	0.12
直营销售	7.31	2.45	66.53	−4.68	−8.10	1.25
加盟销售	8.28	3.92	52.65	1.64	−3.69	2.62

表22　2022年富安娜分行业、产品和地区的毛利率及其变化

项目	营业收入（亿元）	营业成本（亿元）	毛利率（%）	营业收入比上年同期增减（%）	营业成本比上年同期增减（%）	毛利率比上年同期增减（%）
分行业						
家纺/家具	30.80	14.44	53.10	−3.14	−5.07	0.96
分产品						
套件类	12.06	5.29	56.15	−3.88	−3.13	−0.34
被芯类	12.02	5.68	52.76	−2.47	−3.22	0.37
分地区						
华南地区	8.44	3.44	59.25	−2.48	6.30	−3.37
华东地区	7.36	3.14	57.36	−0.13	−0.39	0.11
华中地区	3.95	1.70	57.02	−5.50	−11.45	2.89
西南地区	6.56	3.07	53.16	1.96	−6.74	4.37

表23　富安娜营业成本构成及其变化

行业分类	项目	2022年		2021年		同比增减（%）
		金额（亿元）	占营业成本比重（%）	金额（亿元）	占营业成本比重（%）	
家纺/家具行业	材料	11.56	80.00	11.92	78.36	−3.08
	人工	1.32	9.11	1.44	9.44	−8.44
	委托外加工费	0.04	0.30	0.07	0.47	−38.96
	制造费用	0.78	5.37	0.93	6.14	−16.98
	运输成本	0.75	5.22	0.85	5.59	−11.34

表24　2022年富安娜门店变化及其原因分析

门店类型	门店数量（个）	门店面积（㎡）	报告期内新开门店数量（个）	报告期末关闭门店数量（个）	关闭原因	涉及品牌
直营	471	72503	33	32	合同到期、商场整改等原因	富安娜、馨而乐、维莎、酷奇智
加盟	999	208627	94	150	受宏观外部情况影响期间经营不善、合同到期、商场撤柜等原因	富安娜、馨而乐、维莎、酷奇智

表25　富安娜业主要产品产、销、存情况

行业分类	项目	2022年	2021年	同比增减（%）
纺织（家用纺织）/家具	销售量	136901	143656	-4.70
	生产量	139565	148493	-6.01
	库存量	54057	51393	5.18

注　销售量、生产量、库存量的单位为万套/万件/万个/万条/万元。

表26　富安娜研发投入情况

项目	2022年	2021年	变动比例
研发投入金额（万元）	10981.36	7599.83	44.49%
研发投入占营业收入比例（%）	3.57	2.39	1.18%
研发人员数量（人）	243	292	-16.78%
研发人员数量占比（%）	5.82	6.33	-0.51%

公司对加盟商采取扁平化架构经营，严格通过账期管理把控加盟商的市场终端趋势。公司的直营管理团队根据公司的市场策略、营销策略、品牌策略、产品策略去落地执行，并对加盟商做管理输出，让公司线下渠道持续健康发展。截至2022年末，公司线下门店（专、柜）共1470家，加盟店有999家，直营门店有471家。

2022年，公司电商渠道以净利润为考核，电商渠道持续提升基础运营能力，优化商品结构，提升供应链反应速度来迎接市场挑战。公司在内容电商、直播购物、交互式视频营销等新型营销方式在逐步加大投入，为后续的线上销售及公域转为私域逐步提升管理基础和信息化基础。2022年，电商渠道的销售收入占公司营业收入41.58%，收入同比减少3.24%，毛利为48.28%，毛利同比增长2.09%。

公司高度重视标准化工作，截至2022年底，公司作为国家行业标准主要起草单位参与编制修订了7项国标、7项行标、15项团标及本企业的10项企标共39项标准。

4. 梦洁股份（SZ002397）

在2022年公司销售收入与预期目标差距较大，且品牌市场投入在战略转型期持续加大，导致出现净利润亏损；但高端战略转型取得一定成果，形成了可复制的发展模式，进入发展稳定期。

2022年公司继续实施"夯实高端战略",终端形象不断升级,全国新开门店202家;根据消费群体"场景化购物"需求,提供沉浸式消费体验,并通过新品首发造势等动作,大店均保持较高盈利水平。

在品牌传播方面,公司结合重大事件与特殊节点,在新年、母亲节、世界睡眠日等节点持续发声,有效触达主流人群;在全国各大城市核心商圈、交通枢纽等线下人流密集区域进行高频、精准的大屏广告推广。同时公司继续携手品牌代言人,在天猫超级品牌日、新品发布会、双十一等节点发布多条代言人TVC,推动梦洁太空被、梦洁咖啡被等多款主推产品热销。

在内部管理提升方面,应收账款持续下降,库存周转提升:成立应收账款项目,全年应收账款下降,应收账款收回;坚持召开库存专题会议,库存结构大幅优化,库存金额持续下降,库存周转提速。

梦洁股份经营及资本运作情况见表27~表29。

表27　梦洁股份营业收入构成及其变化情况

项目	2022年		2021年		同比增减（%）
	金额（亿元）	占营业收入比重（%）	金额（亿元）	占营业收入比重（%）	
营业收入合计	20.33	100	24.63	100	−17.46
分行业					
纺织业	20.33	100.00	24.63	100.00	−17.46
分产品					
套件	7.92	38.94	9.71	39.44	−18.50
被芯	6.73	33.09	8.25	33.48	−18.43
枕芯	1.30	6.37	1.66	6.76	−22.15
其他	4.39	21.60	5.00	20.32	−12.26
分地区					
华东	3.14	15.44	2.85	11.59	9.99
华南	1.12	5.51	1.27	5.15	−11.68
西南	0.88	4.34	1.23	5.01	−28.48
华中	13.24	65.14	16.90	68.62	−21.64
西北	0.28	1.37	0.42	1.72	−33.88
华北	1.02	5.03	1.25	5.07	−18.24
东北	0.47	2.29	0.56	2.26	−16.19
出口	0.18	0.87	0.14	0.58	23.41
分销售模式					
线上销售	5.65	27.82	5.84	23.71	−3.16
直营销售	7.05	34.69	8.14	33.05	−13.38
加盟销售	7.62	37.50	10.65	43.24	−28.42

表28　2022年梦洁股份分行业、分产品和分地区的毛利率及其变化情况

项目	营业收入（亿元）	营业成本（亿元）	毛利率（％）	营业收入比上年同期增减（％）	营业成本比上年同期增减（％）	毛利率比上年同期增减（％）
分行业						
纺织业	20.33	13.60	33.08	−17.46	−11.26	−4.67
分产品						
套件	7.92	4.42	44.17	−18.50	−11.77	−4.26
被芯	6.73	4.35	35.33	−18.43	−11.41	−5.12
枕芯	1.30	0.85	34.72	−22.15	−17.77	−3.47
其他	4.39	3.99	9.17	−12.26	−8.99	−3.26
分地区						
华东	3.14	2.15	31.36	9.99	17.35	−4.30
华南	1.12	0.71	36.38	−11.68	−6.68	−3.41
西南	0.88	0.55	37.73	−28.48	−24.08	−3.61
华中	13.24	8.96	32.35	−21.64	−15.60	−4.84
西北	0.28	0.17	38.44	−33.88	−29.17	−4.10
华北	1.02	0.62	39.10	−18.24	−12.47	−4.01
东北	0.47	0.29	38.32	−16.19	−10.58	−3.87
出口	0.18	0.15	17.42	23.41	25.20	−1.18

表29　2021年梦洁股份分渠道销售情况分析

销售渠道	营业收入（亿元）	营业成本（亿元）	毛利率（％）	营业收入比上年同期增减（％）	营业成本比上年同期增减（％）	毛利率比上年同期增减（％）
线上销售	5.65	4.06	28.20	−3.16	1.38	−3.21
直营销售	7.05	4.24	39.86	−13.38	−4.30	−5.70
加盟销售	7.62	5.30	30.43	−28.42	−23.08	−4.82

　　线上是与天猫、京东、唯品会等电商平台以及微信小程序等社交平台合作销售公司的产品，公司需支付一定的平台费用等；直营为公司直接投资、直接销售和直接管理；加盟是通过授权区域加盟商按照公司标准来开设门店，授权经营公司的产品（表30~表33）。

表30　2022年梦洁股份四项费用及其变化情况

项目	2022年（亿元）	2021年（亿元）	同比增减（％）	重大变动说明
销售费用	8.07	7.24	11.37	
管理费用	1.28	0.86	49.69	职工薪酬、咨询费增加及存货盘亏
财务费用	0.36	0.27	33.78	贷款利率上浮
研发费用	0.74	0.87	−14.26	

表31　2022年梦洁股份门店分析

门店类型	门店数量（个）	门店面积（m²）	报告期内新开门店数量（个）	报告期末关闭门店数量（个）	关闭原因	涉及品牌
直营	495	79001	119	26	经营不符合预期，商场调整、公司主动调整战略等	梦洁、寐、梦洁宝贝、梦洁家居
加盟	1223	298488	200	184	经营困难，合同终止、公司主动调整战略等	梦洁、寐、梦洁宝贝、梦洁家居

表32　梦洁股份主要产品产、销、存及其变化情况

行业分类	项目	2022年	2021年	同比增减（%）
纺织业	销售量	1511.19	1356.19	11.43
	生产量	1382.23	1278.58	8.11
	库存量	1511.87	1640.83	-7.86

注　销售量、生产量、库存量的单位为万套、万个、万件。

表33　梦洁股份研发投入及其变化情况

项目	2022年	2021年	变动比例
研发投入金额（万元）	7427.56	8663.20	-14.26%
研发投入占营业收入比例（%）	3.65	3.52	0.13%
研发人员数量（人）	308	348	-11.49%
研发人员数量占比（%）	10.31	11.35	-1.04%

5. 水星家纺（SH603365）

2022年公司实现营业收入36.64亿元，较上年同期减少3.57%；归属于上市公司股东的净利润2.78亿元，较上年同期减少27.89%；归属于上市公司股东的扣除非经常性损益的净利润2.26亿元，较上年同期减少37.47%；2022年经营活动产生的现金流量净额1.04亿元，较上年同期减少77.60%；2022年末归属上市公司股东的净资产27.67亿元，较上年末同期增长4.94%。

水星家纺经营及资本运作情况见表34~表37。

表34　2022年水星家纺营业收入、营业成本、毛利率情况

项目	营业收入（亿元）	营业成本（亿元）	毛利率（%）	营业收入比上年增减（%）	营业成本比上年增减（%）	毛利率比上年增减（%）
分行业						
批发零售业	36.56	22.37	38.81	-3.58	-4.83	0.80
分产品						
套件	13.74	8.45	38.46	-6.06	-5.15	-0.59

项目	营业收入（亿元）	营业成本（亿元）	毛利率（%）	营业收入比上年增减（%）	营业成本比上年增减（%）	毛利率比上年增减（%）
被子	16.82	10.04	40.28	−2.87	−6.03	2.00
枕芯	2.76	1.67	39.37	0.20	−0.87	0.66
其他	3.24	2.20	32.21	0.62	−0.73	0.92
分地区						
电商	21.37	13.14	38.53	8.77	4.76	2.35
东北	0.55	0.37	33.82	−33.50	−30.36	−2.99
华北	2.25	1.41	37.50	−19.46	−17.40	−1.56
华东	6.50	3.71	43.00	−8.03	−5.13	−1.74
华南	0.67	0.39	42.63	−10.86	−12.61	1.15
华中	1.54	1.02	33.99	−38.60	−37.01	−1.66
西北	0.87	0.53	38.52	−1.19	−2.75	0.98
西南	2.67	1.72	35.51	−18.83	−18.19	−0.51
国外	0.14	0.10	26.81	−8.63	−19.51	9.89
分销售模式						
电商	21.37	13.14	38.53	8.77	4.76	2.35
加盟	11.84	7.48	36.80	−20.21	−19.84	−0.29
直营	2.80	1.35	51.73	0.18	14.37	−5.99
其他	0.55	0.40	27.15	−13.93	−10.89	−2.48

表35　2022年水星家纺分行业、分产品的成本构成

项目	成本构成项目	2022年金额（亿元）	占总成本比例（%）	2021年金额（亿元）	2021年占总成本比例（%）	2022年较2021年同期金额变动比例（%）
分行业						
批发零售业	主营业务成本	22.37	100.00	23.50	100.00	−4.83
分产品						
套件	主营业务成本	8.45	37.80	8.91	37.92	−5.15
被子	主营业务成本	10.04	44.90	10.69	45.48	−6.03
枕芯	主营业务成本	1.67	7.47	1.69	7.17	−0.87
其他	主营业务成本	2.20	9.83	2.22	9.43	−0.73

表36　2022年水星家纺产、销、存情况

主要产品	生产量（万套、万条、万个）	销售量（万套、万条、万个）	库存量（万套、万条、万个）	生产量比上年增减（%）	销售量比上年增减（%）	库存量比上年增减（%）
套件被子枕芯等	2047.88	1982.78	643.32	−9.21	−10.38	11.26

表37　水星家纺研发投入情况分析

项目	2022年	2021年
研发投入合计（万元）	7164.72	6521.23
研发投入总额占营业收入比例（%）	1.96	1.72
公司研发人员的数量（人）	226	208
研发人员数量占公司总人数的比例（%）	6.27	6.41

公司的品牌运营采用"品类品牌化"的方式组建品牌矩阵，以"水星"品牌为主，"百丽丝"品牌为辅，以"水星家纺婚庆馆""水星宝贝""水星 KIDS"等品牌为组合细分品类品牌，在强化"水星"主品牌的同时，快速、有效地实现了品类细分市场的拓展。

公司坚持以经销、网络销售和直营为主，团购、国际贸易等为辅的多通路立体销售模式。报告期内，公司以持续提升加盟、直营门店、传统电商渠道的运营质量为基础，积极创新零售模式，通过直播、云店、抖音、KOL、小红书等形式，扩展公域流量，培育私域流量，加速线上线下融合发展。

在线下渠道布局上，公司在广大三、四线城市构筑"网格布局"，在一、二线城市构筑"重点布局"。

在线上渠道布局上，公司采取超前布局战略，取得了一定的市场先发优势。通过培养、引进，公司建立了一支高度专业化的电商业务团队，积累了丰富的电商业务运作经验。通过基于大数据分析的整体业务规划、每个营销活动的精心策划组织、网络产品专供策略的实施，公司网络销售规模持续增长，取得了在网络销售领域行业内领先的业绩。

6. 梦百合（SH603313）

2022年公司实现营业收入 80.17 亿元，较去年同期减少 1.50%，归属于上市公司股东的净利润 4135.92 万元，较去年同期增加 115.01%；归属于上市公司股东的扣除非经常性损益的净利润 3632.79 万元，较去年同期增加 114.06%。

国内市场：通过多年来国内市场的开拓，公司已形成以线下渠道为主，线上、线下、酒店、新业务等多渠道发展格局。一方面，"量质齐抓"作为当前线下渠道拓展的核心策略，公司在大力拓展渠道布局的同时明确了优质经销商的画像特征，并从产品、运营、营销活动等多维度对线下渠道赋能，以增强梦百合国内市场的竞争力。另一方面，公司持续深耕线上线下一体化的新零售模式，积极布局天猫、抖音、京东、华为线上商城等渠道，2022年，国内自主品牌线上业务实现收入2.13亿元，较去年同期增加 35.32%。此外，公司与家装、整装家居、定制家居、地产建材等知名品牌企业建立合作关系，并持续拓展酒店渠道，联手 OTA 平台、酒店共同升级打造"梦百合零压房"模式，强化用户体验，建立更广泛的兼具品牌体

验、产品推广与销售的渠道。

国际市场：ODM 业务方面，经过多年的国际市场拓展，公司已与部分家居制品品牌商、贸易商建立了长期稳定的合作关系，产品遍布全球 70 多个国家及地区。自主品牌方面，公司以子公司梦百合美国作为业务平台，并通过收购美国 MOR 和西班牙 MATRESSES，不断加强"MLILY"自主品牌的市场推广及渠道建设，逐步实现由 ODM 向 OBM 转型。此外，公司基于规模化生产及供应链优势，积极开展跨境电商业务，不断提高海外市场零售能力，2022年公司境外线上渠道实现收入 4.47 亿元，较去年同期增加 69.67%。

梦百合经营及资本运作情况见表38~表44。

表38　2022年梦百合营业收入、营业成本、毛利率情况

项目	营业收入（亿元）	营业成本（亿元）	毛利率（%）	营业收入比上年增减（%）	营业成本比上年增减（%）	毛利率比上年增减（%）
分行业						
家居用品	77.86	53.73	30.98	−1.60	−4.55	2.13
分产品						
床垫	38.31	27.83	27.37	2.21	−0.34	1.86
枕头	5.28	3.95	25.22	−16.53	−19.34	2.61
沙发	12.68	8.24	35.01	−2.67	−0.70	−1.29
电动床	6.27	4.33	30.91	−17.57	−17.41	−0.13
卧具	7.55	3.99	47.12	−5.25	−8.85	2.09
其他	7.77	5.39	30.57	15.80	−2.86	13.34
分地区						
境内	9.91	6.61	33.28	−16.42	−19.47	2.53
境外	67.95	47.12	30.65	1.02	−2.00	2.13
分销售模式						
门店	28.17	15.88	43.63	0.26	3.42	−1.72
直营店	25.14	13.84	44.96	5.10	7.85	−1.40
其中：境内销售	0.78	0.39	49.89	0.70	47.92	−15.99
其中：境外销售	24.37	13.45	44.80	5.25	7.01	−0.91
经销店	3.03	2.04	32.56	−27.50	−19.10	−7.00
其中：境内销售	3.03	2.04	32.56	−27.50	−19.10	−7.00
其中：境外销售	0	0	0	0	0	0
线上	6.60	3.49	47.17	56.82	54.32	0.86
其中：境内销售	2.13	0.86	59.79	35.32	23.59	3.81
其中：境外销售	4.47	2.63	41.15	69.67	67.92	0.62
大宗业务	43.09	34.37	20.24	−7.96	−11.15	2.86

表39 2022年梦百合营业成本构成

项目	成本构成项目	本期金额（亿元）	本期占总成本比例（%）	上年同期金额（亿元）	上年同期占总成本比例（%）	本期金额较上年同期变动比例（%）
分行业						
家居行业	外购产品	7.79	14.50	17.60	31.27	−55.75
	直接材料	29.03	54.03	20.21	35.90	43.67
	直接人工	3.79	7.05	4.79	8.51	−20.96
	制造费用	6.15	11.44	7.69	13.66	−20.06
	运杂费及其他	6.98	12.98	6.00	10.66	16.25
	合计	53.73	100.00	56.29	100.00	−4.55
分产品						
记忆绵床垫	外购产品	0.60	2.15	6.80	24.34	−91.20
	直接材料	18.51	66.51	10.24	36.66	80.82
	直接人工	2.26	8.12	2.76	9.89	−18.16
	制造费用	3.94	14.16	4.79	17.16	−17.73
	运杂费及其他	2.52	9.05	3.34	11.95	−24.52
	合计	27.83	100.00	27.92	100.00	−0.34
记忆绵枕头	外购产品	0.01	0.38	0.67	13.68	−97.78
	直接材料	2.73	69.18	2.37	48.49	15.07
	直接人工	0.30	7.61	0.29	5.85	4.82
	制造费用	0.56	14.12	0.74	15.15	−24.83
	运杂费及其他	0.34	8.72	0.82	16.83	−58.20
	合计	3.95	100.00	4.90	100.00	−19.34
沙发	外购产品	3.56	43.21	3.65	44.01	−2.50
	直接材料	2.01	24.44	2.89	34.89	−30.44
	直接人工	0.38	4.63	0.59	7.17	−35.83
	制造费用	0.47	5.66	0.69	8.32	−32.44
	运杂费及其他	1.82	22.06	0.47	5.62	289.84
	合计	8.24	100.00	8.30	100.00	−0.70
电动床	外购产品	0.09	2.01	0.44	8.43	−80.30
	直接材料	3.57	82.43	3.31	63.07	7.95
	直接人工	0.09	2.17	0.26	4.93	−63.60
	制造费用	0.17	3.90	0.49	9.43	−65.80
	运杂费及其他	0.41	9.49	0.74	14.15	−44.62
	合计	4.33	100.00	5.25	100.00	−17.41

项目	成本构成项目	本期金额（亿元）	本期占总成本比例（%）	上年同期金额（亿元）	上年同期占总成本比例（%）	本期金额较上年同期变动比例（%）
卧具	外购产品	2.05	51.41	3.24	74.02	-36.69
	直接材料	0.70	17.55	0.74	16.91	-5.42
	直接人工	0.16	4.12	0.13	3.08	21.99
	制造费用	0.04	0.93	0.04	0.97	-13.06
	运杂费及其他	1.04	25.99	0.22	5.02	371.83
	合计	3.99	100.00	4.38	100.00	-8.85
其他	外购产品	1.48	27.40	2.80	50.46	-47.25
	直接材料	1.51	27.93	0.65	11.78	130.30
	直接人工	0.59	10.87	0.75	13.60	-22.34
	制造费用	0.97	18.07	0.93	16.73	4.94
	运杂费及其他	0.85	15.73	0.41	7.43	105.63
	合计	5.39	100.00	5.55	100.00	-2.86

表40　2022年梦百合产、销、存情况

主要产品	生产量（万件）	销售量（万件）	库存量（万件）	生产量比上年增减（%）	销售量比上年增减（%）	库存量比上年增减（%）
床垫	612.17	643.92	59.65	-11.96	-7.76	-32.71
枕头	917.55	956.90	104.55	-18.73	-21.93	-27.12
沙发	57.85	85.89	5.91	-28.39	-21.44	-49.87
电动床	38.37	40.05	5.46	-4.65	-20.03	27.27
卧具	17.59	66.62	4.67	-27.28	-20.54	-63.20

表41　2022年梦百合自有品牌和其他品牌收入、成本、毛利率情况

品牌	营业收入（亿元）	营业成本（亿元）	毛利率（%）	营业收入比上年增减（%）	营业成本比上年增减（%）	毛利率比上年增减（%）
自有品牌	0.0014	0.0008	37.95	-13.14	-23.37	8.28
其他品牌	0.0064	0.0045	29.52	1.24	0.02	0.87
合计	0.0078	0.0054	30.98	-1.60	-4.55	2.13

表42　2022年梦百合各类门店的收入、成本、毛利率情况

销售渠道	营业收入（亿元）	营业成本（亿元）	毛利率（%）	营业收入比上年增减（%）	营业成本比上年增减（%）	毛利率比上年增减（%）
门店合计	0.0028	0.0016	43.63	0.26	3.42	-1.72
直营店	0.0025	0.0014	44.96	5.10	7.85	-1.40
其中：境内销售	0.0001	0.0000	49.89	0.70	47.92	-15.99
其中：境外销售	0.0024	0.0013	44.80	5.25	7.01	-0.91
经销店	0.0003	0.0002	32.56	-27.50	-19.10	-7.00
其中：境内销售	0.0003	0.0002	32.56	-27.50	-19.10	-7.00
其中：境外销售	0	0	0	0	0	0
线上销售	0.0007	0.0003	47.17	56.82	54.32	0.86
其中：境内销售	0.0002	0.0001	59.79	35.32	23.59	3.81
其中：境外销售	0.0004	0.0003	41.15	69.67	67.92	0.62
大宗业务	0.0043	0.0034	20.24	-7.96	-11.15	2.86
合计	0.0078	0.0054	30.98	-1.60	-4.55	2.13

表43　2022年梦百合全球店铺情况

门店类型	上年末数量（家）	本年度新开（家）	本年度关闭（家）	本年末数量（家）
MLILY梦百合				
经销店	928	402	164	1166
直营店	162	38	55	145
小计	1090	440	219	1311
MOR				
直营店	38	1	1	38
西班牙MATRESSES				
直营店	93	3	2	94
上海里境				
直营店		5	0	5
经销店		5	0	5
合计	1221	454	222	1453

表44　梦百合研发投入情况

项目	2022年	2021年	项目	2022年	2021年
研发投入合计（万元）	9530.96	12424.87	公司研发人员的数量（人）	378	398
研发投入总额占营业收入比例（%）	1.19	1.53	研发人员数量占公司总人数比例（%）	12.06	11.59

为了进一步完善公司全球化产能布局，提高抗风险能力，进一步提升产品品质和公司的智能化、信息化水平，增强公司可持续竞争力，公司启动了非公开发行股票项目，拟募集资金总额不超过 128563.49 万元，用于家居产品配套生产基地项目、美国亚利桑那生产基地扩建项目、智能化信息化升级改造项目以及补充流动资金。2023 年 2 月，全面实行股票发行注册制，本次非公开发行股票项目（下称"向特定对象发行 A 股股票项目"）平移至上交所审核。2023 年 3 月，本次向特定对象发行 A 股股票申请已经获得上交所受理，并于 2023 年 4 月收到上交所审核意见通知，公司本次向特定对象发行股票申请符合发行条件、上市条件和信息披露要求，但尚需获得中国证监会作出同意注册的决定后方可实施。

7. 众望布艺（SH605003）

公司主营业务为中高档装饰面料及制品的研发、设计、生产与销售。主要产品为装饰面料和沙发套，产品目前主要应用于沙发、座椅、抱枕等领域，主要销往美国地区。2022 年，美联储七次加息，利率从 0 左右提高到 4.25%~4.50%，美国 6 月 CPI 同比增长 9.1%，增幅创 1981 年以来最高，导致居民消费总体意愿和消费能力锐减，造成了美国家具企业大规模的库存高企甚至积压，清库存成了美国家具企业 2022 年的主旋律，新订单同比下降明显。

2022年公司实现营业收入 4.17亿元，同比下降 29.04%。归属于上市公司股东净利润 9080.99 万元，同比下降 38.30%。归属于上市公司股东的净资产 11.31亿元，同比增长 2.14%。

众望布艺经营及资本运作情况见表45~表48。

表45　2022年众望布艺主营业务收入、营业成本、毛利率情况

项目	营业收入（亿元）	营业成本（亿元）	毛利率（%）	营业收入比上年增减（%）	营业成本比上年增减（%）	毛利率比上年增减（%）
分行业						
家具制造	4.13	2.68	35.00	−29.23	−27.17	−1.84
分产品						
装饰面料	3.77	2.39	36.68	−27.55	−24.43	−2.61
沙发套	0.33	0.27	18.73	−43.29	−44.37	1.58
其他	0.02	0.02	−4.51	−40.87	−34.25	−10.52
分地区						
中国	0.54	0.33	39.44	−43.83	−38.56	−5.19
美国	1.72	1.14	33.97	−11.07	−8.13	−2.12
越南	1.58	1.06	33.14	−38.00	−35.59	−2.50
其他国家与地区	0.29	0.16	43.10	−25.96	−40.54	13.96
分销售模式						
自主销售	4.13	2.68	35.00	−29.23	−27.17	−1.84

表46 2022年众望布艺成本分析

项目	成本构成项目	本期金额（亿元）	本期占总成本比例（%）	上年同期金额（亿元）	上年同期占总成本比例（%）	本期金额较上年同期变动比例（%）
分行业						
家具制造	直接材料	1.60	59.77	2.29	62.14	−29.95
	直接人工	0.27	10.14	0.30	8.26	−10.55
	制造费用	0.46	17.19	0.76	20.52	−38.98
	运费	0.35	12.90	0.33	9.09	3.37
	合计	2.68	100.00	3.68	100.00	−27.17
分产品						
装饰面料	直接材料	1.387	58.09	1.876	59.40	−26.10
	直接人工	0.214	8.97	0.212	6.72	0.94
	制造费用	0.446	18.68	0.742	23.50	−39.95
	运费	0.341	14.26	0.328	10.38	3.81
	合计	2.387	100.00	3.159	100.00	−24.43
沙发套	直接材料	0.199	73.20	0.387	79.19	−48.57
	直接人工	0.055	20.39	0.087	17.82	−36.34
	制造费用	0.012	4.42	0.008	1.64	49.77
	运费	0.005	1.98	0.007	1.35	−18.34
	合计	0.272	100.00	0.489	100.00	−44.37
其他	直接材料	0.017	76.05	0.025	71.66	−30.23
	直接人工	0.002	9.93	0.005	13.55	−51.81
	制造费用	0.003	13.74	0.005	14.61	−38.16
	运费	0	0.29	0	0.19	0
	合计	0.023	100.00	0.034	100.00	−34.25

表47 2022年众望布艺产、销、存分析

主要产品	生产量	销售量	库存量	生产量比上年增减（%）	销售量比上年增减（%）	库存量比上年增减（%）
装饰面料	1460.21万米	1540.63万米	203.34万米	−39.82	−36.22	−9.98
沙发套	104059套	111374套	12209套	−47.13	−40.61	−11.59

表48 2022年众望布艺研发投入情况

项目	2022年	2021年	项目	2022年	2021年
研发投入合计（万元）	1915.9	2021.38	公司研发人员的数量（人）	55	62
研发投入总额占营业收入比例（%）	4.6	3.44	研发人员数量占公司总人数的比例（%）	—	9.37

公司主要产品为装饰面料和沙发套，其中装饰面料生产所需的主要原材料为涤纶成分的DTY和POY、雪尼尔纱、花式纱等特种纱线、原液染色的腈纶纱线、空变纱、涂层胶和热熔胶等。

公司采用"以销定产、少量库存"的生产模式，"以销定产"是指公司在接到客户订单后，根据客户的订单需求和交货期限组织生产，该模式有利于降低公司产品库存，减少资金占用；"少量库存"是指公司根据客户历史销售数据，并且根据市场需求预测而进行的有计划、有组织的提前少量备货生产。该模式能够缩短产品交货周期，快速响应客户需求。

公司的销售模式为直接销售。公司产品主要应用于下游沙发领域，客户多为国际知名家具制造企业及终端零售商。在全球化背景下，国际知名家具制造企业为了有效控制成本，通常采取全球化生产策略，通过其在全球的自有工厂或代工厂进行组织生产。在此背景下，公司向客户的销售分为两种情形：第一种是由客户直接向公司下达订单，公司完成生产后直接销售给客户，客户向公司回款；第二种是由客户指定的代工厂根据客户的需求向公司下达订单，公司完成生产后销售给代工厂，由代工厂向公司回款。在第二种情形下，由公司与客户之间确定产品的型号和价格，代工厂不再与公司就产品的型号和价格进行协商，公司与代工厂之间按照公司与客户约定的产品型号、价格和订单数量独立进行结算。

2022年，募投项目"年产1500万米高档装饰面料及研发中心建设项目"投入金额8442.95万元，截至2022年末，项目投资额累计达51182.76万元，已超过项目投资总额的100%，"年产1500万米高档装饰面料项目"已于2022年6月底投产，以该项目为基础的"众望布艺智能制造项目"通过整体化标准建设，以智能制造为主线，以数字化改革为引领，在技术创新、管理创新等方面不断优化现有的传统生产运营模式，持续推动企业从"制造"向"智造"转变，从而实现精益制造、高效制造、柔性制造、服务制造和绿色制造。

8. 西大门（SH605155）

公司主要从事功能性遮阳材料的研发、生产和销售，主要产品包括阳光面料、涂层面料和可调光面料等，并逐步向功能性遮阳成品拓展。公司产品远销全球六大洲、七十余个国家和地区，已成为我国功能性遮阳材料细分领域的龙头企业。2022年公司实现营业收入4.99亿元，同比增长7.22%，归属于上市公司股东的净利润8204.47万元，同比下降8.33%，截至2022年12月31日，公司总资产12.19亿元，归属于上市公司股东的净资产11.32亿元，资产负债率7.06%。

西大门经营及资本运作情况见表49~表53。

表49　2022年西大门主营业务收入、营业成本、毛利率情况

项目	营业收入（亿元）	营业成本（亿元）	毛利率（%）	营业收入比上年增减（%）	营业成本比上年增减（%）	毛利率比上年增减（%）
分行业						
遮阳面料制造业	4.31	2.90	32.69	−2.02	4.44	−4.16
遮阳成品制造业	0.62	0.35	44.28	171.05	134.12	8.79
其他制造业	0.02	0.02	5.57	840.28	1407.27	−35.52

项目	营业收入（亿元）	营业成本（亿元）	毛利率（%）	营业收入比上年增减（%）	营业成本比上年增减（%）	毛利率比上年增减（%）
分产品						
遮阳面料	4.31	2.90	32.69	−2.02	4.44	4.16
遮阳成品	0.62	0.35	44.28	171.05	134.12	8.79
其他	0.02	0.02	5.57	840.28	1407.27	−35.52
分地区						
中国大陆	1.84	1.33	27.40	18.98	29.88	−6.1
中国大陆以外的地区	3.12	1.94	37.90	1.12	1.99	−0.53
分销售模式						
直销	4.96	3.27	34.01	7.07	11.77	−2.78

表50　2022年西大门主营业务成本分析

分行业	成本构成项目	本期金额（亿元）	本期占总成本比例（%）	上年同期金额（亿元）	上年同期占总成本比例（%）	本期金额较上年同期变动比例（%）
遮阳面料制造业	材料、人工成本等	2.90	88.65	2.78	94.87	4.44
遮阳成品制造业		0.35	10.64	0.15	5.08	134.12
其他制造业		0.02	0.71	0.00	0.05	

表51　2022年西大门四项费用及其变化情况

项目名称	2022年费用（亿元）	2021年费用（亿元）	同比增减（%）	变动原因说明
销售费用	0.49	0.31	58.26	系公司在广告宣传等方面投入增多所致
管理费用	0.32	0.31	5.63	系因发展需要公司管理人员增加所致
研发费用	0.19	0.18	5.86	系新产品研发投入增加所致
财务费用	−0.19	0.00	1678.10	系汇兑收益增加，利息收入增加所致

表52　2022年西大门主要产品产、销、存情况

主要产品	生产量（万平方米）	销售量（万平方米）	库存量（万平方米）	生产量比上年增减（%）	销售量比上年增减（%）	库存量比上年增减（%）
遮阳面料	3220.45	3267.27	839.26	−9.99	−2.15	−11.58

表53　2022年西大门研发投入情况

项目	2022年	2021年	项目	2022年	2021年
研发投入合计（万元）	1911.76	1805.95	公司研发人员的数量（人）	90	91
研发投入总额占营业收入比例（%）	3.83	3.88	研发人员数量占公司总人数的比例（%）	10.16	11.7

2022年，公司进一步加强品牌营销体系建设，建立完善营销网络。采用线下线上、国内国外相区分的营销战略。公司试水海外电商业务，通过在亚马逊等海外线上平台建立销售渠道，拓展公司遮阳成品的海外销售市场，受到海外消费者认可和好评。针对国内成品销售市场，公司扩大了线下直营办事处的服务范围，有专业的销售团队和安装服务技术团队驻点。目前已在全国设立 11 个办事处，负责遮阳成品销售及售后安装技术服务，覆盖 30 余个城市。

9. 真爱美家（SZ003041）

公司是一家专业从事以毛毯为主的家用纺织品研发、设计、生产与销售的企业。公司的主要产品为毛毯及床上用品（套件、被芯、枕芯等），同时对外销售少量毛巾、家居服、地毯等纺织品及包装物。公司毛毯业务由子公司真爱毯业和真爱家居负责，母公司真爱美家则主要负责套件、被芯、枕芯等床上用品的设计、品牌运营及产品销售。2022 年度，公司实现营业收入 9.79亿元，同比增长 4.88%，实现归属于上市公司股东的净利润 1.55亿元，同比增长 44.14%；2022 年末，公司总资产 18.92亿元，同比增长 25.62%，归属于上市公司股东的净资产12.72亿元，同比增长 12.37%。

真爱美家经营及资本运作情况见表54~表60。

表54　2022年真爱美家营业收入构成

项目	2022年		2021年		同比增减（%）
	金额（亿元）	占营业收入比重（%）	金额（亿元）	占营业收入比重（%）	
营业收入合计	9.79	100	9.33	100	4.88
分行业					
纺织业	9.79	100.00	9.33	100.00	4.88
分产品					
毛毯	9.52	97.29	8.99	96.38	5.87
床上用品	0.18	1.83	0.24	2.61	−26.57
其他	0.09	0.88	0.09	1.01	−8.30
分地区					
国外	8.90	90.96	8.34	89.40	6.71
国内	0.88	9.04	0.99	10.60	−10.57
分销售模式					
线上销售	0.01	0.10	0.01	0.11	−8.45
直营销售	0.12	1.27	0.15	1.61	−16.70
直接销售	9.65	98.63	9.17	98.28	5.24

表55　2022年真爱美家分产品、分市场的毛利率分析

项目	营业收入（亿元）	营业成本（亿元）	毛利率（%）	营业收入比上年同期增减（%）	营业成本比上年同期增减（%）	毛利率比上年同期增减（%）
分行业						
纺织业	9.79	7.71	21.17	4.88	6.25	−1.02
分产品						
毛毯	9.52	7.58	20.35	5.87	7.40	−1.14
分地区						
国外	8.90	7.01	21.23	6.71	7.83	−0.82
分销模式						
直接销售	9.65	7.64	20.86	5.24	6.67	−1.06

表56　2022年真爱美家不同销售渠道的毛利率分析

销售渠道	营业收入（亿元）	营业成本（亿元）	毛利率（%）	营业收入比上年同期增减（%）	营业成本比上年同期增减（%）	毛利率比上年同期增减（%）
线上销售	0.01	0.01	42.21	−8.45	−46.69	41.45
直营销售	0.12	0.07	43.51	−16.70	−21.15	3.18
直接销售	9.65	7.64	20.86	5.24	6.67	−1.06

表57　2022年真爱美家营业成本构成及其变化

产品分类	项目	2022年		2021年		同比增减（%）
		金额（亿元）	占营业成本比重（%）	金额（亿元）	占营业成本比重（%）	
毛毯	原料	5.17	66.99	4.90	67.43	5.56
	人工	1.02	13.19	0.98	13.53	3.55
	制造费用	1.40	18.11	1.18	16.28	18.21

表58　2022年真爱美家四项费用及其变化

项目	2022年（亿元）	2021年（亿元）	同比增减（%）	重大变动说明
销售费用	0.16	0.15	10.06	无重大变动
管理费用	0.26	0.27	−4.38	无重大变动
财务费用	−0.20	0.03	−777.33	主要系本期人民币兑美元贬值使得本期汇兑收益增加所致
研发费用	0.57	0.45	26.87	主要系本期增加研发投入所致

表59　2022年真爱美家产、销、存情况

行业分类	项目	2022年（吨）	2021年（吨）	同比增减（%）
毛毯	销售量	45182.98	46338.84	-2.49
	生产量	46680.96	46081.78	1.30
	库存量	7113.22	5615.24	26.68

表60　2022年真爱美家研发投入分析

项目	2022年	2021年	变动比例
研发投入金额	5709.72万元	4500.60万元	26.87%
研发投入占营业收入比例	5.83%	4.82%	1.01%
研发人员数量	291人	274人	6.20%
研发人员数量占比	17.31%	17.49%	-0.18%

公司的毛毯出口采取直销模式，分为以下三种方式：第一种是以 ODM 模式直接实现销售；第二种是以 OEM 模式直接实现销售；第三种是以自有品牌外销模式直接实现销售。国内市场销售中：毛毯产品的内销同样是采用 ODM、OEM 和自有品牌销售相结合的模式进行销售；床上用品的内销均在国内市场采用自有品牌销售模式进行销售。其中，有部分自有品牌床上用品采用经销模式销售给国内经销商，其他自有品牌床上用品均采用直销或通过直营门店零售方式销售给国内客户及消费者。

截至2022年末，公司已取得发明专利56项、实用新型专利73项、外观设计专利47项。

10. 浙江自然（SH605080）

公司主要从事充气床垫、户外箱包、头枕、坐垫等户外运动用品的研发、设计、生产和销售。在长期的生产经营过程中，掌握了 TPU 薄膜及面料复合技术、聚氨酯软泡发泡技术、高周波熔接技术、热压熔接技术等关键工艺和技术，并逐渐形成独特的垂直一体化产业链。公司坚持以"成为全球领先的户外运动用品供应商"为理念和目标，逐步成长为全球户外运动用品领域的重要参与者，产品以 OEM、ODM、OEM/ODM 相结合的方式销售至欧洲、北美洲、大洋洲等发达国家和地区，已经与全球知名公司迪卡侬、SEA TO SUMMIT、Kathmandu、INTERSPORT、REI、历德超市等建立了长期稳定的合作关系，积累了优质的全球客户资源。

2022 年，公司实现主营业务收入 9.45亿元，较上年同期增长 12.22%；主营业务成本 5.99亿元，较上年同期增长 16.22%。

浙江自然经营及资本运作情况见表61~表65。

表61　2022年浙江自然收入、成本、四项费用及净现金流分析

项目	本期金额（亿元）	上年同期金额（亿元）	变动比例（%）
营业收入	9.46	8.42	12.27
营业成本	6.00	5.16	16.21
销售费用	0.14	0.12	20.53

项目	本期金额（亿元）	上年同期金额（亿元）	变动比例（%）
管理费用	0.50	0.43	15.18
财务费用	−0.16	0	不适用
研发费用	0.34	0.30	16.42
经营活动产生的现金流量净额	2.28	1.43	59.71

表62 2022年浙江自然营业收入、营业成本及毛利率情况

项目	营业收入（亿元）	营业成本（亿元）	毛利率（%）	营业收入比上年增减（%）	营业成本比上年增减（%）	毛利率比上年增减（%）
分行业						
户外用品	9.45	5.99	36.56	12.22	16.22	−2.19
分产品						
气床	6.88	4.01	41.70	8.25	10.06	−0.96
箱包	1.27	1.01	20.63	15.17	24.24	−5.79
枕头坐垫	0.75	0.53	28.53	33.82	34.09	−0.14
其他	0.55	0.44	20.10	36.94	45.33	−4.61
分地区						
国外	7.03	4.44	36.86	4.65	8.4	−2.19
国内	2.42	1.56	35.69	42.1	46.32	−1.85
分销售模式						
直销	9.45	5.99	36.56	12.22	16.22	−2.19

表63 2022年浙江自然分产品的营业成本分析

项目	成本构成项目	本期金额（亿元）	本期占总成本比例（%）	上年同期金额（亿元）	上年同期占总成本比例（%）	本期金额较上年同期变动比例（%）
分行业						
户外用品	营业成本	5.99	100.00	5.16	100.00	16.22
分产品						
气床	营业成本	4.01	66.92	3.64	70.67	10.06
箱包	营业成本	1.01	16.86	0.81	15.77	24.24
枕头坐垫	营业成本	0.53	8.89	0.40	7.70	34.09
其他	营业成本	0.44	7.33	0.30	5.86	45.33

表64　2022年浙江自然主要产品产、销、存分析

主要产品	生产量（万件）	销售量（万件）	库存量（万件）	生产量比上年增减（%）	销售量比上年增减（%）	库存量比上年增减（%）
气床	445.45	434.62	88.83	−2.02	2.66	13.81
箱包	246.47	228.87	58.13	25.37	23.53	43.43
枕头坐垫	234.36	235.46	41.39	19.94	25.41	−2.61
其他	130.09	136.26	41.99	11.71	55.40	−12.82

表65　2022年浙江自然研发投入情况分析

项目	2022年	2021年	项目	2022年	2021年
研发投入金额（万元）	3448.32	2962.07	研发人员数量（人）	159	131
研发投入占营业收入比例（%）	3.65	3.52	研发人员数量占比（%）	9.36	8.74

11. 玉马遮阳（SZ300993）

公司自成立以来一直专注于功能性遮阳材料的研发、生产和销售，主要产品包括遮光面料、可调光面料和阳光面料三大类上千个品种。

公司采购的原材料主要包括聚酯纤维、水性丙烯酸乳液、PVC等，公司主要采用"以销定产"的生产模式，公司制定了规范的销售流程，由营销中心负责产品销售推广以及客户维护工作，公司客户主要为遮阳产品生产商，客户取得方式主要为展会推广、客户介绍、实地开发和主动洽谈等。2022年，公司实现营业收入5.47亿元，同比增长5.04%，其中境外销售收入占主营业务收入的70%左右，产品远销全球六大洲的70多个国家和地区，其中以欧洲、亚洲、美洲市场为主，境内销售收入占主营业务收入的30%左右，分布在全国各省份，主要集中在华东、华南地区；实现归母净利润1.567亿元，同比增长11.64%。

玉马遮阳经营及资本运作情况见表66~表71。

表66　2022年玉马遮阳营业收入分行业、分产品、分地区、分销售模式的构成情况

项目	2022年		2021年		同比增减（%）
	金额（亿元）	占营业收入比重（%）	金额（亿元）	占营业收入比重（%）	
营业收入合计	5.47	100.00	5.20	100.00	5.04
分行业					
其他制造业	5.47	100.00	5.20	100.00	5.04
分产品					
遮光面料	1.68	30.73	1.78	34.17	−5.51
可调光面料	1.59	29.18	1.62	31.18	−1.69
阳光面料	1.77	32.47	1.60	30.67	11.21
其他	0.42	7.62	0.21	3.99	100.51

项目	2022年		2021年		同比增减（%）
	金额（亿元）	占营业收入比重（%）	金额（亿元）	占营业收入比重（%）	
分地区					
中国港澳台及国外	3.98	72.86	3.66	70.40	8.72
中国内地	1.48	27.14	1.54	29.60	−3.70
分销售模式					
直销	5.47	100.00	5.20	100.00	0.00

表67　2022年玉马遮阳营业收入、营业成本、毛利率分析

项目	营业收入（亿元）	营业成本（亿元）	毛利率（%）	营业收入比上年同期增减（%）	营业成本比上年同期增减（%）	毛利率比上年同期增减（%）
分行业						
其他制造业	5.47	3.19	41.66	5.04	8.61	−1.92
分产品						
遮光面料	1.68	1.10	34.70	−5.51	−6.93	0.99
可调光面料	1.59	0.75	53.20	−1.69	0.37	−0.96
阳光面料	1.77	0.99	44.48	11.21	15.59	−2.10
分地区						
港澳台及国外	3.98	2.18	45.18	8.72	6.73	1.02
国内	1.48	1.01	32.18	−3.70	12.94	−9.99
分销售模式						
直销	5.47	3.19	41.66	5.04	8.61	−1.92

表68　2022年玉马遮阳主要产品营业成本构成

产品分类	项目	2022年		2021年		同比增减（%）
		金额（亿元）	占营业成本比重（%）	金额（亿元）	占营业成本比重（%）	
遮光面料	原材料、人工工资、折旧、能源和动力等	1.10	36.32	1.18	42.48	−6.93
可调光面料		0.75	24.71	0.74	26.80	0.37
阳光面料		0.99	32.63	0.85	30.72	15.59
其他		0.19	6.34	—	—	—

表69　2022年玉马遮阳四项费用及其变化情况

项目	2022年（亿元）	2021年（亿元）	同比增减（%）	重大变动说明
销售费用	0.21	0.17	29.56	国外子公司销售规模扩大，人员及相关费用增加所致
管理费用	0.28	0.30	−5.01	系上期公司公开发行上市费用增加所致
财务费用	−0.25	−0.03	681.58	系汇率变化影响汇兑收益及利息收入增加所致
研发费用	0.18	0.17	3.13	—

表70　2022年玉马遮阳主要产品的产、销、存情况

行业分类	项目	2022年（平方米）	2021年（平方米）	同比增减（%）
其他制造业	销售量	43085971.43	44994440.15	−4.24
	生产量	43109887.44	44460332.14	−3.04
	库存量	8902184.76	7426613.44	19.87

表71　2022年玉马遮阳研发投入情况

项目	2022年	2021年	项目	2022年	2021年
研发投入金额（万元）	1799.51	1744.97	研发人员数量（人）	105	89
研发投入占营业收入比例（%）	3.29	3.35	研发人员数量占比（%）	10.40	10.09

12. 联翔股份（SH603272）

浙江联翔智能家居股份有限公司2022年5月2日在上交所上市，发行股票2590.68万股，发行价格13.64元/股，募集资金净额3.12亿元。公司主营墙布、窗帘等室内家居装饰用品的研发、设计、生产与销售业务，以及室内整体家装工程业务。

公司主要采取经销销售模式。公司经过多年发展，已经建立了覆盖境内除港澳台以外的31个省、自治区和直辖市的巨大销售网络。公司在收到经销商产品订单和全额货款后，安排发货。经销商以买断方式向公司进货，并由经销商负责产品后续的施工安装工作。由于墙布下游市场较为分散，该销售模式可以快速提高公司产品的市场知名度和销售网络覆盖面。公司通过多渠道收集经销商客户资源，对渠道建设目标区域内经销商客户进行整理与筛选，与符合标准的经销商签订经销合同。根据经销商店铺类型的划分，公司经销商可以分为"专卖店"和"非专卖店"两种形式。公司对经销商开设门店的选址、装修及经营提供培训和指导服务，并根据实际情况就经营资质、门店设计、签约采购量提出针对性要求，以提升经销商销售能力，提高公司品牌形象和市场影响力。

2022年受经济下行影响，墙布行业整体需求萎缩，行业发展面临挑战，全年实现营业收入1.998亿元，同比下降28.48%，实现归母净利润3627万元，同比下降45.9%，实现扣非净利润2881万元，同比下降53.14%。

联翔股份经营及资本运作情况见表72~表75。

表72 2022年联翔股份营业收入、营业成本及毛利率分析

项目	营业收入（亿元）	营业成本（亿元）	毛利率（%）	营业收入比上年增减（%）	营业成本比上年增减（%）	毛利率比上年增减（%）
分行业						
与客户之间的合同产生的主营业务	1.95	1.09	43.85	−30.05	−22.69	−5.34
与客户之间的合同产生的其他业务	0.05	0.04	15.62	558.05	436.33	19.15
分产品						
墙布、窗帘及相关产品	1.86	1.02	45.06	−32.38	−26.15	−4.63
装修业务	0.09	0.07	18.41	153.26	120.53	12.11
其他业务	0.05	0.04	15.62	558.05	540.14	2.36
分地区						
华东	0.85	0.51	40.41	−25.35	−14.59	−7.51
华中	0.34	0.19	44.57	−30.41	−23.47	−5.03
华北	0.30	0.16	46.64	−24.47	−19.94	−3.02
西南	0.14	0.07	46.87	−42.54	−37.76	−4.08
西北	0.18	0.10	42.15	−32.73	−24.68	−6.18
华南	0.10	0.05	48.48	−28.58	−21.56	−4.61
东北	0.08	0.05	42.82	−26.25	−17.94	−5.79
分销售模式						
经销	1.78	0.97	45.57	−35.08	−29.80	−4.10
直销	0.21	0.16	23.15	361.45	306.03	10.49

表73 2022年联翔股份营业成本构成分析

项目	成本构成项目	本期金额（亿元）	本期占总成本比例（%）	上年同期金额（亿元）	上年同期占总成本比例（%）	本期金额较上年同期变动比例（%）
分行业						
与客户之间的合同产生的主营业务	直接材料	0.599	52.82	0.714	50.24	−16.13
	直接人工	0.101	8.89	0.126	8.85	−19.86
	制造费用	0.278	24.48	0.368	25.88	−24.55
	外协加工费	0.016	10.20	0.206	14.50	−43.87
与客户之间的合同产生的其他业务	直接材料	0.014	1.23	0.006	0.42	132.31
	直接人工	0.004	0.36	0	0.03	933.92
	制造费用	0.022	1.98	0.001	0.09	1757.68
	外协加工费	0	0.03	0	—	—

项目	成本构成项目	本期金额（亿元）	本期占总成本比例（%）	上年同期金额（亿元）	上年同期占总成本比例（%）	本期金额较上年同期变动比例（%）
分产品						
墙布、窗帘及相关产品	直接材料	0.565	49.79	0.692	48.63	−18.33
	直接人工	0.086	7.57	0.119	8.33	−27.54
	制造费用	0.255	22.48	0.367	25.79	−30.49
	外协加工费	0.016	10.20	0.206	14.50	−43.87
装修服务	直接材料	0.034	3.04	0.024	1.70	42.75
	直接人工	0.015	1.32	0.007	0.51	105.16
	制造费用	0.023	2.01	0.001	0.09	1637.14
其他业务	直接材料	0.014	1.23	0.005	0.34	192.39
	直接人工	0.004	0.36	0	0.03	933.92
	制造费用	0.022	1.98	0.001	0.09	1757.68
	外协加工费	0	0.03	0	—	—

表74　2022年联翔股份产、销、存分析

主要产品	生产量（万米）	销售量（万米）	库存量（万米）	生产量比上年增减（%）	销售量比上年增减（%）	库存量比上年增减（%）
独画刺绣墙布	3.97	3.97	0	−40.52	−40.52	0
循环刺绣墙布	2.54	2.54	0	−51.37	−51.37	0
提花墙布	219.75	219.75	0	−28.41	−28.41	0

表75　2022年联翔股份研发投入情况

项目	2022年	项目	2022年
研发投入金额（万元）	931.15	研发人员数量（人）	44
研发投入占营业收入比例（%）	4.66	研发人员数量占比（%）	11.14

13. 趣睡科技（SZ301336）

成都趣睡科技股份有限公司2022年8月12日在深交所创业板上市，发行量股份1000万股，发行价格37.53元/股，募集资金净额3.155亿元，总股本增加至4000万股。

公司是一家专注于自有品牌的家居产品的互联网零售公司。公司产品主要通过互联网平台进行销售（即线上渠道），线下渠道销售占比较小。线上渠道包括 B2C 模式、B2B2C 模式和分销商模式。公司合作的 B2C 电商平台主要为小米有品和京东商城，同时亦通过公司官网及其他电商平台进行销售；公司合作 B2B2C 电商平台主要包括小米商城、京东自营等，同时

也拓展了苏宁易购等其他电商平台渠道。公司分销商模式分为线上分销及线下分销。公司主营业务为高品质易安装家具、家纺等家居产品的研发、设计、生产（以外包生产方式实现）与销售。2022年公司已获授专利55项，其中，实用新型专利42项，外观专利13项。截至2022年末，公司仍在有效期内专利数量249项。

2022年，受经济下行、市场需求不足、原料成本高位等因素影响，行业竞争日益加剧，公司整体经营面临多重压力和挑战，全年实现营业收入3.23亿元，较上年同期下降31.73%，归属于母公司股东的净利润为3688.89万元，较上年下降46.11%。

趣睡科技经营及资本运作情况见表76~表80。

表76 2022年趣睡科技分产品的营业收入、营业成本及毛利率分析

项目	营业收入（亿元）	营业成本（亿元）	毛利率（%）	营业收入比上年同期增减（%）	营业成本比上年同期增减（%）	毛利率比上年同期增减（%）
分行业						
家纺类	1.00	0.71	29.17	−41.81	−39.36	−2.86
家具类	2.22	1.67	24.66	−25.95	−25.18	−0.77
分产品						
床垫产品	1.50	1.10	26.60	−28.12	−28.79	0.69
枕头产品	0.70	0.49	30.87	−46.17	−44.45	−2.14
床类产品	0.42	0.34	18.67	−13.44	−7.20	−5.46

表77 2022年趣睡科技分渠道的营业收入、营业成本、毛利率分析

销售渠道	营业收入（亿元）	营业成本（亿元）	毛利率（%）	营业收入比上年同期增减（%）	营业成本比上年同期增减（%）	毛利率比上年同期增减（%）
线上销售	2.57	1.86	27.55	−33.68	−32.79	−0.97
分销销售	0.56	0.44	21.09	−27.76	−23.47	−4.43
线下销售	0.10	0.08	16.02	28.23	30.58	−1.51

表78 趣睡科技营业收入构成分析

项目	2022年		2021年		同比增减（%）
	金额（亿元）	占营业收入比重（%）	金额（亿元）	占营业收入比重（%）	
营业收入合计	3.23	100	4.73	100	−31.73
分行业					
家纺类	1.00	31.13	1.73	36.52	−41.81
家具类	2.22	68.83	3.00	63.46	−25.95
其他	0	0.04	0	0.03	7.25

项目	2022年		2021年		同比增减（%）
	金额（亿元）	占营业收入比重（%）	金额（亿元）	占营业收入比重（%）	
分产品					
床垫产品	1.50	46.59	2.09	44.25	−28.12
枕头产品	0.70	21.77	1.31	27.61	−46.17
床类产品	0.42	13.11	0.49	10.34	−13.44
生活周边产品	0.18	5.49	0.20	4.22	−11.22
其他家具产品	0.15	4.68	0.20	4.23	−24.51
沙发产品	0.14	4.45	0.22	4.63	−34.45
被子产品	0.12	3.86	0.22	4.68	−43.66
其他业务收入	0	0.04	0	0.03	7.25
分销售模式					
线上销售	2.57	79.76	3.88	82.11	−33.68
分销销售	0.56	17.25	0.77	16.30	−27.76
线下销售	0.10	2.99	0.08	1.59	28.23

表79　趣睡科技主要产品在主营业务成本中的构成分析

产品分类	项目	2022年		2021年		同比增减（%）
		金额（亿元）	占营业成本比重（%）	金额（亿元）	占营业成本比重（%）	
床垫产品	主营业务成本	1.10	46.27	1.55	45.45	−28.80
枕头产品	主营业务成本	0.49	20.36	0.87	25.64	−44.50
床类产品	主营业务成本	0.34	14.43	0.37	10.88	−7.20
生活周边产品	主营业务成本	0.14	5.84	0.14	4.08	0.16
其他家具产品	主营业务成本	0.11	4.73	0.15	4.44	−25.49
沙发产品	主营业务成本	0.11	4.74	0.16	4.83	−31.43
被子产品	主营业务成本	0.09	3.63	0.16	4.69	−45.92

表80　2022年趣睡科技研发投入分析

项目	2022年	2021年	项目	2022年	2021年
研发投入金额（万元）	683.61	804.40	研发人员数量（人）	42	43
研发投入占营业收入比例（%）	2.12	1.70	研发人员数量占比（%）	28.38	27.74

14.太湖雪（BJ838262）

苏州太湖雪丝绸股份有限公司2022年12月30日在北交所上市，发行量股票920万股，发行价格15元/股，募集资金净额10193.4万元。

公司以"太湖雪"品牌为核心（海外市场品牌为 THXSILK），专业从事丝绸相关产品的研发设计、生产加工、品牌推广、渠道建设和销售服务。经过十多年的深耕发展，公司形成了蚕丝被、床品套件、丝绸饰品、丝绸服饰四大产品系列，"太湖雪"也成为市场上具备一定行业知名度的丝绸代表品牌。公司应用互联网思维，建设了线上与线下、境内与境外双轮并举立体式销售模式。线下渠道主要通过直营专卖店、直营商场专柜、经销商等销售渠道，线上渠道主要通过天猫、京东、唯品会、亚马逊、海外官网等电子商务平台宣传推广并销售。

2022 年度，公司实现营业收入 34047.01 万元，同比下降 8.71%，归属于母公司所有者的净利润3154.98 万元，较上年同期下降 13.19%，归属于上市公司股东的扣除非经常性损益后的净利润2426.79 万元，同比下降20.78%。线下渠道实现主营业务收入 17724.84 万元，同比下降5.07%，其中企业客户集采实现主营业务收入8047.54 万元，同比下降2.56%，直营门店实现主营业务收入 7601.18 万元，同比下降 7.57%；线上渠道实现主营业务收入 16178.89 万元，同比下降 12.25%，其中抖音实现主营业务收入 653.00 万元，为 2022 年度国内线上大幅增长业务，亚马逊实现营业收入 2608.81万元，同比增长15.41%。

太湖雪经营及资本运作情况见表81~表83。

表81 2022年太湖雪营业收入、营业成本、毛利率分析

项目	营业收入（亿元）	营业成本（亿元）	毛利率（%）	营业收入比上年同期增减（%）	营业成本比上年同期增减（%）	毛利率比上年同期增减（%）
分产品						
蚕丝被	2.00	1.26	37.09	−5.08	−6.51	0.96
床品套件	0.99	0.53	46.49	−8.55	−14.62	3.81
丝绸饰品	0.28	0.13	54.33	−30.87	−21.00	−5.71
丝绸服饰及其他	0.13	0.06	51.18	1.56	−0.48	1.00
合计	3.39	1.97	41.76	−8.64	−9.69	0.68
分地区						
境内	2.75	1.64	40.39	−7.45	−7.83	0.25
境外	0.64	0.33	47.71	−13.46	−17.86	2.80
合计	3.39	1.97	41.76	−8.64	−9.69	0.68

表82 太湖雪主营业务收入按线上线下渠道分类构成

渠道	2022年		2021年	
	金额（亿元）	占比（%）	金额（亿元）	占比（%）
线上渠道	1.62	47.72	1.84	49.68
线下渠道	1.77	52.28	1.87	50.32
合计	3.39	100.00	3.71	100.00

表83　太湖雪研发投入情况分析

项目	2022年	2021年	项目	2022年	2021年
研发投入金额（万元）	1548.05	1432.42	研发人员数量（人）	47	51
研发投入占营业收入比例（%）	4.55	3.84	研发人员数量占比（%）	10.28	10.24

15. 卡撒天娇（HK02223）

卡撒天娇集团于1993年在香港成立，主要以旗下自创品牌卡撒·珂芬、撒天娇及CASA-V从事各种床上用品的设计、生产、分销及零售，尤其专注高端及顶级床上用品市场。公司产品主要分为三个种类，包括床品套件、被芯及枕芯，以及家居用品。

截至2022年12月31日，公司共有205个实体销售网点，比2021年增加5个，其中包括102个自营店及103个分销商店，覆盖大中华地区共46个城市。

2022年，公司实现销售收入3.00亿港元，同比下降6.3%，主要由于中国内地新冠肺炎疫情反复导致内地收入减少。

卡撒天娇经营及资本运作情况见表84~表91。

表84　卡撒天娇历年资产、负债、权益情况

项目	2018年	2019年	2020年	2021年	2022年
总资产（亿港元）	5.15	5.11	5.11	5.22	4.85
总负债（亿港元）	1.16	1.05	0.86	1.18	0.89
权益总额（亿港元）	3.99	4.06	4.25	4.05	3.96
银行借贷总额（亿港元）	0.10	0.06	0.02	0.04	0.05
已抵押银行存款及银行结余及现金（亿港元）	1.82	1.76	1.95	1.42	1.46
现金净额（亿港元）	1.72	1.69	1.92	1.38	1.40

表85　卡撒天娇历年营业收入、毛利及股东可分配利润

项目	2018年	2019年	2020年	2021年	2022年
营业收入（亿港元）	3.38	3.79	3.09	3.20	3.00
毛利（亿港元）	2.13	2.29	1.92	1.96	1.87
EBITDA1（亿港元）	0.28	0.56	0.38	0.41	0.31
本公司拥有人应占溢利（亿港元）	0.08	0.18	0.16	0.12	0.05

注　EBITDA=毛利-销售-分销成本-行政开支（已加回折旧、摊销及以股份为基础的付款）。

表86　卡撒天娇历年财务指标分析

项目	2018年	2019年	2020年	2021年	2022年
毛利率（%）	63.2	60.4	62.0	61.3	62.2
EBITDA利润率（%）	8.3	14.9	12.3	12.8	10.3
纯利率（%）	2.3	4.9	5.2	3.7	1.8

项目	2018年	2019年	2020年	2021年	2022年
资产回报率（%）	1.5	3.6	3.2	2.3	1.1
资本回报率（%）	2.0	4.6	3.8	2.9	1.4
盈利对利息倍数	76.9	36.1	32.5	45.6	26.1
流动比率	3.4	3.6	4.3	2.8	3.4
速动比率	2.5	2.7	3.3	2	2.6
资产负债比率（%）	2.5	1.6	0.6	1.0	1.3
存货周转天数（天）	235.5	228	257.9	238.4	232.2
贸易应收款项及应收票据周转天数（天）	70.6	61.4	63.5	53.5	50.8
贸易应付款项及应付票据周转天数（天）	186.2	155.6	139.8	142.9	152.1

注　1. 盈利对利息倍数按EBITDA除以融资成本计算。

2. 资产负债比率按银行借贷总额除以权益总额计算，而净资产负债比率则按银行借贷净额除以权益总额计算。

表87　2022年卡撒天娇店铺分布及构成

项目		自营网点（家）			分销商网点（家）			总数（家）
		专柜	专卖店	小计	专柜	专卖店	小计	
香港及澳门合计		29	18	47	2	4	6	53
中国内地	华南	53	2	55	17	26	43	98
	华北	0	0	0	6	2	8	8
	华东	0	0	0	10	6	16	16
	东北	0	0	0	10	0	10	10
	西南	0	0	0	11	3	14	14
	华中	0	0	0	2	2	4	4
	西北	0	0	0	0	2	2	2
中国内地小计		53	2	55	56	41	97	152
合计		82	20	102	58	45	103	205

表88　2022年卡撒天娇营业收入按销售渠道分类构成分析

项目	2022年		2021年		2022年比2021年	
	营业收入（亿港元）	占总额百分比（%）	营业收入（亿港元）	占总额百分比（%）	营业收入变动（亿港元）	同比增减（%）
自营专柜	1.60	53.4	1.69	52.6	0.082	-4.9
自营专卖店	0.56	18.5	0.58	18.2	0.028	-4.8
自营零售小计	2.16	71.9	2.27	70.8	0.110	-4.9
电商销售	0.29	9.7	0.31	9.7	0.019	-6.0

项目	2022年		2021年		2022年比2021年	
	营业收入（亿港元）	占总额百分比（%）	营业收入（亿港元）	占总额百分比（%）	营业收入变动（亿港元）	同比增减（%）
分销业务	0.21	6.8	0.30	9.2	0.091	−30.7
其他*	0.35	11.6	0.33	10.3	0.017	5.2
总计	3.00	100.0	3.20	100.0	0.202	−6.3

*其他包括对中国香港及中国内地的批发客户的销售额和对海外市场的出口额。

表89　2022年卡撒天娇营业收入按品牌分类构成及分析

项目	2022年		2021年		2022年比2021年	
	营业收入（亿港元）	占比（%）	营业收入（亿港元）	占比（%）	营业收入变动（亿港元）	同比增减（%）
自创品牌	2.46	82.0	2.66	83.0	0.199	−7.5
特许及授权品牌	0.54	18.0	0.54	17.0	0.003	−0.6
总计	3.00	100.0	3.20	100.0	0.202	−6.3

注　卡撒天娇、卡撒·珂芬及CASA-V是公司的主要自创品牌。

表90　2022年卡撒天娇营业收入按产品分类构成及分析

项目	2022年		2021年		2022年比2021年	
	营业收入（亿港元）	占比（%）	营业收入（亿港元）	占比（%）	营业收入变动（亿港元）	同比增减（%）
床品套件	1.63	54.4	1.67	52.2	0.040	−2.4
被芯及枕芯	1.22	40.6	1.35	42.1	0.131	−9.7
其他*	0.15	5.0	0.18	5.7	0.032	−17.5
总计	3.00	100.0	3.20	100.0	0.202	−6.3

*其他包括家居用品及其他产品的销售。

表91　2022年卡撒天娇营业收入按销售市场分类构成及分析

项目	2022年		2021年		2022年比2021年	
	营业收入（亿港元）	占比（%）	营业收入（亿港元）	占比（%）	营业收入变动（亿港元）	同比增减（%）
中国香港及澳门	2.35	78.4	2.37	73.9	0.013	−0.6
中国内地	0.57	19.0	0.82	25.7	0.255	−31.0
其他*	0.08	2.6	0.01	0.4	0.066	529.3
总计	3.00	100.0	3.20	100.0	0.202	−6.3

*其他包括向除中国香港、澳门及中国内地以外的地区进行的销售。

16. 太平地毯（HK00146）

太平地毯创建于1956年，1973年在港交所上市，主营地毯业务。

截至2022年6月30日，公司总营业额约为港币5.84亿港元，较上一年度的4.81亿港元增长21%，所有销售区域均录得两位数的收益增长。亚洲于年初表现最为强劲，而美洲以及欧洲、中东及非洲地区方面，在解除新型冠状病毒肺炎疫情相关限制措施和恢复正常商业活动后，双双于下半年加速增长。本年度的经营溢利约为港币2800万港元，较去年的1900万港元增长47%，这种显著改善乃得益于销售表现强劲、经过几年系统化成本削减后经营成本降低，以及制造业务的生产效率提高而实现的，房地产成本也有所下降，特别是在欧洲为相当利好的因素；主要不利因素为全球货运危机的影响，导致国际货运成本空前高涨且无法完全收回，从而阻碍财务表现进一步增长。

太平地毯的经营及资本运作见表92、表93。

表92　太平地毯近5年的资产、负债、权益

项目	2017年12月31日	2018年12月31日	2020年6月30日	2021年6月30日	2022年6月30日
总资产（亿港元）	9.17	7.33	7.77	7.85	7.88
总负债（亿港元）	4.02	2.75	3.90	3.60	3.59
总权益（亿港元）	5.15	4.59	3.87	4.25	4.29

表93　太平地毯近5年的可分配利润

项目	2017年12月31日	2018年12月31日	2020年6月30日止18个月	2021年6月30日	2022年6月30日
可分配利润（亿港元）	1.897	−0.434	−0.392	0.166	0.25
其中：公司拥有人（亿港元）	1.943	−0.341	−0.371	0.166	0.25
非控股权益（亿港元）	−0.045	−0.093	−0.021	—	—

撰稿人：余湘频

2022年挂牌新三板家纺企业发展情况

中国家用纺织品行业协会产业部

2022年，新冠肺炎疫情反复导致生产受限、贸易保护主义抬头、全球通胀显著、市场需求疲软种种因素叠加，使我国贸易活动持续承压，对于家纺行业，现阶段企业规模仍以中小型居多，抗风险能力较弱，承压更为明显，其中在新三板挂牌的家纺企业一定程度上代表着行业中小企业发展情况。截至2022年底，共有11家家纺企业在新三板挂牌。从2022年报数据来看主要财务指标下行幅度显著，企业经营压力巨大，但也可以看到，强压下，企业仍发挥自身优势积极应对，展示着行业发展的韧性和拼搏精神（表1）。

表1 截至2022年底挂牌新三板家纺企业情况

序号	公司名称	股票代码	挂牌时间	成立时间	地址	细分市场	分层情况
1	苏丝股份	831336	2014年	2010年	江苏宿迁	床上用品	基础层
2	凯盛家纺	833865	2015年	1996年	江苏海门	床上用品	创新层
3	远梦家居	835735	2016年	2000年	广东东莞	床上用品	创新层
4	名品实业	838032	2016年	2015年	湖南长沙	床上用品	基础层
5	雅美特	870293	2016年	2003年	江苏常州	布艺遮阳	基础层
6	多美股份	837450	2016年	2007年	广东广州	地毯	基础层
7	优雅电商	836093	2016年	2010年	北京	家纺零售	基础层
8	中健国康	872256	2017年	2008年	天津	床上用品	基础层
9	利洋股份	870727	2017年	2011年	浙江宁波	布艺	创新层
10	富米丽	871878	2017年	2008年	浙江绍兴	布艺	基础层
11	明远创意	873567	2021年	2008年	山东烟台	床上用品	创新层

注 以挂牌时间排序。

一、经营下行幅度明显

（一）盈利显著收窄

从披露的年报数据来看，2022年挂牌新三板家纺企业盈利能力显著收窄。11家企业合计实现营业收入24.11亿元，同比下降7.49%；合计实现净利润3627万元，同比下降68.32%。在11家企业中，有9家营业收入显著下降，6家净利润处于亏损状态，其中远梦家居和雅美特在2022年净利润急剧下降至亏损状态，名品实业等4家规模较小企业近年来主要财务指标波动较大，进入2022年，在各种不利因素影响下经营进一步承压，营业收入降幅加深，净利润持续亏损，但亏损之势有所收窄。值得关注的是，明远创意实现了营业收入和净利润的双增长，盈利质量良好（表2）。

表2　2022年新三板家纺企业营业总收入和净利润情况

公司简称	营业收入		净利润	
	金额（万元）	同比（%）	金额（万元）	同比（%）
明远创意	119546	4.67	5489	5.45
远梦家居	45320	-11.74	-3272	-213.91
凯盛家纺	23798	-8.99	1160	-13.22
利洋股份	13603	-16.53	1383	-43.41
苏丝股份	11247	-14.77	67	116.61
富米丽	10514	-33.94	336	-49.74
雅美特	10087	-33.22	-1063	-585.69
名品实业	4339	-12.03	-42	81.60
中健国康	2306	0.08	-21	92.15
多美股份	382	-56.05	-262	-26.21
优雅电商	0.76	-99.78	-149	21.34

使行业企业盈利表现不佳的原因是多方面的。拥有海外业务的利洋股份、富米丽和雅美特等多家企业在年报中披露了新冠肺炎疫情和大国政治对贸易活动的巨大影响。而国内市场也同样面临压力，深耕内需市场的远梦家居具有代表性，导致盈利下滑的原因主要有三方面：一是受新冠肺炎疫情影响门店无法正常营业；二是为缓解新冠肺炎疫情对公司销售业绩的影响，调整了部分产品销售价格；三是为刺激消费促进销售，公司采取了各种形式的产品促销活动，尤其是加大对抖音平台的投入，使得销售费用增加，利润空间短期被挤压。

2022年，在11家新三板家纺企业中，只有4家销售毛利率优于去年水平。以历史数据来看，大部分新三板家纺企业毛利率在正常波动范围，只有远梦家居、利洋股份、雅美特和优雅电商较去年同期下降了5个百分点以上，而销售净利率指标整体显示较明显下行波动（表3、表4）。

表3　2017~2022年新三板家纺企业销售毛利率（%）

公司简称	2017年	2018年	2019年	2020年	2021年	2022年
明远创意	—	15.76	17.05	17.76	15.44	21.32
远梦家居	50.14	49.75	47.51	47.92	52.00	45.67
凯盛家纺	29.86	30.38	29.14	28.99	26.90	28.15
利洋股份	40.08	37.41	37.16	37.53	36.01	31.59
苏丝股份	34.97	32.36	31.73	34.71	28.40	30.54
富米丽	10.92	9.67	10.52	11.88	11.96	11.35
雅美特	20.79	23.63	23.14	24.85	17.53	11.65
名品实业	34.52	32.69	33.97	28.91	31.70	30.59
中健国康	33.37	32.75	26.40	12.50	29.31	46.18
多美股份	14.23	8.17	41.22	38.44	41.59	38.54
优雅电商	19.82	23.58	32.03	13.75	22.46	10.96

表4　2017~2022年新三板家纺企业销售净利率（%）

公司名称	2017年	2018年	2019年	2020年	2021年	2022年
明远创意	—	3.55	3.75	5.59	4.46	4.62
远梦家居	2.66	2.50	2.78	5.82	5.59	−7.22
凯盛家纺	3.71	5.33	5.00	8.29	5.11	4.88
利洋股份	8.33	7.41	9.85	15.45	14.35	9.05
苏丝股份	5.55	3.80	2.26	2.61	−3.06	0.60
富米丽	0.75	2.77	4.42	0.50	4.24	2.58
雅美特	1.48	6.27	5.86	8.75	1.45	−10.54
名品实业	1.89	−6.07	0.38	−10.40	−4.65	−0.97
中健国康	11.47	12.03	−56.04	−12.61	−11.38	3.99
多美股份	−50.34	−68.08	−218.49	−147.31	−23.91	−68.65
优雅电商	−4.80	−4.93	−9.03	−39.96	−55.91	—

（二）营业周期拉长

营业周期是指企业从外购承担付款义务，到收回销售商品或提供劳务而产生的应收账款的这段时间，包括存货周转天数和应收账款周转天数，营业周期的长短是决定企业资金周转的快慢。11家新三板家纺企业由于经营模式的不同，营业周期长短有所不同，但整体来看，2022年新三板家纺企业营业周期拉长（图1、表5、表6）。

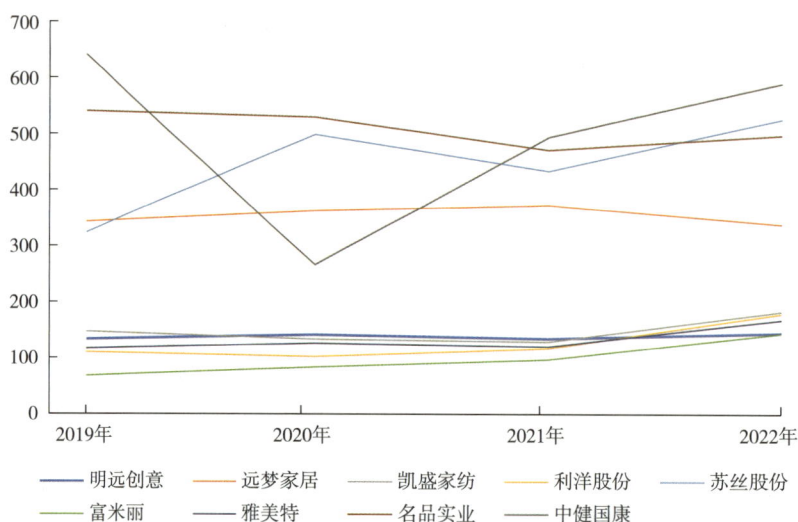

图1 2019~2022年新三板家纺企业（部分）营业周期走势

表5 2017~2022年新三板家纺企业（部分）存货周转天数（天）

公司名称	2017年	2018年	2019年	2020年	2021年	2022年
明远创意	—	79.76	81.43	89.55	84.39	90.58
远梦家居	373.37	398.89	306.46	322.81	338.22	309.36
凯盛家纺	137.03	120.38	102.33	99.72	105.28	157.09
利洋股份	37.62	47.29	55.31	49.58	68.01	115.63
苏丝股份	411.24	305.4	313.62	485.18	419.38	512.82
富米丽	21.34	27.89	29.48	41	65.66	99.58
雅美特	57.42	64.79	59.42	62.97	59.58	95.71
名品实业	336.95	376.37	409.93	381.64	333.4	346.32
中健国康	213.51	231.69	601.6	255.94	463.98	525.39

表6 2017~2022年新三板家纺企业（部分）应收账款周转天数（天）

公司名称	2017年	2018年	2019年	2020年	2021年	2022年
明远创意	—	56.97	53.69	53.81	51.69	55.84
远梦家居	64.26	—	39.18	42.36	37.19	31.96
凯盛家纺	49.61	50	46.39	35.66	25.44	27.89
利洋股份	30.68	49.12	56.34	54.14	50.48	65.31
苏丝股份	41.41	20.54	12.57	16.59	17.14	16.68
富米丽	41.75	47.17	39.75	43.5	32.86	45.9
雅美特	52.41	—	58.78	64.92	62.62	74.32
名品实业	70.55	105.44	133.95	151.1	140.79	154.43
中健国康	19.2	—	43.79	12.44	33.05	68.37

二、企业发展仍具韧性

面对压力，行业企业不断调整优化，探索适合自身发展道路，展现着发展韧性。其中新三板企业质量持续优化，已有凯盛家纺、远梦家居、利洋股份和明远创意4家公司位于"创新层"，同时曾挂牌新三板的苏州太湖雪丝绸股份有限公司于2022年12月30日成功登陆北京证券交易所。

（一）资产总额稳中有增

以历史数据来看，当前11家新三板家纺企业合计资产总额呈现增长势态，2022年，11家企业共计实现总资产24.92亿元，同比增长2.34%，其中营收超亿企业明远创意、利洋股份、雅美特等实现显著增长，资产总额同比分别增长了12.41%、31.97%和26.24%（表7、图2）。

表7　2022年资产总额同比增长新三板家纺企业情况

公司名称	资产总额（万元）	同比增长（%）	公司名称	资产总额（万元）	同比增长（%）
明远创意	80490	12.41	雅美特	12226	26.24
凯盛家纺	43319	2.29	中健国康	4489	11.72
利洋股份	17550	31.97	优雅电商	349	21.45

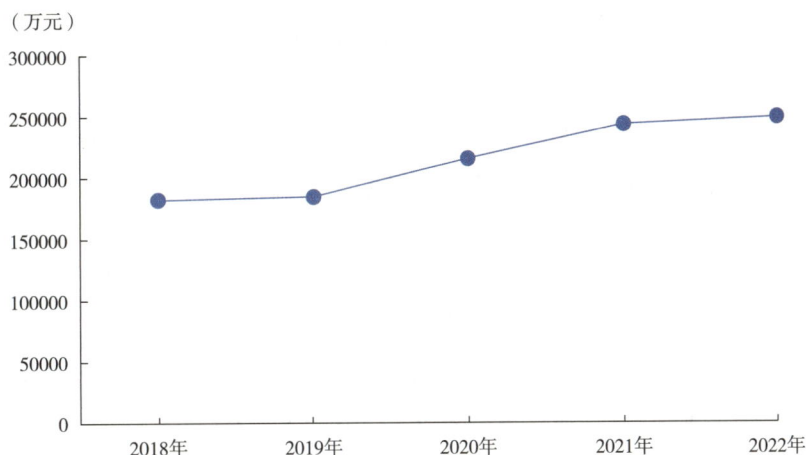

图2　2018~2022年新三板家纺企业合计资产总额走势

（二）重视研发创新发展

面对复杂的经贸环境和市场消费观念的改变，企业更加注重研发创新，不断在"科技、绿色、环保"发展的道路上加快步伐。从连续披露年度研发费用的9家新三板家纺企业来看，研发投入稳定，在经营压力颇大的2022年，有4家企业研发费用同比增长，2家与去年基本持平。有6家企业披露了创新属性相关认证，其中明远创意、利洋股份、民品实业拥有2项及以上认证（表8、表9）。

表8　2018~2022年新三板家纺企业研发费用（万元）

公司名称	2018年	2019年	2020年	2021年	2022年
明远创意	907	1820	2150	1133	1265
远梦家居	1316	1500	1405	1567	1554
凯盛家纺	620	704	838	996	893
利洋股份	532	660	904	843	950
苏丝股份	1063	1192	1115	1179	1170
富米丽	—	15	45	34	58
雅美特	547	679	564	620	572
名品实业	295	265	281	336	294
中健国康	353	451	314	316	411

表9　2022年新三板家纺企业创新属性相关认定汇总

公司名称	创新属性相关认定
明远创意	省级"专精特新"认证，省级工业设计中心，山东省技术创新示范企业，中国纺织行业工业设计中心，山东省企业技术中心
凯盛家纺	高新技术企业认证
利洋股份	高新技术企业认证，省级"专精特新"认证
苏丝股份	高新技术企业认证
雅美特	高新技术企业认证
名品实业	高新技术企业认证，省级"专精特新"认证

三、营业收入超亿新三板家纺企业营运表现

（一）烟台明远创意生活科技股份有限公司

明远创意主要从事床上用品等家居用品的设计、研发、生产、销售，出口收入约占总量的90%，主要市场为澳大利亚、加拿大、美国、南美、欧洲等国家和地区。2022年，公司实现营业收入11.95亿元，同比增长4.67%，实现净利润5489万元，同比增长5.45%。收入增长主要原因是公司在保证传统国际业务稳定增长的同时加强了亚马逊等跨境电商渠道的开拓（表10、表11）。

表10　2022年明远创意分品类营业收入、营业成本、毛利率情况

项目	营业收入		营业成本		毛利率	
	金额（万元）	同比（%）	金额（万元）	同比（%）	数值（%）	较上年增减（%）
床上用品	111965	4.77	88351	−2.50	21.09	38.76
儿童用品	5343	45.41	3765	32.71	29.54	29.56

项目	营业收入		营业成本		毛利率	
	金额（万元）	同比（%）	金额（万元）	同比（%）	数值（%）	较上年增减（%）
面料	1086	−26.56	1092	−25.87	−0.51	−218.66
家居用品	823	−51.31	618	−50.42	24.99	−5.13
防护用品	151	−41.56	103	−49.92	31.61	56.49
其他	178	−28.07	135	−31.07	24.14	15.79
合计	119546	4.67	94063	−2.60	21.32	38.05

表11　2022年明远创意分市场营业收入、营业成本、毛利率情况

项目	营业收入		营业成本		毛利率	
	金额（万元）	同比（%）	金额（万元）	同比（%）	数值（%）	较上年增减（%）
大洋洲	56023	7.21	45674	0.49	18.47	41.85
北美洲	35615	6.32	25298	−5.71	28.97	45.54
欧洲	6811	−10.62	5145	−19.85	24.47	55.23
南美洲	2234	8.50	1684	0	24.63	35.16
亚洲（内销）	13705	0.60	12026	3.13	12.25	−14.93
亚洲（外销）	5159	0.03	4237	−6.51	17.87	47.39
合计	119546	4.67	94063	−2.60	21.32	38.05

明远创意的核心优势在于持续的创新研发和良好的供应链管理生产能力。研发创新上，公司拥有强大的设计团队，"明远杯"的连续举办不断注入创新活力，团队基于对流行趋势、前沿色彩、纺织材料等的精准把握，不断对产品的材料、花色、面料、款式、功能进行创新，将艺术和健康生活融合，满足消费者多样生活方式追求。在生产能力上，公司通过产能覆盖、技术输出和市场引导，建立了稳固的供应链合作机制，同时不断扩大自身生产能力，在烟台建成了8000平方米的智能化工厂，每月可生产80万套/件产品，投资建设江苏生产基地，同时战略投资建立柬埔寨明远家纺加工厂，生产能力每月可达10万套/件产品。

（二）远梦家居用品股份有限公司

远梦家居主要从事床上用品的研发、设计、生产与销售，2022年，公司实现营业收入4.5亿元，同比减少11.24%，受新冠肺炎疫情和战略布局影响，净利润同比大幅下降200%以上，暂时亏损3272万元（表12）。

表12　2022年远梦家居分品类营业收入、营业成本、毛利率情况

项目	营业收入		营业成本		毛利率	
	金额（万元）	同比（%）	金额（万元）	同比（%）	数值（%）	较上年增减（%）
芯类	19722	−18.62	9886	−10.83	49.87	−4.38
布艺类	12759	−16.54	7078	−7.69	44.52	−5.32
夏凉类	4686	6.21	2559	19.08	45.38	−5.90
其他家居	7909	15.43	4822	34.39	39.04	−8.60
总计	45077	−11.24	24346	−0.60	45.99	−5.78

2021年，远梦家居积极对抗疫情带来的冲击，贯彻执行公司的业务发展策略。一是持续开设独立的直营店，提升自主零售能力，同时不断充实产品品类，家居生活用品综合零售店的业务模式进一步发展。二是持续加大直播电商的投入，各电商平台的直播业务实现了较大幅度的增长，尤其是抖音平台。三是强化会员数字化建设，公司建设的"多网点微商城"项目取得了阶段性成果，微商城基本覆盖了线下实体门店，线下实体门店会员人数达到111.18万。四是加强商品管理，开发实施了订单智能管理系统。五是持续在产品创新中发力，围绕健康、舒适、安全在材料和设计上不断迭代创新。

（三）凯盛家纺股份有限公司

凯盛家纺从事中高档床上用品的研发、设计、生产和销售，2022年公司持续坚持"优化产品结构，完善内部控制"的经营方针，强化规范运作管理，实现现营业收入2.38亿元，同比下降8.99%，实现净利润1160万元，同比下降13.22%，在新冠肺炎疫情的冲击下，基本保持稳定发展。公司采用线上线下相结合的销售模式，目前以线下销售为主，并逐步加大线上销售的推广力度。公司重视研发创新，近年来研发支出稳定，不断在环保抗菌等新材料、新工艺上发力的同时强化与传统文化的融合，公司设计的"凤冠霞帔"荣获"非遗创新奖"，用非物质文化遗产的设计元素进行产品开发创新，从而促进该非遗文化更好地传承发展（表13）。

表13　2022年凯盛家纺分品类营业收入、营业成本、毛利率情况

项目	营业收入		营业成本		毛利率	
	金额（万元）	同比（%）	金额（万元）	同比（%）	数值（%）	较上年增减（%）
被子类	9125	−10.79	6716	−12.67	26.40	6.37
套件类	10428	−12.56	7130	−15.06	31.63	6.78
单件类	2200	−23.86	1709	−19.84	22.32	−14.83
其他类	2045	85.35	1543	71.74	24.55	32.20

（四）宁波利洋新材料股份有限公司（利洋股份）

利洋股份从事布艺遮阳产品的研发、制造和销售，产品以出口为主，2022年，公司实现营业收入1.36亿元，同比下降16.53%，实现净利润1383万元，同比下降43.41%。面对复杂多变的国内外经济形势，秉着"以客户为中心，拓展新领域"的发展策略，积极研发并遮阳领域的智能家居产品，2022年内销业务实现增长，内销营业收入4277万元，同比增长2.91%。在发展过程中，公司逐渐意识到电子商务给传统行业带来的机遇和挑战，在稳步发展国外大型客户、推动产品国际化的同时，积极开拓线上业务（表14）。

表14　2022年利洋股份分市场营业收入、营业成本、毛利率情况

项目	营业收入		营业成本		毛利率	
	金额（万元）	同比（%）	金额（万元）	同比（%）	数值（%）	较上年增减（%）
境外地区	9326	−23.19	6753	−16.09	27.59	−6.13
境内地区	4277	2.91	2553	7.20	40.31	−2.39
合计	13603	−16.53	9306	−10.77	31.59	−4.42

（五）江苏苏丝丝绸股份有限公司

苏丝股份是集丝绸家纺、服装服饰、绢纺、织绸和苏丝专卖店、代理店为一体的贸工农综合性企业。2022年，公司实现营业收入1.12亿元，同比下降14.77%，利润扭亏为盈，净利润同比增长116%。其中绢丝产品销售稳定；苏丝产品受疫情影响营业收入下降24.51%；绢绸产品由于沙特、巴基斯坦等市场需求减少，营业收入下降38.5%；绵球、绵条用于继续加工，由于市场需求减少，营业收入下降58.4%（表15）。

表15　2022年苏丝股份分市场营业收入、营业成本、毛利率情况

项目	营业收入		营业成本		毛利率	
	金额（万元）	同比（%）	金额（万元）	同比（%）	数值（%）	较上年增减（%）
绢丝产品	5528	−1.01	3559	2.37	35.62	−5.64
绵球、绵条	684	−58.40	492	−67.78	28.07	292.59
苏丝产品	2508	−24.51	1398	−18.24	44.24	−8.80
绢绸产品	1074	−38.50	1101	−44.07	−2.51	−80.28

公司一直秉承品牌文化，发挥人才优势，注重研发创新，2022年，产品"多组分交织四线格斜纹绸"被中国纺织信息中心、纺织产品开发中心授予"2023春夏中国流行面料入围企业"荣誉称号。真丝重磅双层双面拉绒面料、多组分丝织提花凉席、切断条吐半精纺用绢丝条三项新产品荣获江苏省纺织工程学会颁发的2021年度科学技术奖。SPCC商标被江苏省商务厅认定为江苏省中点培育和发展的国际知名品牌。

（六）浙江富米丽家纺股份有限公司

富米丽主要生产和销售各类高档窗帘窗纱、台布桌布、沙发布艺、坐垫靠垫等家纺产品。2022年公司实现营业收入1.05亿元，同比下降33.88%，实现净利润336万元，同比下降50%。净利润下降主要有两点：一是受新冠肺炎疫情影响订单减少，收入减少；二是公司为应对市场需求环境的变化。抓住参加展会机会开拓新市场，同时加大电商直播销售渠道的投入，鼓励培养传统销售人员转型电商直播销售人员，推进过程中销售费用等成本增加。实现毛利率11.35%，表现稳定，这主要是因公司通过加强设计能力、不断推出新品使产品附加值有所增加，以及逐渐完善成本管理制度（表16、表17）。

表16　2022年富米丽分品类营业收入、营业成本、毛利率情况

项目	营业收入		营业成本		毛利率	
	金额（万元）	同比（%）	金额（万元）	同比（%）	数值（%）	较上年增减（%）
涤纶窗帘	7486	-34.57	6716	-34.48	10.28	-0.12
涤纶机织染色布	1857	-36.33	1471	-39.19	20.80	3.72
涤纶台布	391	-8.01	328	-13.88	16.03	5.72
靠垫	185	-45.70	154	-48.66	16.66	4.81
其他	592	-23.46	651	0.69	-9.95	-26.36
合计	10511	-33.88	9321	-33.42	11.33	-0.62

表17　2022年富米丽分市场营业收入、营业成本、毛利率情况

项目	营业收入		营业成本		毛利率	
	金额（万元）	同比（%）	金额（万元）	同比（%）	数值（%）	较上年增减（%）
欧洲	2792	-52.64	2486	-51.77	10.95	-1.62
北美洲	3027	-5.35	2618	-7.24	13.52	1.77
南美洲	3264	-22.99	2868	-22.56	12.14	-0.50
亚洲（除中国）	770	-45.42	675	-43.47	12.30	-3.02
非洲	109	-13.37	85	-24.07	21.82	11.02
中国	549	-46.64	589	-41.82	-7.18	-8.87
合计	10511	-33.88	9321	-33.42	11.33	-0.62

（七）常州雅美特窗饰股份有限公司

雅美特立足于专业功能性涂层技术，成为规模较大的功能性遮阳材料生产商。2022年，公司实现营业收入1.01亿美元，同比下降33.22%，毛利率11.65%，较去年下降5.88个百分点，

主要是原材料价格上涨后保持未降，同时智能化设备及技改投入导致固定资产折旧增加。公司多年来一直致力于绿色环保功能性遮阳材料的创新和开发，设立了专门的研发部，培养了一批优秀的技术人才，结合客户需求、市场动态及技术革新持续进行技术研发和产品创新（表18）。

表18　2022年雅美特分市场营业收入、营业成本、毛利率情况

项目	营业收入		营业成本		毛利率	
	金额（万元）	同比（%）	金额（万元）	同比（%）	数值（%）	较上年增减（%）
内销	7383	−37.28	6583	−31.19	10.84	−7.89
外销	2665	−18.11	2015	−21.37	24.38	3.13

未来，全球经济复苏仍具有许多不确定性因素，行业发展压力短期不会消失，但我们也要看到，随着我国新冠肺炎疫情防控政策的调整以及政府一系列"稳增长"政策的实施，贸易环境以及市场活力将得到一定改善，行业企应紧跟政策与市场需求，在时代的浪潮中找到适合自身的发展道路，积极发扬优势，化逆境为契机，完成自身的转型升级。

撰稿人：刘丹

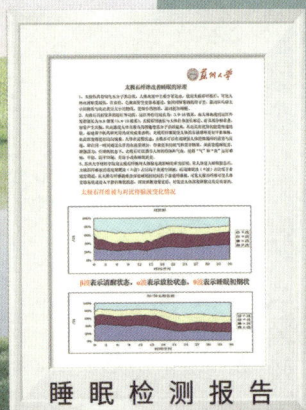

热点研究

中国家纺行业跨境电商发展现状及趋势分析

张倩

2022年以来，通货膨胀、地缘政治冲突扰乱全球经济复苏步伐，部分央行加息控制通胀，经济复苏动能进一步减弱，纺织品服装国际需求增长受到居民收入增速放缓、可选消费品预算挤占、消费意愿下降等因素制约，国际运输面临成本高涨、运转效率较低等挑战。尽管如此，我国纺织行业发挥产业链健全、供应链高效、产品品质上乘等优势，纺织品服装出口金额实现超预期增长，跨境电商也实现稳定增长，且从增速和资本热度看均进一步回归理性，行业发展进入成熟期。同时，我国贸易环境和出口跨境电商生态均发生深刻变化，纺织行业出口跨境电商发展趋势也有所调整。本文在梳理2022年全球电子商务零售和纺织行业出口现状的基础上，分析短期内跨境电商发展环境，预判未来跨境电商发展趋势。

一、跨境电商及我国纺织行业出口现状

（一）全球电子商务零售增速回落至新冠肺炎疫情前水平

近十年来，电子商务作为创新和竞争的关键驱动力得到快速发展，全球电子商务零售规模增长了十倍，预计2022年将达到5.5万亿美元，同比增长12.2%，约占整体零售额的20.3%，虽然增速有所放缓，但全球消费者线上支付金额仍能增加6036.8亿美元，创造历史新高。信息技术的应用和消费行为的改变共同促进了电子商务零售规模稳定增长，其增速在2017年达到27.8%的峰值，随后全球经济复苏和消费增长稍显乏力，增速逐步降低（图1）。

全球邮政包裹投递量的增长情况可以侧面说明电子商务零售规模有所扩大但增速放缓的事实。根据万国邮政联盟（UPU）《2022年邮政发展报告》，2020年、2021年全球邮政包裹投递量同比分别增长17.6%、13.6%，明显高于疫情发生之前7.5%的平均增长水平。但是2022年以来，新冠肺炎疫情散发频发，俄乌危机持续发酵，滞涨风险提升，多个央行加息收紧货币流动性，均对经济和消费增长产生负面影响，基于模型和当前经济发展情景推测，2022年全球邮政包裹投递量大概率仅同比增长7.5%，回归至新冠肺炎疫情前水平，若出现异常情况，则2022年增速将放缓至2.5%（图2）。

图1　全球电子商务零售额及增速
数据来源：万国邮联

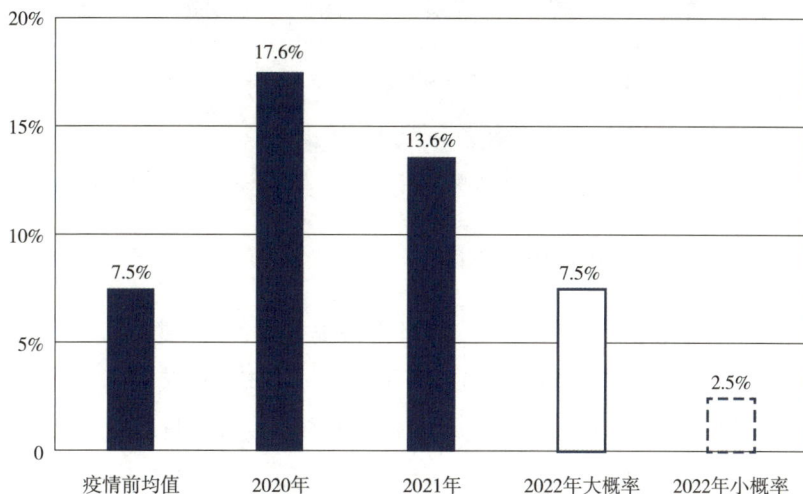

图2　全球邮政包裹投递量增速
数据来源：万国邮联

注　邮政发展综合指数（2IPD）标准基于各国（地区）邮政四个方面的绩效，即可靠性、覆盖面、相关性和韧性。

跨境电商作为电子商务业务的一部分，发展态势料将与电商零售一致，即规模实现增长，增速有所放缓。原因之一是后疫情时代线下消费场景逐步恢复，消费品供应链运转效率提升，实体零售明显回升，线上消费者数量增长有所放缓。据eMarketer测算，2022年全球约有25.6亿人网购，同比增长3.4%，是有记录以来的最小增幅。

（二）我国跨境电商随外贸实现较好增长

新冠肺炎疫情发生后，我国制度优势和制造业优势更为凸显，外贸取得亮眼成绩，2022年以来更是克服了成本高涨、需求收缩和贸易环境恶化等困难，实现了超预期增长，跨境电商出口增速达到两位数。根据中国海关数据，2022年我国进出口贸易额为6.3万亿美元，同比增长4.4%，其中出口额为3.6万亿美元，同比增长7%。根据商务部估算，2022年我国跨境电商进出口额（含B2B）约为2.1万亿元，同比增长9.8%，其中出口1.6万亿元，同比增长11.7%。截至2022年11月，中国现存跨境电商企业2.54万家，2022年新增9433家。

根据网经社数据，包括进出口跨境电商以及相关建站、软件服务（SAAS）、物流、海外仓、支付、金融等服务商在内的广义跨境电商规模平稳增长，2022年上半年我国跨境电商市场规模达到7.1万亿元，预计2022年全年市场规模可达15.7万亿元（图3）。

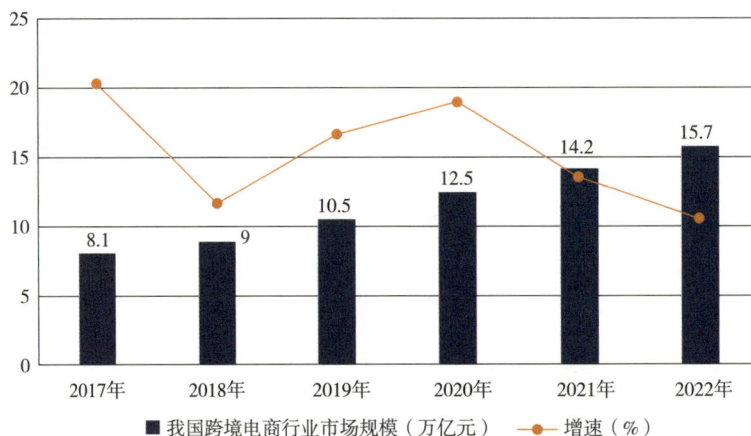

图3　我国跨境电商市场规模及增速
数据来源：网经社

（三）我国纺织行业出口规模创造历史新高

在国际消费需求增长、纺织服装产品出口价格提升等因素支撑下，我国纺织行业出口额创造历史新高。根据中国海关数据，2022年我国出口纺织品服装3409.5亿美元，同比增长2.5%，在2020年出口额再次超过3000亿美元的基础上继续增长，是历史上出口额超过3000亿美元的第四个年份。其中，纺织品出口额为1568.4亿美元，同比增长1.4%，比2020年的历史高峰值少61.6亿美元，服装出口额为1841.1亿美元，同比增长3.4%，仅比2014年的历史高峰值少37.1亿美元（图4）。

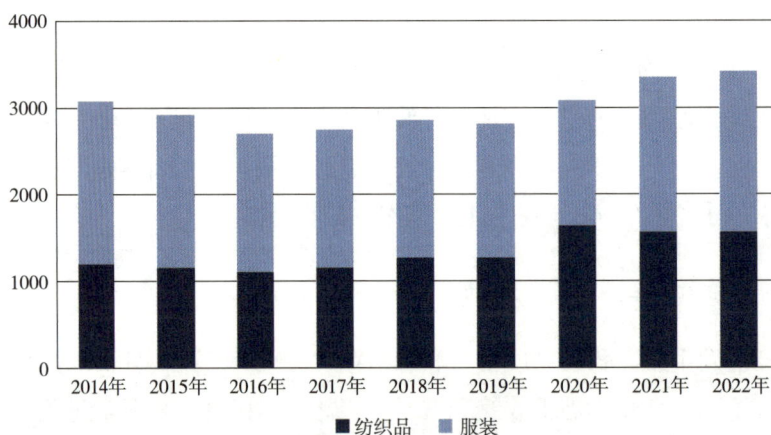

图4　我国纺织品服装出口额（亿美元）
数据来源：中国海关

虽然我国纺织行业出口规模再创新高，但是从增速看，全年呈现前高后低走势，可见受美国居民消费补贴政策取消、央行大幅度多次加息，以及欧洲受困于能源价格高企挤占其余消费支出等因素影响，纺织服装产品的国际消费需求逐渐疲弱，品牌商库存高企，行业出口压力日渐显现，行业出口金额增速由2022年年初的12%下降至年末的2.5%，剔除价格因素后的实际出口数量大概率同比减少，其中针织服装和梭织服装出口数量分别同比减少2.3%、3.4%。

（四）跨境电商平台卖家经营压力较为突出

在终端消费需求较弱、市场竞争加剧的背景下，跨境电商平台卖家的生存压力有所增加。根据雨果跨境《2023跨境电商行业趋势报告》，封号潮导致部分大卖家账号关停，火爆品品类较2021年发生变化，仅有四成亚马逊卖家实现营收增长，其中营收下滑50%以上的卖家占比近20%，不少中小卖家已经退出市场；由于物流运费高位运行、广告投入持续增加，平台卖家运营成本不断上涨，超五成亚马逊卖家利润同比减少。相比平台卖家，独立站卖家经营压力较小。根据上述报告，超五成独立站卖家表示营收实现增长，其中近20%卖家营收增幅超过50%；近五成独立站卖家利润实现增长。此外，由于海外消费疲软，运费高位运行，超过六成的卖家减少旺季备货量，七成卖家减少人员招聘。

跨境电商上市公司增收不增利特点显著，根据安克创新等12家A股上市公司财报，超过八成公司2022年前三季度毛利率低于2020年水平，且多数公司更加注重理财以盘活资金。

（五）家纺产品跨境出口热度仍在

新冠肺炎疫情直接拉动了海外消费者对居家环境改善的需求，家纺类产品消费热度依然存在，是亚马逊、Wish、Lazada、Shopee等平台上的热销品类。据市场研究机构Technavio预测，2020~2025年全球家纺零售市场将以6%的复合年增长率增长，年增幅约为100亿美元。除北美、欧洲、日本三大传统家纺产品消费市场外，东南亚、中东、韩国等市场发展速度相对较快。根据GoodSpy对23个主要品类广告投放量统计，家纺布艺产品是2022年广告投放量实现增长的11类产品之一。

虽然家纺产品的广告投放量少于服装类产品，但是在绝大多数区域市场上的价格中位数高于服装。尤其是中东市场主做中高客单价，家纺布艺产品中位数价格高达85.1美元，在所有品类中位居第三，仅次于箱包和家具。日本、韩国等亚洲市场主做低客单价，家纺布艺产品中位数价格低于其他市场（图5）。

二、跨境电商行业发展环境分析

跨境电商是交易主体分属不同关境的电子商务，跨境电商发展环境分析既要考虑全球电子商务的发展空间和走势，也要考虑跨境电商领域的市场门槛和资本热度，更要基于我国纺织行业整体供应链的国际竞争力。

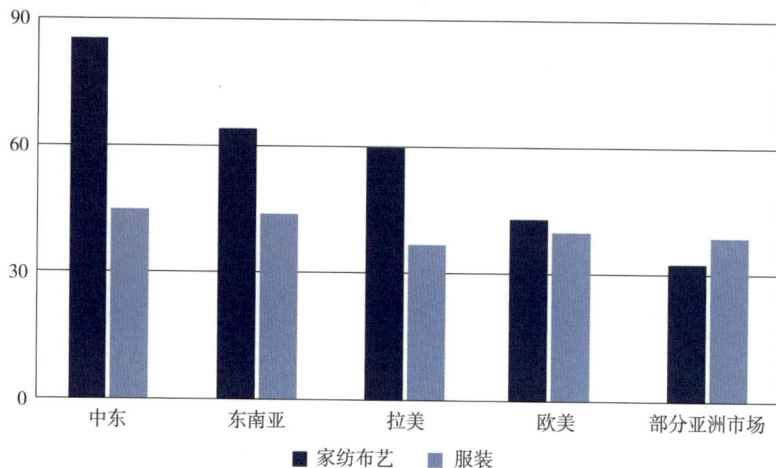

图5　家纺布艺和服装产品中位数单价（美元）

数据来源：GoodSpy

注　1. 调查统计时间为2022年1~12月，调查范围覆盖全球28个国家和地区，调查结果来源于Facebook、YouTube、
Pinterest、TikTok等14家全球性移动广告平台、23大商品分类的独立站广告监测数据；

2. 部分亚洲市场主要包括日本、韩国、中国香港、中国台湾、中国澳门、印度、土耳其。

（一）跨境电商贸易增速将有所放缓

预计现阶段到2025年，受益于信息技术广泛应用以及新消费群体、新垂直渠道、新社交媒体、新增长区域，电子商务零售规模将持续平稳增长，2025年可达7.4万亿美元，电商零售额占比也将从2022年的20.3%提升至23.6%。但是，由于全球经济增长前景黯淡，消费者收入及消费信心的恢复仍需时日，全球电商零售基数已经较大，其增长速度逐渐放缓。2023年海运费同比降低，港口效率提升，物流方面的困扰因素将有所减少，作为国际贸易的新业态，跨境电商交易规模仍将增长，但增速会受制于消费恢复缓慢有所放缓（图6）。

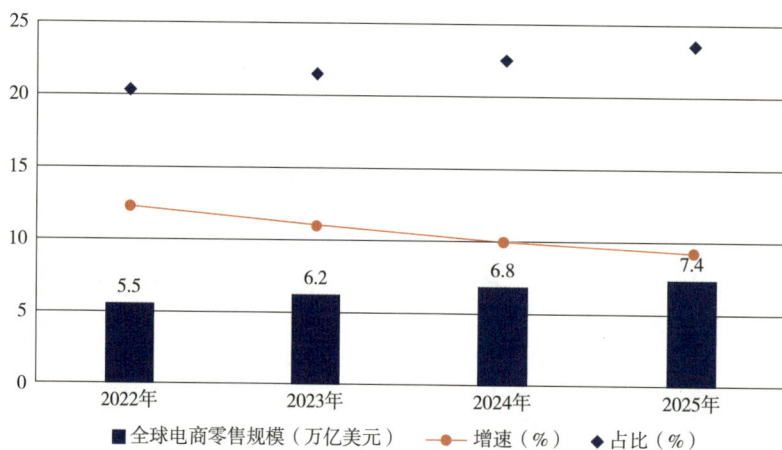

图6　全球电子商务零售规模预测增长情况

数据来源：eMarketer

我国跨境电商卖家预期较为乐观，根据雨果跨境对近千家企业的调查结果，53%的卖家认为2023年经营环境将会改善或者保持稳定，58%的卖家预计2023年销售额将同比增长。

（二）跨境电商发展进入成熟期

经过多年发展和疫情的洗礼，通过市场考核生存下来的跨境电商企业基本上在产品、品牌、供应链、引流变现等方面具备了核心竞争力，也有一批企业因为资金链、不合规等问题被淘汰出局，2022年就有四海商舟等多家企业倒闭。未来，市场竞争加剧、进入门槛提高、盈利增长趋缓、创新更为困难等行业成熟期特征将日益显著。

我国跨境电商行业融资热度于2015年达到顶峰，随后呈震荡下行态势，融资领域也逐渐向成熟期过渡，虽然跨境电商企业上市积极性仍存，但资本更青睐高成长性行业。新冠肺炎疫情的发生使得国际消费更加青睐我国稳定的制造业供应链，2021年融资金额达到下行阶段的小高潮，2022年以来经济增长前景黯淡、消费需求疲弱、市场竞争激烈等原因使得融资热情明显冷却。据网经社数据，2021年融资事件共77次总金额达207亿元，2022年融资金额仅有62亿元，不足上年的三成，平均单次融资金额也较2021年下降46.4%（图7）。

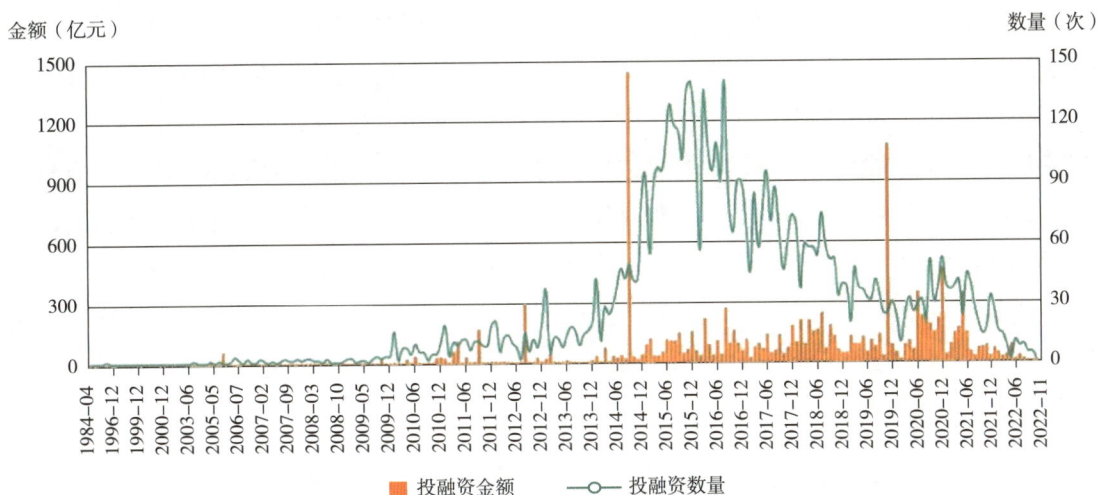

图7 我国跨境电商行业投融资金额及数量
图片来源：艾媒咨询《2022~2023年中国跨境出口电商行业发展现状与典型案例研究报告》

（三）国内政策红利仍在

加大力度支持跨境电商综合试验区和海外仓建设是鼓励跨境电商发展的两大重要抓手，2015年以来国务院分5批设立了105家跨境电商综试区，初步形成了以"六体系两平台"（信息共享、金融服务、智能物流、电商诚信、统计监测、风险防控等监管和服务的"六体系"；跨境电商线上综合服务和线下产业园区"两平台"）为核心的制度框架。目前，我国建设海外仓数量超过2000个，总面积超过1600万平方米。促进跨境电商持续健康发展在国家一系列"十四五"电子商务、外贸、数字经济、现代流通体系顶层设计方面得到充分体现。2022年外贸形势依旧严峻，跨境电商依然是外贸保稳提质、外贸新业态的主要增长点，国家相关部门从财税、出口信保、物流、金融等方面出台了诸多政策。总体来说，虽然跨境电商从发展周期来看已经进入成熟期，不再是资本青睐的风口行业，但政策红利依然存在。跨境电商提质再次出现在2023年3月两会代表关键词中，建议落实跨境电商综试区方案，形成"跨部门协同配合、跨关区分区协作"的合力，优化跨境电商营商环境。

地方政府也积极响应国家号召，纷纷出台优惠政策鼓励跨境电商高质量发展，如浙江杭州在《关于加快推进跨境电子商务高质量发展的实施意见》中提出，对通过跨境贸易电子商务、跨境电商B2B（企业对企业）直接出口、跨境电商出口海外仓等海关监管模式开展跨境电商出口业务的企业，每年给予不超过200万元的资金扶持。据杭州海关数据，2023年1~2月浙江通过海关跨境电商平台出口209.1亿元，同比增长73.2%。

三、跨境电商发展趋势预判

（一）"多平台+独立站"的渠道风险分散模式更受青睐

鉴于国际消费者存在追求性价比及追求品质、认可品牌价值的分层需求，跨境电商卖家将根据自身核心竞争优势选择最优的渠道布局战略。平台更能体现供应链整合及成本优势，如TikTok Shop及拼多多TEMU新兴平台吸引了众多卖家及时布局新市场，卖家尽早铺设平台流量渠道以顺应经济低迷背景下有可能发生的消费降级需求。独立站更能体现品牌及运营优势，服装和家纺头部卖家较易讲好品牌故事获得品牌溢价、提高复购率，且独立站更容易将获取的流量转化为私域流量，通过品牌化精细化运营使得消费者对品牌产生黏性。目前家纺行业跨境电商多以平台卖家形式集中于亚马逊，其他产品站外引流加站内转化的"平台+独立站"模式较为普遍，未来想要以品牌、品质、较好服务体验取胜、快速低成本进入新市场的服装、家纺头部出口跨境电商可以采取"多平台+独立站"的战略分散渠道风险，突出核心竞争优势。

（二）品牌化、精细化运营代替站群玩法成为主流

过去几年，独立站卖家通过站群模式铺货挖掘出广告回报率较高的产品，进而加大广告投放力度获取流量红利，打造爆款取得丰厚回报，实现了单品利润最大化。但是消费者体验较差，发货延迟、货不对板、不发货、售后差等问题凸显。随着流量红利逐渐褪去，投放成本上升，流量思维转型迫在眉睫。特别是在较为成熟的欧美市场和较为成熟的平台上，经营成本相对更高，头部效应更加显著，粗放型发展方式较难在市场竞争中取胜。产品本身和消费体验将获得更多关注，独立站的品牌化和精细化运营将成为持久盈利的关键，供应链效率、产品品控、品牌营销、物流效率、售后服务的管理提升将提上日程。

（三）各领域马太效应均有所增强

跨境零售电商的集中度会持续提高，目前亚马逊、阿里巴巴和京东集团的跨境零售规模占比已达40%，在世界上最大的10个电商市场中的7个里面都占据主导地位，未来传统市场和成熟平台的集中效应会更加凸显。

物流领域两极分化现象较为显著。受高通胀、低需求、海运价格下降等因素影响，六成以上的中小型物流企业营收较2021年下降，不少企业被洗牌出局。优势资源更加向龙头企

业集中，并购有所增多，如全球最大集装箱承运输公司马士基收购知名货运代理公司翼源国际、嘉里物流收购美国货代公司Topocean等。

融资领域也呈现两极分化现象。在2022年的43起融资事件中，融资额排名前10的融资金额共计占总融资金额的80.2%，跨境服务商融资金额占比达83%，从地域上看，广东吸引融资占比达82%。

（四）新兴市场关注度快速提升

虽然目前约六成跨境电商卖家的主要阵地仍是欧美市场，调查显示2023年仍有超过半数受访卖家将继续布局欧美市场，但东南亚、南亚、日韩、中东等市场关注度也明显提升。主要是由于新兴市场尚有流量红利，且头部平台或者头部店铺尚未规模化，更加适合铺货型站群卖家和中小型玩家快速进入。

根据GoodSpy《2022年独立站电商营销报告》，2022年独立站卖家在Facebook、YouTube、Pinterest、TikTok等14家全球性移动广告平台上的投放商品量明显增长，其中在欧美市场的广告投放量占比保持在50%以上，但北美和欧洲市场投放增幅分别同比下降3.8%、8.3%，而在东南亚、亚洲、中东市场的投放量同比分别增长5.7%、4%、4.3%，占比合计升至28.8%，逐步成为卖家竞争的新赛道。根据eMarketer发布的《2022年全球电商市场预测报告》，在2022年电商市场规模增长最快的前10个国家中，东南亚、南亚、拉美地区国家占据9个，网购人数增长最多的国家是印度、印度尼西亚、巴西以及其他一些新兴市场。根据万国邮联的预计，2019~2023年的全球网络购物渗透率将以8.9%的复合年均速度提升，其中印度、西班牙、中国、印度尼西亚、阿根廷年均增速均超过10%（图8）。

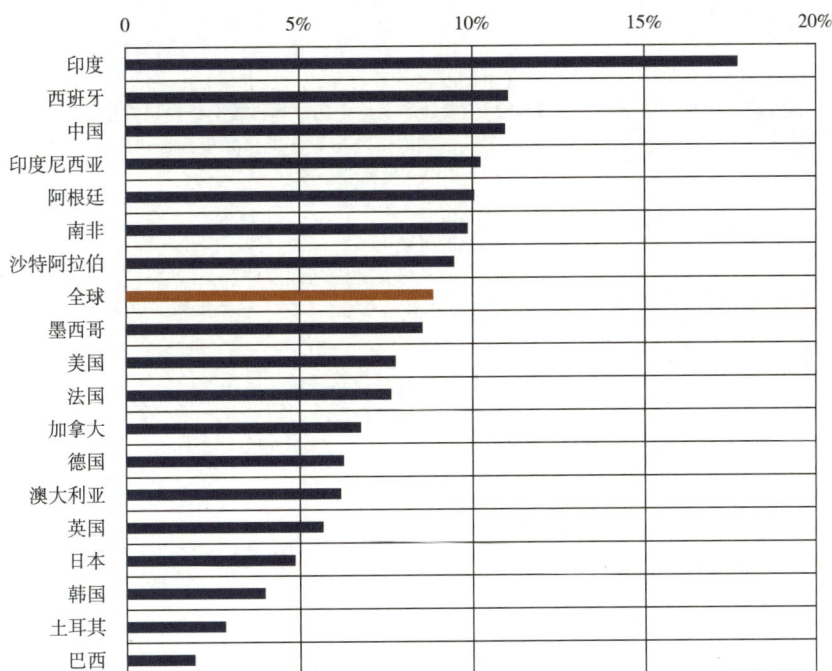

图8　2019~2023年网购占零售额比重复合年均增长率
数据来源：万国邮联

附件 2020年以来跨境电商相关政策汇总

发布日期	相关政策及文件名称	主要内容	发布单位
2020年1月	关于扩大跨境电商零售进口试点的通知	跨境电商零售进口试点范围从37个城市扩大至海南全岛和其他86个城市	财政部、国家发展和改革委员会等
	区域全面经济伙伴关系协定	RCEP协议第十二章第四节为促进跨境电子商务：缔约方认识到每一缔约方对于计算设施的使用或位置可能有各自的措施，包括寻求保证通信安全和保密的要求；缔约方不得将要求涵盖的人使用该缔约方领土内的计算设施或者将设施置于该缔约方领土之内，作为在该缔约方领土内进行商业行为的条件	—
2020年4月	关于同意在雄安新区等46个城市和地区设立跨境电子商务综合试验区的批复	同意在雄安新区等46个城市地区设立跨境电子商务综合试验区	国务院
2020年5月	关于支持贸易新业态发展的通知	从事跨境电子商务的企业可将出口货物在境外发生的仓储、物流、税收等费用与出口贷款轧差结算；出口至海外仓销售的货物，汇回的实际销售收入可与报关金额不一致等	国家外汇管理局
2020年6月	关于开展跨境电子商务企业对企业出口监管试点的公告	自2020年7月1日起，增列9710/9810监管代码；跨境电商B2B出口货物适用全国通关一体化，也可采用"跨境电商"模式进行转关；首先在北京等10个海关开展B2B出口监管试点	海关总署
2020年7月	国务院关于做好自由贸易试验区第六批改革试点经验复制推广工作的通知	在全国范围内复制推广跨境电商零售进口退货中心仓模式	国务院
2020年8月	国务院办公厅关于与进一步做好稳外贸稳外资工作的意见	充分利用外经贸发展专项资金、服务贸易创新发展引导基金等现有渠道，支持跨境电商平台、跨境物流发展和海外仓建设等；鼓励进出口银行、中国出口信用保险公司等各类金融机构在风险可控前提下积极支持海外仓建设	国务院
2020年11月	国务院办公厅关于印发全国深化"放管服"改革优化营商环境电视电话会议重点任务分工方案的通知	督促新增跨境电商综试区；完善跨境电商进出口退换货便利化管理措施；推动各类公共海外仓向跨境电商企业共享仓储容量、物流等数据信息	国务院
	国务院办公厅关于推进对外贸易创新发展的实施意见	积极推进跨境电商综合试验区建设；扩大跨境电商零售进口试点；推广跨境电商应用，促进企业对企业（B2B）业务发展；研究筹建跨境电商行业联盟	国务院
2021年3月	中华人民共和国国民经济和社会发展第十四个五年规划和2035年远景目标纲要	加快发展跨境电商，鼓励建设海外仓，保障外贸产业链供应链畅通运转	
2021年6月	"十四五"商务发展规划	推进跨境电商综合试验区建设，优化跨境电商零售进口监管，探索跨境电商交易全流程创新，巩固壮大一批跨境电商龙头企业和优秀产业园区；实施海外仓高质量发展专项行动	商务部

发布日期	相关政策及文件名称	主要内容	发布单位
2021年7月	国务院办公厅关于加快发展外贸新业态新模式的意见	开展稳步推进海外仓高质量发展专项行动；完善跨境电商发展支持政策，研究制定跨境电商知识产权保护指南，优化跨境电商零售进口商品的清单，便利跨境电商进出口的退换货管理	国务院
2021年9月	2021—2023年国企电子商务创新发展行动计划	确定推动跨境电商协同发展为十大任务之一，央企电商联盟成员将建立跨境电商平台协同协作机制，协同跨境交易，共建跨境业务供应商和商品库	央企电商联盟
	关于全面推广跨境电子商务零售进口退货中心仓模式的公告	适用于海关监管代码1210进口，可在海关特殊监管区域内设置跨境电商零售进口商品退货专用存储地点，将退货商品的接收、分拣等流程在原海关特殊监管区域内开展	海关总署
2021年10月	"十四五"电子商务发展规划	提出2025年跨境电子商务交易额达2.5万亿元预期性目标；支持跨境电商高水平发展，支持使用人民币结算；培育配套服务企业；补足物流短板；加强跨境电商行业组织建设。推动企业融合直播电商、社交电商、产品众筹、大数据营销等多种方式，建立线上线下融合、境内境外联动的跨境电商营销体系，利用数字化手段提升品牌价值；建成一批要素聚集、主体多元、服务专业的跨境电商线下产业园区；加强国际邮件互换局和国际快件处理中心建设，满足跨境电商物流发展需要；巩固壮大一批具有国际竞争力的跨境电商龙头企业和产业集群；培育一批跨境电子商务独立站	商务部 中央网信办 国家发展和改革委员会
2021年11月	"十四五"对外贸易高质量发展规划	促进跨境电商持续健康发展：扎实推进跨境电商综试区建设，开展跨境电商"十百千万"专项行动、规则和标准建设专项行动、出海专项行动、创新专项行动，积极参与跨电商国际规则探索和标准建设；支持海外仓对接各类平台；支持跨境电商企业打造要素集聚、反映快速的柔性供应链；建立线上线下融合、境内境外联动的营销体系；推进跨境电商线上综合服务平台等基础设施建设，建设跨境贸易投资综合法律支援平台；巩固壮大一批跨境电商龙头企业和优势产业园区；打造融合高效的跨境智慧仓储物流体系	商务部
2021年12月	"十四五"数字经济发展规划	大力发展跨境电商，扎实推进跨境电商综合试验区建设，积极鼓励各业务环节探索创新，培育壮大一批跨境电商龙头企业、海外仓领军企业和优秀产业园区，打造跨境电商产业链和生态圈	国务院
2022年1月	"十四五"现代流通体系建设规划	引导企业优化海外仓布局，完善海外仓功能，提高商品跨境流通效率；提高跨境贸易和投融资中人民币计价结算使用占比	国家发展和改革委员会
	国务院办公厅关于做好跨周期调节进一步稳外贸的意见	鼓励具备跨境金融服务能力的金融机构在依法合规、风险可控前提下，加大对跨境电商和物流企业等建设和使用海外仓的金融支持；增设一批跨境电子商务综合试验区；巩固提升出口信用保险作用	国务院

发布日期	相关政策及文件名称	主要内容	发布单位
2022年2月	关于同意在鄂尔多斯等27个城市和地区设立跨境电子商务综合试验区的批复	要进一步完善跨境电子商务统计体系，实行对综合试验区内跨境电子商务零售出口货物按规定免征增值税和消费税等支持政策，企业可以选择企业所得税核定征收，对经所在地海关确认符合监管要求的综合试验区所在城市（地区）自动适用跨境电子商务零售进口试点政策，支持企业共建共享海外仓	国务院
	关于加大出口信用保险支持，做好跨周期调节进一步稳外贸的工作通知	各地商务主管部门结合各地实际情况完善信用保险支持政策，鼓励加大对跨境电商、海外仓、等外贸新业态支持力度；中信保公司各营业机构加大对跨境电商和物流企业等建设和使用海外仓的承保支持；主动引导银行和中小微企业通过"单一窗口"、外汇局跨境金融区块链服务平台等渠道开展线上保单融资，扩大保单融资客户覆盖面	商务部中国出口信用保险公司
2022年3月	关于用好服务贸易创新发展引导基金支持贸易新业态新模式发展的通知	支持构建适应跨境电商发展的配套服务体系，支持提高海外仓数字化、智能化水平，优化完善布局，发挥"蓄水池"作用，帮助中小微外贸企业借船出海；支持跨境物流服务商发展壮大，促进国际物流体系建设	商务部
2022年4月	关于进一步加大出口退税支持力度，促进外贸平稳发展的通知	便利跨境电商进出口退换货管理；鼓励并支持符合条件的跨境电商出口企业积极适用出口退税政策；加快推动各地跨境电商综试区线上综合服务平台建设；规范跨境电商零售出口税收管理，引导出口企业在线上综合服务平台登记出口商品信息并进行免税申报，促进跨境电商出口贸易健康发展；大力推广跨境出口业务"非接触"办理；精简报送资	国家税务总局、公安部、财政部等10部门
2022年5月	国务院办公厅关于推动外贸保稳提质的意见	针对跨境电商出口海外仓监管模式，加大政策宣传力度，对实现销售的货物，指导企业用足用好现行出口退税政策，及时申报办理退税；尽快出台便利跨境电商出口退换货的政策，适时开展试点针对跨境电商行业特点，加强政策指导，支持符合条件的跨境电商相关企业申报高新技术企业；持续优化跨境贸易人民币结算环境；加快中国进出口商品交易会（广交会）等展会数字化、智能化建设，加强与跨境电商平台等联动互促	国务院
2022年9月	支持外贸稳定发展若干政策措施	出台进一步支持跨境电商海外仓发展的政策措施；研究年内启动服务贸易创新发展引导基金二期，并统筹利用外经贸发展专项资金等现有资金渠道，共同支持跨境电商、海外仓等外贸新业态发展；加快出台便利跨境电商出口退换货的税收政策	商务部

发布日期	相关政策及文件名称	主要内容	发布单位
2022年11月	国务院关于同意在廊坊等33个城市和地区设立跨境电子商务综合试验区的批复	进一步完善跨境电子商务统计体系，实行对综合试验区内跨境电子商务零售出口货物按规定免征增值税和消费税等支持政策，企业可以选择企业所得税核定征收，对经所在地海关确认符合监管要求的综合试验区所在城市（地区）自动适用跨境电子商务零售进口试点政策，支持企业共建共享海外仓	国务院
2023年1月	关于跨境电子商务出口退运商品税收政策的公告	海关监管代码（1210、9610、9710、9810）项下申报出口，因滞销、退货原因，自出口之日起6个月内原状退运进境的商品（不含食品），免征进口关税和进口环节增值税、消费税；出口时已征收的出口关税准予退还，出口时已征收的增值税、消费税参照内销货物发生退货有关税收规定执行	财政部 海关总署 国家税务总局

资料来源：根据国家相关部委发布文件整理

中国纺织工业联合会产业经济研究院

再生纤维素纤维（莱赛尔纤维）在床品领域应用的调研报告

阮航

引言

  家纺行业作为纺织三大终端产业之一，是传统民生产业，是科技与艺术融合的创意产业，是创造美好生活的时尚产业。床上用品是家用纺织品的重要组成部分，作为生活必需品，产品主要分为套件产品和芯被类产品两大类。其中，套件产品涵盖床单、床罩、被套、枕套和三件套、四件套、多件套等；芯被类产品涵盖被子、睡袋、褥垫、枕头和靠垫。随着社会经济发展和居民收入水平的提高，床品消费日益受到人们重视，床品已经不仅仅是简单的铺铺盖盖，而是融合了科技、时尚、健康的生活方式，承载着创造美好生活的职责。

  从市场规模看，床上用品占家用纺织品产业规模的半壁江山。在国家统计局统计的家纺行业规模以上企业数据中，床上用品行业企业户数、资产规模、主营业务收入、利润总额等指标均超50%，在家纺行业制成品出口中，床上用品也体现出明显的规模优势，在我国现代家纺产业建设中，床品产业发挥着重要的推进作用。经调查测算，居民家庭生活用消费是主力内销市场，约2500亿元，占内销市场78.9%左右。另外，随着我国居民对生活质量要求不断提高，宾馆旅游交通用床品的需求将进一步扩大，同时公共福利用床品的质量和数量也将随着社会福利保障的发展而释放潜力。提到床上用品，除了大家所熟知的居民家庭生活用消费以外，还运用在其他社会需求等方面——宾馆旅游交通、学校教育、医疗卫生、社会服务机构、救灾和转移安置、军队武警、团购礼品等其他消费。据不完全统计，我国床品内外销市场规模约4000亿元，其中内销市场消费总额3200亿元左右。未来，随着我国高质量发展战略稳步推进以及消费升级（分级）下的需求释放，在时尚家纺、科技家纺、绿色家纺的引领下，床上用品市场需要将获得进一步释放。

  床上用品作为日用消费品，价值体现一直围绕着设计与材料两个核心要素展开，尤其原料创新是行业研发创新的重点：床上用品的原料构成以棉、涤为主导，其他材料尤其以莱赛尔纤维等为代表再生纤维素纤维越来越被广泛应用。我国床上用品面料和填充料共消耗纤维约700万吨，主要为棉和涤纶，两者合计约占总量的80%以上。填充物用量约占40%，面料（含芯被类产品内胆面料）用量约占60%。在填充物用料中，涤纶居多，占填充物的70%以上；而在面料中，棉制品居多，占面料用量的60%左右，同时再生纤维素纤维的占比呈现逐年递增趋势。

根据中国棉纺织行业协会数据统计，2020年我国棉纺用再生纤维素纤维317万吨，是2010年2.1倍，占非棉纤维用量的28.1%，分别较2010年和2015年提高了13.9和4.3个百分点，同时常规黏胶短纤维应用占再生纤维素纤维总量的87%，新一代绿色科技纤维莱赛尔纤维的用量都有所增加。

近年来，随着绿色经济与双碳目标的推进以及再生纤维素纤维产品性能稳步提升，尤其莱赛尔纤维在绿色环保中的推广越发得到认可，使得再生纤维素纤维在床品领域的应用越发广泛。为了更好地了解再生纤维素纤维在床品领域应用现状以及发展趋势，中国家纺协会针对重点床品企业展开问卷调研，同时对接赛得利等优势上游纤维生产商，从供应链协同与产品研发的角度撰写本次调查报告，旨在了解再生纤维素纤维尤其莱赛尔纤维在床品领域应用拓展中的突出问题与困惑；探索再生纤维素纤维在床品应用的趋势方向；并借此推动上游需求导向与下游精准开发的双向合作，从而加快新型纤维在床品领域应用的进程。

本次调研报告采用线上问卷调查的形式，剔除数据重复与不实的样本外，得到了行业78家重点床品企业的大力支持和反馈，整体样本产值超450亿，具有一定行业代表性与广泛性。报告通过样本企业基本情况、原料构成、产品调研情况三部分组成，并附以床上用品常用纤维性能对比表，希望对床品以及上下游关联企业在产业协同方面起到一定参考借鉴作用，同时本次调查研究在广度、深度以及研究能力方面存在不足，希望得到行业各界积极反馈。

一、样本企业基本情况

本次参与调研的企业中，终端渠道品牌占比51.28%，制造品牌占比48.72%。其中，规上企业占比88%，规模在1亿~3亿元的占比最多，达27%；规模在10亿元以上的占比20%，位居第二。具体占比如图1所示。

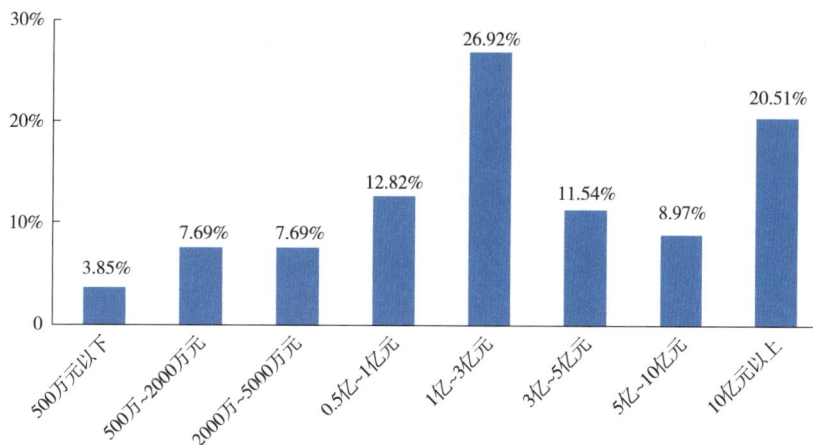

图1　样本企业规模占比

从产品销售结构看：主要以内销为主，占比达62.8%，样本企业外销出口主要地区依然以美国、欧洲、日本三大市场为主，东盟、非洲、英国、加拿大、澳大利亚、俄罗斯、南美等国家和地区均有涉及，韩国市场暂无涉及。具体销售结构占比如图2所示。

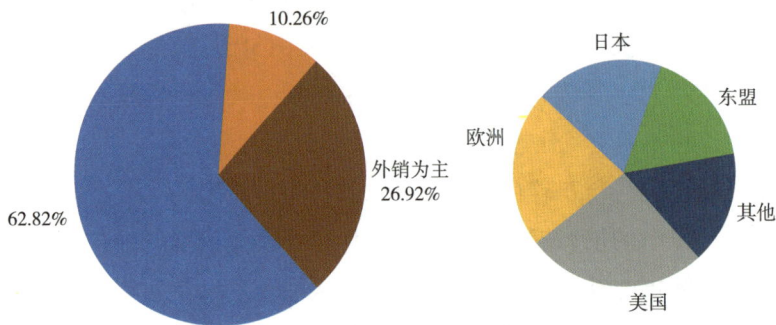

图2　样本企业销售结构占比

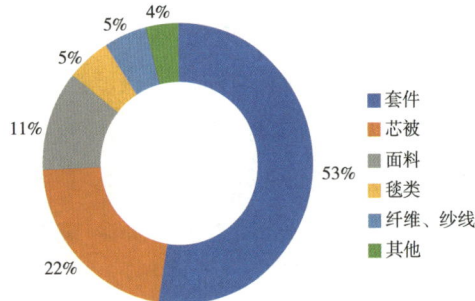

图3　样本企业产品结构占比

从产品结构看：依旧以套件和芯被类产品为主，产品份额中套件产品为主占53%，芯被类产品为主的占22%，床品面料为主的占比11%，毯类、纤维（纱线）和其他床上用品为主的企业均有涉及，同时样本中套件和芯被产品份额占比超80%以上的企业数近50家，占比超60%，具体产品结构占比如图3所示。

从供应链加工方式看：样本企业中自主研发、设计、自营生产为主（主力产品自有产能占50%以上）39家，占比50%，依托面料供应商设计自主加工和自主研发设计委托加工企业33家，合计占比42%。同时单一加工方式企业46家，占比58%，为保证供应链体系稳定以及效率，以自营生产、自主研发委托加工以及设计外包自主加工等多元混合加工方式占比越来越多。具体加工方式如图4所示。

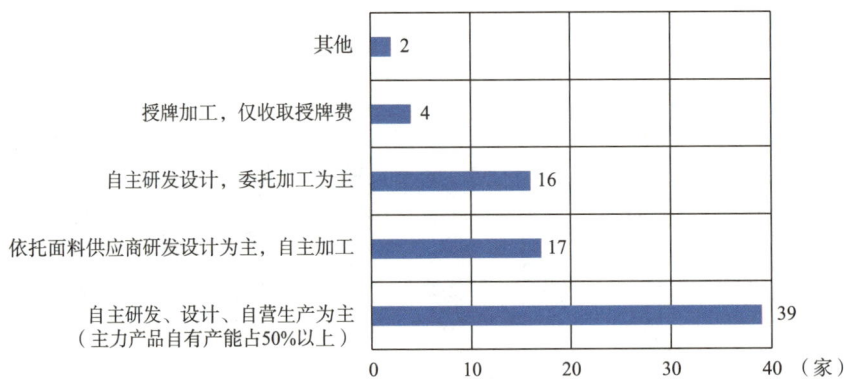

图4　样本企业加工方式

从原料采购方式看：自行采购自行加工占比26%，自行采购委托加工占比24%，委托采购价格核算占比14%，自行采购中自行加工与委托加工结合的占比20%。具体采购方式如图5所示。

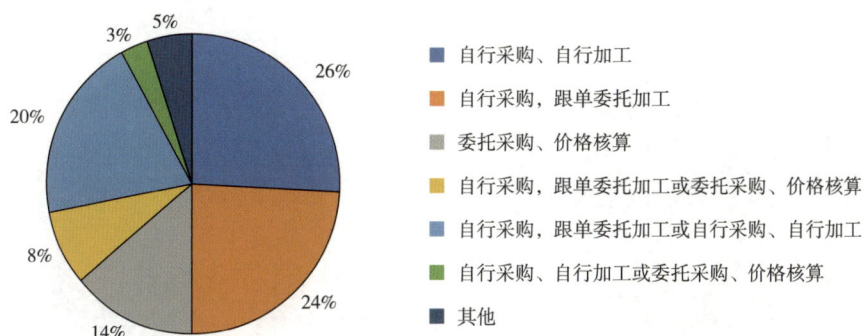

图5　样本企业采购方式

从原料采购来源看：自主采购依旧是主要来源，占比74%，集团一体化采购占比18%，下游指定采购占比8%。填报的主要原料供应商涵盖成品、面料、印染、棉纺、化纤等领域，包括愉悦家纺、金太阳、魏桥、际华三五四二、东帝兴、豪申、瑞爱福、嘉宇斯、华吉、联发、无锡一棉、赛得利、兰精、桐昆、恒立、新凤鸣等诸多供应链上优秀企业。

二、样本企业原料构成

在样本原料构成中，棉花与涤纶依然是主要原料，麻纤维、丝绸、羊毛、羽绒、再生纤维素纤维、锦纶、腈纶、丙纶、舒弹丝等均有涉及。

在棉花占比中，用棉量50%~80%的样本占比最多，占比达36%，用棉量80%以上占比18%，详细占比如图6所示。在涤纶占比中，用涤量10%~30%的样本占比最多，占比达39%，用涤量80%以上占比6%，详细占比如图7所示。

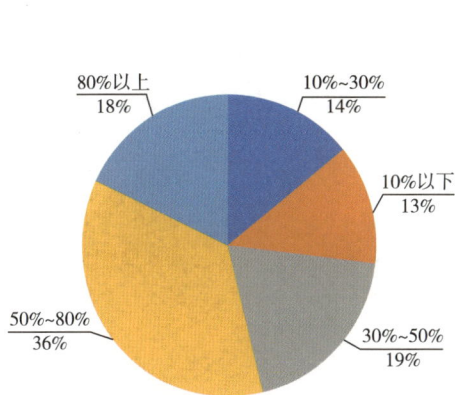

图6　样本企业用棉量占比分布

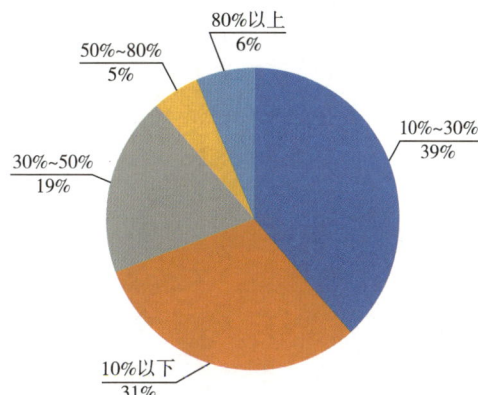

图7　样本企业用涤量占比分布

对内销为主的49家样本进行分析，用棉量50%~80%的样本占比最多，占比达39%，用棉量80%以上样本占比25%，详细占比如图8所示。用涤量10%~30%的样本占比最多，占比达45%，用涤量50%~80%的样本仅占2%，用涤量80%以上样本没有，详细占比如图9所示。

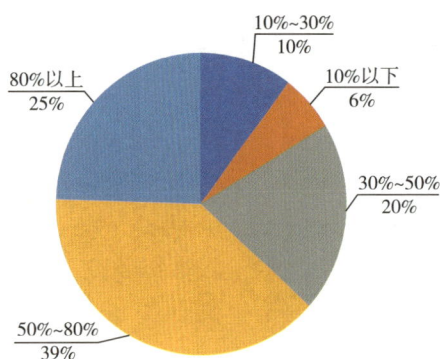

图8　内销企业用棉量占比分布

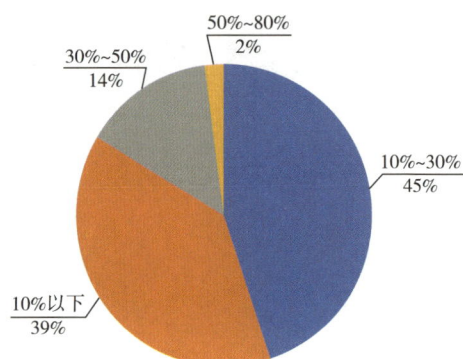

图9　内销企业用涤量占比分布

在再生纤维素纤维占比中，10%~30%的样本占比最多，达到38%，具体占比分布如图10所示；其中莱赛尔纤维在再生纤维素纤维中的占比分布中，10%以下占比最多，达50%，具体占比分布如图11所示。对内销为主的49家样本分析，再生纤维素纤维与莱赛尔纤维占比分布基本与整体样本数据接近，如图12、图13所示。

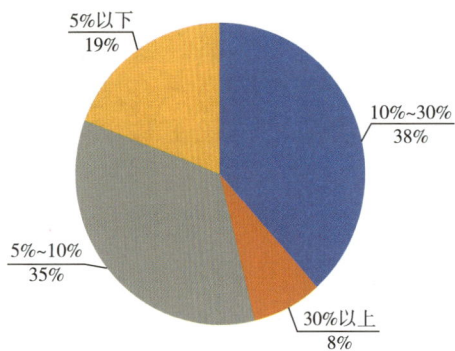

图10　样本企业再生纤维素纤维占比分布

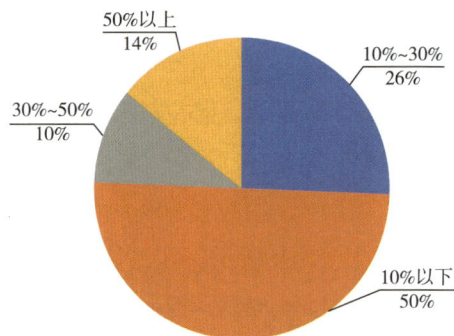

图11　样本企业莱赛尔纤维占比分布

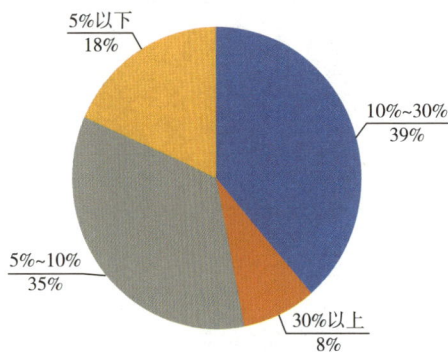

图12　内销企业再生纤维素纤维占比分布

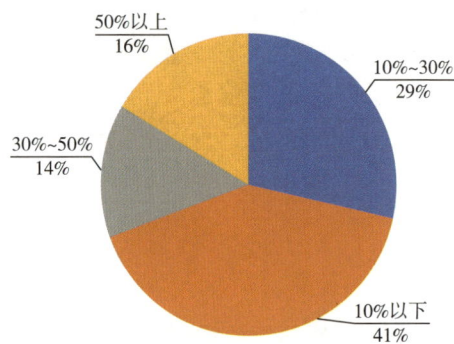

图13　内销企业莱赛尔纤维占比分布

同时，再生纤维素纤维套件（面料）在总套件中占比30%以下超90%：10%以下占比48%，10%~30%占比45%，具体占比分布如图14所示；其中莱赛尔纤维床品在再生纤维素产品中的占比30%以下占72%，10%以下占比45%，10%~30%占比27%，具体占比分布如图15所示；再生纤维素纤维芯被类产品（填充物）在芯被产品中的占比基本在10%以下，

2022/2023中国家用纺织品行业发展报告

具体占比分布如图16所示，但调查显示莱赛尔纤维在芯被中的应用探索潜力巨大，具体如图17所示。

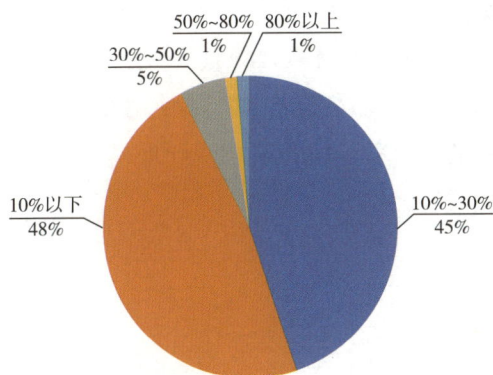

图14 再生纤维素纤维套件（面料）在总套件中的占比分布

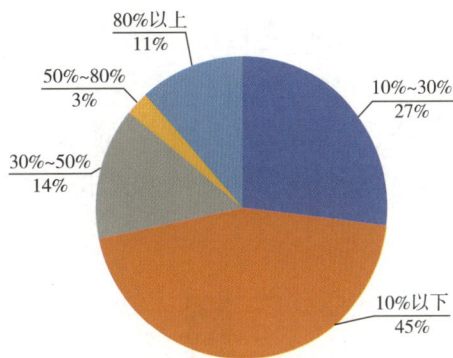

图15 莱赛尔纤维床品在再生纤维素纤维床品中的占比分布

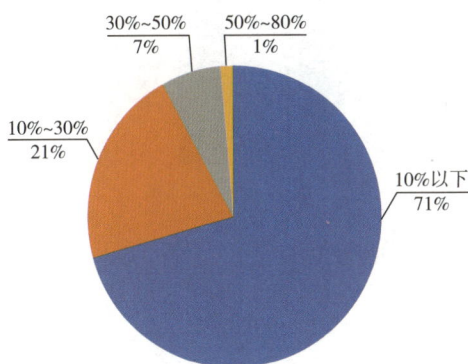

图16 再生纤维素纤维芯被产品在芯被类中的占比分布

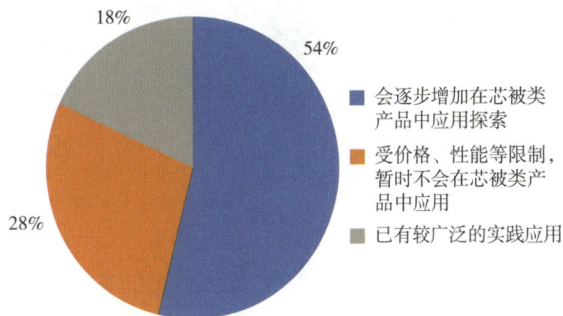

图17 莱赛尔纤维芯被类产品应用情况

　　综上分析，在床品企业原料构成中，棉花和涤纶依据占据主导地位，样本企业用棉量占比最高；内销企业用棉量占比高于外销样本，基本与我国床品市场现状吻合；同时再生纤维素纤维占比总量相对偏低，主要分布在5%~30%，同时莱赛尔纤维在再生纤维中的占比相对偏少，10%以下占比近50%；再生纤维素纤维在套件中的应用高于在芯被（填充物）领域中的应用；相信随着未来绿色环保与双碳战略的持续推进，莱赛尔纤维的市场潜力将逐步显现。

三、再生纤维素纤维（莱赛尔纤维）应用情况

　　本报告围绕再生纤维素纤维（莱赛尔纤维）在床品领域中的应用展开，从产品属性、方向趋势、产业协同、消费观察四个维度，对再生纤维素纤维（莱赛尔纤维）在产品规格、国产化水平、应用瓶颈、研发方向、发展趋势、价格期望、产业诉求以及结合季节属性围绕消费观察做了相关调查。

（一）产品属性

从莱赛尔纤维规格型号看，产品多以标准型为主，占比达81%，交联型和半交联型各占14%和5%，其中国产与进口产品基本持平，国产占比44%，进口占比45%，其余两者基本持平，在当前国产进口价格差距下，显示进口莱赛尔纤维依旧具有较强的竞争优势。

从使用再生纤维素纤维最关注的指标看，性价比与产品稳定性是产品使用方最关注的，选择占比分别为73%和68%，同时环保理念传播和消费者偏好也越来越受到重视，两者占比均为41%，具体关注指标占比如图18所示。

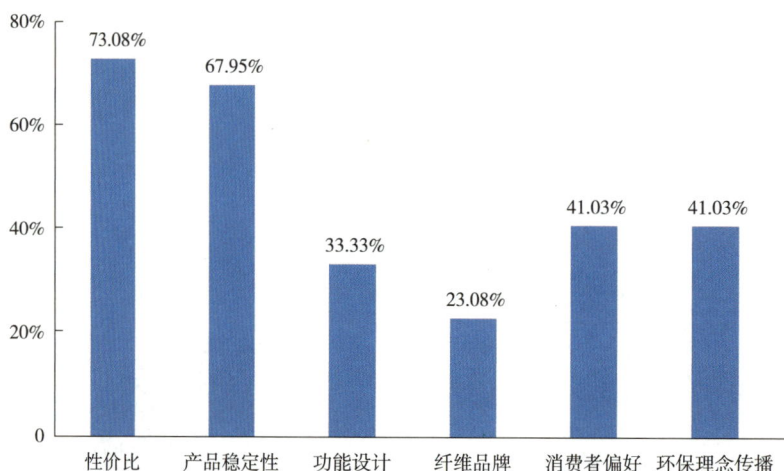

图18　使用再生纤维素纤维最关注的指标占比

从影响莱赛尔纤维在家纺应用的主要原因看，纤维本身特性（可纺性、起毛起球、湿强等）和价格问题依旧是主要原因，占比分别为64%和54%，产业链协同不足占比21%，各种原因占比如图19所示。同时调研发现，市场上莱赛尔素纤维产品质量参差不齐，有些质量不过关造成客户对该品类面料失去信心。

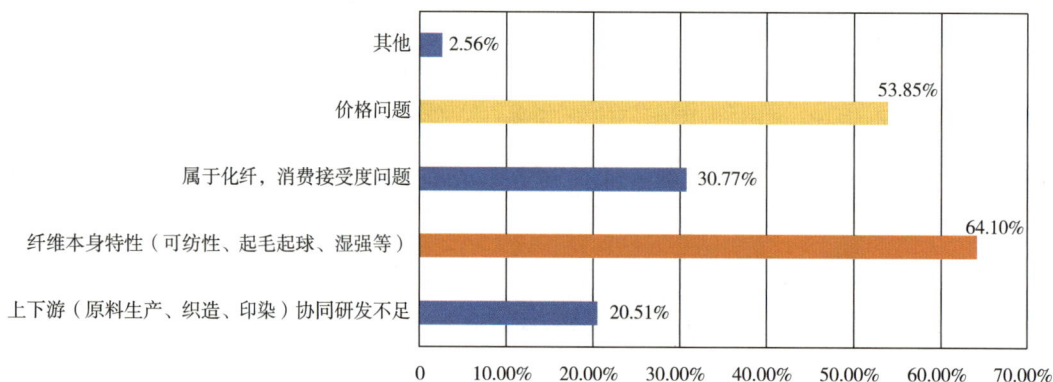

图19　影响使用的主要原因占比

从产品开发意向方面看，产品品质与质量问题最为重要，占比46%，性价比占比24%，功能性占比16%，消费引导占比14%，具体占比如图20所示。从结果看，对品质要求超出价格等影响因素较多，同时赋予产品功能性与消费引导意愿得到提升。

综上对再生纤维素纤维（莱赛尔纤维）关注点、应用瓶颈及产品研发三个维度的调查发现，产品性价比是第一要素，性价比中对性能和品质要求更为关切；同时赋予产品功能性和科学引导消费是提升产品性价比的有效途径。

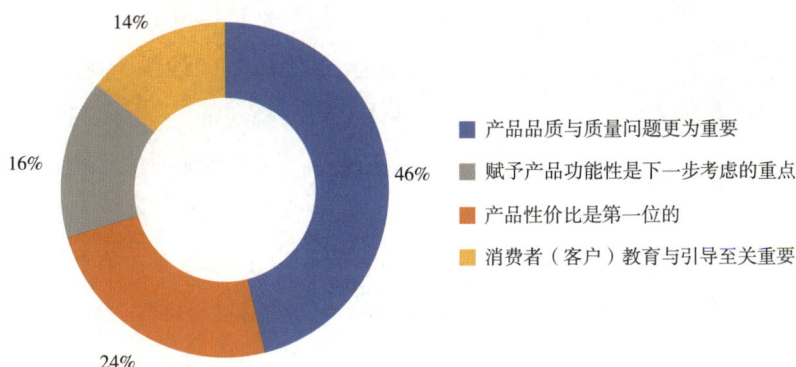

图20　产品开发意向

（二）方向趋势

从莱赛尔纤维产品应用预测看，选择未来占比越来越高的比重为66%，其中认为未来替代黏胶、棉纤维等增速较快的占比41%；选择保持平稳的占比32%，具体分布如图21所示。

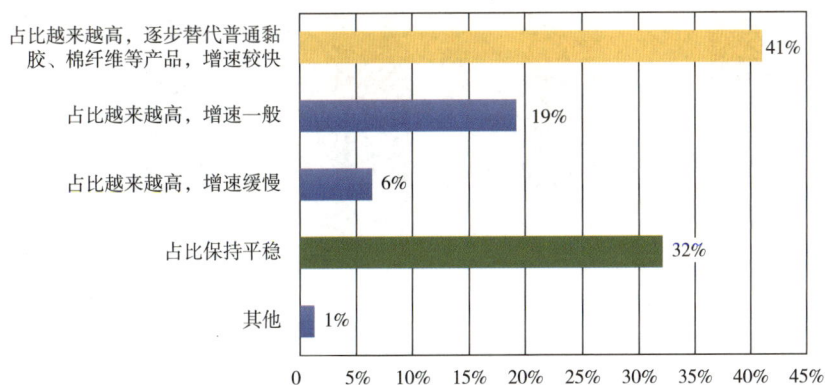

图21　莱赛尔纤维应用预测

从企业对莱赛尔纤维纱线（面料）未来价格走势的判断来看，有效数据68份，其中认为随着技术攻关，性能稳定，国产与国外莱赛尔纤维价格逐步接近样本42份；认为国外品牌的认可度提升，产品性能优异，国外价格长期高于国产价格样本13份；认为作为棉纤维的替代品，价格随棉纱（面料）线价格正向波动样本22份；认为作为环保纤维，随着国内消费理念升级，产品需求旺盛，产品价格稳步提升样本18份。

在对莱赛尔纤维面料（纱线）成本期望方面，样本中填写的期望面料成本在10~30元/米，其中期望16~20元/米占比52%，具体成本期望如图22所示。

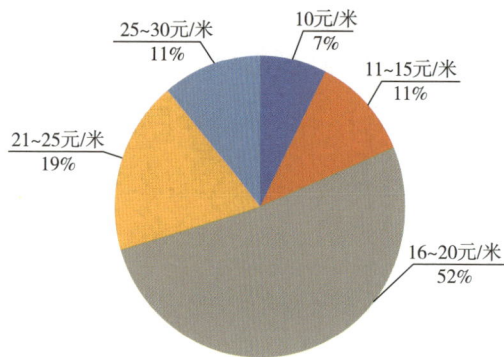

图22 莱赛尔纤维面料成本期望

（三）产业协同

在家纺企业对莱赛尔纤维、纱线及面料生产企业的诉求方面排序发现，样本企业第一诉求占比最高的是"纤维生产企业水平参差不齐，产品性能、价格差异较大"，占比47%；第二诉求占比最高的是"纱线企业纱线品类不够多元，纱线品质不稳定等"，占比33%，第三诉求占比最高的是"面料企业对的采购量、交期方面的限制，导致合作不畅"，占比是28%，第四诉求占比最高的是"面料企业研发力度不强，产品可选性不足"，占比27%，第五诉求占比最高的是"家纺企业与纤维生产企业沟通不畅，纤维研发需求与供给信息不匹配"，占比29%。各种诉求占比如图23所示。

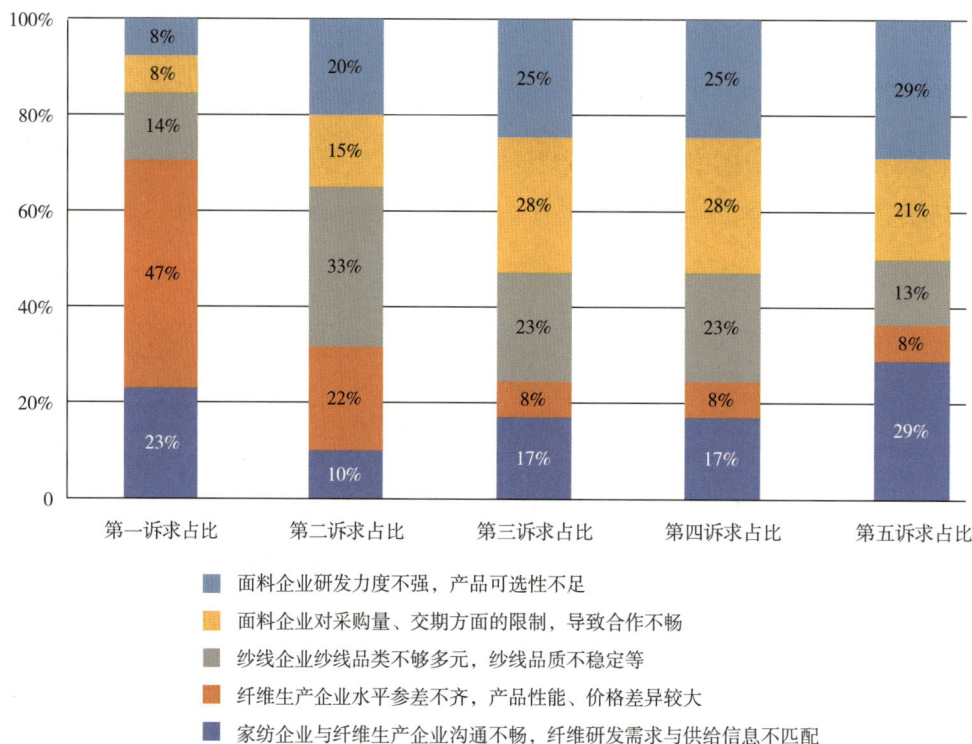

图23 家纺企业诉求占比

在对再生纤维素生产商的最为迫切需求中，"加强研发力度，降低成本最重要"的选择最多，占比79%；"加强产业链协同及下游客户获取，产品研发更有针对性"与"加强纤维差异化宣传与品类扩充，让再生纤维素产品市场更为多样化"占比相当，约50%；"加强研发力度，纤维功能性最为迫切"占比38%；"组建联盟，加强终端消费者的宣传投入，让再生纤维素纤维获得更为广泛认可"与"与纤维品牌合作，强强联合，突出品牌效应"占比相当，约23%，具体如图24所示。

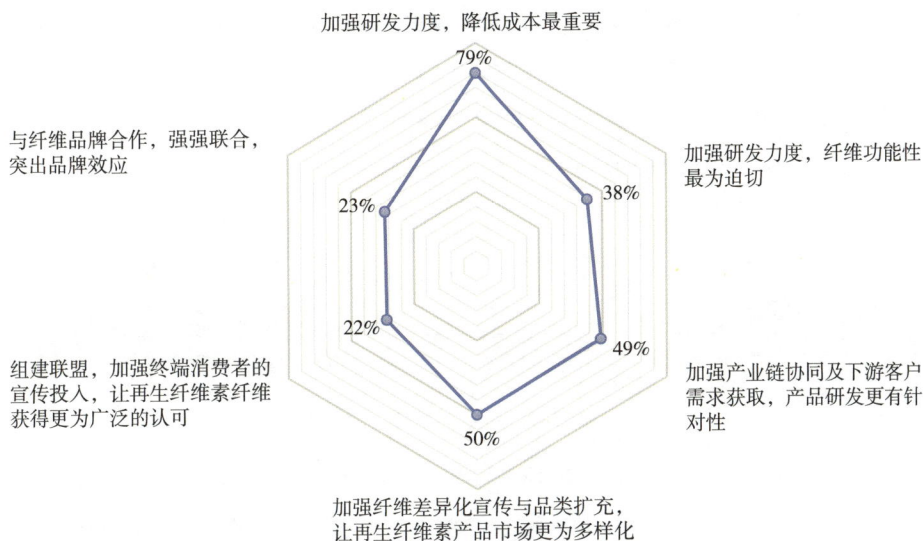

图24 对纤维生产商的需求程度

（四）消费观察

基于再生纤维素纤维特性，产品在夏凉消费应用较多。夏凉床品中再生纤维素纤维成分占比多在10%以下及10%~30%，在调研是否愿意尝试更高比例的再生纤维素纤维时，有高达85.9%的企业选择愿意尝试，在调研是否愿意尝试再生纤维素纤维（低比例添加）在非夏凉产品中应用中，有高达88.5%的选择愿意尝试。同时再生纤维素纤维在非夏凉产品应用的主要制约因素除了性价比、保暖性能、研发力度等，还有诸如手感、缩水率、起毛起球、易皱、上游推广力度、受众群体等其他问题。具体占比分布如图25、图26所示。

从再生纤维素纤维产品的消费（客户）偏好来看，客户（消费者）更关注产品品质、产品价格和功能创新；从消费（营销）概念看：更关注功能性，占比92.31%，其次为绿色环保，占比67.95%，具体如图27、图28所示。

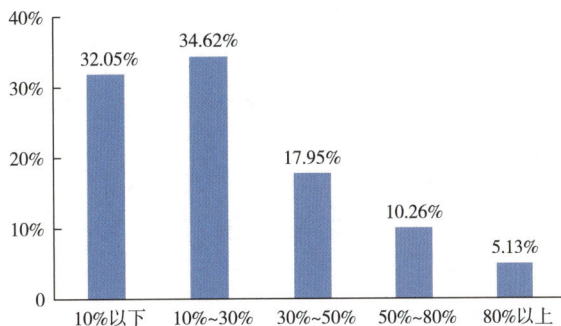

图25 夏凉床品中再生纤维素纤维成分占比

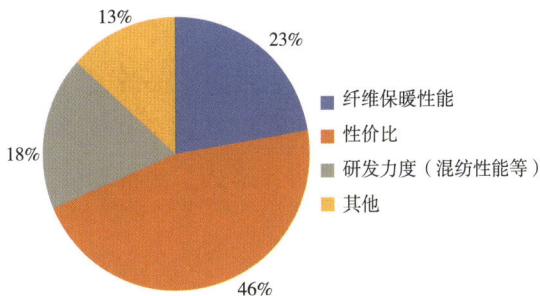

图26 在非夏凉产品中应用的制约因素占比

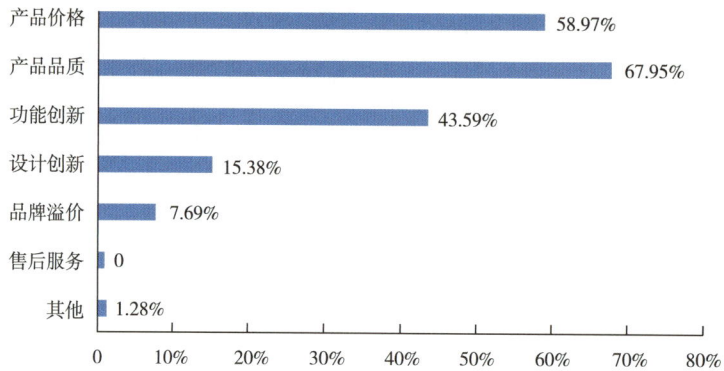

图27 再生纤维素纤维产品的消费（客户）偏好

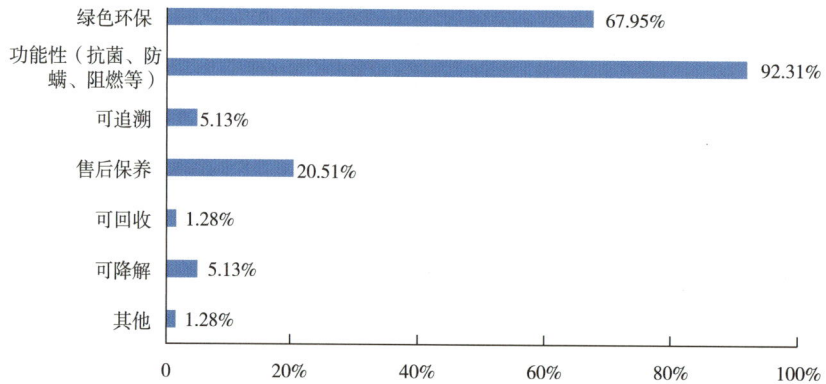

图28 消费者（客户）对哪些概念更注重

　　综上所述，再生纤维素纤维（莱赛尔纤维）产品在床品领域的应用比较普遍，但应用占比偏低；对未来应用发展调研显示，随着产品迭代和进步，普遍认为在床品领域的应用会更加广泛，占比会保持较快增速；同时产品主要制约因素还是产品属性，尤其关注性能改善（如缩水率、起毛起球、褶皱等）以及产品稳定性方面；认为主要还是纤维生产企业水平参差不齐，产品差异大，存在"劣币驱逐良币"的情况；因此对未来供应链协同合作抱有积极的态度，希望通过与上游协同研发，从性价比出发，共同推进成本控制、品类扩充以及围绕消费需求在功能性研发与环保推广等方面加强合作。未来协会也将积极从供应与需求端推动协同发展联合行业重点品牌方、纤维生产商等相关方，围绕科学消费宣传推广与技术资讯信息共享两个维度推进行业产学研拓等共享平台建设，通过精准对接、标准引领、消费引领、概念宣讲等形式积极推动科技家纺、绿色家纺、时尚家纺在行业的落地生根。

中国家用纺织品行业协会

附件　床上用品常用纤维性能

项目	涤纶短纤维（棉型）			棉纤维（细绒棉）	棉型黏胶短纤维			棉型莱赛尔短纤维（标准型）			棉型莱赛尔短纤维（交联型）		
	优等品	一等品	合格品	一般范围	优等品	一等品	合格品	优等品	一等品	合格品	优等品	一等品	合格品
干断裂强度 (cN/dtex) ≥	5.50	5.30	5.00	1.78~3.12	2.15	2.00	1.90	3.60	3.40	3.20	3.30	3.00	2.80
湿断裂强度 (cN/dtex) ≥	—	—	—	—	1.20	1.10	0.95	3.10	2.95	2.80	2.80	2.50	2.30
干断裂伸长率 (%)	$M_1\pm4.0$	$M_1\pm5.0$	$M_1\pm8.0$	7~12	$M_1\pm2.0$	$M_1\pm3.0$	$M_1\pm4.0$	$M_1\pm1.5$	$M_1\pm2.5$	$M_1\pm3.5$	$M_2\pm1.5$	$M_2\pm2.5$	$M_2\pm3.5$
	M_1为干断裂伸长率中心值，18%~35%选定				M_1为干断裂伸长率中心值，不低于19%			M_1为普通型断裂伸长率中心值，不低于12%			M_2为交联型断裂伸长率中心值，不低于11.5%		
线密度偏差率 (%)	±3.0	±4.0	±8.0	—	±4.0	±7.0	±11.0	±4.0	±7.0	±11.0	±4.0	±7.0	±11.0
长度偏差率 (%)	±3.0	±6.0	±10.0	—	±6.0	±7.0	±11.0	±4.0	±7.0	±11.0	±4.0	±7.0	±11.0
密度 (g/cm³)	1.38			1.54	1.51			1.52			1.52		
公定回潮率 (%)	0.40			8.5	13			13			13		
纤维特点	涤纶表面光滑，内部分子排列紧密，纤维强度高，弹性、耐磨性好；耐热性、耐热塑性、吸湿性较差，易带静电，对染料具有良好的洗可穿性能，织物耐各种化学品性能良好。织物耐其破坏程度都不大，同时不怕霉菌，不怕虫蛀			棉纤维的强度高，拉伸性能好，抗皱性差，耐热性较好，仅次于麻；耐酸性差，在常温下耐稀碱；对染料具有良好的亲和力，染色容易，色谱齐全，染色鲜艳，色泽也比较鲜艳，吸湿性能好，染整量较低。湿模量较低，下水后手感较高而且容易变形，弹性和耐磨性较差	良好的吸湿性，符合人体皮肤的生理要求，织物柔软，光滑，透气性好，不易起静电，防紫外线，穿着舒适，易于染色，染色后色泽鲜艳，色牢度好，有较好的可纺性能，缩水率较高而且容易变形，感发硬，耐热，微生物对棉织物有破坏作用			莱赛尔纤维形态结构与普通黏胶纤维完全不同，横截面结构均匀，且无皮芯层之分，纵向表面光滑无沟槽，具有比黏胶纤维优异的力学性能，良好的水洗尺寸稳定性（缩水率仅为2%），具天然纤维和合成纤维的多种优良性能，光泽自然，强度高，手感滑爽，柔软，光滑凉爽，悬垂性好，耐穿耐用，而且透湿性，透气性好，舒适，耐穿耐用					
标准状态下纤维的断裂强度比较	涤纶>棉>再生纤维素纤维												
标准状态下纤维的吸湿性比较	再生纤维素纤维>棉>涤纶												
纤维耐磨寿命比较	涤纶>棉>再生纤维素纤维												
纤维耐光性比较	棉>涤纶>再生纤维素纤维												
纤维阻燃性比较	涤纶>再生纤维素纤维>棉												

海宁家纺杯
中国国际家用纺织品创意设计大赛

China International Home Textiles
Design Competion Awards

主办单位

中国家用纺织品行业协会
中国国际贸易促进委员会纺织行业分会
法兰克福展览（香港）有限公司
浙江省海宁市人民政府

承办单位

中国家用纺织品行业协会设计师分会
海宁市许村镇人民政府

协办单位

海宁市家用纺织品行业协会
海宁市许村镇时尚产业新生代联合会
海宁中国家纺城股份有限公司

支持单位

中国版权协会
中国版权保护中心

更多详细信息请登陆中家纺官网：www.hometex.org.cn

中国国际家用纺织品
产品设计大赛
China International Home Textiles
Design Competition Awards

DESIGN
张謇杯ZHANGJIANCUP

主办单位
中国家用纺织品行业协会
中国国际贸易促进委员会纺织行业分会
法兰克福展览（香港）有限公司
南通市人民政府

震泽丝绸杯

中国丝绸家用纺织品创意设计大赛

主办单位

中国家用纺织品行业协会
江苏省苏州市吴江区人民政府

承办单位

中国家用纺织品行业协会设计师分会
江苏省苏州市吴江区震泽镇人民政府

大赛官网

更多详细信息请登录大赛官网：www.zzscbds.com

研发创新

风华正茂二十载 创新设计东方潮
——"海宁家纺杯"2022中国国际家用纺织品创意设计大赛综述

贾京生

2022年是"海宁家纺杯"中国国际家用纺织品创意设计大赛举办以来的第20届，这是中国家用纺织品行业、家纺设计大赛历史上所创造的一个重要而辉煌的里程碑。本届大赛评审委员会主任杨兆华在总结20年赛事历史时说道："今年是大赛成功举办20周年，20年来大赛共收到来自海内外参赛作品32633件，近2万名设计师参加了大赛，在行业内形成了广泛的号召力和影响力。大赛始终秉承以时尚创新为方向，以培育人才为目的，以文化传承为使命，以服务行业为宗旨，为广大的家纺行业设计师和纺织专业院校师生搭建了一个成功的交流和展示平台，为行业的设计创新发展不断注入新生力量，为要进入和希望进入这个行业的设计新人们指出了明确的职业发展方向，有力推动了我国家纺产业的高质量发展。"第20届"海宁家纺杯"大赛评审工作于2022年7月30日在海宁正式拉开帷幕，本届大赛共收到2364幅参赛作品，"家纺创意画稿组"收到来自123家参赛单位的1840幅作品，其中包括107所国内外院校、16家企业及设计机构。"整体软装设计组"收到50家参赛单位的524幅作品。由于受到国内外疫情的持续影响，本届大赛参赛作品虽然在数量上保持持平，但在参赛作品的设计水平与创新思维上有了更加多元的突破，这充分说明大赛经历了20年的厚积薄发形成了突飞猛进的态势，大赛的影响力越来越大，作品的水平越来越高，产生的凝聚力越来越强。这对于中国时尚设计人才的培养、家纺创意设计水平的提升与中国家纺品牌的建设，产生了权威性、引领性与开创性的成效，获得了海内外艺术院校、家纺企业和专业设计机构的广泛认可和大力支持，是国内备受瞩目、极具影响力的权威设计赛事（图1、图2）。

在浙江省海宁市公证处的全程监督下，本届大赛严格按照比赛规则、大赛主题与征赛要求，经过专家评审委员会的层层遴选，最终评选出本届大赛的获奖奖项，其中，家纺创意画稿组：金奖1名、银奖3名、铜奖5名、评审团奖4名、优秀奖18名、入围奖若干（图3）；整体软装设计组：金奖1名、银奖3名、铜奖5名、评审团奖4名、优秀奖20名、入围奖若干（图4）。此外，本届大赛进行了奖项升级，增设了评审团奖。综观整体参赛作品，彰显出

图1 "家纺创意画稿组"线下评审现场

图2 "整体软装设计组"线上评审现场

图3 "家纺创意画稿组"评委会合影

图4 "整体软装设计组"评委会合影

本届大赛融个性化与多元性为一体的三个突出特色与亮点：一是"Z世代"参赛者的作品，来自信息多元与专业无界的时代，其设计形式呈现了无界融跨与多元无垠的创意共融，展现了全新的时代特征与美学语境。二是参赛作品对主题"东方·潮"的理性表达与呈现方式契合度很高，从艺术形式、审美风格和表现角度做出了多元化多方位的诠释，不仅突出表现了东方传统文化，而且具有世界潮流趋势和时尚创新力的表现，充分全面地呈现出创意思维时尚度和扎实的基本功，彰显了东方文化与世界潮流的融合共创。三是参赛作品表现手法多样，艺术风格多元，生产适用性好。许多作品超越了设计师的自我限制，更加关注时尚趋势与市场需求，注重创新设计与工艺制作的有机融合，增强了参赛作品的落地性与定位化。

一、主题：东方文化与世界潮流的融合共生

第20届大赛以"东方·潮"为设计主题与创意主旋律，其预设的创意设计空间恢宏且寓意深刻。既涉及东方文化与世界潮流，又涉及自然、社会、历史等宏观问题，也关乎微观现实的人类生活方式中的衣、食、住、行、用，涵盖了家用纺织品与家居设计等相关问题。"东方"相对西方来说既是空间地域概念，也是一个文化概念、设计概念与审美概念；"潮"意指自然之潮、文化之潮、审美之潮……本届大赛"东方·潮"主题的提出，旨在以东方文化美学为核心，倡导家用纺织品设计在融合东方文化与世界潮流的基础上，创新家纺文化的新潮流，掀起家纺设计的新潮流，探索家纺美学的新潮流。大赛主题的设定，力求带动"Z世代"设计师对东方文化深入的理解和对中国文化更自信的认识，倡导契合当下的中外流行趋势，对未来的家纺设计超前意识指明了主流方向。

从整体大赛所提交的作品来看，本届大赛中的绝大多数参赛作品是"00后"设计师的创作，他们的创意设计精彩纷呈，展现了他们对图案、色彩、空间、面料以及人居环境、家居空间和材质美学的独到见解。这些设计作品在很大程度上重新诠释了"简约、国风、传统、现代、国际"这些设计趋势中常用的美学词汇，和"Z世代"青年对"舒适"和"温馨"的理解。参赛作品紧扣设计大赛的主题，展开无尽的创意设计，形成了赛场作品"百花齐放、

2022/2023中国家用纺织品行业发展报告

争相斗艳"的格局。

如获得家纺创意画稿组金奖的作品《林居·禅意》（图5），评委们对其内容与形式给出一致的好评并做了简明而深刻的点评：在东方文化与艺术中，最典型、最有影响力的就是佛学的禅文化、禅意境与禅意生活美学。该作品通过整体色调统一、局部形态丰富的造型方法，建构了一幅浑然一体的画面，巧妙而含蓄地呈现了"禅意"这一东方美学。作品以静默冥想中的山间寂景、丰富多样的形态为造型核心，以层层盛叠的"树木"、活泼戏水的"仙鹤"、闲情野逸的"渔家"，以及呼朋引伴的"归燕"为具体元素，组合营造出丰富多样、活泼热闹的画面，同时又通过和谐统一的色彩，创造性地呈现出一种空灵而寂寥的"禅"的意境与美的"禅意"语境。

图5　家纺创意画稿组金奖《林居·禅意》（卫泽丰　清华大学美术学院）

获得家纺创意画稿组银奖的作品《漠野迷踪》（图6），评委们对其作品的明快色彩、时尚气息给予了高度认同。在这幅作品中，我们看到年轻设计师大胆地将未来元宇宙观呈现在设计中，并使用蓝、黄、紫这组互补对比色，用平面二维的色块插画形式来表达丰富的故事内容。在创意设计的巧妙搭配与糅合上，设计者将东方与西方造型元素融合叠加，自然元素与人为造型综合运用，从更多维度去思考图案设计在家纺产品以外的场景应用，这也符合未来设计大环境、大家居对设计师提出的更高的时代要求。尤其是这幅设计作品作为墙纸，更能够充分地展现出它的趣味与空间语境。但作为床品设计，它在内容表现上稍显复杂，整体蓝色调的家居风格冲击力稍显强烈，做一些元素的提取、凝练与色彩弱化协调处理，则会更

图6　家纺创意画稿组银奖《漠野迷踪》(朱盈颖　北京服装学院)

加符合使用者的实际需求。

获得整体软装设计组金奖的作品《第三空间》(图7),其作品所营造的建筑空间简约、现代,氛围轻松,富有感染力。看似沉静的混凝土立面空间里,似乎隐藏着热情、叛逆和青春,同时又带有克制的理性。壁炉中可控制燃烧的火苗,可谓非常的点题,是环境氛围中的画龙点睛之笔。同时,软装产品包括了茶席、衣品、沙发、靠垫、毯、窗帘、床品及一些局部饰品等,错落有致且主次分明,能够将多品类巧妙地组合运用。如沙发可任意拼缀成各种功能的家具,适应多种场合的空间展陈空间、小公共空间、会议工作空间、茶饮空间、睡眠空间等,或供"围炉夜话"欢宴聚会。这种多变的可能性符合当下新生代的多元生活方式,打破了以往对居住、工作、休闲娱乐空间的传统界定,也符合数字化时代和后疫情时代人们对空间使用的不确定性与多功能性。

总而言之,综观大赛作品的设计水平与创新程度,体现了如下四个突出特点:一是在作品的内容上,创造性地融合了东方文化与世界潮流;二是在作品的形式上,创新性地探索了家纺文化的世界潮流;三是在作品的时尚趋势上,开拓性地融合了家纺设计的世界潮流;四是在作品的竞技彰美上,以20年的不断积累与进取掀起了家纺美学的"东方·潮"流。这正如"美恖(de)物理研究所"创始人和主理人郑亚男评委所说:"很荣幸成为'海宁家纺杯'大赛二十周年这个里程碑节点的评委,作为建筑和室内图书的职业出版人,我觉得这次大赛的作品非常丰富,参赛者们正勇敢地触碰更多的领域。"

图7　整体软装设计组金奖《第三空间》（傅瑾琦　浙江理工大学科技与艺术学院）

二、设计：无界融跨与多元无垠的创意共融

本届大赛在"东方·潮"主题的统领下，参赛作品在创意主题、表现题材、造型构图、色彩搭配等方面都以无界融跨与多元无垠的创意共融的方式，探索并开拓了形式多元、风格各异的作品风貌。无界融跨，即跨越专业界限的有效融合；多元无垠，即超越专业后的无拘无束和海阔天空。这正如中原工学院服装学院纺织产品艺术设计系副主任鲍礼媛评委所评论的那样，针对"东方·潮"主题，今年的参赛选手们从多种视角进行活态挖掘，立足于当下的审美意趣去探索东方文化元素的创新设计逻辑，不仅包含有形的设计元素，而且包括无形的文化元素、民族精神，体现了年轻一代的文化自信以及对于中国文化的学习热情，通过设计推新，潜移默化地推动了文化生命力的延续。尤其是参赛作品的表现手法及艺术风格多元而丰富，既体现出中国传统文化的独特韵味，又能立足于信息时代，大胆探索东方美学、世界潮流的数字化创新表达。

例如，整体软装设计组夺得银奖的作品《潮·音》（图8）是一件软装设计表现与国际时尚色彩跨界共融的优秀作品，其艺术语境与审美格调让人眼前一亮。作者巧妙结合当下都市生活的趋势走向、都市人群的生活方式，将音乐的律动元素与简约的几何化元素相互结合，形成一种具有视觉冲击力的图案符号，并将其在室内软装中进行设计应用。其作品色彩应用收放到位、合宜适度，将青年群体的都市生活态度较好地体现了出来。主版与副版花型之间，在色彩和图案的搭配上处理得和谐、微妙而富有意境。图案造型设计并未因循过于传统的范式，而是将朦胧的视觉美感以一种随性的方式诠释出来，将软装蕴含的生活美学方式以一种柔和的方式呈现出来。整个设计在清爽、柔美的时尚色彩中，透露出一股美的节奏与魅的韵律。

图8　整体软装设计组银奖《潮·音》（张笑影　北京服装学院）

获得整体软装设计组铜奖的作品《东方秘境》（图9）则是将中国传统绘画的白描方式融入时尚艺术的家居语境之中，将东方品位与西方写实手法相融合，展现了自然花鸟的灵动之美与生命之情，用艺术的手法将自然神秘之境糅融于家居空间中。图案与软装造型、家居色彩、软陈材质形成了完美的结合。大面积精致的自然图案与深色调墙面及木质装饰墙板形成色彩层次空间，凸现出家居环境的温暖舒适和自然语境。同时，图案、色彩和材质交融迭代的节奏变化，又形成了空间的功能变化与文化气息。

图9　整体软装设计组铜奖《东方秘境》（郭丹婕　中国美术学院）

获得家纺创意画稿组银奖的作品《鼓鼓声象》（图10）同样是以东方大象作为中国的传统吉祥象征图案造型，寓意着"吉祥"。设计者将热带植物和大象图案结合，融入异国艺术图案，构图完整、丰富且富有层次感。同时，对比色的应用和谐、柔美、舒适，用现代的艺术语言讲述了大自然的美丽故事，用较娴熟的设计技法绘制出了一幅祥和的自然与文明共生的场景。

值得一提的是，本届大赛的参赛选手整体实力有很大提升，并且大赛主题"东方·潮"非常契合当下从中国制造到中国创造的文化语境。参赛设计作品充满了历史文化底蕴，突出强调了文化自信的设计语言与艺术表达，更能激发出设计师对传统与现代的哲学思考。

如获得家纺创意画稿组的铜奖作品《数码城市》（图11），在众多参赛作品中以其轻松明快的风格脱颖而出。作品以几何色块的调和与对比为主要表现手段，通过概括化处理与抽象形态表现，表达出作者所想象的具有数码感、科技感的未来城市形象，演绎出独特别样且趣味浓郁的"东方·潮"。其作品还通过不同层次、不同形态的几何色块进行重构、透叠、融合，并采用粗细不一、长短各异、富有变化的线条进行纵横穿插与变化并置，进一步丰富了画面的层次感和虚实性，整体效果简约而不简单，色彩丰富但并不繁杂，整体基调单纯明

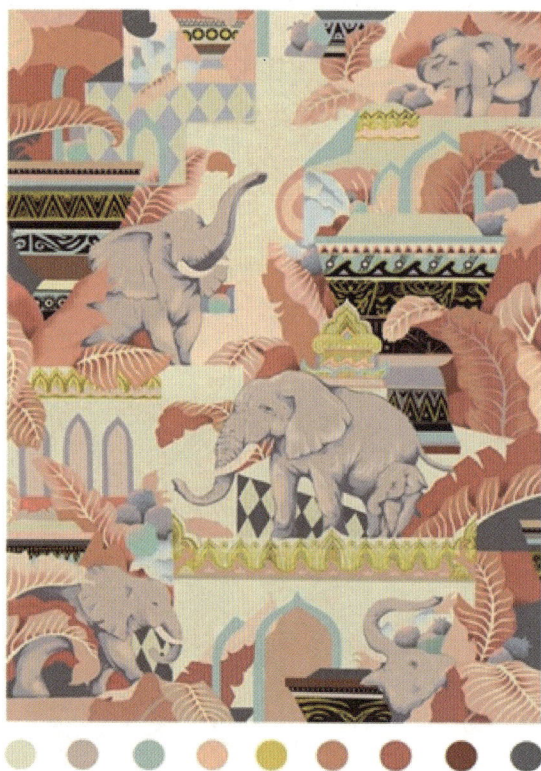

鼓鼓声象

设计说明：

鼓声阵阵，大象高亢的吼声从一片芭蕉林里传来。恒河与尼罗河孕育古老文明再现辉煌，元素选取高大威猛的大象以及芭蕉树与非洲鼓，非洲土著图案，以及印度的装饰图案，运用现代的构图分割以及充满活力的颜色重新演绎古老文明的魅力。不仅仅是两种文化的碰撞，传统与现代的碰撞，更是艺术的融合、交织，人类文明与自然和谐共生，古老文明与现代文明和谐美丽，散发出更大的魅力。

图10　家纺创意画稿组银奖《鼓鼓声象》（李绪津　鲁迅美术学院）

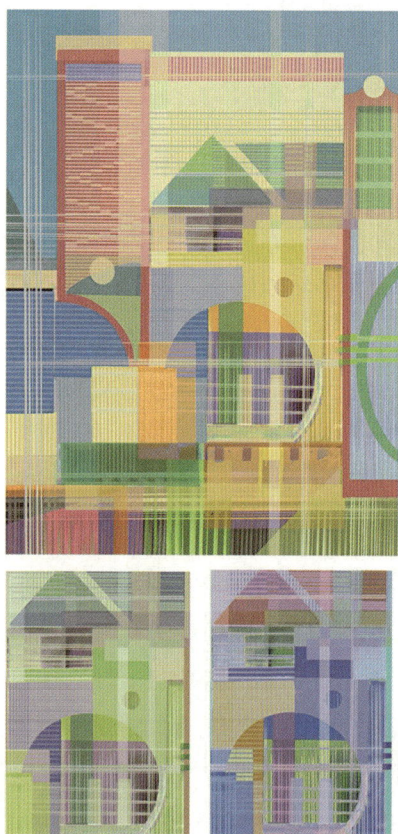

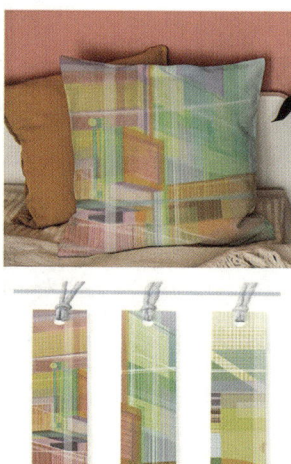

《数码城市》随着社会的发展，现代风、科技风越来越成为当下东方潮流的代名词，这副画稿化繁为简，用简单的色块精炼出房屋、城市的外形，用现代化的线条加以装饰，充满数码化、科技化的感觉，这也是未来城市给我的感觉，充满无限的可能，也是东方潮流给我的感觉，轻快明朗，向着科技化、数码化发展的东方潮流美。

图11　家纺创意画稿组铜奖《数码城市》（朱珀颐　北京服装学院）

快，能够较好地吻合当下的世界时尚语境与东方审美。其设计作品的场景应用效果也较为适宜，通过对主图的局部提取与变化展现出丰富的多变性。

又如获得家纺创意画稿组铜奖的作品《唐·潮美东方》（图12），创意设计表现极为符合本届大赛主题。作品直接使用了中国图案元素进行时尚造型的处理与流行趋势的表现，采用归纳、解构、重组、透叠等手法，描绘出适合现代人群的视觉效果和整体语境。作品呈现既丰满典雅，又有节奏韵律，更有层次感和细节性，表现手段认真细腻而不拘谨，色彩明快活泼而又和谐。大赛作品让评委们一致认可与欣慰的是：一些作品不再只简单地使用具象元素做"加法"，而是把元素和色彩进行提炼、编码、重组、透叠……这次大赛让我们看到了新生代旺盛的设计创造力和无穷的创意空间，家纺设计和软装行业也将迎来一波更年轻的"东方"设计大"潮"。

唐·潮美东方

设计说明：作品从大唐遗宝何家村窖藏的器物纹样获得灵感，将器物中的纹样提取，以器物中的动物纹样作为主元素，搭配植物纹样。唐朝开放、兼容，作品同时融合了孟菲斯派的构成形式，将几何图案与唐朝纹样结合，实现二者的中西融合。运用到床品、抱枕、窗帘等家纺产品中及室内香薰、家具装饰等延伸产品中。

辅助图案1

辅助图案2

整体家居运用效果

主花型图

窗帘运用效果

沙发运用效果

图12　家纺创意画稿组铜奖《唐·潮美东方》（张弼超　青岛大学）

三、语境：交流共鸣与智慧集结的聚美共慧

"海宁家纺杯"中国国际家用纺织品创意设计大赛，已经持续成功举办了20届，形成了专业影响力大、行业知名度高、学术权威性强的高水平赛事活动。这个赛事活动不仅是参赛的家纺设计作品的竞争与比拼，还是院校、企业、市场、政府、行业协会相互之间交流互动、智慧碰撞的大舞台，更是大赛参赛作品、设计教育、生产企业、家纺行业、新闻媒体的

交流共鸣与智慧集结的新融合。对此，大赛新闻发言人清华大学美术学院教授贾京生回顾20年大赛后总结评价说，大赛是真正的"二十年磨一剑"。20年来，大赛经历了启动设计、激活设计、深化设计三个重要发展阶段，实现了从无到有、从小到大、从量到质的转变、提升与飞跃。20年来，作为最具权威性、专业性和影响力的行业赛事，"海宁家纺杯"创意设计大赛推动了中国家纺行业的发展进程，提升了中国家纺设计师的创新水平，增强了中国家纺企业的原创意识，搭建了企业院校联动共进的平台。20年来，"海宁家纺杯"创意设计大赛肩负多重使命，承载着人们的期盼与美好，带领中国家纺设计行业砥砺前行，塑造中国家纺设计的品牌形象，推出中国家纺设计的优秀人才。大赛是汇集参赛者作品的场所，新一代设计师们所选送的创意设计作品，不仅弘扬中国传统文化，以表达中国历史人文之美而自豪，也贴近生活的脉搏，把握世界时代潮流的变化，将祖国的迅猛发展表现其中。参赛设计师们的审美日趋多元化，既有经典的中国风，也有当下世界的流行时尚。很多创意设计作品是尽心倾力之作，所选题材元素丰富多样，表现手法细腻成熟，整体风格统一舒畅，恰到好处的应用场景更值得称赞。

作为大赛的企业界评委，罗莱生活科技股份有限公司上海研发中心创意总监、高级首席设计师罗玉娇对大赛组委会的科学、高效、统一的组织能力和工作效率极为赞赏，她以企业眼光、市场角度与消费者维度感慨道，海宁家纺杯大赛在许村政府的支持下成功举办了20届，在20周年这个值得庆祝的时刻，组委会又为大赛特别增加了评审团奖，不仅给参赛选手提供了更多的支持和机会，也给评委增加了更广泛的评判空间。大赛也检验了设计师的实力、市场认知度、可提升的空间与方向。同时，对获得家纺创意画稿组评审团奖的作品《新感·国潮》（图13）点评道：作品只用了红、蓝两个较传统的颜色，却将传统元素大胆地提炼、结合与创新，在运用上也进行了多角度的阐释，用于家居服、环保包及装饰画上都会有不错的效果。同时，设计者也把握住了"辞旧迎新"这一消费环境和时间点，说明作者具备了一定的市场意识。

获得家纺创意画稿组铜奖的作品《城乡潮》（图14），是以设计师的视角来解读此次大赛主题"东方·潮"，其独特之处是将大赛主题放在了中国城乡融合的社会现实之上。这是一个没有太多先例的题材，同时也是一个内容十分新颖丰富并且与生活联系极为紧密的题材。在题材的选择上，设计师的大胆创新是这幅作品的最大亮点。在作品中，设计者描绘了城市建筑和乡村田野的结合、科幻和自然的融合、场景和细节的组合，造型十分具有想象力。在局部形象的构成上，设计者运用了视线的错觉，构造了一个纵横交错的立体结构，既有似曾相识的熟悉，又有一丝神秘的陌生。作品中多处出现的阶梯，或许是设计师希望表达从农村到城市奋斗之路的不易，颇具现实意味。这是一幅视角新颖的设计作品，希望这样的获奖作品能够鼓舞在题材和立意上更加结合时代的创新者，同时也希望设计师们能够更上一层楼，把创新的题材完成得更精彩。

作为大赛企业评委的浙江羽绒行业协会执行会长、北天鹅创始人陈招贤总结了持续而成功举办大赛的心得体会，家用纺织品行业的发展，离不开优秀的原创设计。"海宁家纺杯"中国家用纺织品创意设计大赛搭建了很好的校企合作平台，20年来孵化了数以万计的家纺设计师，成为家纺产业打造文化艺术附加值、高质量内涵发展的坚实后盾。

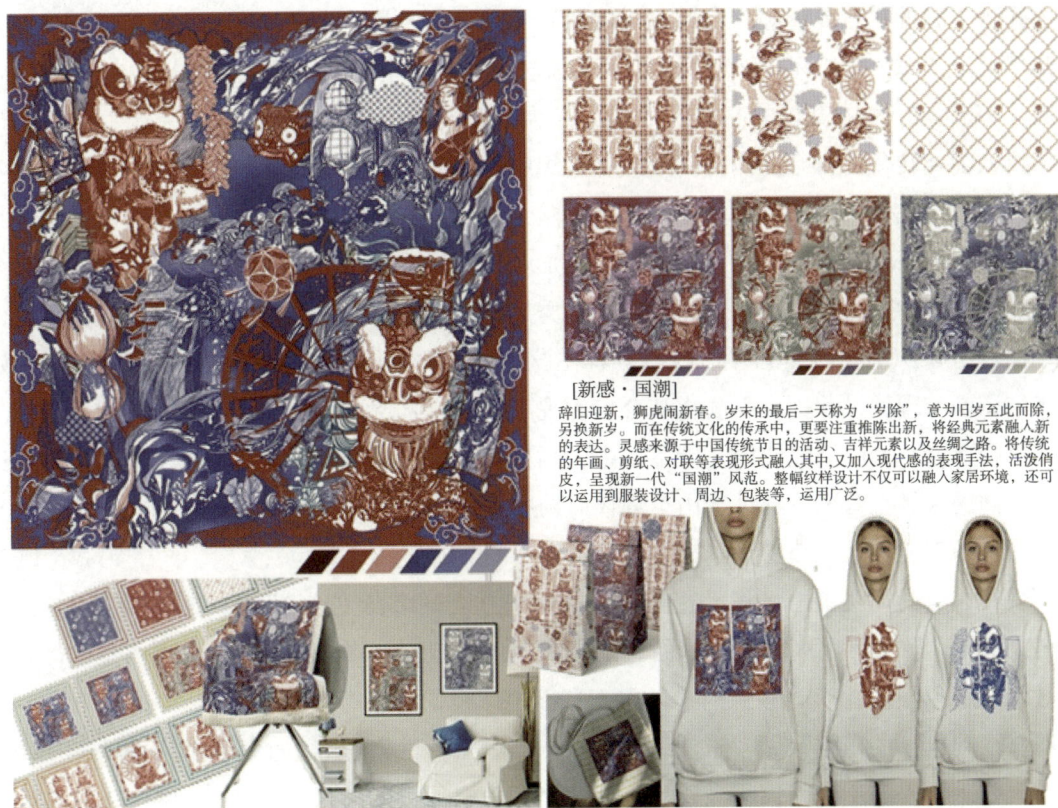

[新感·国潮]

辞旧迎新，狮虎闹新春。岁末的最后一天称为"岁除"，意为旧岁至此而除，另换新岁。而在传统文化的传承中，更要注重推陈出新，将经典元素融入新的表达。灵感来源于中国传统节日的活动、吉祥元素以及丝绸之路。将传统的年画、剪纸、对联等表现形式融入其中，又加入现代感的表现手法，活泼俏皮，呈现新一代"国潮"风范。整幅纹样设计不仅可以融入家居环境，还可以运用到服装设计、周边、包装等，运用广泛。

图13　家纺创意画稿组评审团奖《新感·国潮》（葛殊彤　湖北美术学院）

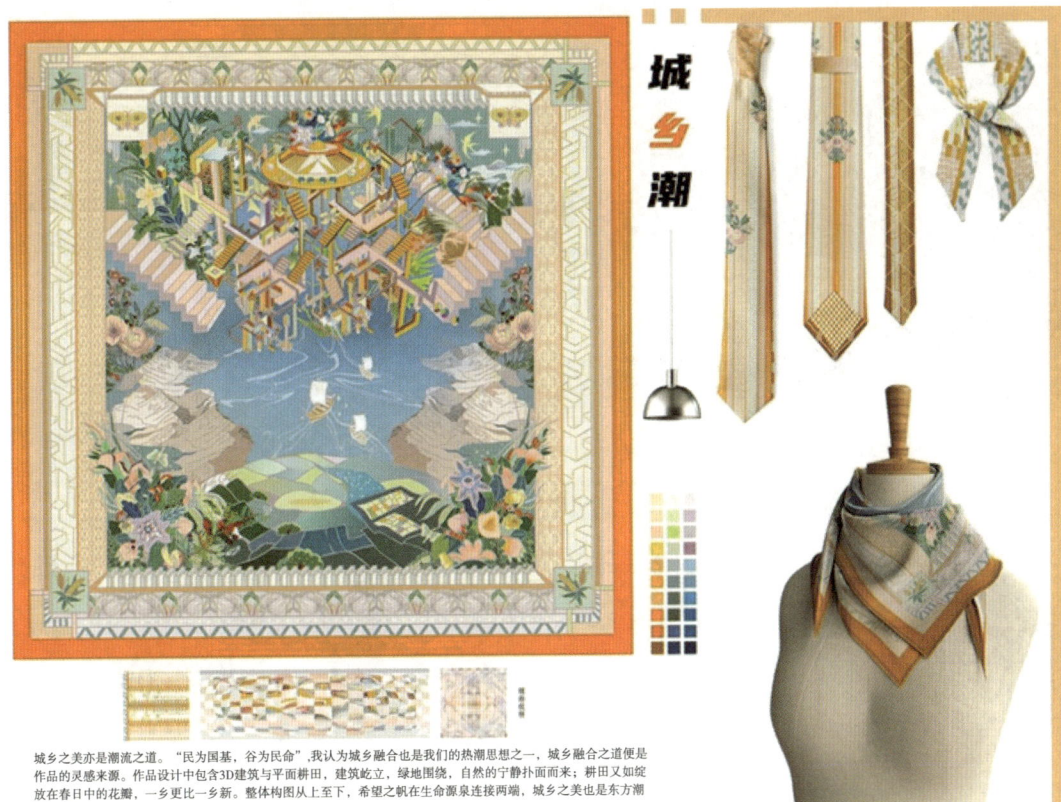

城乡之美亦是潮流之道。"民为国基，谷为民命"，我认为城乡融合也是我们的热潮思想之一，城乡融合之道便是作品的灵感来源。作品设计中包含3D建筑与平面耕田，建筑屹立，绿地围绕，自然的宁静扑面而来；耕田又如绽放在春日中的花瓣，一乡更比一乡新。整体构图从上至下，希望之帆在生命源泉连接两端，城乡之美也是东方潮

图14　家纺创意画稿组铜奖《城乡潮》（陈欣雨　东华大学）

作为大赛的教育界评委，中原工学院服装学院纺织产品艺术设计系副主任鲍礼媛回顾大赛20年说道："海宁家纺杯"创意设计大赛为院校、学生、企业设计师提供了非常专业的平台，搭起了高校与行业、高校与高校间的桥梁，为年轻设计师的作品提供了展示、检验、被认可，以及商业转化的机会。作为高校教师，组织学生参加专业赛事不仅促进了学生作品的水平提升，也增加了学生的专业认知、实践经验和专业自信，可以说是促进高校育人的重要载体。希望未来高校和企业的合作模式可以更加多元和深入，通过协同育人更好地培养出服务于产业和国家的、具有创新能力的高素质优秀人才。本届大赛获得整体软装设计组铜奖的作品《锦钰山居》（图15）体现了院校参赛者在设计作品中对大赛主题的解读与艺术阐释，巧妙地将中国画与现代设计构成手法相结合，表现出传统与时尚结合的现代"潮流"家居。作品整体选择蓝绿色调的搭配使用，借鉴了中国画青绿山水的"色彩"与"水墨"表现，清新优雅。室内的家具、灯饰等陈设选用了现代简约中式设计，既体现了中国传统的人文情怀，又符合当代的审美哲学。获得整体软装设计组评审团奖的作品《织·秩》（图16），形式上既新颖、现代、时尚，又能看到作品正在尝试拆解东方建筑代表"故宫"的"物语密码"，并将密码"像素化"成平面面料，再将面料围合成任意形态的立体物品。最为可贵的是，作品虽然触及的颜色很多，却能够找到一种属于自己的"织物的秩序"，杂而不乱，艳而不妖。作者不仅给"自己的东方"做"减法"，还做"乘法""除法"。这样的创意作品虽然还有些稚嫩，但处理元素的手法是值得鼓励的。比如利用故宫元素的"做法公式"，可以套用到兵马俑或者套用到布达拉宫等。这种手法一旦流行开来，再和现代的数字化设计能力以及工业设备联合起来，将会变成一股属于我们自己的强有力的"东方·潮"音。

图15　整体软装设计组铜奖《锦钰山居》（刘宜航　鲁迅美术学院）

织·秩

设计以《织·秩》为题，顾名思义即织物与秩序。以中国古老、传统而华丽的建筑群——故宫为主要研究对象。故宫是中华文明的象征，承载了太多的历史意义与文化价值，每当我走进故宫，都会被故宫神秘的东方色彩所震撼，身在其中，无处不透露着庄严与优雅。将故宫的传统图案与色彩进行提取、重塑与创新，以多种纤维材料为表现载体，旨在传承与发扬中华文化。

图16　整体软装设计组评审团奖《织·秩》（王劭文　北京服装学院）

作为大赛承办基地的评委、海宁市许村镇人民政府副镇长王水鑫感慨地说道：在许村40多年的发展历程中，"海宁家纺杯"创意设计大赛为推动许村布艺产业发展提供了20年的支持，更为许村布艺产业时尚化转型提供了源源不断的生命力和驱动力（图17）。

图17　线上评比结果汇总与核实的现场

20年来，大赛在协会、政府、院校、企业等多方的共同努力和支持下，规模不断扩大，影响力不断升级，在家纺乃至整个纺织领域产生了较强的品牌影响力和平台效力。借助大赛的推动力量，许村围绕行业企业的可持续发展，不断匹配整合资源，提升布艺产业设计核心竞争力，把产业转型升级、产业提升这篇文章做深、做实、做细。时尚设计是家纺布艺追求的永恒主题，也是"海宁家纺杯"创意设计大赛的强劲内核。未来，希望在大赛的强有力助推下，许村家纺布艺产业能够继续向时尚化、场景化方向提升，以创意设计为核心，以科技创新为驱动，以品牌建设为依托，以可持续发展为指针，打造引领消费潮流的新型产业业态，做大、做强时尚布艺产业。

大赛评审委员会主任、中国纺织工业联合会副会长、中国家用纺织品行业协会监事长杨兆华强调说：家纺行业"十四五"发展指导意见中指出，要大力发展时尚特色的现代家纺产业，壮大行业设计师队伍，打造引领消费潮流的新兴产业业态。海宁许村历来是我国布艺家纺产业发展的核心区域，多年来涌现出一大批行业龙头企业。"海宁家纺杯"大赛20年长盛不衰，得益于许村镇一直以来的大力支持，同时大赛也更好地助力了许村家纺设计产业实现创新发展。"十四五"时期，纺织行业要向高质量发展转型升级，纺织品设计的提升将是实现许村家纺乃至整个行业转型升级的重要手段和内在驱动力。新时期下，"海宁家纺杯"大赛将紧抓发展新机遇，继续助推家纺原创设计发展，践行为行业发掘和输送设计人才的宗旨，努力为家纺行业转型升级贡献更大力量。

清华大学美术学院

附件 "海宁家纺杯"2022中国国际家用纺织品创意设计大赛评审委员会名单

评审委员会主任

杨兆华　中国纺织工业联合会副会长、中国家用纺织品行业协会监事长

评审委员会执行主任

王　易　中国家用纺织品行业协会副会长兼秘书长

家纺创意画稿组评审委员会委员（按姓氏首字母排序）

鲍礼嫒　中原工学院服装学院纺织产品艺术设计系副主任

陈招贤　浙江省羽绒行业协会执行会长、北天鹅创始人

罗玉娇　罗莱生活科技股份有限公司上海研发中心创意总监、高级首席设计师

曲　梅　陕西国际商贸学院时装艺术学院院长、西安曲梅时装有限责任公司董事长兼设计总监　陕西省纺织行业协会副会长、服装家纺分会会长

严　明　上海铭岩服饰有限公司设计总监、时尚品牌设计专家、流行趋势研究专家

阎维远　天津美术学院艺术设计研究院副院长、硕士研究生导师

朱利江　中共海宁市许村镇党委书记

整体软装设计组评审委员会委员（按姓氏首字母排序）
陈大公　北京服装学院时尚传播学院副教授
刘　畅　成都纺织高等专科学校艺术设计与创意学院院长
田　顺　广州美术学院工业设计学院院长助理、纤维与空间创新中心主任
姚惠标　海宁金永和家纺织造有限公司董事长、工程师
郑亚男　"美惹（de）物理研究所"创始人和主理人、清大华心（北京）生态科技有限公司总经理

新闻发言人
贾京生　清华大学美术学院教授

"张謇杯"2022中国国际家用纺织品产品设计大赛综述

阎维远

由中国家用纺织品行业协会、中国国际贸易促进委员会纺织行业分会、法兰克福展览（香港）有限公司、南通市人民政府主办，中国家用纺织品行业协会设计师分会、江苏南通国际家纺产业园区管委会、南通市市场监督管理局、南通市通州区人民政府、南通市海门区人民政府承办的"张謇杯"2022中国国际家用纺织品产品设计大赛评比活动于9月22日落下帷幕。本届大赛以2023中国家纺流行趋势"元·续"为主题，聚焦"后疫情时代"的家居生活，关照新冠肺炎疫情常态化下新的生活方式，用充满关怀的家纺设计满足人们生活和情感上的需求。让潮流引领设计，让时尚改善生活。受疫情影响，本届大赛采用"线上投票+现场直播"的评比形式（图1）。

图1 大赛评比现场

本届大赛自5月启动招赛，截至8月底招赛结束，共收到来自澳大利亚、荷兰、法国、比利时、美国、韩国等国家以及国内近16个省、市的300多家企业和个人选送的参赛作品483套（件），其中海外作品110套（件），涵盖床品、布艺、毛巾、地毯、家居等各类家纺产品。

"张謇杯"设计大赛自2006年创办以来，在中国家用纺织品行业协会的领导和指导下，在各界专家学者和品牌家纺企业及设计师的大力支持下，通过大赛组委会的精心策划和组织，现在已成为规模大、水平高、影响力强的行业性家纺设计赛事之一。自2020年以来，新冠肺炎疫情给大赛的举办带来了种种困难，中国家用纺织品行业协会与南通国际家纺产业园克服了种种不利因素，每年都保证了大赛的顺利、成功举办。本届大赛在过程的组织、管理和参赛作品的水平、质量皆呈现突出的亮点。

一、承载行业发展使命，铸造大赛组织新高度

"张謇杯"中国国际家用纺织品产品设计大赛创办于2006年，一直以"公平、公正、专业、创新"为办赛原则，以服务行业企业与设计师为宗旨，以提升中国家纺设计水平为目标。经过十几年的不断发展，"张謇杯"设计大赛已成为家纺品牌文化推广的窗口，设计师交流的平台，是中国权威、专业、具有影响力的家纺产品设计赛事。

今年大赛虽受新冠肺炎疫情影响较大，为保障大赛顺利进行，组委会勇于创新，采取"现场直播+线上投票"形式举行评比，使得大赛评比圆满成功。此方法更符合行业潮流发展，作品的展示更具专业性，起到了为行业树立标杆榜样的良好作用。大赛评比的规则也进行了科学改进，金、银、铜奖评选由之前的投票表决改为打分+评议的方式，工作过程更高效，大赛更专业。本次大赛最大的亮点是设立了全新的"2022中国家纺设计市场潜力奖"，此奖项的设立充分向行业传达了家纺设计发展要落地，要充分满足人民群众消费诉求的设计发展思想。大赛评委会委员更具行业代表性，都是各领域的专家，体现并确保了大赛的严肃性和专业水平。中国纺织工业联合会副会长、中国家用纺织品行业协会监事长杨兆华为本届大赛评审委员会主任，中国家用纺织品行业协会副会长兼秘书长、高级工艺美术师王易为评审委员会执行主任，大赛评审委员会委员包括（按姓氏拼音首字母排列）：杭州家用纺织品行业协会副会长兼秘书长王敏红，南通大学、江海纺织品艺术研究中心主任、副教授王文杰，鲁迅美术学院染织服装艺术学院（大连）院长、教授、研究生导师吴一源，法国FS工作室中国区总经理张怡玲，清华大学美术学院教授贾京生，海聆梦家居股份有限公司创始人兼总裁倪晨，广州纺织服装职业学校党委书记黄素欢；天津美术学院艺术设计研究院副院长、研究生导师阎维远为本次大赛新闻发言人。

9月21~22日在公证人员的全程监督下，评委对参赛作品进行了认真、严谨的评选。评比工作持续了两天，最终评比出"中国家纺产品设计奖"金奖3个、银奖6个、铜奖9个、优秀奖30个、入围奖38个；"中国家纺品牌潮流风尚奖"5个；"中国家纺设计市场潜力奖"3个；"中国家纺未来设计师之星"3个。

江苏悦达家纺有限公司耿男男、单欣设计的《幻影·空间》，南通大学徐晓莲、袁可设计的《共生》，韩国白美子（Baek mija）设计的《Grape》三套（件）作品获得"中国家纺产

品设计奖"金奖；鲁迅美术学院（大连校区）英昊贤设计的《鸣·古》，无锡万斯家居科技股份有限公司艾晓设计的《图腾印迹》，无锡万斯家居科技股份有限公司陈婷婷设计的《觅夏》，Susanne Khalil Yusef Studio Susanne Khalil Yusef设计的《色彩缤纷的花园》，韩国李镇英（Lee Jin Young）设计的《A little girl Danji's memory》，韩国柳明子（Myoung Ja Yoo）设计的《Santorini》六套（件）作品获得"中国家纺产品设计奖"银奖；江苏不懒人纺织品有限公司黄鹤鹏设计的《巾彩》，烟台北方家用纺织品有限公司王晓芸设计的《下一个视野》，南通蓝蚂蚁家纺设计有限公司吴继玲、帅洪刚设计的《森林秘境》，上海凯盛床上用品有限公司史玲玲设计的《溪山行旅》，威海市芸祥绣品有限公司王培万、邓爱萍设计的《憧憬》，南通市通州区瑞麟家用纺织品有限公司陈灿设计的《加洛林王朝》，南通大东有限公司汤怀东、沈三群设计的《源·缘》，南通大学周禧婷设计的《探趣》，INDO-ITALIAN FURNITURE CO.PVT. LTD HENDRIKA KAPOOR设计的《石榴》九套（件）作品获得"中国家纺产品设计奖"铜奖；30套（件）作品获优秀奖及入围奖；慕思健康睡眠股份有限公司张珈旗设计的《埃莉诺》，福建佳丽斯家纺有限公司郑羡设计的《几何遐思》，江苏斯得福纺织股份有限公司、南通市纺织工业协会金桂兰、金鑫设计的《"张謇"牌鸡脚棉色织提花巾类卫浴系列》，江苏大唐纺织科技有限公司乔鹏武设计的《江山如画》，江苏老裁缝家纺工业有限公司张祥艳设计的《佛春晓》五套（件）作品获得"中国家纺品牌潮流风尚奖"；美罗家用纺织品有限公司苏鑫设计的《星河之迹》，无锡万斯家居科技股份有限公司张礼文设计的《几何印记》，上海罗莱生活科技股份有限公司朱鹏宇设计的《躺赢日历》三套（件）作品获得"中国家纺设计市场潜力奖"；江苏工程职业技术学院郭盈、王雪设计的《枫涵枕水》，南通大学邵志远、王爱静、侯雄峰设计的《蓝印新韵》，南通大学解凯、李彤设计的《自然之理》三套（件）作品获得"中国家纺未来设计师之星"。

二、引领产品发展方向，展现设计水平新高度

"张謇杯"设计大赛为企业和院校搭建了合作交流的空间和平台，提升了中国家纺行业研究与设计的整体水平。一直在创新、强大的"张謇杯"，扶持、引领和帮助着一批批具有专业追求的设计师和具有事业精神的企业，积极地、专业地、科学地带动着我国家纺产业的持续发展，在行业内外产生了越来越广泛的影响。

本届设计大赛虽然受疫情影响宣传推广受到较大影响，但是，大赛的参与度更加广泛，海外报送参赛作品110套（件），作品数量达到整体参赛数量的近四分之一，创造了历史新高，成为本届设计大赛一大喜点。海外作品数量的增加反映着大赛的影响力在进一步扩大，也为国内家纺产品设计的新思潮提供了新视角。从作品而言，参赛作者整体水平又有提升，新科技、新工艺、新材料运用更加普遍，体现出设计师的视野更加开阔，作品表达力更加深刻。创新度，新观念、环保性和功能性产品更加明显，充分反映出行业设计师对市场的洞察和把握。

大赛评审委员会执行主任王易在介绍今年大赛的总体情况时讲到，改革创新是"张謇杯"设计大赛的宗旨，今年"张謇杯"设计大赛与时俱进，再次升级，除原有的奖项外，又

针对本年度家纺企业线上销售的新产品设立了"中国家纺设计市场潜力奖",组委会希望通过设立这个奖项,鼓励兼顾艺术设计和市场需求于一体的家纺产品,引导企业和设计师更好地洞悉市场导向和消费需求。

大赛评审委员会评委、广州纺织服装职业学校党委书记黄素欢在接受采访时表示,今年的参赛作品反映出很强的文化底蕴和表现力,国外的参赛作品越来越多,国内外的家纺设计作品交流更加密集,体现了"构建人类命运共同体"的理念,也体现出大赛的国际影响力进一步加强。家纺设计更有温度和情怀,把中国的文化自信融入设计当中,且不失时尚性和童趣性,呼应了主题"元·续",也演绎了具有东方属性的文化故事。

大赛评审委员会评委、海聆梦家居股份有限公司创始人兼总裁倪晨在接受采访时表示,"张謇杯"设计大赛组委会17年来的不懈坚持,让中国家纺行业得到了蓬勃发展,让中外好的设计作品在这个平台上得到施展和传播。今年的参赛选手"八仙过海,各显神通",设计作品琳琅满目,是一场设计盛宴。这次大赛的主题、花型图案与高饱和色彩的融合设计、多种功能性环保材料的整合设计+手工制作、体现文化自信的国潮元素的广泛运用等受到青睐,看得出选手们是用心、用情在设计。

大赛评审委员会评委、清华大学美术学院教授贾京生认为,"张謇杯"设计大赛的特点非常鲜明,"大家居"概念更加成熟,参赛作品都是成套投稿,同时会兼顾考虑空间的整体氛围。整体的感觉是产品色彩和造型讲究,且非常具有质感。工艺方面较以往的作品有了很大进步,以往做加法比较多,今年更能体现"去繁就简"和"主次得当",在工艺的选用和搭配上达到了从精细、精美到经典的变化。在时尚性方面也有突出的表现:一是更具潮流性,时代气息浓厚,图案的设计和造型符合市场趋势;二是色彩层次鲜明,色彩搭配的节奏和疏密关系符合家用纺织品的调性,让使用者感觉温馨和舒适。

大赛评审委员会评委、法国FS工作室中国区总经理张怡玲认为,参赛作品有三个比较可喜的地方:一是家纺市场是一个比较特别的市场,因为消费者购买家纺产品时,也承载着对美好生活的向往,在评比过程中,我看到了他们赋予作品的爱和温暖;二是新的工艺和科技与家纺设计作品的融合,展现了比较具有突破性的运用;三是潮流文化在家纺设计语言中的表达,更加贴近年轻的消费者。同时,看到企业也开始打造绿色低碳的产品,这是一个非常好的趋势。

大赛评审委员会评委、南通大学江海纺织品艺术研究中心主任、副教授王文杰认为,大赛聚集了国内外的众多优秀作品,整体风格囊括了现代主义、环保主义、各国的民族风等,整体呈现出人文关怀的大趋势。国内设计师在图案运用上更加成熟,款式、工艺与图案之间的结合也更加完善,充分体现了"工巧才美"的理念。参赛作品当中出现了很多新材料(如聚乳酸纤维、石墨烯等)和新工艺(如3D高缩工艺、精纺绒陶瓷梳绒工艺)等迎合时下流行风尚的产品。

金奖作品《幻影、空间》(图2)作者将深邃星空的无限想象以偏冷色系和抽象的星光构成图像,嬗变为意境化的床品图案设计,构思巧妙、内涵丰富,如梦似幻的图案设计配合全棉双丝光工艺,诠释出设计中深厚的东方美学。该作品是一件极为成功的家纺设计创新作品,工艺与技术完美结合,对未来的纺织品设计创新具有积极的导向作用。

图2　金奖作品《幻影、空间》

金奖作品《共生》（图3）是一幅欣赏性的纤维艺术作品。该作品以人类与自然和谐相处为主题，以海洋中的鲸鱼、海洋环境为题材，采用各种废弃材料，巧妙结合贴布、刺绣工艺，表现出气势恢宏且动感很强的鲸鱼主体形象。同时，鲸鱼身体不仅细节具体细腻，而且立体感和层次感丰富，质感及触感强烈。而作品的背景海洋环境的塑造，则采用相对平面化、简洁化的形象造型，使得作品形象主次分明，显示出作者对画面的把控能力，是一幅优秀的纤维艺术作品。

图3　金奖作品《共生》

金奖作品《Grape》（图4）的设计符合本届大赛主题"元·续"。作品具有一定的视觉冲击力，艺术感强、作品性突出，迎合部分现代人群喜欢的视觉效果和形象。作品构图丰满，表现工艺手法细腻、严谨，色彩明快、对比强烈。整体感觉华丽舒适，体现出设计者较高的专业水平和积极乐观的创作态度。

银奖作品《觅夏》（图5）出彩的平面图案能成就一套优秀的家纺设计作品，这套作品的获奖再次证明了这点。暗色调的背景下，大面积的绿色调，搭配近色系的水蓝和浅灰紫，点缀色橙红的加入让整个图案瞬间充满活力。一组和谐而又精彩的配色已经让作品成功了一半，图案以线描的形式展现了一个热闹的花园，各种花草和蝴蝶相得益彰。其中蝴蝶图案的表达可圈可点，如大气的廓型，丰富的图案元素以及强烈的装饰感。设计师很好地把握了这组图案在作品上的运用，素色和花型搭配运用，自然流畅，把人们带到了清凉的夏夜花园，花香在风中韵开，虫鸣在耳畔轻响……

银奖作品《图腾印迹》（图6）整体追求一种原始与现代的图腾碰撞，产生了一种视觉冲击力与头脑刻印效果，色彩简明，图块与线条分布适度，极具民族传统印记，特别适合当前流行的旅行民宿风尚配备，实用性较强，建议在整体色系方面延伸为系列设

图4　金奖作品《Grape》

图5　银奖作品《觅夏》

图6　银奖作品《图腾印迹》

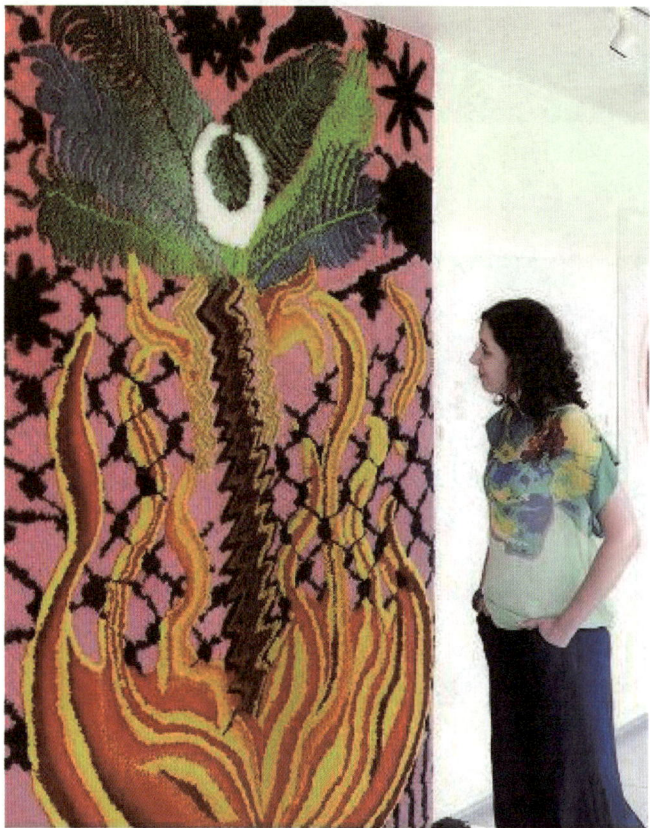

图7　银奖作品《色彩缤纷的花园》

整体上浑然一体、细节上变化多端的优秀作品。

计，则更具市场开发性。

银奖作品《色彩缤纷的花园》（图7）是一幅纤维艺术作品，采用暖色主调与局部冷色结合的方式，既凸显画面上部冷色植物的主体性，又反衬出画面下部红色火焰向上的视觉运动感。背景巧妙地使用大面积玫红色，在构成整体画面的暖色调的同时，又呈现出一种适度的视觉层次感。同时，该纤维艺术作品使用了织造工艺，既形成了织纹细节上的视觉肌理，也适度呈现出造型形态的浮雕感。

银奖作品《A little girl Danji's memory》（图8）设计构思巧妙，以电影胶片为载体，通过连续贯穿的形式表现丰富多彩的童真世界，将日常生活的平凡瞬间转化为生动的记忆胶片，以电影拍摄的叙事方式、布艺拼贴的工艺形式，展现生活的美好、童趣的可爱，构思巧妙，生动感人。这种综合材料的纤维艺术表现形式不仅在创意上贴近生活，在技术上更易于操作，是一件成功的家纺产品设计作品。

银奖作品《Santorini》（图9）展现了一幅具有异国情调的、多彩艳丽的风景。该作品采用多色且肌理丰富的各种织物面料，巧妙利用绗缝拼布工艺和灵活多变的手法，设计制作出了一幅完美的纤维艺术作品。该作品主题立意新颖，形态丰富多样，色彩艳丽生动，质感肌理微妙，是一幅

图8　银奖作品《A little girl Danji's memory》

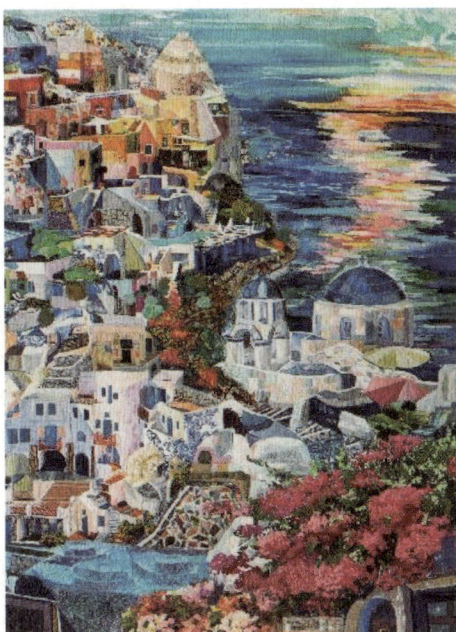

图9　银奖作品《Santorini》

银奖作品《鸣·古》（图10）以纤维艺术壁毯的形式将传统磁州窑器上的鸟类纹样与现代几何图形进行创新混搭设计，极具现代东方美学的审美特征。"传统、传承、弘扬、创新"的创作脉络清晰明了地将传统文化符号融入现代壁毯设计，结合现代机织壁毯的工艺特色，打造出了一件成功的现代创新壁毯设计作品。

图10　银奖作品《鸣·古》

铜奖作品《下一个视野》（图11），规律而有秩序感的几何纹样，是远古织锦文化的再现。《下一个视野》这套床品的图形比例均衡、主次有序、工艺运用得当，为人们营造出安定、温馨的睡眠氛围。而植物染温和的色彩，赋予整套床品温婉祥和的气质，像在梦境里呢喃着深情地向大自然倾诉。

图11　铜奖作品《下一个视野》

图12 铜奖作品《森林秘境》

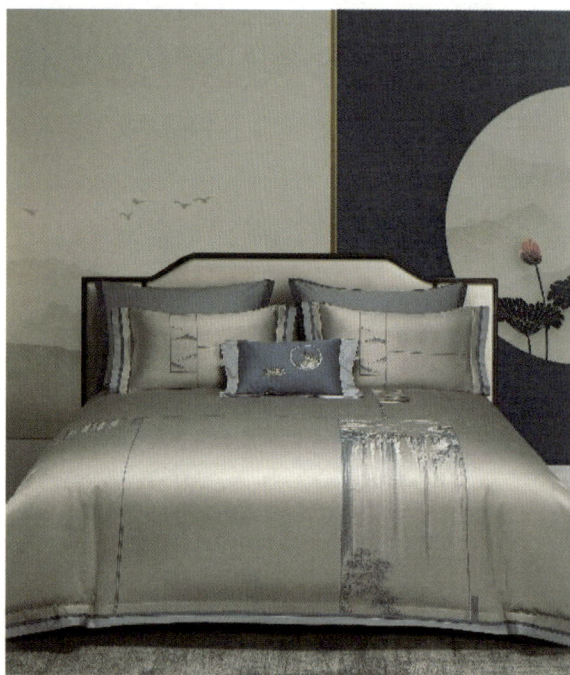

图13 铜奖作品《溪山行旅》

图14 铜奖作品《憧憬》

铜奖作品《森林秘境》(图12),是一套亲切、可爱、实用的儿童家纺用品。该作品以静谧的森林环境为主题,以各种可爱的松鼠、活泼的兔子、多彩的蘑菇等图案为立体造型,采用温馨轻松的黄绿色为主色调,与三色贴布工艺相结合,设计并营造出一种生意盎然的生态、绿色的风景语境。该设计作品意在强调要保护我们生存的家园与生态环境,让人们更加关注森林植被的茂盛、动物的多样性与人类诗意栖息的共生。

铜奖作品《溪山行旅》(图13),作品整体设计大气,中国风的风格突出,将中国传统的文化元素与现代设计完美融合。以黄果树瀑布作为设计元素制作产品,使用100支全棉面料与色织提花工艺,元素的虚实表达,使黄果树瀑布的整体呈现更富有层次感,更加生动细致,赋予作品无限的生命力和想象力。色彩搭配柔和,也是比较流行的配色,留白和重点的分寸感都设计得恰到好处。采用绣花、飞边工艺,使产品的款式和造型既彰显出中式古典意韵的高贵,又耐人寻味。

铜奖作品《憧憬》(图14)的设计符合本届大赛主题"元·续"的方向。以绿色为主题,整体视觉优雅、明快,舒适感突出,生活气息浓郁,具有一定的文化内涵。产品配套齐全,材料搭配精致合理、肌理感强。色彩设计简约、自然、协调,在造型与图案的搭配上有成熟的控制力。工艺手法表现细致,准确地表达出了创作思想,体现出设计者扎实的基础和专业设计能力。

铜奖作品《加洛林王朝》（图15），第一感觉是庄重和复古式的质朴奢华，这种感觉掌握得比较适度，另外，材料的质感设计也比较上乘，有一种自然的舒适感，图案点饰恰当。建议图案再考究一些，或和时代流行元素结合得更紧密一些，同时绣花的造型可以更加细腻和归纳图案化。

铜奖作品《巾彩》（图16），这款毛巾设计将毛线衣织就的肌理通过高精度数码印花的方式，高还原度地呈现在毛巾面料上。作品的图案、工艺、材料结合完美，在拥有毛巾功能的同时，兼具毛线的工艺视觉。尤其是毛线衣与毛巾同为亲肤材料，使得这种尝试成为成功的范例，并且可以作为一种设计方法加以推广。

图15　铜奖作品《加洛林王朝》

铜奖作品《源·缘》（图17）的设计符合本届大赛主题"元·续"的方向。设计者利用艺术作品作为灵感来源，在中国舞蹈诗剧中提取设计元素，因此作品视觉感极具韵味，值得提倡。色彩及图案的设计也汲取了中国传统画卷的色调作为启示，并结合现代生活理念进行设计，使整个作品自在清雅，透露着浓缩的意境之美。作品的画面构图平稳，表现手法细腻自然，亲切、舒适。

图16　铜奖作品《巾彩》

图17　铜奖作品《源·缘》

图18 铜奖作品《探趣》

图19 铜奖作品《石榴》

铜奖作品《探趣》(图18),屏风是我国居室文化中灵活处理空间的一种绝佳创造。作品将明式官帽椅清奇的骨骼用于屏风的轮廓,层叠之间仿佛又使人置身于马头墙林立的水乡。左、中、右三件交错呼应出多变的构图,绣面配色雅致,线序精美。观之,恰如庭坚低吟《清平乐》:春无踪迹谁知?除非问取黄鹂。百啭无人能解,因风飞过蔷薇。

铜奖作品《石榴》(图19),这组作品以石榴为主元素,创作了包括桌布,靠枕在内的家纺系列产品。一方面,整组作品运用手感粗犷的亚麻面料,结合点线面手绘的带有拙朴感觉的石榴图案,营造出返璞归真的氛围;另一方面,烫金手法为作品增添了闪烁的效果,石榴籽就像一颗颗珠宝,为作品增添了奢华感。而正是这样带有对比的表现手法,为整组作品带来了新意,也打动了评委。

"张謇杯"设计大赛作为家纺领域的专业赛事,经过17年不断的发展和进步,大赛的地位越来越高,影响力越来越大,作品的水平也越来越好,取得的成绩有目共睹。很多企业都把最好的作品投入"张謇杯"设计大赛当中,促进了行业的交流,对家纺行业和市场都起到了积极的推动作用。大赛对院校的教学也同样具有很大的意义,大赛让身处高校的学生未入社会、先入市场,在校期间就提前了解到市场的需求,与知名企业的作品同台竞技,更能促进学生的发展和进步。同时,大赛也让课堂教学进入了"真题真做"的情境中,具有了较强的实践性。

本届大赛评审委员会主任杨兆华在评审会上对"张謇杯"设计大赛的成绩和贡献给予了充分肯定。杨兆华讲到,"张謇杯"设计大赛始终秉持以时尚创新为发展方向,以树立品牌为目的，以文化传承为使命，以服务行业为宗旨，为行业企业搭建起了一个展示自身品牌形象和设计实力的优质平台，也为行业培养了一批又一批优秀的设计人才。企业参与度越来越高，兼顾新技术、新材料与我国传统工艺和纹样融合的产品越来越多，充分说明了行业对大赛的认可，以及对大赛所引领的家纺设计产业发展充满信心。杨兆华高度赞扬了自2020年以来，在新冠肺炎疫情给大赛的举办带来种种困难的时间段，中国家用纺织品行业协会与南通国际家纺产业园克服了种种不利因素，每年都保证大赛的顺利、成功举办。

"张謇杯"设计大赛在社会各界的共同努力下，在南通成功办赛17年，17年来，充分发挥积累的经验，把创意设计、科技研发成果为企业、院校提供了优势资源摹本，产生了巨大泛化性作用。未来，"张謇杯"设计大赛会继续坚持创新发展，发挥平台优势，提高、增强行业影响力，正确引领设计观念、健康导向，不断为家纺企业的高质量发展提供新思路、贡献新力量。

天津美术学院

"震泽丝绸杯"2022中国丝绸家用纺织品创意设计大赛综述

张毅

2022年，以"丝·遇"为主题的"震泽丝绸杯"第七届中国丝绸家用纺织品创意设计大赛在中国家用纺织品行业协会及江苏省苏州市吴江区震泽镇人民政府的精心组织下，经过一年的成熟运作，于2023年1月13日落下帷幕。本届大赛得到了全国丝绸行业和国际、国内高校的积极响应，共收到来自191家单位的2281幅作品，参赛单位数量和作品品质稳步提升。综观此次参赛作品，既与时俱进又风格多样，流行趋势、科技创新、绿色环保、城市时尚等题材均在参赛作品展现。传统文化以国潮形式得到全新演绎，将丝绸文化与时尚丝绸家纺产品设计相结合，创新的设计令"丝绸"这一古老的文化载体焕发出崭新的时代光彩。

一、大赛首次采用线上方式并圆满完成评审工作

"震泽丝绸杯"第七届中国丝绸家用纺织品创意设计大赛首次采用线上评审的方式进行评比，评委有来自清华大学美术学院、中央美术学院等高等院校的资深纺织品设计研究者，有纺织品企业设计师，也有纺织非遗传承人、丝绸产业集群管理者等，共七位专家评委，从全方位、多角度的视角去评判本届大赛参赛作品。

线上评审设立北京主会场和苏州市吴江区震泽镇分会场。评审分为初评、复评、终评三个环节，采用盲评的评比办法，围绕大赛主题"丝·遇"，根据奖项设置，严格按照评审标准对所有参赛作品进行多角度、多方面的深度评选。历经两天细致周密、紧张有序的评审，经过专业评委层层遴选，评审出本届大赛优秀的获奖作品：金奖1名、银奖3名、铜奖5名、最佳创意设计应用奖5名、最佳创意设计题材奖4名、最佳传统纹样表现奖4名、优秀奖29名、入围奖若干。根据大赛规则，组委会在2023年1月14~20日对各种获奖作品进行了公示。吴江区公证处对大赛评审全程进行了公证和监督。

二、专注丝绸设计文化，提升中国家纺设计文化软实力

中共中央总书记习近平在主持中央政治局第十三次集体学习时强调，把培育和弘扬社会主义核心价值观作为凝魂聚气、强基固本的基础工程，继承和发扬中华优秀传统文化和传统美德……因此，中国家用纺织品行业协会与江苏省苏州市吴江区人民政府以弘扬中华优秀传统文化为宗旨，联手创办"震泽丝绸杯"中国丝绸家用纺织品创意设计大赛。大赛用设计手段建设和重塑丝绸文化新风尚，提升中国丝绸家用纺织品创意设计，提高中国家纺产品文化软实力，实现中国家用纺织产品"智造"的品质革命。在主办方和承办方的共同努力下，八年来，"震泽丝绸杯"创意设计大赛始终走在行业大赛的前沿，以中国丝绸设计文化建设为导向，通过做大做强大赛、挖掘中国丝绸的优秀创意设计方案与优秀设计人才，助力中国家纺产业提升品牌产品的设计文化软实力，塑造中国家纺企业的品牌形象。

中国纺织工业联合会副会长、中国家用纺织品行业协会监事长杨兆华表示："震泽丝绸杯"大赛已经连续举办了七届，很多获奖作品都得到了商业化运作，为震泽丝绸家纺产业的发展起到了积极的推动作用，希望评委在评审过程中能够发现好的作品、好的设计师，向行业推荐，促进优秀设计师、优秀作品与企业的对接，为企业的软实力提升起到良好的促进作用。同时，中国家纺协会也在努力进一步提高"震泽丝绸杯"大赛的全国影响力，希望通过结合工信部开展的"三品战略全国行"和纺织服装行业"优供给促升级"系列活动，借助国家给予的支持力量，邀请当地工信厅参与到"震泽丝绸杯"大赛乃至其他活动和大赛中，提早谋划、提前布局，为行业的高质量发展注入更多力量。

苏州市吴江区震泽镇副镇长薛美娟表示："震泽丝绸杯"大赛一步步由稚嫩走向成熟，成长为具有影响力的家纺专品类专业性赛事，将震泽这样一个以丝绸为特色的江南小镇推到了中国家纺设计潮流的前沿，也赋予了丝绸新灵感、新内涵和新定义，将这一传统文化因子转化为产业发展的宝贵资源。值得一提的是，虽然2020~2022年受到新冠肺炎疫情影响，但震泽丝绸产业依旧保持了相对稳定的增长速度，展现了丝绸家纺产业强大的发展韧性。在良好的发展态势之下，我们更要办好"震泽丝绸杯"大赛，通过大赛发现人才、挖掘人才，从而助力企业转型升级，增强设计软实力。相信在各方努力下，"震泽丝绸杯"大赛一定会越办越好，办出成效，为丝绸家纺产业的创新发展注入澎湃动力，让丝绸文化在传承与创新中绽放新的光彩，希望大赛参赛选手和设计师们多来震泽实地感受其在丝绸方面的历史气息与文脉，将这种人文感受也融入设计作品之中，创作出更好的丝绸家纺作品，讲好中国丝绸新故事。

中国家用纺织品行业协会副会长兼秘书长王易对大赛表达了肯定：本届大赛共收到2281件作品，参赛单位共计191家，创历年之最。前七届大赛累计收到作品15389件，累计参赛单位864家。"震泽丝绸杯"大赛经过7年的发展，沉淀了宝贵的设计资源和不俗的商业价值。为了更好地整合设计资源，中国家纺协会在2022年推出了"家纺设计汇"小程序，将行业内的大赛、流行趋势、设计培训等所有的设计文化资源进行集中。"震泽丝绸杯"大赛的报名和评比，率先在"家纺设计汇"小程序内启用，参赛、评比等环节比往年更加高效和便捷。同时，往届大赛的优秀作品赏析也已经在小程序里呈现，可以让更多行业内和即将走向家纺设

计岗位的大学生和设计师观摩学习，进一步加强对大赛的宣传和推广。

三、评委寄语

苏州缂丝非遗项目传承人"祯彩堂"创始人、非遗缂丝市级传承人陈文：

今年参赛作品给我的整体感觉是很有创意，带来很多新鲜感和不同的思考。我非常喜欢年轻设计师的天马行空，这表示他们还没有被束缚，能够毫无顾忌地发挥想象力去创作。同时我也发现了一些运用缂丝元素或是通过缂丝的灵感进行创作的非常有意思的作品。但这些作品在缂丝的技法或者说更深层的运用上还比较浅显，没有完全了解透，所以希望设计师们在设计之前可以多去采风和深入了解一项文化的渊源，这样可以产生更新颖的灵感和更深刻的思考。同时，我认为在设计时首先要有中心点，因此我在评选本次作品时会首先考虑是否契合主题，其次，设计者在设计作品时要做好主次和疏密的布局，画面中只需要有一个特别突出的设计中心，围绕这个中心讲透作品就会很吸睛。

中央美术学院教授、博士生导师郝凝辉：

今年参赛作品整体上体现出参赛者对中国文化独到且多元的理解，通过自己的方式展现了艺术的多样化。我在评审过程中会更加关注参赛者在设计理念和文化认同等角度所表达的内容，先对作品有一个深度认识的基础；另外，是作品对工艺的认识和对市场的判断，我看到了许多具备美学价值和解决市场问题的作品，能感受到设计者从创作本身找到了归属感和满足感。我建议设计师们首先要做好终身学习的准备，努力把自己"升级"成具备多学科知识和多行业经验的复合型设计师，既要有深度知识的培养，又要有横向领域的拓展，做好充分的准备来应对技术和认知导致的行业环境转变；其次要重视在每一次设计任务中总结的经验和获取的新技能，时刻为下一次的设计赋能，提供高效的方式方法；同时，设计师之间也要加强交流，尤其是不同专业方向的设计师，可互相帮助、互相认可，共同营造一个良好的设计发展环境。

江苏工程职业技术学院家用纺织品设计专业负责人钱雪梅：

今年的参赛作品很多！整体来看，作品的创新度较高，设计题材丰富，表现形式也多种多样。有的从中国文化入手，选择"丝绸之路"、节庆风俗、青铜礼器、民间工艺、山海经文学作品等方面创新；也有的从自然、社会与人文共融共生的关系中寻找设计灵感，体现出传统与现代、存在与延续的设计思维深度。我在评审中会着重关注以下几个方面：一是作品主题立意和传递的语义信息是否明确，能否正确诠释大赛主题；二是作品画面的视觉效果是否鲜明，主要表现在作品的风格特征倾向、构图是否有新意，在形式形态处理时的绘画技巧、计算机技术的应用能力，以及色彩搭配与色调的表现力等方面；三是考虑作品在丝绸产品上的应用开发价值，比如，是否符合丝绸产品的审美要求、生产工艺、流行趋势、产品市场前景等；四是观察整体设计版面的完整性，包括主版纹样与配版纹样的关系，在不同产品中的应用贴图效果、画面排版的主次关系与视觉效果等。

苏州市吴江区震泽镇丝绸办公室副主任沈萍：

综观今年参赛的作品，大部分年轻的设计师们能够做到紧扣大赛主题进行设计，以国潮、中国风和非遗等要素来诠释"丝·遇",不仅能与当下流行趋势和时尚创新契合,而且突出体现了唯美的东方传统文化。诸多作品的意境表达丰富,色彩层次饱满明亮,体现出作者相对不错的设计实力与水平,也有不少作品能够感受到鲜明的个性,富有奇思妙想,让人眼前一亮。"震泽丝绸杯"大赛的成功举办,发挥了大赛发现创意、挖掘人才、服务企业的作用,让丝绸创意设计作品加速从"秀场"向"市场"转换,将创意设计的画稿转换为看得见的商业价值,使这些优秀作品在本地丝绸家纺企业加以运用,助推了一批丝绸新产品的落地,也助力了丝绸企业增添设计软实力,提升了企业的品牌形象。

苏州吴江桑尚丝绸有限公司、苏州新旗艺丝绸科技有限公司总经理兼设计总监盛亚荣:

在评审过程中,我感受到新一代年轻设计师的奇思妙想,他们能够通过不同角度的拆解、重塑各种元素,用色大胆,构思巧妙,很多参赛作品都达到了优秀的水准。挑选作品时,我会侧重点考虑作品是否能将中国元素巧妙地与现代审美相结合,是否能够通过不同立意表达同一个心愿:传承、发扬、创新中国传统文化。我从小生活在苏州,也从事丝绸行业很多年,对丝绸的感情根植于心中,所以我相信设计来源于生活,只有深入了解并从内心喜爱才能设计出有内涵、有故事、有生命力的作品。一件优秀的丝绸产品,从最初的手稿设计到产品落地,都要经过反复推敲与试验,比如,根据不同产品选择不同性能的丝绸,又或者选择合适的工艺呈现产品最完美的效果。除此之外,设计师也要关注当下市场的流行趋势,再结合自身想法,创新、创意化地展现丝绸耀眼的光彩。

上海家用纺织品行业协会秘书长王士勇:

本次大赛的很多参赛作品充分运用了敦煌艺术、民族特色、山水、树木、花草、海洋、动物等元素,既有写实又有写意,既有奢华又有简约,运用独特的构思和大胆的创新缔造了异样的视觉效果,给人一种人与空间自然无声的对话和与心灵交流的感受,犹如穿梭在古今中外、宇宙大洋。大赛虽为丝绸图案设计,但内容非常丰富,设计涵盖面广,在丝绸领域具有引领和导向作用,对家用纺织品、室内软装饰、布艺、家居领域具有指导意义和参考价值,并以文案设计为联动促进丝绸家纺产业群融合发展。"震泽丝绸杯"大赛的连续举办进一步说明,大赛的创意主题切合中国丝绸和家用纺织品时尚性、国际性、民族性的特点,并能不断满足人们对美好生活的追求。

清华大学美术学院长聘教授、博士生导师张宝华:

从参赛作品中我感受到设计师们的视野比较宽,有些地方虽然不是非常成熟,但是在强调传统题材的同时也能兼顾对未来的探究。从产品设计的角度来说,参赛者开始有了系统性思考的雏形。设计是感性和理性的结合,要去探究设计的过程和逻辑,才能"以理服人、以情感人"。设计师们可以加强从文本到抽象设计的视觉化表达,也就是作品的表现力,这需要提升自身的鉴赏力、判断力和审美力,从平面设计、雕塑或者绘画的艺术等其他领域视角来促进自身在染织领域的思考和视野,最终形成个性化的表达和完整的创新逻辑。很多参赛选手都是染织院校的学生,希望他们能够掌握一定的理论和审美水平,多以持续性、国际性或民族文化兼容的眼光去思考作品,同时要关注时尚、关注市场,结合自己的动手能力去设计自己的作品。也希望未来的设计师们能够先立足自身文化根脉,再去思考现代设计潮流如何与中国文化碰撞和结合,找到新的表达方式和新的角度去阐释作品,用文化来体现设计的价值。

四、结语

七年是一个不短的时间，"震泽丝绸杯"中国丝绸家用纺织品创意设计大赛已然形成了自己的大赛文化和风格，成功凝练出"震泽丝绸杯"的品牌形象。正如本届大赛设计主题"丝·遇"昭示，"震泽丝绸杯"大赛作为推动中国丝绸与原创设计相遇的最佳平台，让丝绸遇见每一位创作者，也让大赛遇到了每一位参赛选手。

未来，"震泽丝绸杯"大赛将持续以丝绸文化为内核，用流行趋势对传统文化进行新的设计、新的包装，用世界听得懂的声音、看得懂的形式，把中华优秀传统文化以丝绸家纺产品创意设计为载体推广到世界。也将有更多、更好的中国丝绸设计和丝绸产品与"您"相遇。

江南大学

附件一 "震泽丝绸杯"2022中国丝绸家用纺织品创意设计大赛评审委员会名单

主任

杨兆华　中国纺织工业联合会副会长，中国家用纺织品行业协会监事长

执行主任

王　易　中国家用纺织品行业协会副会长兼秘书长，高级工艺美术师

评审委员会委员（按姓氏首字母排序）

陈　文　"祯彩堂"创始人、非遗缂丝市级传承人

郝凝辉　中央美术学院教授、博士生导师

钱雪梅　江苏工程职业技术学院家用纺织品设计专业负责人

沈　萍　苏州市吴江区震泽镇丝绸办公室副主任

盛亚荣　苏州吴江桑尚丝绸有限公司、苏州新旗艺丝绸科技有限公司总经理兼设计总监

王士勇　上海家用纺织品行业协会秘书长

张宝华　清华大学美术学院长聘教授、博士生导师

新闻发言人

张　毅　江南大学设计学院教授、博士生导师，高级家纺设计师

附件二　大赛金奖、银奖、铜奖作品介绍

金奖 GOLDEN AWARDS

《苏州印象》

设 计 者：郑清月
就读院校：四川艺术职业学院
指导老师：王上

设计说明：

设计的灵感来源于苏州园林的几何性花窗，选取苏州的文化建筑作为主元素，搭配苏州花窗让画面以抽象几何图形的发布分式进行创意分割，融合了孟菲斯派的构成形式，将苏州古建筑与现代建筑相结合，实现了二者的古今融合。在几何图形的框架中增添了几分趣味。整个丝巾设计主要以蓝色调为主，橙色调为辅，增添了视觉上的色彩对比，使得整个丝巾的画面在视觉上更好的呈现出来。

评委点评：

作品以苏州园林的窗格纹样为设计灵感和设计主体，以苏州园林建筑和现代建筑为辅助纹样，使用蒙太奇手法平铺展现苏州的城市特色，既有典雅的苏州文化又有现代的时尚苏州形象。图案组织以分割构成的方式展开，主次分明并有较好的前后层次逻辑关系。在作品表达上，传统与现代的纹样相互交融，色彩清新雅致，产品运用多样化，既很好地体现出苏州的文化气质，又同时具有很好的商业应用价值。

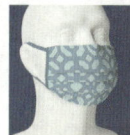

银奖 SILVER AWARDS

《桃坞·遇》

设 计 者：李思睿
就读院校：苏州大学
指导老师：李颖

设计说明：

桃花坞木版年画是吴地独特的民间艺术，一器一物间皆体现着吴人雅致的生活情趣。本系列设计便以桃花坞木版年画以及桃花仙人唐伯虎画作中的器物形象为原型，结合了苏州博物馆、苏州摩天轮、苏州中心等苏州标志性建筑以及抽象几何格纹图案，让传统意象与摩登元素于光滑的丝绸表面相"遇"，展现出具有时尚感的桃坞风情。

评委点评：

这幅作品通过几何抽象图形和具象平面化图形融合的方式呈现出苏州很多标志性的特色，从建筑到人文的元素将苏州文化错落有致的展现在作品里。不同的色彩搭配充分体现出各种情绪感受，配合上丰富的文化语言，容易让不同群体接受并理解，同时也便于解决衍生品开发的问题。

《金声玉振》

设 计 者：杨广攀
就读院校：山东农业工程学院
指导老师：隋燕

设计说明：
本作品的灵感来源于中国敦煌传统纹样，通过敦煌纹样与现代设计风格的碰撞来表现出传统文化感和现代设计感。本作品图案外形以编钟为主，充分体现出了中国厚重的礼乐文化，利用对称与均衡、对比与和谐、比例与尺度等形式美法则进行画面设计布局，以表现画面的现代设计感。
本作品的主要图案构图为水平线构图，再以灵活的辅助图案进行装饰，画面给人稳定感的同时又不失灵动。作品核心是体现中国的礼乐文化，但风格为现代设计风格，普遍适用于青年群体。

评委点评：
这幅作品在传统纹样的表现上具有独特的处理方式，对元素采用的纹样重组、图案重复、形状穿插等方式，使得从观感上对礼乐文化和图样的理解不生硬。在应用方面因为有辅版纹样的搭配，整体效果具有一定的节奏感，颜色的选取在使用环境里也相对和谐。

《纱绣星空》

设 计 者：朱珀颐
就读院校：北京服装学院
指导老师：黄易

设计说明：
画作的灵感来源于苗族花衣苗服饰纹样，其中有称为几何纹数纱绣片的藏品，其装饰手法多样，主要工艺是数纱绣和倒三针，画作的灵感便来源于此，在深紫色的数纱绣中穿插多种颜色饱和的线迹，深沉的色彩对比鲜明，如夜晚星空般，繁星点点。画作主要通过几何纹样与线迹的结合，表达出数纱绣片的精致美观。

评委点评：
这幅作品不规则的布局和疏密关系的变化使得整体的效果有律动感，同时不同纹样的穿插也提升了作品的节奏感。颜色的搭配和线面交融的处理充分的让民族传统纹样在应用方面体现出了包容性、灵活性，也能辐射到年龄跨度比较大的用户群体。

铜奖 SILVER AWARDS

《晚霞之梦》

设 计 者：克里曼·阿不力米提
就读院校：新疆大学
指导老师：沈沉

设计说明：

作品灵感来源于晚霞，晚霞如同印象派画家手中随性却充满美感的色彩和肌理，作品中的动物运用了鹤鸟和金鱼，鹤鸟是中国传统文化中的吉祥鸟，传统元素和色彩肌理的碰撞给人一种神秘浪漫的梦幻感。此作品可广泛运用到服装、家用纺织品、丝巾、帽子、墙纸等。

评委点评：

作品以晚霞天气现象为设计灵感来源，以自然界中的鸟与鱼的组合为纹样主体，结合法国印象主义画家莫奈的色彩表达，并运用肌理效果进行了画面处理，表达出晚霞之下的朦胧与幻想的意境。作品整体上纹样与色彩结合较为合理，气氛传达较为充分，效果图表现具有一定的商业应用价值。

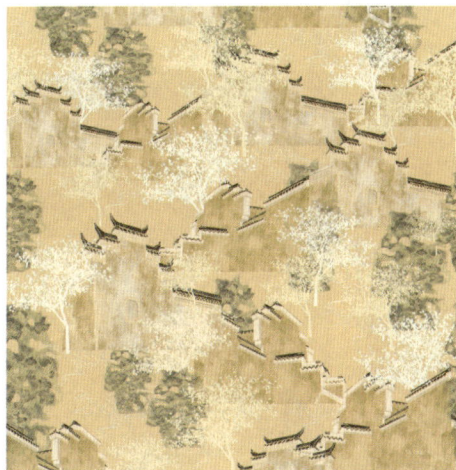

铜奖 SILVER AWARDS

《游园畅想·惊梦》

设 计 者：毛佳薇
参赛单位：西安美术学院

设计说明：

作品灵感来源于《红楼梦》中的太虚幻境，描绘了一幅本人心目中的理想幻境，将自己置身于这大观园中创造出的游园幻境。作品运用南方传统建筑、太湖石、传统祥云纹样等中国元素，创造出打破常规思维的超现实空间，建筑绵延错综、层层相叠、直入云端，屹立于云海之中。整体色调使用了梦幻浪漫的暖黄调，营造飘渺虚幻的梦境氛围。作品主旨寓意找寻心灵归宿的旅途，虽有坎坷却是美好的过程，带给使用者美好的寄予，愿使用者在体验之时获得片刻怡然。

评委点评：

作品以江南建筑中的马头墙为主要纹样，辅以太湖石及树形植物等江南文化元素，以虚实相映的表达手法表现出前后的层次关系。纹样与色彩表达具有较为浓郁的江南文化气质，色调统一中富有微妙的变化，雅致而静谧，符合江南地区消费者的色彩审美习惯。效果图表现与图案的整体风格相得益彰，具有较好的商业应用价值。

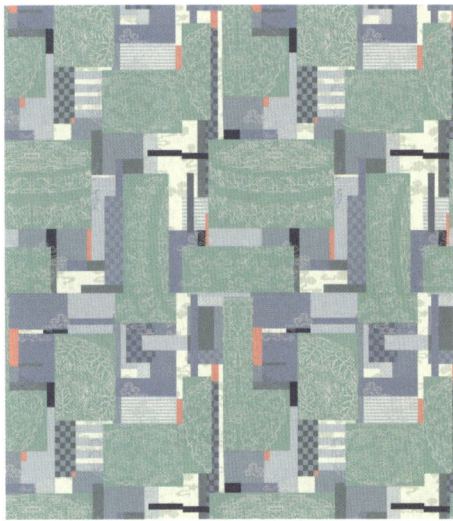

《几何青绿》

设 计 者：钱禹瑾
就读院校：清华大学
指导老师：贾京生

设计说明：
作品运用了清朝器物上的花纹，同时参考了现代化的几何元素。使用了青绿和粉色的色彩搭配，让传统纹样不仅仅存在在现有的载体上，也可以放在几何艺术中，呈现出不一样的设计。同时也能让更多的年轻人去接受年轻化几何青绿的方寸之间。

评委点评：
作品以清代粉彩瓷器花卉图案为设计灵感，用现代设计的构成手法进行表达，是将中国传统设计文化与现代国际流行设计方法结合的较好案例。同时，作品的纹样表达符合当代的审美取向，色彩表达清雅俊朗，具有较好的商业应用价值，也符合国际流行趋势。如果能够再梳理一下各层次之间的逻辑关系，本作品的图案层次会更加分明。

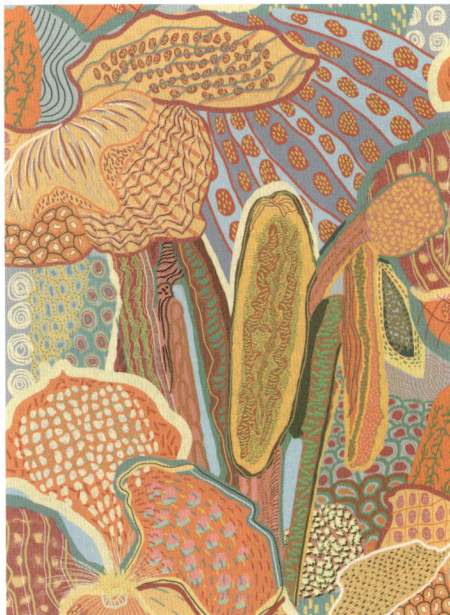

《热带旅行》

设 计 者：同佳昱
就读院校：北京服装学院
指导老师：刘晓萍

设计说明：
灵感来源为热带雨林，通过微观视角观察热带植物，提取肌理，给观者有身处热带雨林的沉浸之感。用趣味的表达手法使观者放松心情，增强活力。色彩上使用大面积的橘色，小面积的蓝绿色做为点缀色增强画面整体的冲击力与活力。

评委点评：
作品以热带植物的叶片肌理为设计主题，并以波普图案风格进行表现，同时色彩如热带花卉般热烈，具有较强的热带雨林氛围，整体风格充满了张力，符合流行趋势方向。缺点是虽然单个纹样较为生动，但是纹样与色彩组合在一起的整体表达欠缺主次关系。

铜 奖
SILVER
AWARDS

《原色》

设 计 者: 张会敏
就读院校: 南通大学杏林学院
指导老师: 郁新颜

设计说明:

灵感来源于潘通色发布的 2021 流行色概念,静穆的灰色和活跃的黄色代表后疫情时代中绽放的希望之花,如花似梦,如梦似幻。再辅以蓝紫色对比黄色,增加画面色彩的丰富效果。题材上配以古生物造型元素,表现返璞归真的效果。工艺采用数码印染。适用于丝绸产品。

评委点评:

色彩是这幅作品的亮点,大胆的互补色彩的应用,抓住了观者的眼球。作品通过紫色渐变、黄色渐变的撞色效果营造出海洋深处的幻象。现在的网络素材非常丰富,但是照搬或简单的通过电脑制图软件处理后使用是非常不可取的。而作者虽然应用了网络素材,但虚实的圆点图形在渐变色的帮助下能与素材巧妙的融合在一起,而且与主题故事连接起来,同时视觉效果又非常吻合流行趋势,都说明了作者是有自己独特的想法并经过了认真思考的,是一个值得肯定的应用案例。

2023

元·续

TRENDS OF BEDDING IN CHINA

中国床品流行趋势

发布单位：中国家用纺织品行业协会、江苏南通国际家纺产业园区

2023

启

CHINA FABRIC FASHION TRENDS

中国布艺流行趋势

发布单位：中国家用纺织品行业协会、浙江省海宁市许村镇人民政府

趋势流行

2022/2023中国纤维流行趋势发布报告

中国化学纤维工业协会

化纤工业是我国具有国际竞争优势的产业，是纺织工业整体竞争力提升的重要支柱产业，也是战略性新兴产业的重要组成部分。为了打造"中国纤维"品牌，提升"中国纤维"在国际市场的整体形象和竞争力，2012年，由工信部牵头，中国化学纤维工业协会、东华大学、国家纺织化纤产品开发中心共同组织的"中国纤维流行趋势"活动拉开序幕。历经十年的培育和发展，对纤维流行元素及应用进行了系统调研分析，深刻阐释中国纤维的发展内涵，逐渐形成了具有中国特色的纤维品牌建设推进体系。时至今日，中国纤维流行趋势已然成为化纤行业发展的风向标，引领着中国纤维产业在科技创新、绿色发展、匠心精神等诸多方面实现全方位提升，使产业链整体竞争能力不断增强。

中国纤维流行趋势2022/2023的主题是"无界与共行"，围绕该主题，发布了"纤·自然本源""纤·蝶变新生"两个篇章及入选入围纤维。本文重点解读2022/2023中国纤维流行趋势发布的主题篇章及发布产品。

一、趋势主题：无界与共行（图1）

（一）无界

1. 时空无界

溯洄于时光至深处

纤维温暖了岁月

溯游在山川风物间

纤束沟通了万象

穿行在华夏璀璨的人类文明银河，纤动心弦

五千年，一刹那

纤绕成了裳

丝聚成了路

情寓成了感

图1　无界与共行

2. 万物无界

纤束延展前行，锐意鼎新

想象力总被已有的场景所触发

天然到化纤、石油基到生物基、废旧资源再利用……蝶变新生

天然矿物、植物精粹、神奇的碳材料、逆袭的纳米材料……融合跨界

抑菌、阻燃、导电、保暖、吸湿、凉感……功能引领

储能、智能、信息、仿生、计算、物联网……智慧交互

打破惯性，冲破界限

纤动生活，纤动幸福

日新月异

流畅了传承

创意了表达

点亮了畅想

3. 视野无界

总在不经意中

求闳约而发深美

动与静、快与慢、运动与休闲、安全与防护，陪伴我们一生

致广大而尽精微

舒适的高铁座椅、轻量化碳纤维汽车、先进的水处理膜、坚固的建筑墙体……纤维身影随处可见

总在万分感动时

极高远而道朴实

以纤为盾，助力抗疫医疗、国防安全、航天事业

从强到更强

不断刷新对人类的贡献力

（二）共行

1. 科技共行

中国纤维以科技为支持

以创新为动力

与绿色智能技术、多元创新并行

模块化、柔性化、精准化、快速响应

纤维产业变革加速演进

从跟跑、并跑到领跑

每一次向上的磅礴伟力

迎来了高质量内涵式发展

2. 时尚共行

中国纤维以时尚为舞台

展开旺盛的生命力

在趋势中吸足了养分

爆发更加潮流的多元文化

绚烂的色彩，初生的功能

匠意的品质，绿色的关怀

从源头为充满张力的高级审美

提供实用、功能、高端化、多样性输出

激活创造潜力

点亮消费需求

3. 绿色共行

中国纤维以绿色为标签

应对全球气候变化新挑战

助力"双碳"目标

从可再生材料到废弃资源再利用

从风能到太阳能

开发多元化原料

从摇篮到摇篮，实现多级多次闭合循环

从绿色产品设计到绿色技术应用

再到绿色可持续消费引导

驱动全产业链韵律减碳和循环经济发展

探寻自我突破的绿色转型

建设和谐自然美丽中国

二、发布篇章及发布纤维

（一）纤·自然本源（图2）

蓝天白云，绿水青山，空气水源，我们生活在大自然的馈赠之中。将自然之源的生命周期延长，反哺和谐环境，工业时代下天然元素得到延续。农、林、海洋废弃物、副产物资源，在纤维载体上塑造新的定义；植物精粹、纳米生物质炭、稀土矿物质元素，赋予纤维全新动能。废旧聚酯、废旧纺织品

图2 纤·自然本源

再利用后，叠加新技术变废为宝、传承新生，实现质的飞跃。人工合成淀粉，人工合成蛋白质……每一个分子都在演绎对自然的绿色承诺。珍惜自然馈赠，生物基、循环再利用宣言引领全球纺织品新消费趋势，创建环保可持续的精彩世界。

1. 生物基化学纤维（表1）

生物基原料，"吸碳"效应显著，"恰逢其时"，助力"双碳"。生物基化学纤维废弃后降解成二氧化碳和水，实现从自然来再回到自然的生命轮回。高光纯乳酸原料国产化，融合中空截面、柔软设计、抗老化技术实现聚乳酸纤维新品种再造。赋予莱赛尔短纤的抗原纤化、抑菌特性，解决莱赛尔织物起毛起球问题。突破莱赛尔长丝生产技术，品质媲美蚕丝，以崭新的应用价值蓄力高端纺织品的斑斓意境。

表1　生物基化学纤维推荐品种及品牌

推荐品种	品牌	推荐品种	品牌
中空聚乳酸纤维	柠檬树	抗原纤化抑菌莱赛尔纤维	瑛赛尔
柔软抗老化双组分复合聚乳酸纤维	绿纶	莱赛尔长丝	龙赛尔
抗原纤化莱赛尔纤维	元丝		
	绿纤		

（1）中空聚乳酸纤维。

①推荐理由。聚乳酸纤维品种再创新，实现玉米、秸秆等农作物到乳酸、丙交酯再到中空聚乳酸纤维全产业链国产化制备，提升产品附加值、拓展应用领域。

②制备技术。将玉米、木薯淀粉，经酶转化成葡萄糖；或将秸秆纤维素通过物理、化学方法转化成葡萄糖。葡萄糖经发酵生成乳酸，再裂解酯化制得丙交酯，最后开环聚合制备聚乳酸。根据聚乳酸物性指标，设计专用C型喷丝板，经熔融纺丝工艺制得中空聚乳酸纤维（图3）。

图3　聚乳酸纤维生态循环示意图

③主要规格。短纤，1.33~22.22dtex×38~51mm，中空和实芯，本色和有色。

④性能及制品特点。

- 生物基原料，绿色环保，可生物降解；
- 保暖，亲肤透气，回潮率低；
- 具有良好的生物相容性；
- 抑菌、抗螨，阻燃性好、燃烧无黑烟。

⑤应用领域（图4）。休闲服、家居服、婴儿服等服装领域；填充物等家用纺织品；医用纺织品、卫生纺织品、过滤产品等产业用纺织品。

（2）柔软抗老化双组分复合聚乳酸纤维。

①推荐理由。皮层为低熔设计，具有自黏合作用，替代传统黏合剂，环保安全。对纤维进行柔软及抗老化改性，提高制品柔软度及强度保持率，主要应用于卫材领域，拓展了聚乳酸应用价值。

②制备技术。以改性低熔点聚乳酸树脂为皮，柔软抗老化改性纺丝级聚乳酸树脂为芯，经皮芯复合纺丝工艺制备而成。

③主要规格。短纤：1.11~3.33dtex×38~51mm。

④性能及制品特点。

图4　中空聚乳酸纤维的应用

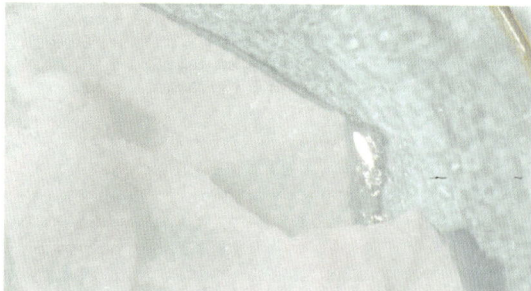

- 生物基材料，可生物降解；
- 柔软亲肤，抗老化，具有阻燃特性；
- 无需化学黏接剂，能自黏合成布，安全环保；
- 纤维天然弱酸性，人体亲和，具有较好抑菌性能。

⑤应用领域（图5）。休闲服、家居服、贴身内衣、服装里料等服装领域；床上寝具、地毯、毛巾、玩具等家用纺织品；医用纺织品、卫生纺织品、面膜、口罩等产业用纺织品。

图5　柔软抗老化双组分复合聚乳酸纤维的应用

（3）抗原纤化莱赛尔纤维。

①推荐理由。攻克莱赛尔纤维原纤化难题，采用无醛复合交联剂，绿色环保，有效解决织物起毛问题，后加工适应性强，在针织品领域得到很好的应用。

②制备技术。将纤维素浆粕溶解于NMMO/水的溶剂体系中，制成纤维素溶液，经干喷湿法纺丝和无醛复合交联技术制得抗原纤化莱赛尔纤维。

③主要规格。1.1~2.0dtex×38~52mm，保定天鹅；0.9~1.67dtex×4~38mm，中纺绿纤。

④性能及制品特点。

• 生物基材料，绿色环保，可生物降解；

• 抗原纤化能力强，纤维后加工适应性强，织物耐磨性强；

• 可染性好，染色均匀性高，染色后色彩鲜艳；

• 织物手感柔软，吸湿透气，亲和舒适，保形性优良。

⑤应用领域（图6）。休闲服、运动服、家居服、婴儿服、西装等服装领域；床上寝具等家用纺织品。

图6　抗原纤化莱赛尔纤维的应用

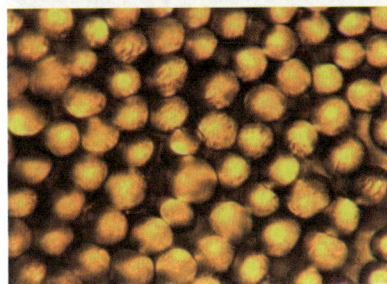

（4）抗原纤化抑菌莱赛尔纤维（图7）。

①推荐理由。对抑菌剂、交联剂进行复配，实现抑菌效果的同时，降低纤维的原纤化倾向，提高使用次数和耐磨性，实现性能功能双升级。

②制备技术。将纤维素浆粕溶解于NMMO/水的溶剂体系中，制成纤维素溶液，采用干喷湿纺丝工艺进行纺丝，经切断后采用交联剂、抑菌剂对其进行后整理，再利用微波催化和交联固化，增强功能添加剂的附着力，最后经上油、烘干工序制得。

③主要规格。短纤，1.33dtex×38mm。

④性能及制品特点。

• 生物基材料，绿色环保，可生物降解；

图7　抗原纤化抑菌莱赛尔纤维

- 抗原纤化能力强，解决织物起毛起球问题，织物更加耐磨；
- 抑菌性能良好，效果持久；
- 可染性好，织物颜色光鲜亮丽；
- 织物手感柔软，吸湿透气，保形性优良。

⑤应用领域。休闲服、牛仔、贴身内衣、袜子等服装领域；窗帘、毛巾等家用纺织品；面膜、卫生纺织品等产业用纺织品。

（5）莱赛尔长丝（图8）。

①推荐理由。攻克高分子量浆粕溶解、高品质原液制备技术，开创莱赛尔纤维新品类，拥有莱赛尔长丝技术自主知识产权，品质可媲美蚕丝。

②制备技术。将高分子量纤维素浆粕溶解于NMMO/水的溶剂体系中，制成高均匀性纤维素原液，经干喷湿法纺丝工艺制备。

③主要规格。长丝，33.3~333.3dtex/20~150F。

④性能及制品特点。

- 生物基材料，绿色环保，可生物降解；
- 易染色，色牢度高；

图8　莱赛尔长丝

- 悬垂抗皱，亲肤舒适，耐用性和手感均可媲美天然的桑蚕丝面料。

⑤应用领域。休闲服、婴儿服、西装、牛仔、箱包、衬衣等服装领域；床上寝具等家用纺织品；汽车内饰及配件、医用纺织品等产业用纺织品。

2. 多元抑菌纤维（表2）

从繁复造作到纯粹自然，随着生活本质和健康理念的回归，多元抑菌纤维已经成为必然之选。纤维融入天然本征抑菌元素，如以淀粉为原料经发酵技术制备的PHBV、植物活性成分、纳米咖啡碳、非溶出型的天然稀土矿物……抑菌纤维天然亲肤、安全友好、抗病毒、远红外保健等，为消费者搭建健康纤之"盾"。

表2　多元抑菌纤维推荐品种及品牌

推荐品种	品牌	推荐品种	品牌
PA/PHBV共混纤维	禾素时代	咖啡碳细旦聚酰胺6纤维	凯邦
艾草改性抑菌聚酯纤维	百草	稀土抑菌再生纤维素纤维	镧鹰

（1）PA/PHBV共混纤维（图9）。

①推荐理由。生物基PHBV天然本征抑菌成分共混添加，赋予聚酰胺6纤维优异的抑菌及抗病毒性能，产品竞争优势明显。

②制备技术。将聚酰胺6切片与PHBV，按质量比10∶1~100∶1共混，根据混合比例和特性黏度调整合适的纺丝温度，经熔融纺丝工艺制备。

③主要规格。长丝，22~82.5dtex/ 12~68F（DTY、FDY）。

④性能及制品特点。

图9　PA/PHBA共混纤维纱线

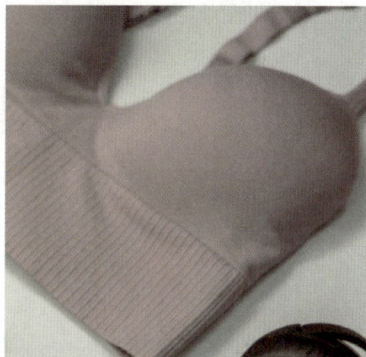

- 生物基抑菌成分添加，绿色抑菌；
- 抑菌性能优异、消除异味效果持久；
- 良好的消杀病毒性能，对H1N1、H3N2病毒的抗病毒活性均在95%以上。

⑤应用领域（图10）。休闲服、运动服、袜子、衬衣等服装领域；床上寝具等家纺领域；医用纺织品、面膜等产业用领域。

（2）艾草改性抑菌聚酯纤维（图11）。

①推荐理由。天然植物活性成分提取，生物资源高质利用。高效抑菌，对三种常见菌种抑菌率均达99%以上，生态安全，人体亲和。

②制备技术。运用超临界CO_2萃取技术，从艾草植物中萃取活性分子，通过溶胶—凝胶法制备分子巢技术对艾草活性成分进行装载保护。将含有艾草活性成分的分子巢与分散剂、抗氧化剂制备成含功能母粒，与聚酯切片共混，经熔融纺丝工艺制备。

③主要规格。短纤，1.32~3.3dtex×38mm；长丝，55dtex/72F、165dtex/48F。

④性能及制品特点。

图10　PA/PHBA共混纤维的应用

图11　艾草改性抑菌聚酯纤维

- 生物活性成分提取，绿色环保；
- 植物抑菌，对三种常见菌的抑菌率大于99%，持久功效，抗氧化；
- 织物悬垂挺括，耐水洗，保形性优良。

⑤应用领域（图12）。休闲服、运动服、西装、牛仔等服装领域；地毯、沙发布、填充物、毛巾等家纺用品；过滤产品、户外用品等产业用纺织品。

（3）咖啡碳细旦聚酰胺6纤维。

①推荐理由。纤维柔软蓬松，手感轻柔滑糯，悬垂

图12　艾草改性抑菌聚酯纤维的应用

性好，色泽柔和，咖啡渣生物炭材料添加使其兼具优良的除臭、升温保暖、吸湿透气等多重功效，满足消费者对纺织品环保、健康、舒适功能的需求。

②制备技术（图13）。利用咖啡渣经分段高温煅烧制成生物碳材料，再研磨成纳米粉体，经高比例共混制备咖啡碳母粒，最后通过共混熔融纺丝工艺制备。

图13　咖啡渣变身咖啡碳纤维

③主要规格。长丝，22dtex/24F（FDY、DTY）。

④性能及制品特点。

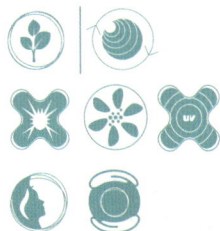

- 生物质炭材料添加；
- 远红外辐照升温，具有保温特性；
- 具有良好吸附性能，同时具备抑菌、除臭、防紫外特性；
- 手感轻柔，亲肤。

⑤应用领域（图14）。休闲服、运动服、贴身内衣等服装领域，床上寝具等家用纺织品，医用纺织品等产业用纺织品。

图14　咖啡碳细旦聚酰胺6纤维的应用

（4）稀土抑菌再生纤维素纤维。

①推荐理由。稀土基纳米抑菌剂的均匀分散与添加改性，赋予再生纤维素纤维非溶出型高效抑菌的功能，效果持久。

②制备技术。通过纺前注射技术将稀土纳米抑菌剂加入再生纤维素纤维纺丝原液中，经高效均匀混合，制得高质量复合纺丝原液，再经湿法纺丝工艺，采用多级梯度牵伸工艺制备而成。

③主要规格。短纤，1.33dtex×38mm、1.67dtex×38mm、3.33dtex×38~88mm。

④性能及制品特点。

- 物理法再生，减轻环保压力；
- 强度高，耐磨性好；
- 产品稳定性高。

⑤应用领域。休闲服、运动服、工装等服装领域；床上寝具、填充物等家用纺织品；汽车内饰等产业用纺织品。

3. 差异化循环再利用化学纤维（表3）

回归原点，重新探寻生命轮回，以废旧聚酯瓶、废丝、棉短绒废料为原料，结合纺丝及加弹工艺的创新，开启循环再利用化学纤维再造后质的飞跃，延续传统轨迹，表达对大自然真诚的礼赞与回报。与PTT复合后的弹性提升、经海岛复合工艺制备的仿麂皮纤维、功能重塑后的抑菌与阻燃双特性、来源可追溯的身份识别性能，诠释循环再利用化学纤维的无限可能，传递绿色动能，为可持续时尚增添科技力量。

表3 差异化循环再利用化学纤维推荐品种及品牌

推荐品种	品牌	推荐品种	品牌
循环再利用PET/PTT双组分复合纤	盛虹	抑菌阻燃循环再利用聚酯纤维	绿地纶
仿麂皮循环再利用聚酯纤维	龙杰	可追溯循环再利用再生纤维素纤维	EcoJilin

（1）循环再利用PET/PTT双组分复合纤维（图15）。

①推荐理由。该复合纤维的PET组分来源于废旧聚酯瓶片，PTT组分源于生物基原料，具有绿色属性。纤维拥有永久卷曲，弹性回复性优异，织物亲肤舒适。

②制备技术。采用再生PET切片和PTT切片分别进行熔融，通过双螺杆复合纺丝机和并列型喷丝板进行纺丝。由于两种组分黏度和物性差异带来收缩性能的差异，经过热处理后，形成螺旋状的永久卷曲，产生优异的弹性性能。

③主要规格。长丝，55dtex/48F。

④性能及制品特点。

- PET来自聚酯瓶片，绿色环保；
- PTT部分原料来源于生物基材料；
- 优异的弹性伸长率和弹性回复率；

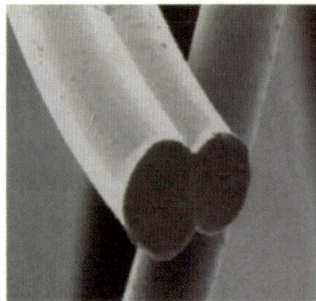

图15 PET/PTT双组分复合纤维

• 纤维断面呈沟槽状，具有较好的吸湿速干性能；

• 面料棉感触感、吸湿速干、抗皱、挺括、易打理。

⑤应用领域（图16）。运动服、婴儿服、专业运动服等服装用纺织品。

（2）仿麂皮循环再利用聚酯纤维。

①推荐理由。引领皮制品向可持续、环保方向发展，丰富再生聚酯的应用领域。仿麂皮纤维可替代真皮和皮革，既美观舒适，又为时尚人士诠释最佳道德方案。

图16　循环再利用PET/PTT双组分复合纤维的应用

②制备技术。以废弃塑料瓶再生聚酯和碱溶性PET为原料，通过高速一步法纺丝工艺，经双螺杆熔融、计量等工序通过各自的导流槽进入纺丝组件，经海岛喷丝板喷出，再经过侧吹风、上油、预网络、GR1、GR2、网络，最后进入卷绕头卷绕成型。

③主要规格。长丝，55.6~83dtex/24F。

④性能及制品特点。

• 再生资源，绿色环保；

• 纤维上色率提高12%，染色时间减少到30min左右；

• 易护理、耐磨性、抗拉伸性等性能方面优于天然麂皮，保养护理方便。

⑤应用领域（图17）。箱包、鞋材、高端成衣、帽子等服装用纺织品；沙发布等家用纺织品。

图17　仿麂皮循环再利用聚酯纤维的应用

（3）抑菌阻燃循环再利用聚酯纤维。

①推荐理由。循环再利用聚酯纤维功能升级，集阻燃和抑菌于一体，品质接近原生、低碳环保，越来越受到消费者的关注。

②制备技术。以再生聚酯切片为原料，复配锌系抑菌剂和磷系阻燃剂对聚酯基进行共混改性，调整工艺参数，经熔融纺丝工艺制备（图18）。

③主要规格。长丝，1.33~6.67dtex×32~102mm。

④性能及制品特点。

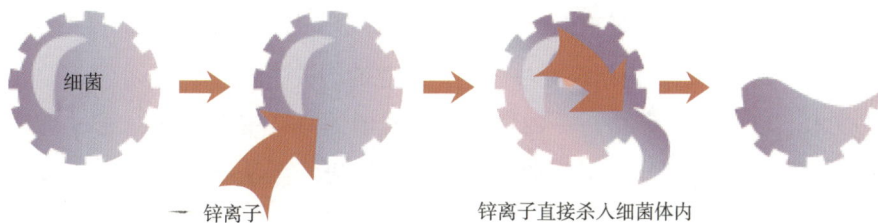

細菌　　　　　　　　　　　　　　　　　　　　　　　　锌离子直接杀入细菌体内

— 锌离子

图18　抑菌阻燃循环再利用聚酯纤维的制备流程图

- 资源再利用，绿色环保；
- 抑菌与阻燃功能复合，有效抑制纤维表面细菌、真菌的繁殖；
- 纯纺面料阴燃和续燃时间少于15s；
- 手感柔软，光泽好，染色性能好；
- 织物吸湿速干、透气性好，具有不易起皱、不易收缩的特点，品质接近原生。

⑤应用领域（图19）。家居服、袜子、袜子等服装用纺织品；床上寝具、窗帘、地毯、沙发布等家用纺织品；汽车内饰及配件、户外用品等产业用纺织品。

图19　抑菌阻燃循环再利用聚酯纤维的应用

（4）可追溯循环再利用再生纤维素纤维（图20）。

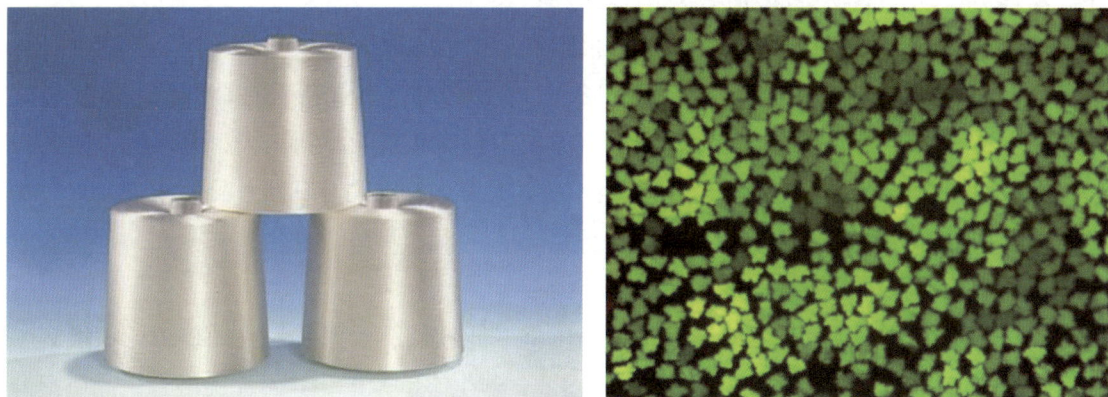

图20　可追溯循环再利用再生纤维素纤维

①推荐理由。原料100%来源于棉短绒，实现农业废弃物再利用，并通过RCS认证。生产过程加入追踪剂，实现从原材料到终端品牌整体产业链的透明。

②制备技术。以农业废弃物——棉籽轧花后残留的短纤维为原料，通过制浆、碱化黄化、添加可分子追踪特殊成分等工序形成纺丝原液，再经湿法纺丝制备再生纤维素纤维长丝。最终成衣面料可进行追踪剂含量检测，认证再生源头，产品废弃后可完全生物降解，实现生产过程良性循环。

③主要规格。长丝，44.4~666.7dtex/4~100F。

④性能及制品特点。

• 采用特殊成分的分子追踪技术，即使通过纺织品加工过程后，仍可在终端应用中识别原料来源；

• 实现资源再利用，品质接近原生；

• 织物手感柔软，悬垂性好，穿着舒适亲肤。

⑤应用领域（图21）。休闲服、西装、家居服、衬衣、服装里料等服装用纺织品；床上寝具、窗帘、地毯、沙发布等家用纺织品；汽车内饰及配件等产业用纺织品。

图21 可追溯循环再利用再生纤维素纤维的应用

（二）纤·蝶变新生（图22）

在匠心工艺的淬炼中，每一种纤维诞生之初，精心编辑了它的分子基因，焕然新生、熠熠生辉。钛系催化剂、远红外矿物添加、高效能添加量突破、异纤异构……利用科技创新助力纤维高效抑菌、快速升温、形状记忆、抗紫外等功能升级。低温易染的环保属性、轻盈透气的体贴入微、超强复原的弹力保持，纤维呵

图22 纤·蝶变新生

护身心，诠释以人为本。质量之魂、存于匠心，在碳纤维、芳纶等高性能纤维及其复合材料工艺方面不断突破，打破了国外垄断，产品应用包括从新能源到汽车、无人机、航天工程，支撑中国制造助力"双碳"、上天入地、星辰大海。纤维关心日新月异的未来，聚力我们向往的生活。

1. 低温易染纤维（表4）

科技加冕时尚，低温易染纤维以染色温度低、能耗低、效率高为化纤纺织行业增辉生色。阳离子改性设计与循环再利用技术协同增效，与生态钛系催化技术完美融合，品质提升的同时让消费者享受五彩缤纷的视觉盛宴。颜色鲜艳、色谱齐全、降低面料染色能耗，谱写

纺织行业浓墨重彩工笔画。

表4 低温易染纤维推荐品种及品牌

推荐品种	品牌	推荐品种	品牌
钛系阳离子可染聚酯纤维	易染钛纤	阳离子循环再利用聚酯纤维	佳人

（1）钛系阳离子可染聚酯纤维。

①推荐理由。实现绿色催化剂与阳离子可染技术的协同增效，采用熔体直纺工艺制备阳离子可染聚酯纤维，既符合生态环保发展趋势，又使产品具有竞争力。

②制备技术（图23）。采用直接酯化法制备阳离子（5-磺酸钠-1,3-间苯二甲酸羟乙基酯）改性单体，采用聚合在线添加微量改性系统将阳离子和活性高、催化效果好的环保钛系催化剂加入酯化反应釜中进行共聚改性和聚酯酯化催化，后经熔体直纺工艺制得。

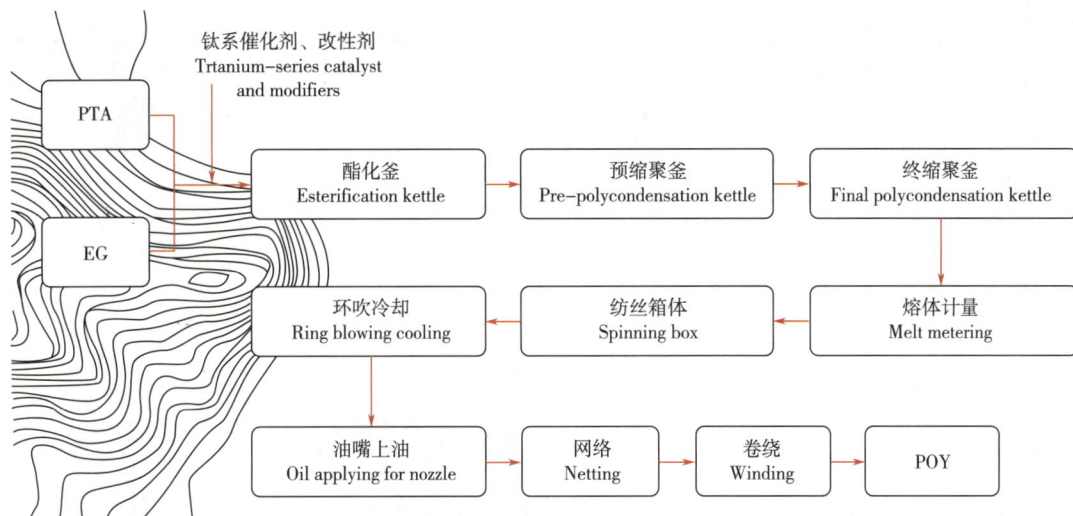

图23 钛系阳离子可染聚酯纤维制备流程图

③主要规格。长丝，88~130dtex/72F。

④性能及制品特点。

• 绿色环保，后道染整处理时无重金属析出，纺织品对人体无毒无害；

• 色彩鲜艳、色牢度高；

• 织物手感柔软、光泽柔和、悬垂感好。

⑤应用领域。休闲服、运动服、家居服、牛仔、衬衣等服装用纺织品；床上寝具等家用纺织品。

· 205 ·

（2）阳离子循环再利用聚酯纤维。

①推荐理由。化学法循环再利用技术升级，融合阳离子聚合改性技术，创新循环再利用聚酯纤维的低温染色特性，实现产品高值化开发、低碳效果叠加。

②制备技术（图24）。采用化学法循环再生技术与工艺装备，先提纯制得DMT单体，同时利用间苯二甲酸–5–磺酸钠，通过酯化反应合成第三单体间苯二甲酸乙二醇酯–5–磺酸钠，并配制成乙二醇溶液。在聚酯再聚合阶段加入第三单体，制备再生阳离子聚酯切片，最后经熔融纺丝制备纤维。

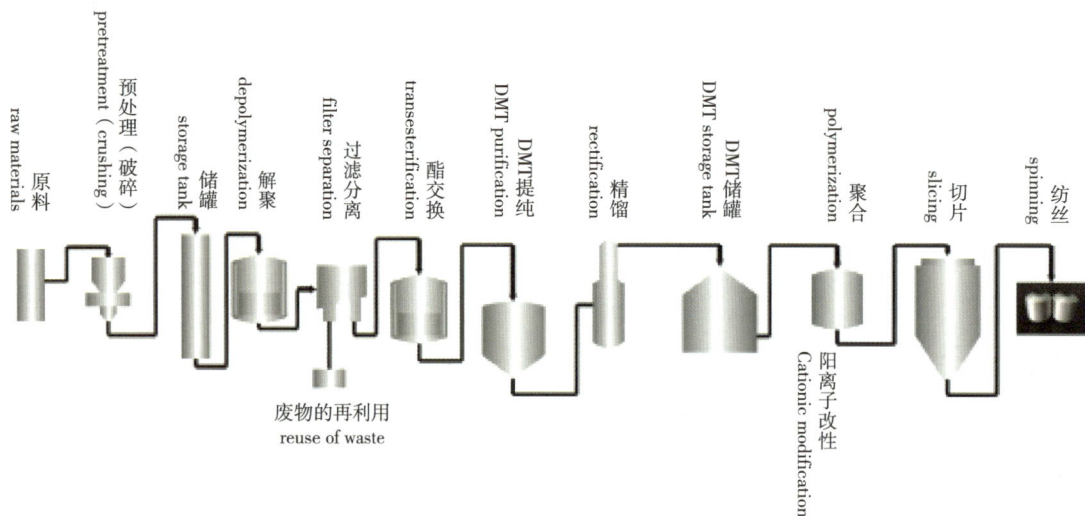

原料 raw materials

预处理（破碎） pretreatment (crushing)

储罐 storage tank

解聚 depolymerization

过滤分离 filter separation

酯交换 transesterification

DMT提纯 DMT purification

精馏 rectification

DMT储罐 DMT storage tank

聚合 polymerization

阳离子改性 Cationic modification

切片 slicing

纺丝 spinning

废物的再利用 reuse of waste

图24　阳离子循环再利用聚酯纤维制备流程图

③主要规格。长丝，83dtex/36F。

④性能及制品特点。

• 化学法循环再生，实现资源再利用；

• 再生和阳离子同时具备、低温常压染色；

• 细旦化、手感柔软，品质等同原生阳离子产品。

⑤应用领域（图25）。休闲服、运动服、衬衣等服装用纺织品；床上寝具、窗帘家用纺织品。

图25　阳离子循环再利用聚酯纤维的应用

2. 保暖纤维（表5）

科技传递温暖，季节、温度变化给身体机能带来影响，保暖纤维帮助消费者应对季节变迁、寒暑交替。采用高效远红外母粒、4C中空异型设计，纤维吸收阳光与人体辐射并保存热量，平衡人体与外界的温差，在寒冷的冬天，让消费者感受温暖如春的舒适体验，减少空调依赖，践行减碳责任。

表5　保暖纤维推荐品种及品牌

推荐品种	品牌	推荐品种	品牌
蓄热保暖仿羊绒聚酯纤维	桐昆	远红外聚酰胺6纤维	达暖纶

（1）蓄热保暖仿羊绒聚酯纤维（图26）。

①推荐理由。4C中空喷丝板创新设计，提升中空度与异型度，保暖效果优异，结合蓄热功能母粒的添加，纤维产品平均温升≥4.4℃；织物具有羊绒般柔软细腻的手感。

②制备技术。创新设计4C中空喷丝板、优化在线添加技术，将蓄热功能母粒与半消光聚酯切片熔融共混，通过改进和优化低温低速纺丝工艺和假捻变形技术，制备蓄热保暖仿羊绒聚酯纤维。

③主要规格。长丝，167dtex/288F（DTY）。

④性能及制品特点。

图26　蓄热保暖仿羊绒聚酯纤维

- 截面呈中空异型，具有类似羊绒的卷曲结构及优异的保暖效果；
- 染色性能优异，色牢度高；
- 纤维富有弹性、吸湿性、耐磨性，其织物具有似羊绒般柔软、细腻的手感。

⑤应用领域（图27）。运动服、家居服、毛衣、贴身内衣等服装用纺织品。

图27　蓄热保暖仿羊绒聚酯纤维的应用

（2）远红外聚酰胺6纤维。

①推荐理由。纤维远红外发射波长为8~15μm，与生物细胞中水分子的律动频率相同，可产生共振，同时融合中空截面设计，保暖效果极大提升。

②制备技术（图28）。将高效远红外母粒添加在聚酰胺6切片中共混，并对纤维截面进行中空设计，经熔融纺丝制备。

· 207 ·

趋势流行

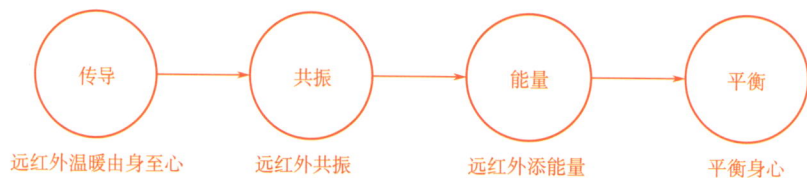

| 传导 | → | 共振 | → | 能量 | → | 平衡 |

远红外温暖由身至心　　　远红外共振　　　远红外添能量　　　平衡身心

使用前　　　　使用中　　　　使用后

远红外线照射后人体对照表

图28　远红外传导作用及线照射后人体对照

③主要规格。长丝，33dtex/24F、44dtex/24F、77.7dtex/24F、77.7dtex/48F。

④性能及制品特点。

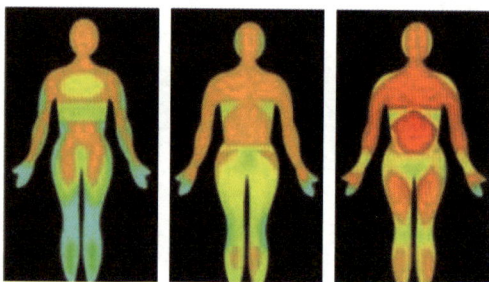

• 纤维异型截面，兼具锦纶6纤维自身特点；

• 能够吸收阳光或人体等辐射的远红外线，与人体血液中具有相同振动频率的水分子共振，具有保温、保健效果。

⑤应用领域（图29）。运动服、袜子、羽绒服、鞋材等服装用纺织品。

图29　远红外聚酰胺6纤维的应用

3. 舒弹保型纤维（表6）

要弹性，不要束缚；要舒展，不要褶皱；要挺阔，不要熨烫。舒弹保型纤维利用双组分特性调控弹性度，巧思分子链结构设计、优化变形温度，解决细菌滋生繁殖问题，赋予纤维低旦、低应力、高回弹、形状记忆、耐水洗等性能，为消费者提供自由随心之选，升级弹性体验。

表6　舒弹保型纤维推荐品种及品牌

推荐品种	品牌	推荐品种	品牌
抑菌氨纶	千禧	低旦数氨纶	白鹭
温感形状记忆氨纶	奥神	双组分复合聚酯弹性纤维	鑫博纤维

（1）抑菌氨纶（图30）。

①推荐理由。具备高效抑菌和优良的耐水洗性，满足人们对日常生活清洁和舒适性的要求，有效提升纺织品的档次和附加值。

②制备技术。逐步聚合反应生产聚氨酯溶液，通过共混技术将抑菌剂母液与聚氨酯溶液均匀混合，生产具有抑菌特性的聚氨酯脲纺丝液，最后经干法纺丝技术制备。

③主要规格。长丝，15~70D/3F。

④性能及制品特点。

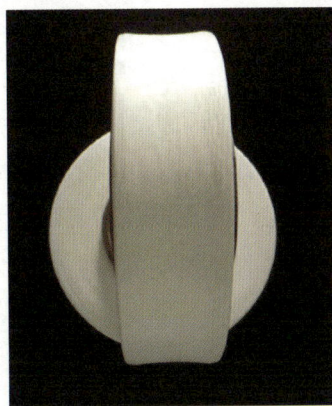

图30　抑菌氨纶

• 抑菌剂添加量少，高效且持久；

• 水洗50次后，对三种常见菌种的抑菌率依旧很高，解决纤维在储存和使用过程中的细菌滋生繁殖问题；

• 耐高温性能佳，可进行高温染色。

⑤应用领域（图31）。运动服、贴身内衣、袜子等服装用纺织品。

（2）低旦数氨纶。

①推荐理由。细旦化、差别化已经成为氨纶产品的未来趋势之一。通过精确计量、吹风调控等，攻克低旦数氨纶纺丝均匀性与稳定性瓶颈，其制作的服饰兼具美观和轻薄舒适特性。

②制备技术。采用超高精度的计量泵，精确控制泵供量，对空气浴风量、温度、风量分布及比例、纺丝速度等进行调控，保证纤维吹风与冷却的均匀性与一致性，提高生产过程的稳定性与效率，保证丝条的品质，最终得到高品质低旦数氨纶。

③主要规格。长丝，9旦/1F。

④性能及制品特点。

图31　抑菌氨纶的应用

• 纤维具有低旦及高伸长的特点，制作的面料不仅具有弹性而且超轻超薄；

• 纤维静电系数小，退绕时没有静电干扰影响，面料更加平整。

⑤应用领域。贴身内衣（图32）、袜子等服装用纺织品。

（3）温感形状记忆氨纶。

图32　低旦数氨纶的应用

①推荐理由。纤维具有温感张力可调，高回弹性、形状记忆、体感舒适等特点，赋予高弹织物优异穿脱性能。

②制备技术。通过本体聚合合成改性二醇单元，经聚合合成预聚物，再添加扩链剂，采取溶液聚合制备形状记忆聚合物溶液，最后通过干法纺丝制备形状记忆氨纶丝。

③主要规格。20~140旦。

④性能及制品特点。

• 该纤维在20℃或低于20℃温度条件下，能够将形变较大程度固定下来，当温度超过32℃时，氨纶丝能够较快恢复到它的初始形状，形变固定率和形变回复率均在90%以上；

• 区别于传统形状记忆面料通过涂层方式获得形状记忆功能，其制作的面料具有优异的透气性和耐洗性，加工更简单，体感舒适。

⑤应用领域（图33）。贴身内衣、袜子、衬衣、专业运动服等服装用纺织品。

（4）双组分复合聚酯弹性纤维（图34）。

①推荐理由。设计合成高黏聚酯弹性体GBT，创新开发GBT/PET双组分复合聚酯弹性纤维。织物手感柔软，弹性性能接近氨纶面料，提升服用舒适性。

②制备技术。开发兼具软硬段的新型嵌段高黏聚酯弹性体GBT，再以GBT和半消光PET切片为原料进行双组分复合纺丝，采用创新的组合上油、两道牵伸的高速一步法工艺，通过复合纺丝技术生产新一代聚酯复合弹性纤维。

③主要规格。长丝，22.2~333.3dtex/60~244F。

④性能及制品特点。

• 较好的弹性及回弹性，纯织物横向弹力≥120%，纵向弹力达80%以上；

• 优异的吸水性、抗起毛起球性；

• 仿棉的手感、吸湿速干。

⑤应用领域。运动服、家居服、泳衣、婚纱、高端成衣等服装用纺织品；沙发布等家用纺织品；汽车内饰及配件等产业用纺织品。

图33　温感形状记忆氨纶的应用

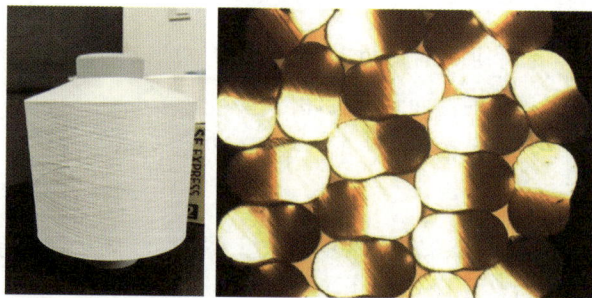

图34　双组分复合聚酯弹性纤维

4.安全防护纤维（表7）

在安全防护意识全面推进的时代，安全属性成为纤维的核心特质，为人们提供防护屏障。纤维集快速升温、持久抑菌、优异阻燃、耐水洗、耐磨性于一身，大幅提升穿着舒适度，硬核品质延伸至军用阻燃服装，军用睡袋。融合耐候性与力学性能双优异的聚酯工业丝，对接消防织带、户外篷布、土工格栅等更多的安全防护品，彰显轻量化应用优势。

表7 安全防护纤维推荐品种及品牌

推荐品种	品牌	推荐品种	品牌
光谱发热抑菌阻燃聚酯纤维	桐昆	高强抗紫外聚酯工业丝	尤夫
阻燃高强聚酰胺6纤维	恒申		

（1）光谱发热抑菌阻燃聚酯纤维（图35、图36）。

①推荐理由。产品兼具光谱发热、抑菌、阻燃三重功能，可替代羊毛和腈纶混纺织物用于军队床品被服，解决传统军队纺织用品易虫蛀、强度低、成本高的问题，在同类产品中具有很强的市场竞争力。

②制备技术。与设备厂家合作开发具有光谱发热、阻燃、抑菌多功能复合的功能母粒，确保各成分的功能性互不干扰，避免多种功能性成分添加至聚酯熔体后出现团聚和沉积。将母粒按10%比例通过共混的方式添加至聚酯熔体中，经熔融纺丝工艺制备。

③主要规格。长丝，330dtex/96F（DTY）。

图35 光谱发热抑菌阻燃聚酯纤维

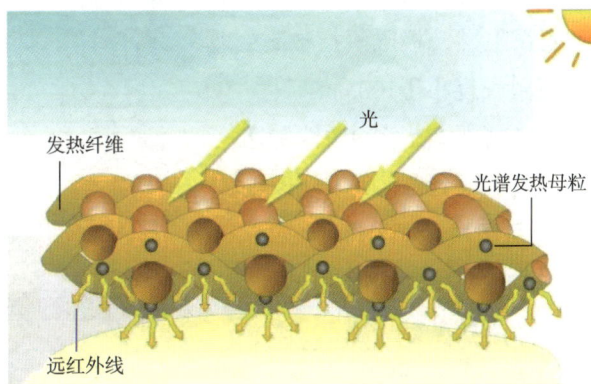

图36 光热蓄能纤维的发热机理

④性能及制品特点。

- 抑菌性能优异，对白色念珠球菌、金黄色葡萄球菌、大肠杆菌的抑菌率均大于97%；
- 保暖、远红外、阻燃图标；

• 远红外发热，光致升温极快；阻燃续燃时间、阴燃时间为0。

⑤应用领域（图37）。安全防护服、运动服等服装用纺织品；床上寝具、窗帘等家用纺织品；汽车内饰及配件、特殊纺织品、户外用品等产业用纺织品。

（2）阻燃高强聚酰胺6纤维。

①推荐理由。纤维兼具优异的断裂强度和阻燃性能，可应用于民用及特种防护等领域。

②制备技术。将自主开发的阻燃母粒与聚己内酰胺切片按比例混合，然后将混合物依次经熔融、挤出、喷丝、冷却、上油和卷绕成型，采用高速一步法技术制得阻燃高强聚酰胺6纤维。

③主要规格。长丝，44.4~111.1dtex/12~36F（FDY）。

④性能及制品特点。

图37　光谱发热抑菌阻燃聚酯纤维的应用

• 断裂强度高、耐磨性优异；

• 氮系阻燃，极限氧指数高，垂直燃烧损毁长度小于100mm；

• 耐水洗性、染色均匀性良好；

• 弹性回复率高、吸湿性优良。

⑤应用领域（图38）。工装、窗帘、特殊纺织品等纺织用品。

（3）高强抗紫外聚酯工业丝。

①推荐理由。兼顾高强聚酯工业

图38　阻燃高强聚酰胺6纤维的应用

丝的力学性能、赋予纤维耐候性和耐紫外老化性能，延长产品使用寿命，保证使用安全，在安全防护产品的减重轻量化方面优势突出。

②制备技术。采用固相增黏的切片和功能母粒共混熔融纺丝，基于抗紫外聚酯熔体流变特性、热稳定性和结晶动力学，调整纺丝温度、挤出速率、冷却拉伸形变与应力分配，控制纤维微晶和取向结构，制备了高强、抗紫外、尺寸稳定的聚酯工业丝。

③主要规格。长丝，1100~3300dtex/192~384F。

④性能及制品特点。

• 优异的抗紫外老化性能，紫外老化强度保持率60%±3%［1.2W/（m²·nm），500h］，远高于常规产品老化强度保持率（40%±3%）；

• 具有断裂强度高、尺寸稳定性良好等优异的力学性能。

⑤应用领域（图39）。汽车内饰及配件、缆绳、织带、风帆布、土工格栅、篷布医用纺织品等产业用纺织品。

图39 高强抗紫外聚酯工业丝的应用

5. 专用型高性能纤维（表8）

攻克纤维切断时静电粘连问题，实现超高分子量聚乙烯毫米级短纤维制备。开发全套国产化成套技术与装备，突破高强高模、高强中模碳纤维高品质制备技术，为航空航天、压力容器提供强有力原料支撑，为汽车、高端体育用品等提供轻量化方案。打破国际垄断，超临界CO_2流体协助活化物质改性技术，增强高强高伸对位芳纶与橡胶黏合度，对接光缆、橡胶领域。原液着色间位芳纶，产品安全性升级，丰富芳纶服用领域。

表8 专用型高性能纤维推荐品种及品牌

推荐品种	品牌	推荐品种	品牌
毫米级超高分子量聚乙烯超短纤维	大川	QM4050高强高模碳纤维	拓展
	星宇	原液着色间位芳纶	泰美达
HF40T高强中模碳纤维	恒神	高强高伸对位芳纶	维科华

（1）毫米级超高分子量聚乙烯超短纤维（图40）。

①推荐理由。突破了超短切装备的国产化制备技术，专用纤维经过超短切装备裁切，长度可达毫米级别，产品精度提高，有效解决纤维切断起静电结团粘连情况，同时降低了能耗。

②制备技术。将超高分子量聚乙烯粉末与抗氧剂、分散剂等与易挥发溶剂按照一定比例进行混合配置成纺丝溶液，经螺杆挤出、纺丝后，在纺丝甬道内惰性气体保护下，去除挥发溶剂，经多级超倍热牵

图40 毫米级超高分子量聚乙烯超短纤维

伸后收卷，最后经超短纤维变频旋转式裁切机裁切制备。

③主要规格。短纤，1.66dtex×1.5~3mm长度可定制，精度值±0.1。

④性能及制品特点。

- 高比强度，高比模量，比强度是同等截面钢丝的十多倍，比模量仅次于特级碳纤维；
- 纤维密度低：0.94~0.95g/cm^3，可浮于水面；
- 耐化学腐蚀，耐磨；
- 突破了超短切装备的国产化制备技术，短切公差范围小，毫米级超短纤维分散性好。

⑤应用领域（图41）。汽车内饰及配件、造纸、建筑增强、高性能混凝土等产业用纺织品。

（2）HF40T高强中模碳纤维（图42）。

①推荐理由。HF40T高强中模碳纤维拉伸强度大于6000MPa，相比现有的工业品级碳纤维，拉伸模量、碳含量更高，适用于压力容器、民航领域等高端专业领域。

②制备技术。聚丙烯腈纺丝原液经干喷湿法纺丝技术制备出碳纤维原丝，再通过分级预氧化和碳化，控制碳化过程中纤维分子结构转化和取向，从而制备出高强中模碳纤维。

③主要规格。长丝，HF40T-12K。

④性能及制品特点。

图41 毫米级超高分子量聚乙烯超短纤维的应用

图42 HF40T高强中模碳纤维

- 高比强度，高比模量，耐化学腐蚀；
- 高性能航空结构用碳纤维预浸料力学性能好，拉伸性能大于2950MPa；同时抗冲击性能优异，单向预浸料冲击后压缩性能（CAI）大于300MPa；工艺性能好满足各项加工工艺，特别是配合自动铺丝/铺带设备，操作，保证复合材料构件质量的可靠性和稳定性，经济效益显著。

⑤应用领域（图43）。体育用品、航空航天、能源产品、轨道交通等产业用纺织品。

（3）QM4050高强高模碳纤维（图44）。

①推荐理由。突破国外对该产品的封锁，提升质量的同时赋予复合材料更优异的力学性能，生产过程精细化、数字化，品质更加稳定，可用于尖端领域。

②制备技术。QM4050高强高模碳纤维是以丙烯腈等为原材料，二甲基亚砜为溶剂，经聚合制备出高分子量、高特性黏度、高均一性的聚合原液，随后采用湿法纺丝技术制备出超高强度碳纤维原丝，再经预氧化、碳化、石墨化、表面处理等工序制备出高模量碳纤维。

图43　HF40T高强中模碳纤维的应用

③主要规格。QM4050-6K。

④性能及制品特点。

• 作为结构材料，具有高比强度、高比模量等优异的力学性能；
• 作为功能材料，具有耐高温、耐烧蚀等优异的物理化学特性。

⑤应用领域（图45）。体育用品、航空航天等产业用纺织品。

（4）原液着色间位芳纶。

①推荐理由。具有热稳定性强、绝缘性强、本质阻燃、耐化学腐蚀、抗辐射的特点，融合原液着色技术进一步扩展芳纶的应用领域。此外纤维中卤素含量极低，产品生态安全性优于同类产品。

②制备技术。以间苯二甲酰氯和间苯二胺为原材料，通过低温溶液聚合及原液着色在线

图44　QM4050高强高模碳纤维

图45　QM4050高强高模碳纤维的应用

添加技术，制备合格的色液浆料（图46），之后经湿法纺丝成形、拉伸、热处理、切断等工艺制备原液着色间位芳纶。

③主要规格。短纤，1.66~2.22dtex，长度可定制。

④性能及制品特点。

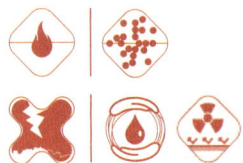

- 本质阻燃，在空气中难以燃烧，不阴燃、不续燃，离焰自熄；
- 热稳定性强，−196~204℃范围内可长期运行，在250℃时收缩率为1%，短时间暴露于300℃高温下不会脆化、软化或熔融，尺寸稳定性极佳；
- 高温下具有良好的电绝缘性能，所制成的绝缘纸耐击穿电压可达20kV/mm；
- 耐大多高浓无机酸，常温下耐碱性较好，耐β、α和χ射线辐射。

⑤应用领域（图47）。特殊纺织品、过滤产品、增强骨架、消防用品等产业用纺织品。

图46　色液浆料

图47　原液着色间位芳纶的应用

（5）高强高伸对位芳纶（图48）。

①推荐理由。突破高强高伸长对位芳纶制备的关键核心技术，实现国产化替代。超临界CO_2流体协助活化物质改性技术，提升芳纶与树脂的黏结性，专业对接橡胶复合增强材料领域。

②制备技术。先制备对位芳纶的纺丝溶液，经脱泡后通过干喷湿纺工艺制备芳纶，最后采用超临界CO_2流体协助活化物质改性芳纶表面，利用超临界CO_2的物理溶胀，将携带的活化物质与纤维表面发生化学接枝及扩链反应，增加芳纶表面粗糙度和亲脂性。

③主要规格。长丝，1100dtex/667F，1670dtex/1000F。

④性能及制品特点。

- 高强高伸、高韧性；
- 耐高低温、耐化学腐蚀、耐疲劳；
- 本质阻燃，具有碳化、离焰自熄的特性。

⑤应用领域（图49）。增强骨架、帘子线等产业用纺织品。

图48　高强高伸对位芳纶

图49　高强高伸对位芳纶的应用

附件一　中国纤维流行趋势2022/2023 入选产品

篇章	分类	入选名称	企业名称	品牌
纤·自然本源	高品质生物基化学纤维	中空聚乳酸纤维	安徽丰原生物纤维股份有限公司	柠檬树
		柔软抗老化双组分复合聚乳酸纤维	苏州金泉新材料股份有限公司	绿纶
		抗原纤化莱赛尔纤维	中纺院绿色纤维股份公司	绿纤
			保定天鹅新型纤维制造有限公司	元丝
		抗原纤化抑菌莱赛尔纤维	山东金英利新材料科技股份有限公司	瑛赛尔
		莱赛尔长丝	浙江华峰龙赛尔纤维科技有限公司	龙赛尔
	多元抑菌纤维	PA/PHBV共混纤维	南京禾素时代抗菌材料科技有限公司	禾素时代
		艾草改性抑菌聚酯纤维	青岛百草新材料股份有限公司	百草
		咖啡碳细旦聚酰胺6纤维	福建凯邦锦纶科技有限公司	凯邦
		稀土抑菌再生纤维素纤维	山东银鹰化纤有限公司	镧鹰
	差异化循环再利用化学纤维	循环再利用PET/PTT双组分复合纤维	东方盛虹·国望高科	盛虹
		仿麂皮循环再利用聚酯纤维	苏州龙杰特种纤维股份有限公司	龙杰
		抑菌阻燃循环再利用聚酯纤维	上海德福伦新材料科技有限公司	绿地纶
		可追溯循环再利用再生纤维素纤维	吉林化纤集团有限责任公司	EcoJilin
纤·蝶变新生	低温易染纤维	钛系阳离子可染聚酯纤维	新凤鸣集团股份有限公司	易染钛纤
		阳离子循环再利用聚酯纤维	浙江佳人新材料有限公司	佳人

篇章	分类	入选名称	企业名称	品牌
纤·蝶变新生	保暖纤维	蓄热保暖仿羊绒聚酯纤维	浙江桐昆新材料研究院有限公司	桐昆
		远红外聚酰胺6纤维	广东新会美达锦纶股份有限公司	达暖纶
	舒弹保型纤维	抑菌氨纶	华峰化学股份有限公司	千禧
		低旦数氨纶	新乡化纤股份有限公司	白鹭
		温感形状记忆氨纶	连云港杜钟新奥神氨纶有限公司	奥神
		双组分复合聚酯弹性纤维	江苏鑫博高分子材料有限公司	鑫博纤维
	安全防护纤维	光谱发热抑菌阻燃聚酯纤维	浙江桐昆新材料研究院有限公司	桐昆
		阻燃高强聚酰胺6纤维	恒申控股集团有限公司	恒申
		高强抗紫外聚酯工业丝	浙江尤夫高新纤维股份有限公司	尤夫
	专用型高性能纤维	毫米级超高分子量聚乙烯超短纤维	山东大川新材料有限公司	大川
			星宇安防科技股份有限公司	星宇
		HF40T高强中模碳纤维	江苏恒神股份有限公司	恒神
		QM4050高强高模碳纤维	威海拓展纤维有限公司	拓展
		原液着色间位芳纶	烟台泰和新材料股份有限公司	泰美达
		高强高伸对位芳纶	中芳新材料有限公司	维科华

附件二 中国纤维流行趋势2022/2023入围产品

品类	产品名称	企业名称	品牌
差异化循环再利用化学纤维	内饰专用原液着色循环再利用聚酯纤维	旷达纤维科技有限公司	旷达
	毛纺专用原液着色循环再利用聚酯纤维	江苏垶恒复合材料有限公司	RENEW
	原液着色循环再利用高强低伸聚酯纤维	福建省福州市立峰纺织有限公司	立峰
	阳离子染色循环再利用聚酯纤维	浙江恒澜科技有限公司	逸炫
	原液着色循环再利用腈纶	河北艾科瑞纤维有限公司	瑞优丝
原液着色化学纤维	原液着色聚酰胺6纤维	恒天中纤纺化无锡有限公司	中纤
	涡流纺专用原液着色聚酯纤维	滁州兴邦聚合彩纤有限公司	霞客
保暖纤维	中空保暖抑菌聚酯纤维	上海兴诺康纶纤维科技股份有限公司	康纶
	保暖隔热聚酯纤维	苏州春盛环保纤维有限公司	春盛
仿真纤维	超仿棉聚酯纤维	杭州永兴化纤有限公司	万龙
	细旦仿真丝聚酯纤维	浙江恒优化纤有限公司	桐昆
	异组分高收缩仿棉聚酯纤维	徐州斯尔克纤维科技股份有限公司	舒丝
	多孔超细聚酰胺6纤维	福建永荣锦江股份有限公司	永荣锦江

品类	产品名称	企业名称	品牌
健康防护纤维	石墨烯改性细旦聚酯纤维	浙江桐昆新材料研究院有限公司	桐昆
	石墨烯改性聚酯纤维	常州恒利宝纳米新材料科技有限公司	烯纳斯
	负离子抑菌聚酯纤维	无菌时代复合新材料（苏州）有限公司	无菌时代
	抗紫外聚酰胺6纤维	浙江嘉华特种尼龙有限公司	PRUTEX
	抑菌消臭再生纤维素纤维	上海正家牛奶丝科技有限公司	森卡正家
	凉感抑菌再生纤维素纤维	太极石股份有限公司	太极石
舒感纤维	细旦全消光聚酯纤维	桐昆集团股份有限公司	桐昆
	异型多孔超细旦聚酯纤维	浙江恒腾差别化纤维有限公司	桐昆
	超细旦超密聚酯纤维	桐昆集团股份有限公司	桐昆
	吸湿排汗聚酯纤维	浙江恒通化纤有限公司	桐昆
	相变调温再生纤维素纤维	青岛邦特生态纺织科技有限公司	智温
	异型导湿聚乙烯纤维	凯泰特种纤维科技有限公司	酷纺
	蛋白改性聚丙烯腈纤维	中国石油大庆石化公司腈纶厂	昆仑
低温易染纤维	亲水易染聚酯纤维	青岛新维纺织开发有限公司	迭代
	细旦深染聚酯纤维	浙江华欣新材料股份有限公司	蓝纺
安全防护纤维	高强原液着色循环再利用聚酯工业丝	浙江金汇特材料有限公司	金汇特
	无熔滴阻燃聚酰胺6纤维	上海安凸塑料添加剂有限公司	安凸阻燃
高性能纤维	易扩展耐磨超高分子量聚乙烯纤维	连云港神特新材料有限公司	神特
	25K碳纤维原丝	吉林碳谷碳纤维股份有限公司	吉林碳谷
	耐高温芳砜纶	中芳新材料有限公司	特安纶

撰稿人：杨涛

2022/2023中国纱线流行趋势发布报告

中国棉纺织行业协会

棉纺织行业是积淀深厚的基础产业，是关系民生的富民产业，是开放合作的全球产业，作为传统领域、标志性构成，在纺织服装行业中具有特殊重要性。长期以来，中国棉纺织行业协会通过各种方式向全行业推荐优质纱线，通过开展中国纱线流行趋势工作，推进行业纱线品牌的建设与技术的进步。

中国棉纺织行业协会于2019年启动了中国纱线流行趋势的研究与发布，秉承"创新、绿色、低碳、环保、时尚"的定位要求，挖掘引领中国纱线发展趋势的产品，推广新产品技术与应用、推进纱线品牌建设。时至今日，中国纱线流行趋势已成为棉纺织产业链企业了解和掌握当今纱线市场流行趋势、加强产业链协作的重要平台。

2022/2023中国纱线流行趋势的主题是"探寻与回归"，围绕该主题，发布了"绿色生态""功能赋予""品质匠心"三大篇章及推荐纱线。本文重点解读2022/2023中国纱线流行趋势的主题、篇章及发布产品。

一、趋势主题：探寻与回归

（一）探寻

2020~2022年，在新冠肺炎疫情冲击之下，棉纺织行业发展不仅需要应对国际地缘政治所引发的外部环境的变化，应对需求收缩、供给冲击、预期转弱等内部环境的影响，还需要克服人工成本上涨、限电限产以及十年最高棉价对市场造成的波动等各类影响企业生产经营的直接压力与困难。面对严峻复杂的形势和不确定性，棉纺织行业积极厘清思路，探寻新赛道，以转型促发展。

其中，求新、求变成为棉纺企业探寻发展路径的重要举措，越来越多的棉纺企业逐步意识到产品创新对企业发展的必要性，在做精做专常规产品的基础上，开始重视产品研发，各种应用新材料、高品质、多功能的差异化纱线产品不断涌现，并推向市场。

（二）回归

无论怎样"探寻"，棉纺织企业的最终目标依旧会"回归"到创造价值上。长期以来，棉纺织市场形成了以常规产品为主、差异化产品为补充的充分竞争格局。近年来，为满足日益变化的下游需求，在上游原料研发技术不断突破的支持下，部分纺纱企业加快探索新常态下的转型发展之道，推动我国差异化纱线占比逐年提高，为下游提供了更加多元的选择，也为企业创造了可观的经济效益。

未来，棉纺织企业在产品开发过程中，锚定创造价值的目标不动摇，从纤维选择、设备选用、工艺设计、色彩赋予、形态变化等角度，挖掘创新思路、激发开拓热情，探索独特的差异化产品研发之路，在中国纱线流行趋势的引领下，既为自身发展赢得更为广阔的空间，也会在我国未来差异化纱线市场的蓝图上描绘浓墨重彩的篇章。

二、发布篇章及推荐产品

（一）绿色生态——拥抱自然·乐享多彩人生

绿色生态纺织品不仅仅是生活质量提高下人们对环保和谐、可循环追求的结果，也是人们对资源的一种节省。企业通过绿色纤维的应用、绿色处理技术，分别从纺纱原料来源（如原料生态环保、可再生、可降解）、高效工艺流程设计（如生产过程低碳环保）以及绿色加工技术（如色纺纱技术）等角度，涵盖纺纱生产的全流程，实现绿色、生态、循环利用的生产理念。

图1　聚乳酸棉赛络紧密纺混纺纱

1. **聚乳酸棉赛络紧密纺混纺纱**（图1）

产品规格：PLA60/JC40 40S。

关键词：环保可降解、抑菌。

推荐理由：与传统的聚酯纤维相比，聚乳酸纤维具有环保、可降解、抑菌、抗螨、防过敏、亲肤、导湿透气、难燃以及抗紫外线等优越性能。纤维独特的芯吸效应与涡流纺纱特点完美契合，产品具有极佳的吸湿快干性能。

适用范围：服装面料、家纺面料（图2）。

代表企业：江苏悦达棉纺有限公司。

品牌：YDTEX。

2. **无盐碱染色色纺纱**（图3）

产品规格：EcoFRESH Yarn。

关键词：无需盐碱、棉纱染色。

图2　聚乳酸棉赛络紧密纺混纺纱的应用

释义 EcoFRESH Yarn®

— **Flexibility**

灵活调配
常备库存，
品种丰富，可随时按需调配

— **Rapid-response**

快速反应
先成品后染色，
做到快速交货，抢占市场先机

— **Eco-friendly**

节能环保
无盐无碱染色，
大幅减少对染料及水电气的消耗，
绿色生产

— **Sustainability**

持续发展
拓宽应用范围，
减少环保负担，实现多方共赢

— **Humanity**

改善用工
简化一线生产人员工序，
提供洁净的生产环境

图3　无盐碱染色色纺纱的特点

图4　无盐碱染色色纺纱应用

图5　再生纤维素纤维喷气涡流纺纱

推荐理由：2013年底，百隆正式推出研发十年而得的全新环保产品 EcoFRESH Yarn®。EcoFRESH Yarn®是一款通过将特殊处理的棉纤维与普通棉纤维进行混合后纺纱的创新坯纱色纺纱产品。在无盐无碱条件下，纱线中特殊处理的棉纤维可直接被染色，而普通棉纤维基本不上色或轻微沾色，从而制造出纱线中色彩与露白混合的色纺纱效果。这一款颠覆色纺业传统染色的色纺坯纱，不仅极大程度地拓宽了色纺纱的应用领域，而且其无需盐碱的棉纱染色工艺特点将真正意义上的实现绿色生产，为可持续发展带来全新的方向。

适用范围：服装面料，家纺面料。图4的衣服均由Cotton LEADS™棉花及百隆东方EcoFRESH®染色技术结合制作而成，Cotton LEADS™的精致洁净棉花与EcoFRESH Yarn®环保性能、无飞花优势、突破性的棉纤维自动吸收染料特性相辅相成，使衣物的颜色极为靓丽，尽显纯粹之美。

代表企业：百隆东方股份有限公司。

品牌：EcoFRESH Yarn®。

3. 再生纤维素纤维喷气涡流纺纱（图5）

产品规格：喷气涡流纺 100%ECOVERO 60S。

关键词：生态环保、欧盟环保标签认证。

推荐理由：使用生态环保黏胶纤维，采用可持续发展的木材资源，ECOVERO纤维已经获得欧盟环保标签认证，只有净环境影响远低于市场同类产品方可通过这项认证。生产期间主要解决了生态黏胶涡流纺纱的效率低、疵点多、接头困难等工艺难点，使涡流纺生态黏胶的批量生产实现可能。

适用范围：梭织用纱，用于休闲面料开发（图6）。

代表企业：德州华源生态科技有限公司。

品牌：锦密纺。

4. 循环再利用再生纤维素纤维赛络紧密纺纱（图7）

产品规格：赛络紧密纺纱FINEX 黏胶40S。

关键词：循环再利用、可降解。

推荐理由：植物基再生纤维，产品源自回收衣料以及国际权威认证的种植林木浆，利用制衣过程中的衣料裁片以及消费后回收衣物为原料，如牛仔裤、T 恤等，借助行业领先的纤维素再造技术，进行资源循环回收再利用。纤维100%生物基，可60天快速降解，并且拥有植物纤维专有的吸湿透气、舒适亲肤等特点。

适用范围：服装面料、家纺面料。

代表企业：林茨（南京）黏胶丝线有限公司。

品牌：纤生代。

图6 再生纤维素纤维喷气涡流纺纱的应用

图7 循环再利用再生纤维素纤维赛络紧密纺纱

5. 再生棉纱

产品规格：棉/再生棉70/30 21S。

关键词：循环再利用、绿色低碳。

推荐理由：绿色环保、可持续再生，年回收1000t废纱、废布、边角料，年减少碳排放 977316kg，污水 2540m^3，年节约电1380000kW，水63000m^3。再生棉为纺织行业带来了新的商机，将下脚料变废为宝，有效地解决了纺织行业的环保问题，为产业低碳作出应有的贡献；大力开拓市场，使再生棉成为企业新的利润提升点。

适用范围：服装面料（图8）。

代表企业：海安联发棉纺有限公司。

品牌：江海银河。

专利：循环再生棉生产加工工艺，专利号：ZL202010058705.4（图9）。

6. 再生聚酯纤维混纺纱 （图10）

产品规格：再生涤纶/环保黏胶 67/33、65/35、50/50，32S。

关键词：循环再利用、环保。

推荐理由：绿色环保再生涤纶是一种新型环保聚酯纤维，将回收的可乐瓶碾成碎片后，经过抽丝加工而成，可循环使用。与其混纺的黏胶纤维是采用可持续的木材资源，以及生态

图8 再生棉纱的应用

环保的生产工艺制得，从而经其混纺出来的纱具有环保、可循环使用等特性，环保特性保障了产品的长久生命力，在产业领域实现可持续发展。

适用范围：高档时装面料、正装面料、职业装面料、家纺面料。

代表企业：杭州永昉纺织有限公司。

7. 零碳莱赛尔纱线（图11）

产品规格：零碳天丝 21~60S。

关键词：低碳、环保。

推荐理由：利用纤维生产过程低碳、环保、绿色性能，实现纺纱的环保绿色，实现产品"创新""绿色""低碳""环保""时尚"的特点，遵循高质量发展理念。

适用范围：高档成衣、休闲服、家纺面料等（图12）。

代表企业：苏州震纶棉纺有限公司。

品牌：SZEN。

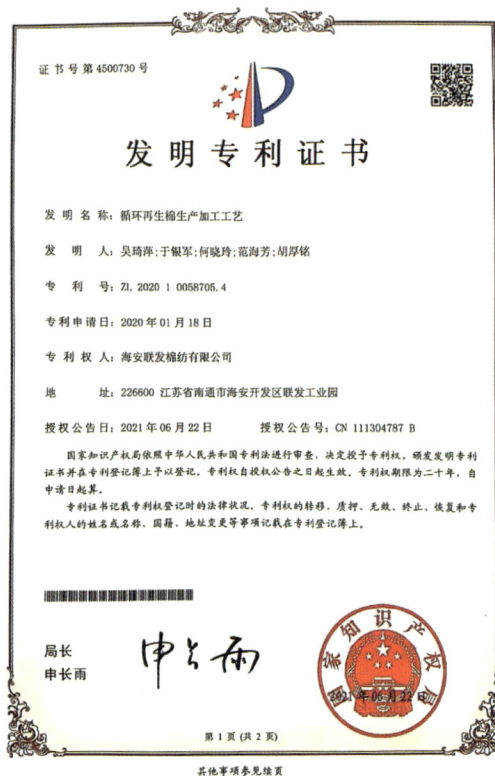

图 9　发明专利：循环再生棉生产加工工艺

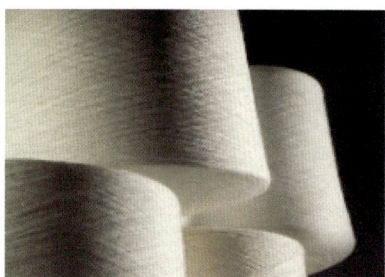

图10　再生聚酯纤维混纺纱　　图11　零碳莱赛尔纱线　　图12　零碳莱赛尔纱线的应用

（二）功能赋予——破除枷锁·探寻设计至美

功能纺织品主要有舒适类、卫生保健类等，企业通过创新采用多组分纤维、新型纺纱工艺，赋予纱线更多功能，如抑菌、吸湿快干、保暖、保健等。消费者现在更加关注纺织品的舒适感、健康防护性及安全性，以再生纤维素纤维为基础的抑菌功能性纺织品正迎来新的市场机遇。

1. 吸湿排汗混纺纱线

产品规格：亚微米纤维/棉，32S。

关键词：静电纺丝、吸湿排汗。

推荐理由：静电纺丝技术工艺流程短，生产成本低，并且能够有效地制备纳米级别的纤维。亚微米纤维由于其极大的体积质量比，只需很小的混纺比，即能对纱线及其织物的导湿排汗性起到改善作用（表1）。

适用范围：服装、家纺、产业用。

代表企业：河南新野纺织股份有限公司。

品牌：汉凤。

表1 吸湿排汗混纺纱线吸湿速干性能

项目名称	指标	项目名称	指标
吸水率平均值（%）	225	芯吸高度要求（cm）	≥10
针织物滴水扩散时间（s）	≤3	水分蒸发速率（g/h）	>0.19

2. 抑菌消臭聚酯纤维混纺纱线（图13）

产品规格：赛络纺JC/禾合T 50/50 21~40S。

关键词：抑菌、消臭。

推荐理由：自主研发的禾合纤维，加入生物基抑菌抗病毒PHBV母粒熔融纺丝，非溶出性抑菌，安全性高，具有高效持久的抑菌消臭特性（表2）。

适用范围：功能性针织、梭织、产业用纺织品等（图14）。

代表企业：南京禾素时代抑菌材料科技有限公司。

品牌：禾素时代。

专利：一种应用禾合生物基材料的抗菌消臭POLO衫、一种应用禾合生物基材料的抗菌消臭T恤衫两个实用新型专利在受理中，一种生物基材料PHBV和聚酯改性抗菌消臭抗病毒母粒一个发明专利在受理中。

图13 抑菌消臭聚酯纤维混纺纱线

图14 抑菌消臭聚酯纤维混纺纱线的应用

表2 抑菌消臭聚酯纤维混纺纱线抑菌消臭性能

检验检测项目	测试方法	标准值及允差		检验检测结果	判断
消臭性能的测定（%）	ISO 17299-3：2014（E）	氨气≥70%		73.6%	合格
	ISO 17299-2：2014（E）	醋酸≥70%		90.3%	合格
	ISO 17299-3：2014（E）	异戊酸≥85%		96.1%	合格
抑菌性能（大肠杆菌AATCC 25922、金黄色葡萄球菌AATCC 6538、白色念珠菌AATCC 10231）	GB/T 20944.3—2008纺织品抗菌性能的评价 第3部分：振荡法	大肠杆菌抑菌率≥70%		82%	具有抑菌效果
		金黄色葡萄球菌抑菌率≥70%		98%	具有抑菌效果
		白色念珠菌抑菌率≥60%		78%	具有抑菌效果

3. 壳聚糖多彩紧密纺色纺纱（图15）

产品规格：壳聚糖/竹纤维/莫代尔 10/70/2 40~60S。

关键词：绿色抑菌。

推荐理由：壳聚糖纤维是从海洋螃蟹壳中提炼出来的绿色健康纤维，具有天然抑菌属性，对大肠杆菌、白念珠菌、金黄色葡萄球菌抑菌率达到98%以上，易混纺。

适用范围：高档童装、女士内衣、床品（图16）。

代表企业：江苏金天马纱业有限公司。

品牌：天马。

4. 差别化锦纶短纤维混纺纱线

产品规格：莱赛尔/锦 60/40 50S。

关键词：锦纶短纤、差别化、吸湿速干。

推荐理由：以差别化锦纶短纤维为原料，结合莫代尔纤维、莱赛尔纤维等进行多组分混纺，开发多种功能性锦纶短纤维混纺纱，满足当下市场对锦纶短纤功能性服装的需求。此外，锦纶纤维具有高强、耐磨、吸湿性好、弹性好等特点，其服装穿着舒适，产品附加值高，市场潜力巨大。代表产品有：冰凉抑菌锦纶混纺纱、吸光发热锦纶混纺纱、异型吸湿排汗锦纶混纺纱。

适用范围：休闲家居服装、时尚运动服装（图17）。

代表企业：山东联润新材料科技有限公司。

品牌：联润。

图15　壳聚糖多彩紧密纺色纺纱

图16　壳聚糖多彩紧密纺色纺纱的应用

图17　差别化锦纶短纤维混纺纱线的应用

表3为对差别化锦纶短纤维混纺纱线吸湿透湿性能的要求。

表3　差别化锦纶短纤维混纺纱线吸湿透湿性能检测结果及评判

GB/T 21655.1—2008检测项目						
序号	检验项目及测试方法	标准要求	检测结果（原样）		检测结果（洗涤5次后）		单项评判
1	滴水扩散时间/s（GB/T 21655.1—2008）	≤3	0.7		0.5		符合
2	蒸发速率/（g/h）（GB/T 21655.1—2008）	≥0.18	0.22		0.26		符合
3	芯吸高度/mm（FZ/T 01071—2008）	≥100	直向	147.7	直向	156.3	符合
			横向	161.0	横向	172.3	
4	吸水率/%（GB/T 21655.1—2008）	≥200	226		235		符合
5	织物透湿性能/[g/（m²·d）]（GB/T 12704.1—2009）温度：38℃ 湿度：90% 方向：正面朝氯化钙	≥10000	10089		10180		符合

洗涤程序：GB/T 8629—2001，No.5A，40℃，烘箱烘干，洗涤5次。

注　此符合性声明仅基于本次实验室活动的实际值，未将本次实验室活动的结果不确定度影响计入。

5. 抑菌抗紫外混纺紧密纺纱（图18）

产品规格：紧密纺，涤/竹/莱赛尔　40/40/20，100S。

关键词：绿色环保、抑菌、抗紫外线、织物服用性能好（图19）。

推荐理由：

（1）绿色环保：竹纤维利用天然竹子为原料，经特殊的工艺处理而制取的再生纤维素纤维，制成的产品可自然降解，无任何污染，是一种天然的、绿色的、环保型的纤维原料；

图18　抑菌抗紫外混纺紧密纺纱

（2）抑菌抗紫外线：保持了竹子原有的抑菌、抗紫外线、透气性好、凉爽的特性，同时拥有莱赛尔纤维的吸放湿性好、手感柔软、织物悬垂性好、上色容易、染色色彩亮丽等特性；

（3）织物服用性好：织物滑爽、柔软，多组分混纺可实现优势互补，服用性能更佳。

适用范围：内衣、服饰、家纺床品（图20）。

报告编号（Report NO.）：1911600619　　　　第 3 页　共 3 页（Page 3 of 3）

检　测　报　告

TEST REPORT

序号 Series Number	检测项目 Test Items		技术要求 Requirement	检测结果 Test Results	单项结论 Item Conclusion	备注 Remarks
1	抗紫外线性能	T（UPF）$_{AV}$	UPF>40且T（UVA）$_{AV}$<5%	50.52	防紫外线产品	—
		UPF值		50		—
		T（UVA）$_{AV}$（%）		0.69		—
		T（UVB）$_{AV}$（%）		3.95		—

序号 Series Number	检测项目 Test Items	检测结果 Test Results					单项结论 Item Conclusion
		标准空白试样“0”接触时间的活菌浓度（CFU/mL）	标准空白试样振荡18h后的活菌浓度（CFU/mL）	抗菌织物试样振荡18h后的活菌浓度（CFU/mL）	抑菌率（%）	标准值（%）	
2	金黄色葡萄球菌（*Staphylococcus aureus*）ATCC 6538	1.3×10^4	2.8×10^6	<20	>99	≥99	抗菌效果符合A级

序号 Series Number	菌种名称	抑菌圈宽度（mm）	标准值（mm）	单项结论
3	金黄色葡萄球菌（*Staphylococcus aureus*）ATCC 6538	0	≤5	符合溶出安全性指标

注：1. AAA级检测的样品由检验方水洗10次。
2. 溶出安全性项目的样品由检验方水洗1次。

以下空白

图19　抑菌抗紫外混纺紧密纺纱抗紫外及抑菌性能

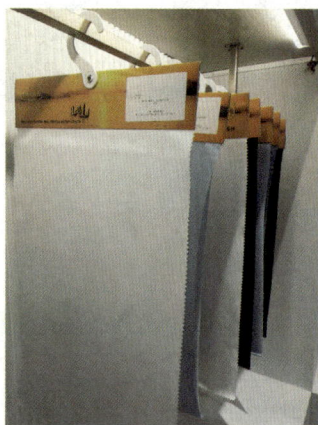

图20　抑菌抗紫外混纺紧密纺纱的应用

代表企业：无锡一棉纺织集团有限公司。

品牌：TALAK。

6. 甘草再生纤维素纤维混纺纱

产品规格：莱赛尔/甘草黏胶/长绒棉　50/30/20　12S。

关键词：抑菌、保健。

推荐理由：甘草黏胶纤维具有清热解毒、补中益气功效，并具有良好的抑菌性能和物理性能（表4），是一种高效环保、能耗低的纤维。该混纺纱既具有真丝般的光泽和滑爽柔软的手感，又保持了良好的吸湿、排湿、手感光滑。

适用范围：高档内衣、床上用品和医疗行业用品。

代表企业：临邑恒丰纺织科技有限公司。

品牌：恒惠、恒锦。

表4 甘草再生纤维素纤维混纺纱物理性能指标

项目	性能指标	项目	性能指标
重量CV（%）	1.28	平均强力（cN）	228.6
单强CV（%）	6.92	条干CV（%）	10.66
断裂强度（cN/tex）	19.1	细节（-50%）（个/km）	0
重量偏差（%）	1.04	粗节（+50%）（个/km）	7.6
捻度（T/10cm）	121.5	棉结（+200%）（个/km）	21.6
捻系数	421	3mm毛羽	1.52
捻度CV（%）	2.8		

7. 聚酰亚胺混纺色纺纱（图21）

产品规格：赛络紧密纺，棉/聚酰亚胺70/30，10~60S。

关键词：保暖、耐磨抗皱、抑菌。

推荐理由：本产品采用70%棉和30%聚酰亚胺配比，经过紧密赛络纺工艺制成。聚酰亚胺纤维优良的保暖、抑菌、远红外、亲肤、阻燃性能大大改善棉纤维弹性差、不挺括、穿着时易起皱、耐磨性不够好的缺点（表5）。混纺后的织物手感更舒适亲肤，不褪色、无异味，大大提升了棉织物的品质。在消费升级的时代，该产品能够满足消费者对美观、时尚要求的基础上，还具有原生的安全性、保健性，广泛应用于内衣、运动服、军工等领域，发展前景广阔。

适用范围：内衣、运动服、军工服装等（图22）。

代表企业：汶上如意技术纺织有限公司。

品牌：天容。

专利：一种细纱机紧密纺负压风量外排系统，专利号：201921323848.2。

图21 聚酰亚胺混纺色纺纱

图22 聚酰亚胺混纺色纺纱的应用

表5　聚酰亚胺混纺色纺纱物理性能指标

项目		标准	本产品	常规产品
线密度变异系数（%）		3	1.5	1.5
单纱断裂强力变异系数（%）		≤13	≤3.7	≤7.8
单纱断裂强度（cN/tex）		≥13	≥15.4	≥14.9
耐皂洗色牢度（级）	变色	≥3-4	4-5	4
	沾色	≥3		
耐汗渍色牢度（级）	变色	≥3-4	4-5	4
	沾色	≥3		
耐干摩擦色牢度（级）		≥3-4	4-5	4
耐湿摩擦色牢度（级）		≥3-4	4-5	4

8. 生物基高效抑菌纱线

产品规格：天竹/纳米铜纤维/圣麻70/15/15，40S。

关键词：抑菌。

推荐理由：结合竹浆纤维特性研制开发，以天竹纤维为主要基材，与莱赛尔纤维、涤纶等化学纤维混纺，为消费者缔造绿色、健康、时尚、美好的纺织品。

适用范围：服装、家纺。

代表企业：保山恒丰纺织科技有限公司。

品牌：恒南。

9. 腈纶保暖混纺纱

产品规格：赛络纺，德绒/莱赛尔60/40，16~40S。

关键词：保暖环保。

推荐理由：

（1）所采用德绒（拜耳腈纶）与莱赛尔两种纤维都具有良好的染料亲和力，纺制成的织物光泽自然、色彩亮丽、织物柔软、悬垂性好；

（2）德绒纤维截面呈明显狗骨型，具有优异的热空气储存能力，可以保留更多的静止空气从而达到保暖的效果，织物膨松度比其他同类纤维高10%，可媲美"羊绒"，具有良好的应用和推广价值；

（3）Lyocell可生物降解性能，使纤维具有得天独厚的环保性能，对环境和身体健康皆有益。

适用范围：功能性服装（警服、狩猎服、泳装）、工装面料。

代表企业：山东岱银纺织集团股份有限公司。

品牌：岱银。

10. 莫代尔抑菌稀土黏胶泯菌纺混纺纱线

产品规格：70%莫代尔/30%稀土抑菌黏胶，60S。

关键词：环保可降解、绿色安全永久抑菌。

推荐理由：采用超细纤维素纤维和以稀土为载体的抑菌黏胶混纺而成，由该纱线制成的面料手感柔滑，有舒适的亲肤感、良好的悬垂性，同时具有永久高效的抑菌效果，符合AAA级纺织品抑菌标准（图23），且该抑菌技术采用了高度安全的非溶出性技术，通过了欧盟RoHS认证、SGS安全认证（抗菌物质溶出性为：非溶出性）以及 ISO 10993-10:2010皮肤刺激性安全认证（皮肤刺激性为0）。

适用范围：内衣。

代表企业：无锡四棉纺织有限公司。

品牌：球鹤。

广东省微生物分析检测中心
GUANGDONG DETECTION CENTER OF MICROBIOLOGY
分 析 检 测 结 果
ANALYSIS AND TEST RESULT

报告编号（Report No.）：2021FM02287R01D

测试结果如下 Test results are as follows：					
测试微生物 The tested organism	标准空白试样"0"接触时间的活菌浓度 Cell Concentration for standard blank samples with "0" contact time（CFU/mL）	标准空白试样振荡18h后的活菌浓度 Cell Conc entration for standard blank samples after 18h oscillation（CFU/mL）	抗菌织物试样振荡接触18h后的活菌浓度 Cell Concentration for anti-bacterial fabric samples after 18h oscillation（CFU/mL）	抑菌率 The inhibition rate（%）	标准要求 Standards Requirements（%）
金黄色葡萄球菌 （Staphylococcus aureus） AATCC 6538	2.5×10^4	1.2×10^7	8.4×10^3	99	≥70
肺炎克雷伯氏菌 （Klebsiella pneumoniae） AATCC 4352	2.6×10^4	2.3×10^7	2.0×10^6	91	—
白色念珠菌 （Candida albicans） AATCC 10231	2.0×10^4	1.7×10^6	6.8×10^4	96	≥60

图23　莫代尔抑菌稀土黏胶泯菌纺混纺纱线抑菌性能

11. 芦荟蛋白纤维抑菌护肤混纺纱（图24、表6）

产品规格：棉/芦荟蛋白70/30；环锭纺：5~21S平纱和竹节纱；环锭纺：5~21S氨纶包芯纱或三芯纱。

关键词：天然植物抑菌、亲水保湿、滋润肌肤。

推荐理由：将芦荟蛋白纤维与棉混纺，开发低支纬纱或弹力纬纱。该混纺纱线不仅具有纯棉纱的柔软性和穿着舒适性，还能弥补纯棉织物易折皱和抑菌性不佳等缺陷。同时具有护肤养护、透气舒爽等性能。

图24　芦荟蛋白纤维抑菌护肤混纺纱

表6　芦荟蛋白纤维抑菌护肤混纺纱物理性能

序号	测试指标	方法	内控标准	测试结果	判定
1	产品类别	—	—	棉/芦荟蛋白混纺纱	—
2	纱支名称	—	—	棉/芦荟蛋白14/Q75&40+20PT3.0（70/30）	—
3	百米克重（g）	—	—	4.197	—
4	实际号数（tex）	GB/T 4743—2009	—	43.00	—
5	重量偏差（%）	根据回潮率计算	−2.5%~+2.5%	1.2	符合
6	重量CV（%）	GB/T 4743—2009	≤2.0	0.34	符合
7	回潮率（%）	GB/T 9995—1997	—	7.2	—
8	断裂强力（cN）	GB/T 3916—2013	≥540	569.5	符合
9	强力CV（%）	GB/T 3916—2013	≤8.5	8.1	符合
10	断裂强度（cN/tex）	GB/T 3916—2013	≥13	13.4	符合
11	捻度（T/10cm）	GB/T 2543.2—2001	—	67.80	符合
12	捻系数	GB/T 2543.2—2001	—	449	—
13	条干CV（%）	GB/T 3292.1—2008	≤11.2	10.44	符合
14	细节（−50%）（个/km）	GB/T 3292.1—2008	≤1	0	符合
15	粗节（+50%）（个/km）	GB/T 3292.1—2008	≤30	5.8	符合
16	棉结（+200%）（个/km）	GB/T 3292.1—2008	≤20	10.0	符合
17	细纱毛羽指数（3mm）	ZH/WI-103	≤8	5.31	符合

适用范围：牛仔服装、针织内衣、袜子、床上用品等。

代表企业：忠华集团有限公司。

品牌：忠华牌。

12. 抑菌双包舒弹纱

产品规格：禾素抑菌涤/安泰贝/汉麻50/30/20，12S，50旦抑菌长丝+40旦；环保莱卡（3.5倍），7~50S。

关键词：抑菌。

推荐理由：抑菌涤纶强力高，安泰贝是活性抑菌物质均匀渗入黏胶基材料，吸湿透气强。汉麻材料天然、亲肤、抑菌，三种材料组合，能够使抑菌功能更加强大，更加持久，同时增加服装穿着的舒适感。

适用范围：牛仔服装，机织、针织的运动休闲服装以及羽绒服、外套。

代表企业：山东岱银纺织集团股份有限公司。

品牌：岱银。

13. 再生聚酯竹纤维混纺纱（图25）

产品规格：竹纤维/涤纶50/50，50S，棉/涤纶/竹纤维50/40/10，32S。

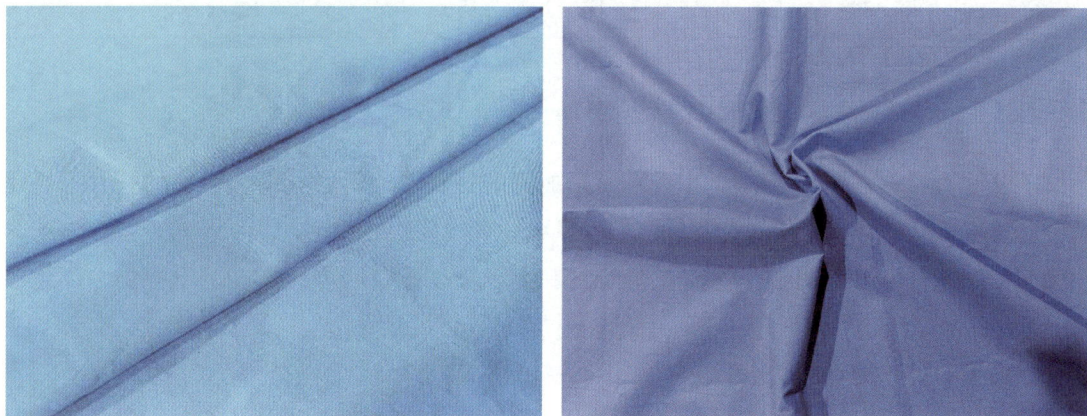

图25　再生聚酯竹纤维混纺纱的应用

关键词：抑菌。

推荐理由：竹纤维具有较好的吸湿性、透气性，具有天然的抑菌和防紫外线性，抑菌值≥ 2.5，杀菌值≥ 0.5，较好的染色均匀性，较强的耐热性，可生物降解性。竹涤混纺、棉竹涤多组分系列纱线更具有抑菌、除臭吸附、吸湿排湿、超强的抗紫外线和超强的保健功能等。

适用范围：服装、家纺、产业用。

代表企业：咸阳纺织集团有限责任公司。

品牌：雅迪斯。

14. 火山岩纤维混纺纱（表7）

产品规格：赛络紧密纺，精梳棉/火山岩60/40，40S，涤黏火山岩，65/35，32S。

关键词：蓄热保暖、抑菌、绿色。

推荐理由：应用新型火山岩纤维，创新高效柔性梳理技术、环锭纺、紧密赛络纺技术、细纱集体落纱技术，在线质量监测技术研发生产了精梳棉/火山岩、再生涤/火山岩、天丝/火山岩等混纺高品质纱线，手感柔软、强度高、毛羽少、抗起毛起球好、条干均匀度好。应用其制成的纺针织物纺织品布面光洁，轻蓬暖柔，耐磨性好、具有蓄热升温、改善微循环、有助抑菌功能，且绿色环保。

适用范围：服装、家纺、运动服、健康保健。

代表企业：南通双弘纺织有限公司。

品牌：双弘。

表7　火山岩纤维混纺纱物理性能

品种	条干CV （%）	−50%细节 （个/km）	+50%粗节 （个/km）	+200%棉结 （个/km）	毛羽H	强力 （cN）
精梳棉/火山岩60/40，40S	11.4	0.8	12.5	23.8	2.85	240.2
再生涤/火山岩65/35，32S	10.6	0.5	4.5	14.3	2.72	308.5
天丝/火山岩50/50，40S	11.7	1.2	13.3	28.5	2.82	279.8

（三）品质匠心——质朴本真·回归至简初心

在纺纱生产中，原料、纺纱方式及现有加工装备往往会给纱线带来不同的特性及优劣势。为创造及满足更为丰富的消费及使用需求，企业在常规纤维、传统纺纱工艺基础上突破纱线结构限制、突破原料传统使用范围限制和突破加工装备限制，创新纤维混纺、工艺调整、设备改造，优化纱线性能，努力做到精益求精。

1. 细旦再生纤维素纤维纱线（图26）

产品规格：BV细旦1.0dtex×38mm，80S。

关键词：细旦。

推荐理由：涡流纺R80S纱线是由1.0dtex×38mm100%细旦黏胶纤维，利用涡流纺纱技术纺制而成（表8）。纱线毛羽少，具有优良的抗起球性、耐磨性，拥有完美的吸湿性和耐洗性，光滑凉爽、透气、抗静电、防紫外线、染色牢度好的特点。成品颜色光泽绚丽、布面光洁、印花清晰鲜明，手感柔滑舒适，亲肤感强，并具有良好的透气性能。

适用范围：广泛应用于各类床上用品，内衣、服装类等领域（图27）。

代表企业：吴江京奕特种纤维有限公司。

品牌：京奕。

图26　细旦再生纤维素纤维纱线

表8　细旦再生纤维素纤维纱线物理性能

项目	环锭纺行业标准	涡流纺行业标准	纤维素纤维80支
公称线密度（tex）	13.1~16.0	13.1~16.0	14.7
等级	优等	优等	优等
单纱断裂强力变异系数（%）	≤10	≤10	≤8.2
线密度变异系数（%）	≤1.5	≤1.2	≤1
单纱断裂强度（cN/tex）	≥12.8	≥10.5	≥13.3
线密度偏差率（%）	±2.0	±1.5	0.7
条干均匀度变异系数（%）	≤13.5	≤15	≤13.42
千米棉结（200）（个/km）	≤90	≤50	≤19
十万米纱疵（个/10km）	≤16	≤15	≤5

图27　细旦再生纤维素纤维纱线的应用

2. 涡流纺莱赛尔纯纺纱（表9）

产品规格：涡流纺100%莱赛尔，10~80S。

关键词：高支。

推荐理由：使用1.11dtex×38mm莱赛尔原料开发出高支数莱赛尔产品，在涡流纺行业内属于首次。京奕公司为开发出高质量纱线，针对不同要求制订出不同纺纱工艺流程。莱赛尔不仅突破了非细旦原料纺出高支数纱线的瓶颈，更是突破了高支数纱线纺纱速度的极限（500m/min）。

适用范围：服装、家纺、产业用织物产品。

代表企业：吴江京奕特种纤维有限公司。

品牌：京奕。

表9 涡流纺莱赛尔纯纺纱物理性能

品名	公称线密度（tex）	等级	单纱断裂强力变异系数（%）≤	线密度变异系数（%）≤	单纱断裂强度（cN/tex）≥	线密度偏差率（%）	条干均匀度变异系数（%）≤	千米棉结（200）（个/km）≤	十万米纱疵（个/10km）≤
环锭纺	8.1~11.0	优等	10.5	1.5	12.0	±2.0	14.5	140	15
涡流纺	8.1~11.0	优等	11	1.2	10.0	±1.5	16.0	90	15
涡流纺莱赛尔纯纺纱	9.8	优等	9.8	0.9	19.8	0.7	14.8	36	10

3. 单组分 PTT 弹性短纤维纱线（图28）

产品规格：100%sorona，30S（srio）。

关键词：抗皱保型、易打理、手温熨烫。

推荐理由：单组分 sorona 纤维具有弹性大、回缩性强特点，通过纺纱技术创新实现单组分 sorona 纯纺纱线生产，突破行业内 sorona 无法纯纺的生产技术瓶颈。单组分 sorona 面料具有优异的抗皱保形性及柔软的手感，同时兼具一定的手温熨烫功能，产品性能突出，目前此项纺纱技术已申报国家发明专利。

适用范围：针织、家纺、服装（图29）。

代表企业：魏桥纺织股份有限公司。

品牌：魏桥。

图28 单组分 PTT 弹性短纤维纱线

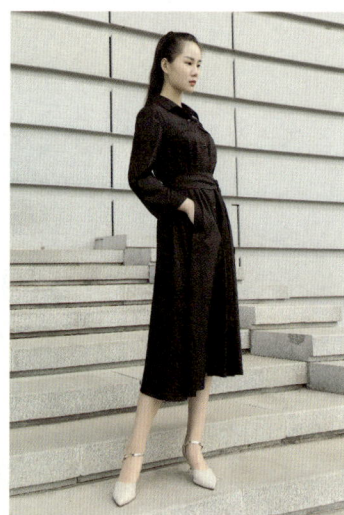

图29 单组分 PTT 弹性短纤维纱线的应用

4. 重聚纺纱线

产品规格：100%棉，30~80S。

关键词：多重集聚纺、外层紧密光洁、内部柔软。

推荐理由：采用新型纺纱方法多重集聚纺制的纱线，大幅度降低了 3mm 以上的有害毛羽，同时具有外层紧密光洁而内部柔软的特殊结构特点，克服了现有环锭纺与紧密纺的缺陷，显著提高了纱线的综合品质（表10）。

适用范围：梭织与针织面料高端用纱。

代表企业：安徽华茂纺织股份有限公司。

品牌：乘风。

专利：

（1）环锭纺加工过程中须条的整束去羽装置，专利号：ZL201410671777.0。

（2）专用于环锭纺降低管纱毛羽的旋转轮，专利号：ZL20141067176.1X。

（3）多重集聚纺底座等高定位安装工具及其使用方法，专利号：ZL201710248671.3。

（4）一种对须条进行整纤的纺纱方法，专利号：ZL201410026731.1。

（5）用于加强须条立体控制的集棉器，专利号：ZL201520302609.4。

表10　重聚纺纱线物理性能

检验项目	品种类别					
	40S/1筒纱		55S/1筒纱		80S/1筒纱	
	环锭纺	重聚纺	环锭纺	重聚纺	环锭纺	重聚纺
	检验结果		检验结果		检验结果	
条干均匀度变异系数CV（%）	14.54	14.28	12.29	12.28	14.54	14.64
棉结+200%（个/km）	346	327	77	66	138	173
单纱断裂强力（cN）	242.8	250.4	212.8	217.6	168.8	169.0
2mm毛羽根数（根/10m）	472	377	507	272	233	139
3mm毛羽根数（根/10m）	121	82	104	52	47	22

5. 牛仔超柔纱（图30）

产品规格：100%棉，7~12S。

关键词：柔软的牛仔用纱。

推荐理由：通过在生产过程中采用新的纺纱装置，实现新的纺纱工艺，掌握新的质量标准，产品运用在牛仔服装上，达到了织物手感柔软贴肤，毛羽减少，织物纹理清晰，尤其为女装、童装的牛仔服装时尚化提供了优质的纱线原料。

图30　牛仔超柔纱

适用范围：服装。

代表企业：湖北德永盛纺织有限公司。

品牌：德永盛长怡。

6. 高支莱赛尔紧密纺纱线（图31）

产品规格：紧密纺，100% G100天丝，60~100S。

关键词：高支。

图31　高支莱赛尔紧密纺纱线

推荐理由：纱线强度高（表11）、染色固色优良，手感顺滑，可广泛用于针织和梭织高档面料，所制备面料吸湿透气、手感柔软、亲肤性好、色泽鲜艳。

适用范围：衬衣、家纺床品、产业用纺织品。

代表企业：际华三五零九纺织有限公司。

品牌：九连环。

专利：一种天丝纯纺高支纱及其生产方法和用途，专利号：201911357354.0。

表11　高支莱赛尔紧密纺纱线物理性能

检测项目	测试方法	指标值	检验检测结果	判定
条干均匀度变异系数CV（%）	GB/T 3292.1—2008 纺织品　纱线条干不匀试验方法　第1部分　电容法	≤17	13.5	合格
单纱断裂强度（cN/tex）	GB/T 3916—2013 纺织品　卷装纱　单根纱线断裂强力和断裂伸长率的测定（CRE法）	≥20	28.8	合格

7. 双丝异捻向纱线（图32）

产品规格：长丝含量28%~52.5%，21~40S。

关键词：双长丝对棉纤维的网状交叉捆绑。

推荐理由：双丝异捻向纱线通过纺纱技术创新采用两步法成纱方式，实现双长丝对棉纤维的网状交叉捆绑结构，在大幅提升纱线强度的同时，使纱线保持了较高的棉感；有效解决了现有工装面料厚重、不耐磨、透气性差、化纤感强的特点（表12）。

适用范围：工装、作训服、职业装（图33）。

代表企业：魏桥纺织股份有限公司。

品牌：魏桥。

专利：一种工装用双丝异捻向捆绑纱线及其生产方法，专利号：CN202110438126.7。

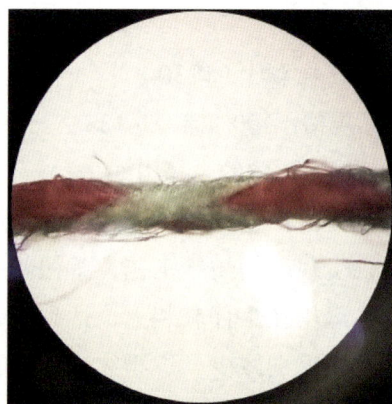
图32　双丝异捻向纱线微观结构

表12　双丝异捻向纱线物理性能

测试项目	检测依据	实测值	测试项目	检测依据	实测值
条干 CV（%）	GB/T 3292.1—2008	10.43	DR值（%）	GB/T 3292.1—2008	14.8
细节（−50%/−40%）	GB/T 3292.1—2008	0/5	断裂强力（cN）	GB/T 3916—2013	394.5
粗节（+50%/+35%）	GB/T 3292.1—2008	4/63	断裂伸长率（%）	GB/T 3916—2013	12.1
棉结（+200%/+140%）	GB/T 3292.1—2008	7/69	变异系数CV（%）	GB/T 3916—2013	3.6
CV_b值（%）	GB/T 3292.1—2008	2.10			

图33　双丝异捻向纱线的应用

8. 中空再生纤维素纤维涡流纺纱（图34）

产品规格：涡流纺中空黏胶，30S。

关键词：中空。

推荐理由：在新疆属于首创，目前在国内也属于研究阶段，涡流纺黏胶中空纱具有优良的耐磨、抗起球，色泽鲜艳，吸湿性、保湿性、弹性、保暖性、爽感性好等特点（表13）。

适用范围：服装面料、家纺面料。

代表企业：巴州金富特种纱业有限公司。

图34　中空再生纤维素纤维涡流纺纱

表13　中空再生纤维素纤维涡流纺纱物理性能

品种	单纱强力（cN）	条干均匀度变异系数（CV）（%）	细节（−50%）（个/km）	粗节（+50%）（个/km）	棉结（+200%）（个/km）	毛羽	备注
OER30S	270.2	13.3	2.0	23.0	15.0	4.19	普通涡流纺
	294.7	12.80	0.8	10.3	18.3	4.05	中空纱涡流纺

9. 羊绒蛋白纤维混纺纱（图35）

产品规格：精梳棉/腈纶/黏胶/羊绒蛋白 30/30/20/20，40S。

关键词：保健、亲肤护肤。

推荐理由：羊绒蛋白可以直接纯纺，也可与棉、毛、麻、腈纶等混纺，制作的面料含有多种氨基酸，触感柔美滑糯，丰盈细腻，天然抑菌，亲肤舒爽（表14）。

适用范围：针织内衣。

代表企业：平原恒丰纺织科技有限公司。

品牌：奥代尔。

图35　羊绒蛋白纤维混纺纱

表14　羊绒蛋白纤维混纺纱物理性能

项目	性能指标	项目	性能指标
单纱强力（cN）	180.0	−50%细节（个/km）	0
单纱断裂强度（cN/tex）	12.00	+50%粗节（个/km）	7
捻度（T/10cm）	83.7	+200%棉结（个/km）	25
捻系数	321	3mm毛羽	1.57
条干均匀度（%）	11.28		

10. 无捻纱线（表15）

产品规格：水溶性聚酯纤维含量 20%~37.6%，21~40S。

关键词：蓬松柔软、吸湿透气、绿色低碳。

推荐理由：水溶性聚酯无捻纱在倍捻工序将棉纱与水溶性聚酯长丝采用反向加捻包缠纱的方法生产。后续的染整加工采用碱溶方式实现水溶性聚酯长丝的溶解。其产品质量稳定、加工工艺成熟，较水溶性维纶产品更加绿色低碳、节能环保，具有极大的推广价值。

适用范围：家居服、卫浴产品（图36）。

代表企业：魏桥纺织股份有限公司。

品牌：魏桥。

表15　CD32+T50旦水溶性聚酯无捻纱线物理性能

项目	性能指标	项目	性能指标
条干CV（%）	11.38	DR（%）	14.52
细节（个/km）	0/5	强力（cN）	382.6
粗节（个/km）	20/236	强力CV（%）	4.1
棉结（个/km）	44/290	伸长率（%）	10.9
CV_b（%）	2.20		

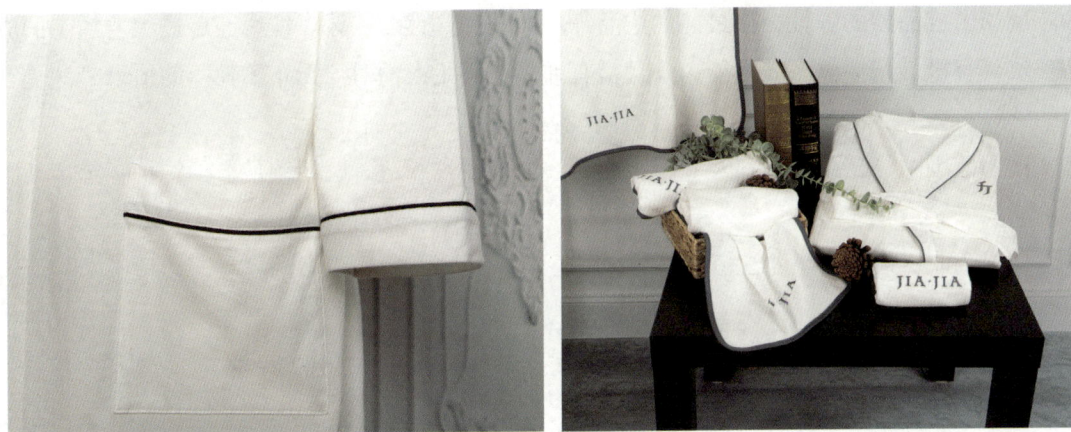

图36 无捻纱线的应用

11. 锦纶短纤纯纺高支纱线（表16）

产品规格：赛络紧密纺100% 锦纶，40S。

关键词：锦纶纯纺。

推荐理由：改善了传统锦纶面料亮滑的冰冷感，使锦纶面料体现出棉类面料的新视觉，在运动服饰、衬衣领域服饰面材等方面得到了高度的认可。

适用范围：运动服饰、衬衣。

代表企业：无锡四棉纺织有限公司。

品牌：球鹤。

表16 锦纶短纤纯纺高支纱线物理性能

项目	性能指标	项目	性能指标
断裂强力（cN）	467	Uster条干CV（%）	11.82
断裂强度（cN/tex）	31.55	−50%细节（个/km）	1
断裂强力CV（%）	9.9	+50%粗节/（个/km）	13
断裂伸长（%）	21.2	+200%棉节（个/km）	31
十万米纱疵（14级）	78	毛羽2mm	119

12. 超柔弹性纱（表17）

产品规格：DTY 涤氨包覆丝半消光重网 245dtex/288F。

关键词：柔软、弹性。

推荐理由：超柔弹性纱的加工主要是使用 200旦/288F 半消光高 F 涤纶长丝和具有丰富弹性的40旦氨纶丝作为原料，从德国进口的巴马格空包一体机上采用两种不同特性的原料混合制成。超柔弹性纱的形态是以氨纶丝为纱芯，涤纶丝为外包覆层。由于外包覆层使用的是多孔高 F 涤纶丝，其含量又高达 90% 以上，因此成品纱整体较为柔软细腻，而氨纶作为

• 241 •

纱芯增加了成品纱的弹性，使最终的成品纱集柔软和弹性于一体。纱线经后道织造加工的成品布也具有极佳的柔软亲肤性能，并且富有弹性，满足人们对"无布不弹"的追求，深受客户的青睐。

适用范围：高档牛仔面料及登山呢面料、弹性罗纹织边、医用绷带、护腕护膝等运动防护用品。

代表企业：桐昆集团浙江恒盛化纤有限公司。

品牌：桐昆。

专利：一步法生产涤氨空包纱换丝的方法，专利号：ZL201910246846.6。

表17 超柔弹性纱物理性能

项目名称	标准要求	实测值	项目名称	标准要求	实测值
线密度偏差率（%）	±3.0	0.9	断裂伸长率变异系数CV_b（%）	≤10.0	5.3
断裂强度（cN/dtex）	M-0.2	3.4	网络度（个/m）	M_2（1±10.0%）	120
断裂强度变异系数CV_b（%）	≤8.0	2.3			
断裂伸长率（%）	M_1±3.0	17.5	色泽均匀度（灰卡）（级）	≥4	4.5

注 M_1、M_2以客户要求为准。

13. 精细干纺纯亚麻低支纱（图37、表18）

产品规格：气流纺100%亚麻，1~5S。

关键词：棉纺干纺短流程+精细干纺纯亚麻低支纱。

推荐理由：在新工艺的基础上保留了亚麻纤维透气凉爽、吸湿排汗、抗霉抑菌、抗静电、防紫外线等天然功能，又解决了纱线成本高、效率低、品质和服用性能较差的缺点，进一步拓展了亚麻产品的应用领域。

适用范围：服装面料、窗帘、靠垫、沙发布、鞋材、服装吊牌绳（图38）。

代表企业：河南平棉纺织集团股份有限公司。

图37 精细干纺纯亚麻低支纱

表18 精细干纺纯亚麻低支纱物理性能

序号	检验项目	标准技术要求	实测结果	单项结论
1	百米重量偏差（%）	±3.5	2.0	合格
2	百米重量变异系数CV（%）	≤3.5	1.83	合格
3	单纱断裂强度（cN/tex）	≥9.0	9.52	合格
4	单纱强力变异系数CV（%）	≤16.0	10.5	合格
5	条干均匀度变异系数CV（%）	≤22.0	18.5	合格
6	−50%细节（个/km）	≤300	152	合格
7	纤维含量（%）	麻100%	麻100%	合格

图38 精细干纺纯亚麻低支纱的应用

14. 棉再生纤维素纤维/锦纶长丝混纺包芯纱（图39、表19）

产品规格：赛代尔/精梳棉50/50，30SAA+N30旦/1F，赛代尔/精梳棉50/50，50SAA+N15旦/1F。

关键词：舒适、包芯纱。

推荐理由：

（1）布面挺括、尺寸稳定性能好，抗撕破力强，具有免烫效果；

（2）染色性能较好，吸湿透气，色牢度好，经过多次洗涤仍可保持鲜艳如新；

（3）可使织物持续保持干爽、透气，亲肤，有利于人体的生理循环和健康。该产品已制定团体标准。

适用范围：服装面料（图40）。

代表企业：福建新华源纺织集团有限公司。

图39 棉再生纤维素纤维/锦纶长丝混纺包芯纱　　图40 棉再生纤维素纤维/锦纶长丝混纺包芯纱的应用

表19 棉再生纤维素纤维/锦纶长丝混纺包芯纱物理性能

项目	性能指标		项目	性能指标	
	30SAA+N30旦/1F	50SAA+N15旦/1F		30SAA+N30旦/1F	50SAA+N15旦/1F
单纱强力	253.2	157.2	−50%细节（个/km）	0	1
单强CV值（%）	5.7	6.9	+35%粗节（个/km）	64	200
断裂强度（N/tex）	13.8	13.4	+50%粗节（个/km）	11	28
条干CV值（%）	9.91	11.6	+140%棉结（个/km）	64	172
CV_b（%）	3.4	2.9	+200%棉结（个/km）	18	45
条干CV最大值	10.84	12.54	管纱毛羽 S1+2	7569	5838
条干CV最小值	9.51	11.2	管纱毛羽 3mm	130	112
−40%细节（个/km）	1	35	管纱毛羽 S3	175	155

15.有机棉精梳紧密纺本色纱（图41、表20）

产品规格：紧密纺 100% 精梳有机棉50S。

关键词：通过了全球有机纺织品标准 GOTS 认证。

推荐理由：该产品条干好、强力高，毛羽比常规产品降低80%以上，品质大大优于同类普通环锭纺产品，用其制成的面料光泽好、外观清晰度高、耐磨性强、手感柔软，绿色环保，适用于制织各种中高档服装面料，能给下游用户带来较高的经济效益。

适用范围：服装面料。

代表企业：南通华强布业有限公司。

品牌：倍优特。

专利：一种四罗拉超大牵伸紧密纺装置，专利号：ZL 2012 10160185.3。

图41 有机棉精梳紧密纺本色纱

表20 有机棉精梳紧密纺本色纱物理性能

序号	质量指标	本产品	常规产品	序号	质量指标	本产品	常规产品
1	单纱断裂强力变异系数CV（%）	≤9.1	≤10.7	5	条干均匀度变异系数CV（%）	≤11.6	≤13.5
2	百米重量变异系数CV（%）	≤1.7	≤2.4	6	+50%粗节（个/km）	≤3	≤17
3	单纱断裂强度（cN/tex）	≥21.9	≥18.3	7	+200%棉结（个/km）	≤20	≤51
4	百米重量偏差（%）	−0.4	+0.9				

16. 转杯纺亲肤纯棉竹节纱（表21）

产品规格：100%棉，10S、16S。

关键词：竹节。

推荐理由：秉承转杯纺纱粗犷硬朗的风格，同时又具备柔软和透气性，呈现立体凹凸效应。利用微型计算机可编程序控制竹节风格，选用高品质有机棉提供定制。

适用范围：服装面料。

代表企业：利泰醒狮（太仓）控股有限公司。

品牌：利泰醒狮。

表21　转杯纺亲肤纯棉竹节纱物理性能

项目	性能指标	项目	性能指标
条干均匀度变异系数（%）	33.34	+200%棉结（个/km）	266
+200%棉结（个/km）	28	单纱断裂强度（cN/tex）	8.7
−50%细节（个/km）	3016	单纱断裂伸长率（%）	6.3
+50%粗节（个/km）	414		

17. 纯棉精梳漂白超柔纱（图42、表22）

产品规格：JC20，50S。

关键词：柔性好、低碳环保。

推荐理由：纱线捻度低于正常纱线的20%左右，纱线蓬松，手感好，织物面料具有柔软、亲肤吸湿、透气保暖等特性。

适用范围：休闲服饰面料，高档家纺产品。

代表企业：扶沟县昌茂纺织有限责任公司。

品牌：昌茂。

图42　纯棉精梳漂白超柔纱

表22　纯棉精梳漂白超柔纱物理性能

项目	性能指标	项目	性能指标
条干均匀度变异系数（%）	11.1	单纱断裂强度（cN/tex）	20.2
+200%棉结（个/km）	6	捻度（T/10cm）	78.1
毛羽指数	3.0		

18. 纯棉竹节纱（表23）

产品规格：100% 棉，10~40S。

关键词：竹节、复古。

推荐理由：在现代纺纱设备上，采用特殊工艺及甄选后的纺纱专件纺制，生产过程中使用工业化机械设备纺制出长短不一、粗度有别的具有传统纺纱线的风格，产能实现机械化批量生产。织造的织物组织具有复古外观，加之舒适性和隐形弹力，生产出兼顾现代和古典特征的牛仔布。

适用范围：服装面料（图43）。

代表企业：河北圣源纺织有限公司。

品牌：宇彤。

图43　纯棉竹节纱的应用

表23　纯棉竹节纱物理性能

品种	重量CV（%）	单强CV（%）	条干CV（%）	−50%细节（个/km）	+50%粗节（个/km）	+200%棉结（个/km）
常规14S纯棉纱	1.6	6.8	12.25	0	25	54
竹节14S纯棉纱	3.5	8.8	17.55	34	148	40
竹节36S纯棉纱	2.7	12.1	22.62	417	1339	1132

19. 低捻柔软精梳棉赛络紧密纺纱线（图44、表24）

产品规格：100% 棉，20~40S。

关键词：低捻、柔软。

推荐理由：该产品采用重定量、低捻度纺纱工艺，能节约前道产能 40% 以上，有效减少前道设备的投入。使用该产品织成的纺织成品手感更柔软，穿着舒适，吸湿透气保暖性好，与肌肤接触无刺激、无副作用，是衣服穿着的首选产品。

适用范围：服装面料。

代表企业：浙江龙源纺织股份有限公司。

品牌：龙源。

图44　低捻柔软精梳棉赛络紧密纺纱线

表24　低捻柔软精梳棉赛络紧密纺纱线物理性能

项目	性能指标	项目	性能指标
条干均匀度变异系数（%）	11.37	+50%粗节（个/km）	9.0
+50%细节（个/km）	0.8	+200%棉结（个/km）	11.8

附件 **2022/2023中国纱线流行趋势推荐产品名单**

序号	产品名称	代表企业	规格
1	聚乳酸棉赛络紧密纺混纺纱	江苏悦达棉纺有限公司	PLA/JC 60/40，40S
2	无盐碱染色色纺纱	百隆东方股份有限公司	EcoFRESH Yarn
3	再生纤维素纤维喷气涡流纺纱	德州华源生态科技有限公司	喷气涡流纺 100%ECOVERO，60S
4	循环再利用再生纤维素纤维赛络紧密纺纱	林茨（南京）黏胶丝线有限公司	赛络紧密纺纱 FINEX黏胶，40S
5	再生棉纱	海安联发棉纺有限公司	棉/再生棉 70/30，21S
6	再生聚酯纤维混纺纱	杭州永昉纺织有限公司	再生涤纶/环保黏胶 67/33、65/35、50/50，32S
7	零碳莱赛尔纱线	苏州震纶棉纺有限公司	零碳天丝 21~60S
8	吸湿排汗混纺纱线	河南新野纺织股份有限公司	亚微米纤维/棉，32S
9	抑菌消臭聚酯纤维混纺纱线	南京禾素时代抑菌材料科技有限公司	赛络纺，JC/禾合T 50/50，21~40S
10	壳聚糖多彩紧密纺色纺纱	江苏金天马纱业有限公司	竹纤维/莫代尔/壳聚糖 70/20/10，40~60S
11	差别化锦纶短纤维混纺纱线	山东联润新材料科技有限公司	莱赛尔/锦纶 60/40，50S
12	抑菌抗紫外混纺紧密纺纱	无锡一棉纺织集团有限公司	紧密纺，涤/竹/莱赛尔 40/40/20，100S
13	甘草再生纤维素纤维混纺纱	临邑恒丰纺织科技有限公司	莱赛尔/甘草黏胶/长绒棉 50/30/20，12S
14	聚酰亚胺混纺色纺纱	汶上如意技术纺织有限公司	赛络紧密纺，棉/聚酰亚胺 70/30，10~60S
15	生物基高效抑菌纱线	保山恒丰纺织科技有限公司	天竹/纳米铜纤维/圣麻 70/15/15，40S
16	腈纶保暖混纺纱	山东岱银纺织集团股份有限公司	赛络纺，德绒/莱赛尔 60/40，16~40S
17	莫代尔抑菌稀土黏胶泯菌纺混纺纱线	无锡四棉纺织有限公司	莫代尔/稀土抑菌黏胶 70/30，60S
18	芦荟蛋白纤维抑菌护肤混纺纱	忠华集团有限公司	棉/芦荟蛋白 70/30，5~21S
19	抑菌双包舒弹纱	山东岱银纺织集团股份有限公司	禾素抑菌涤/安泰贝/汉麻 50/30/20，12S；50旦抑菌长丝+40旦环保莱卡 3.5 倍，7~50S

序号	产品名称	代表企业	规格
20	再生聚酯竹纤维混纺纱	咸阳纺织集团有限责任公司	棉/涤纶/竹纤维 50/40/10，32S
21	火山岩纤维混纺纱	南通双弘纺织有限公司	赛络紧密纺，精梳棉/火山岩 60/40，40S
22	细旦再生纤维素纤维纱线	吴江京奕特种纤维有限公司	BV 1.0dtex×38mm 细旦，80S
23	涡流纺莱赛尔纯纺纱	吴江京奕特种纤维有限公司	涡流纺，100%莱赛尔，10~80S
24	单组分PTT弹性短纤维纱线	魏桥纺织股份有限公司	100%sorona，30S（srio）
25	重聚纺纱线	安徽华茂纺织股份有限公司	100%棉，30~80S
26	牛仔超柔纱	湖北德永盛纺织有限公司	100%棉，7~12S
27	高支莱赛尔紧密纺纱线	际华三五零九纺织有限公司	紧密纺，100%G100天丝，60~100S
28	双丝异捻向纱线	魏桥纺织股份有限公司	长丝含量28%~52.5%，21~40S
29	中空再生纤维素纤维涡流纺纱	巴州金富特种纱业有限公司	涡流纺，中空黏胶，30S
30	羊绒蛋白纤维混纺纱	平原恒丰纺织科技有限公司	精梳棉/腈纶/黏胶/羊绒蛋白，30/30/20/20，40S
31	无捻纱线	魏桥纺织股份有限公司	水溶性聚酯纤维含量20%~37.6%，21~40S
32	锦纶短纤纯纺高支纱线	无锡四棉纺织有限公司	赛络紧密纺，100%锦纶，40S
33	超柔弹性纱	桐昆集团浙江恒盛化纤有限公司	ＤＴＹ涤氨包覆丝半消光重网，245dtex/288F
34	精细干纺纯亚麻低支纱	河南平棉纺织集团股份有限公司	气流纺，100%亚麻，1~5S
35	棉再生纤维素纤维/锦纶长丝混纺包芯纱	福建新华源纺织集团有限公司	赛代尔/精梳棉50/50，30sAA+N30D/1F
36	有机棉精梳紧密纺本色纱	南通华强布业有限公司	紧密纺，100%精梳有机棉，50S
37	转杯纺亲肤纯棉竹节纱	利泰醒狮（太仓）控股有限公司	100%棉，10S，16S
38	纯棉精梳漂白超柔纱	扶沟县昌茂纺织有限责任公司	100%精梳棉，20~50S
39	纯棉竹节纱	河北圣源纺织有限公司	100%棉，10~40S
40	低捻柔软精梳棉赛络紧密纺纱线	浙江龙源纺织股份有限公司	100%棉，20~40S

注 排序不分先后。

撰稿人：贺文婷

2023 中国布艺流行趋势
2023 China Fabric Fashion Trends

2023 TRENDS

启

启

基于现实、展望未来，2023中国布艺流行趋势以三个主题带来不同维度的流行启示："冥静引力"以灵性简约的新极简主义带给人们平静与抚慰；"生态魔方"展现了数字自然的超凡奇幻与可持续生态的全新视界，演释了自然与科技家居的沉浸式体验感；"东方新韵"用科技创新彰显中国智慧与文化自信，诠释出"增强文化自信、传播中国声音"，宣告了："国潮未来已来！"

在如此多变的社会、自然环境下，自信和乐观是我们应对各种变化的积极态度，我们有信心给现实一个崭新的答案，并重启未来的另一个传奇。

Restart

Based on reality and looking forward to the future, the "2023 China Fabric Fashion Trends" will bring different dimensions of popular inspiration with three themes: "Quiet Gravity" brings people peace and comfort with the new minimalism of spiritual simplicity; "Eco Cube" shows digital The extraordinary fantasy of nature and the new vision of sustainable ecology demonstrate the immersive experience of nature and technological home furnishing; "Oriental New Rhythm" uses technological innovation to demonstrate Chinese wisdom and cultural confidence, and interprets the concept of "enhancing cultural confidence and spreading Chinese voices" , announced: "The future of China-Chic has come!"

In such a changing society and natural environment, self-confidence and optimism are our positive attitudes to deal with various changes. We have the confidence to give a new answer to the reality and restart another legend in the future.

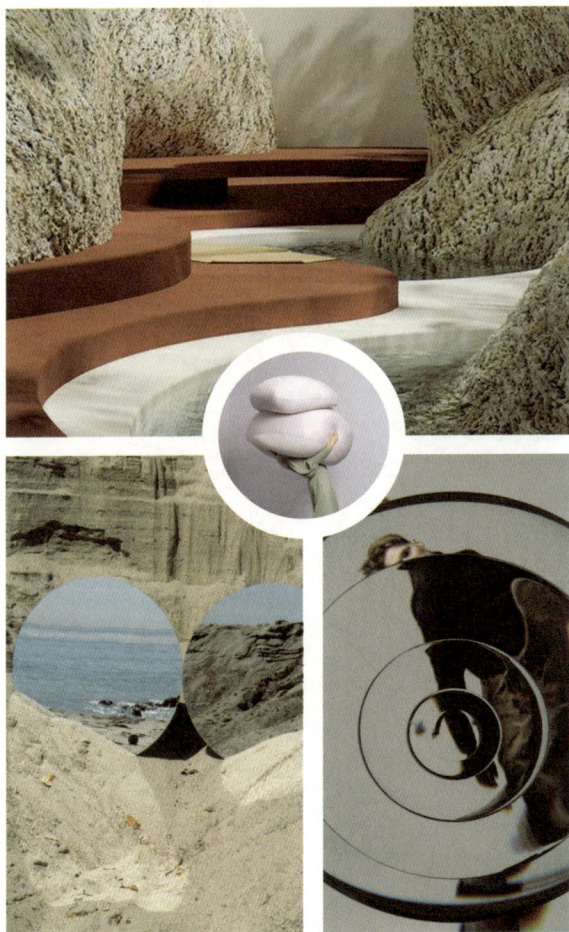

冥静引力
QUIET GRAVITY

2020~2022年的新冠肺炎疫情让"居家生活和工作"成为一个不可避免的主题，"家"在生活中的地位更加重要：是生活工作场所的同时也是情感的寄托。借由新的家庭观念、新的人口流动模式而呈现的多样化居住形态，灵活、多用途、多功能家居产品成为生活必需品。

灵性简约的新极简设计能为人们提供一个审视自我的冥静空间，以简略的方式创造一种和谐与平衡，让人们能够在这个复杂多变的世界中获得一息安宁。

The epidemic has made "home life and work" an unavoidable theme, and the status of "home" in life has become more and more important: it is not only a place of life and work, but also an emotional sustenance. Due to the diversified living forms presented by new family concepts and new population flow patterns, flexible, multi-purpose and multi-functional household products have become necessities of life.

The new minimalist design of spiritual simplicity can provide people with a quiet space to examine themselves, and create a harmony and balance in a simple way, so that people can get a rest in this complex and changeable world.

色彩 Color

带有暖光色调的原白色纯净、温暖、明亮，可以强化人们内心的安定感；降低了饱和度的幼苗绿给人以希望；带有朦胧滤镜感的雾粉、雾蓝等粉黛色调沉静而浪漫，让人心生愉悦；砂砾、赭石和砂岩色以质朴的特质褪去了都市的喧嚣……

这一系列明亮、自然而又朴实的中性色调彰显出人们去繁从简、至拙至美的生活态度。

The original white with warm light tone is pure, warm and bright, which can strengthen people's inner sense of stability; the seedling green with low saturation gives people hope; the misty pink, misty blue and other pastel tones with a hazy filter sense Tranquil and romantic, it makes people joyful; gravel, ochre and sandstone tones take away the hustle and bustle of the city with a rustic quality...

This series of bright, natural and earthy neutral tones show people's attitude towards life that is simple, simple and beautiful.

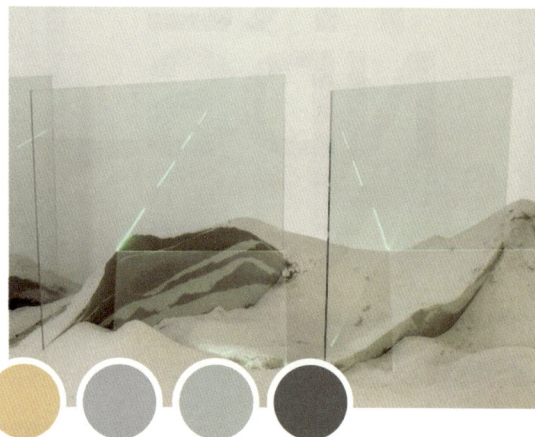

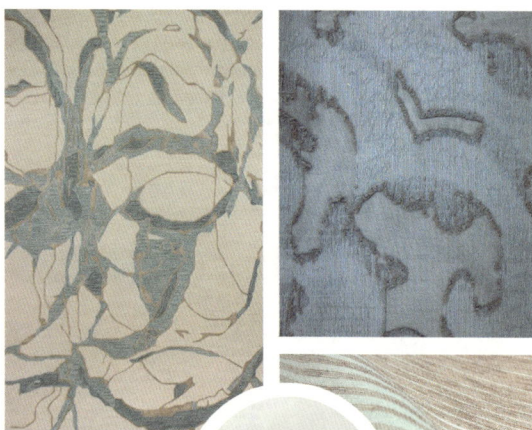

图案 Pattern

这里集结了所有令人轻松的自然元素：优美流动的自然曲线、自由舒展的柔和线条、随意的笔触、有机的形状等天然纹理持续流行，恰如一曲诗意如歌的行板。由大理石纹演变而来的星系纹理令人耳目一新。而天然纤维中千变万化、富于触觉质感的有机纹理，则呈现出精致的数字几何的织物结构美，知性柔和又平静温馨。

All the relaxing natural elements are gathered here: graceful flowing natural curves, soft lines that stretch freely, random brushstrokes, organic shapes and other natural textures continue to be popular, just like a poetic andante. The galaxy texture evolved from marble is refreshing. The ever-changing and tactile organic texture of natural fibers presents the beauty of delicate digital geometry fabric structure, which is intellectually soft, calm and warm.

2022/2023中国家用纺织品行业发展报告

织物 Fabric

舒适亲肤的有机材料、天然纤维；柔软细腻、犹如第二层肌肤的无感细腻面料；织物组织高低变化产生的丰富肌理、雕塑感褶皱；彩点纱、段染纱等多种花式纱线的组合带来的蓬松触感和颗粒外观……此外，精致的细节仍是本季趋势的重中之重，相较于材质而言往往更能彰显高级品质。

Comfortable and skin-friendly organic materials and natural fibers; soft and delicate, non-sensing and delicate fabrics like the second layer of skin; rich texture and sculptural folds produced by the change of fabric structure; dot yarns, segment dyed yarns and other fancy yarns The fluffy touch and grainy look of the combination of threads... In addition, refined details are still at the forefront of this season's trends, often more high-quality than materials.

生态魔方
ECO CUBE

生态环境的持续恶化催生了大批环保主义拥护者和践行者，生态网络给人类与万物的多元共生带来了更多启示，人类意识与自然生态的联结逐渐被唤醒，开始探索一种更加环保、可持续性的路径——减少对工业化生产和生态系统的结构性依赖，数字化技术被融入生产的各个环节，大力开发具备环保属性的可再生资源，寻求一种可再生、可自我维持的生活方式。视觉图像也在数字与自然之间展开了对话和交融：数字花卉、数字景观等迭代继出，展现出科技与自然交融共生的全新生态。

The continuous deterioration of the ecological environment has spawned a large number of environmental protection advocates and practitioners. The ecological network has brought more inspiration to the multi-dimensional symbiosis of human beings and all things. The connection between human consciousness and natural ecology has gradually been awakened, and a more environmentally friendly , Sustainable path - reduce the structural dependence on industrial production and ecosystems, integrate digital technology into all aspects of production, vigorously develop renewable resources with environmentally friendly attributes, and seek a renewable and self-sustaining life Way. Visual images have also created a dialogue and fusion between digital and nature: digital flowers, digital landscapes, etc. have been iteratively followed, showing a new ecology where technology and nature coexist.

色彩 Color

散发着原始自然魅力的黄柏、古老苔藓遇上肉桂、枯叶菊、茜棕红，唤醒了大地初美。水银色作为冷调金属色自带坚硬冷感，与银河蓝搭配可以展现出前卫果敢的时尚表现力，与木质色调搭配则可以中和冷感，从而达到一种巧妙的视觉平衡。

Treats exuding primitive natural charm, ancient moss meets cinnamon, dry-leaf chrysanthemum, and reddish red, awakening the original beauty of the earth. Mercury silver, as a cool-tone metallic color, has its own hard and cold feeling. It can show an avant-garde and bold fashion expression when paired with Galaxy Blue, and can neutralize the cold feeling when paired with wood tones, thereby achieving a clever visual balance.

图案 Pattern

一切有关自然生态系统的奇丽画卷都包罗在内：狂野神秘的植物图案、植物标本，热情奔放的海洋图案、水波纹，以及植物细胞、抽象迷彩等，从宏观到微观。大胆使用叠透、模糊、渐变复制等超现实效果回应数字化趋势，以不断重复和变化的形式表达自然界生生不息、无限循环的美好愿景。

All the wonderful pictures of natural ecosystems are included: wild and mysterious plant patterns, plant specimens, passionate ocean patterns, water ripples, as well as plant cells, abstract camouflage, etc., from macro to micro. Boldly use surreal effects such as overlay, blur, and gradient copy to respond to digital trends, expressing the beautiful vision of nature's endless and infinite cycles in the form of constant repetition and change.

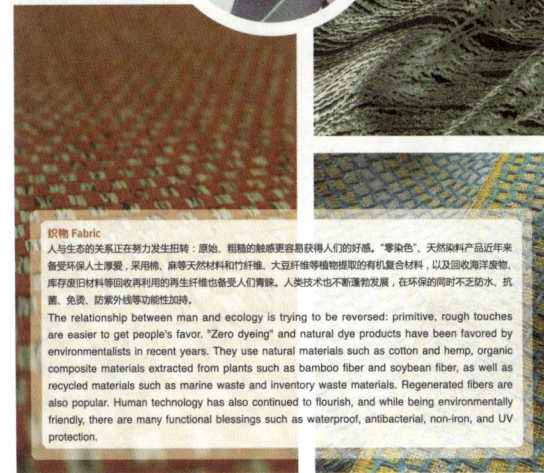

织物 Fabric

人与生态的关系正在努力发生扭转：原始、粗糙的触感更容易获得人们的好感。"零染色"、天然染料产品近年来备受环保人士厚爱，采用棉、麻等天然材料和竹纤维、大豆纤维等植物提取的有机复合材料，以及回收海洋废物、库存旧材料等回收再利用的再生纤维也备受人们青睐。人类技术也不断蓬勃发展，在环保的同时不乏防水、抗菌、免烫、防紫外线等功能性加持。

The relationship between man and ecology is trying to be reversed: primitive, rough touches are easier to get people's favor. "Zero dyeing" and natural dye products have been favored by environmentalists in recent years. They use natural materials such as cotton and hemp, organic composite materials extracted from plants such as bamboo fiber and soybean fiber, as well as recycled materials such as marine waste and inventory waste materials. Regenerated fibers are also popular. Human technology has also continued to flourish, and while being environmentally friendly, there are many functional blessings such as waterproof, antibacterial, non-iron, and UV protection.

东方新韵

ORIENTAL NEW RHYME

随着中国在世界地位的崛起，神秘的东方文化越来越引来自全球的目光，东方文化的振兴也成为人们热衷讨论的话题。怀着对中国传统文化的崇高敬意，设计在中国传统文化中找寻灵感，将中华优秀传统文化与当代生活时尚连接，实现创造性的转化创新，以本土的地域视角解析现代潮流，把握以人为本的东方哲学思想内核，带来全新的东方美学和历史文化解读，探索文化传承创新方式上的更多可能性。

With the rise of China's position in the world, the mysterious oriental culture has attracted more and more attention from all over the world, and the revitalization of oriental culture has also become a hot topic of discussion. With a lofty tribute to Chinese traditional culture, the design seeks inspiration in Chinese traditional culture, connects Chinese excellent traditional culture with contemporary lifestyles, and realizes creative transformation and innovation. It analyzes modern trends from a local regional perspective, grasps the core of people-oriented oriental philosophical thought, brings a new interpretation of oriental aesthetics and historical culture, and explores more possibilities for cultural inheritance and innovation.

色彩 Color

从天然植物中提取的靛蓝色系拥有内敛含蓄的特质，与高贵奢华的金黄色、黄玉色碰撞在一起，让经典增添了更多的可能性；搪瓷蓝、孔雀石绿为整组色彩带来冷艳前卫，一抹红黄妆点出娇艳夺目、明快热烈。金棕桐色削弱了纯金的奢靡气息，却平添一种高级和敬畏感……这些色彩融合了不同历史时期的气质与情绪，充斥着传统与现代交织的文艺气息。

The indigo blue series extracted from natural plants has the characteristics of restraint and subtlety. It collides with the noble and luxurious golden yellow and topaz, which adds more possibilities to the classics; Enamel blue and malachite green bring cool and avant-garde to the whole set of colors, while a touch of red and yellow expresses dazzling, bright and warm. Palme d'Or weakens the extravagance of pure gold, but adds a sense of luxury and awe... These colors combine the temperament and emotions of different historical periods, and are full of the artistic atmosphere intertwined with tradition and modernity.

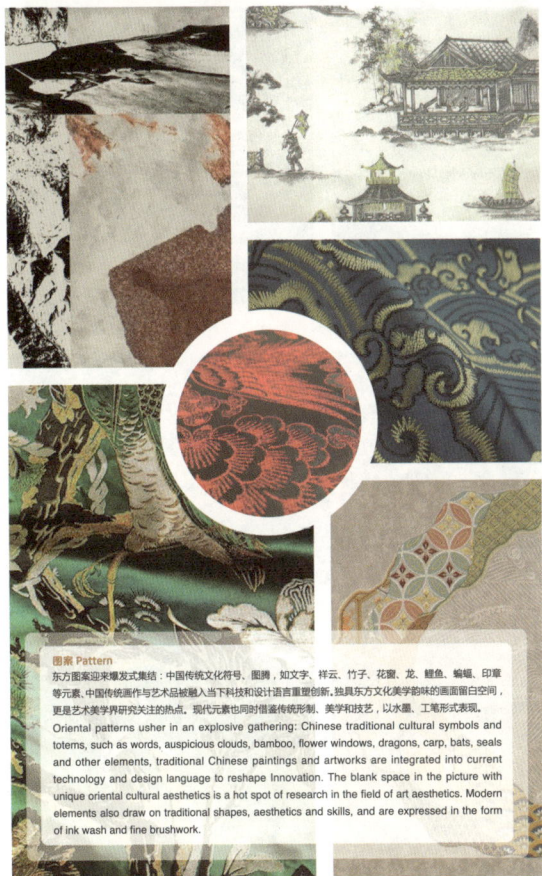

图案 Pattern

东方图案迎来爆发式集结：中国传统文化符号、图腾，如文字、祥云、竹子、花窗、龙、鲤鱼、蝙蝠、印章等元素，中国传统画作与艺术品被融入当下科技和设计语言重塑创新，独具东方文化美学韵味的画面留白空间，更是艺术美学界研究关注的热点。现代元素也同时借鉴传统形制，美学和技艺，以水墨、工笔形式表现。

Oriental patterns usher in an explosive gathering: Chinese traditional cultural symbols and totems, such as words, auspicious clouds, bamboo, flower windows, dragons, carp, bats, seals and other elements, traditional Chinese paintings and artworks are integrated into current technology and design language to reshape Innovation. The blank space in the picture with unique oriental cultural aesthetics is a hot spot of research in the field of art aesthetics. Modern elements also draw on traditional shapes, aesthetics and skills, and are expressed in the form of ink wash and fine brushwork.

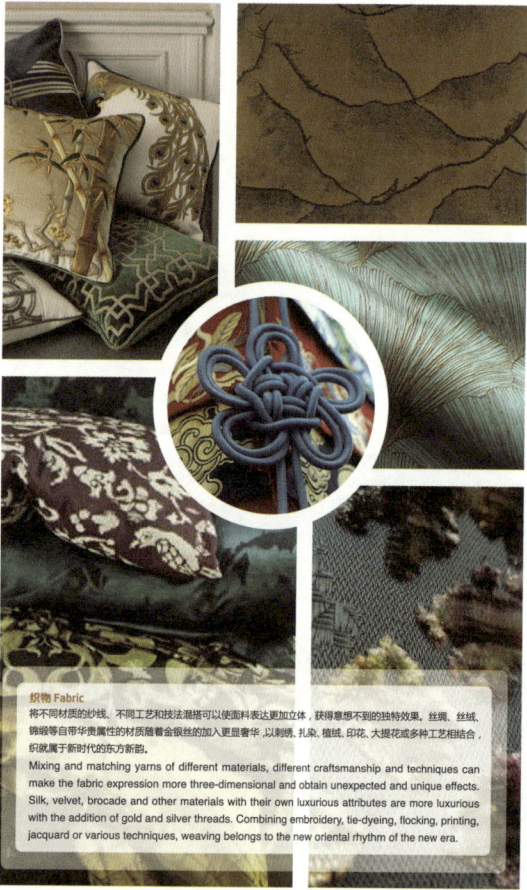

织物 Fabric

将不同材质的纱线、不同工艺和技法混搭可以使面料表达更加立体，获得意想不到的独特效果。丝绸、丝绒、锦缎等自带华贵属性的材质随着金银丝的加入更显奢华，以刺绣、扎染、植绒、印花、大提花或多种工艺相结合，织就属于新时代的东方新韵。

Mixing and matching yarns of different materials, different craftsmanship and techniques can make the fabric expression more three-dimensional and obtain unexpected and unique effects. Silk, velvet, brocade and other materials with their own luxurious attributes are more luxurious with the addition of gold and silver threads. Combining embroidery, tie-dyeing, flocking, printing, jacquard or various techniques, weaving belongs to the new oriental rhythm of the new era.

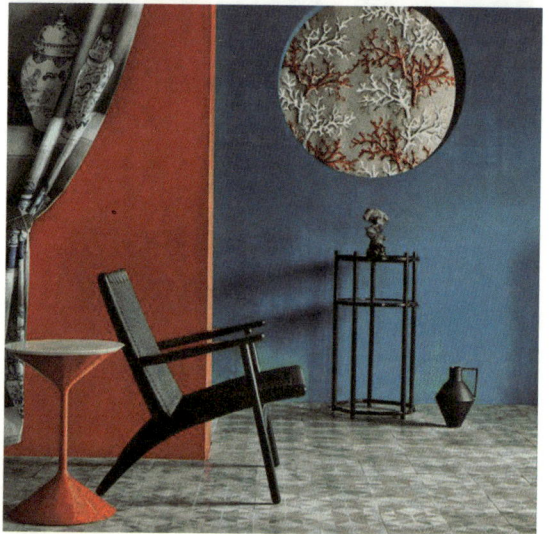

2022/2023中国家用纺织品行业发展报告

冥静引力
QUIET GRAVITY

pantone 11-0606

pantone 14-0217

pantone 14-1014

pantone 14-1036

pantone 16-1526

pantone 15-1512

pantone 13-0826

pantone 14-4106

pantone 13-4405

pantone18-4214

生态魔方
ECO CUBE

4288C

pantone 13-0932

pantone 16-1337

pantone 16-1255

pantone 18-1345

pantone 19-1331

pantone 18-0537

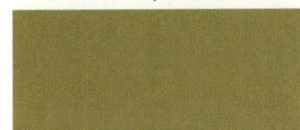

pantone 16-0840

pantone 19-4535

pantone 19-3952

东方新韵
ORIENTAL NEW RHYME

10128C

pantone 14-0951

pantone 16-1150

pantone 19-1760

pantone 18-1616

pantone 19-3215

pantone 19-4125

pantone 19-3929

pantone 18-4733

pantone 16-5917

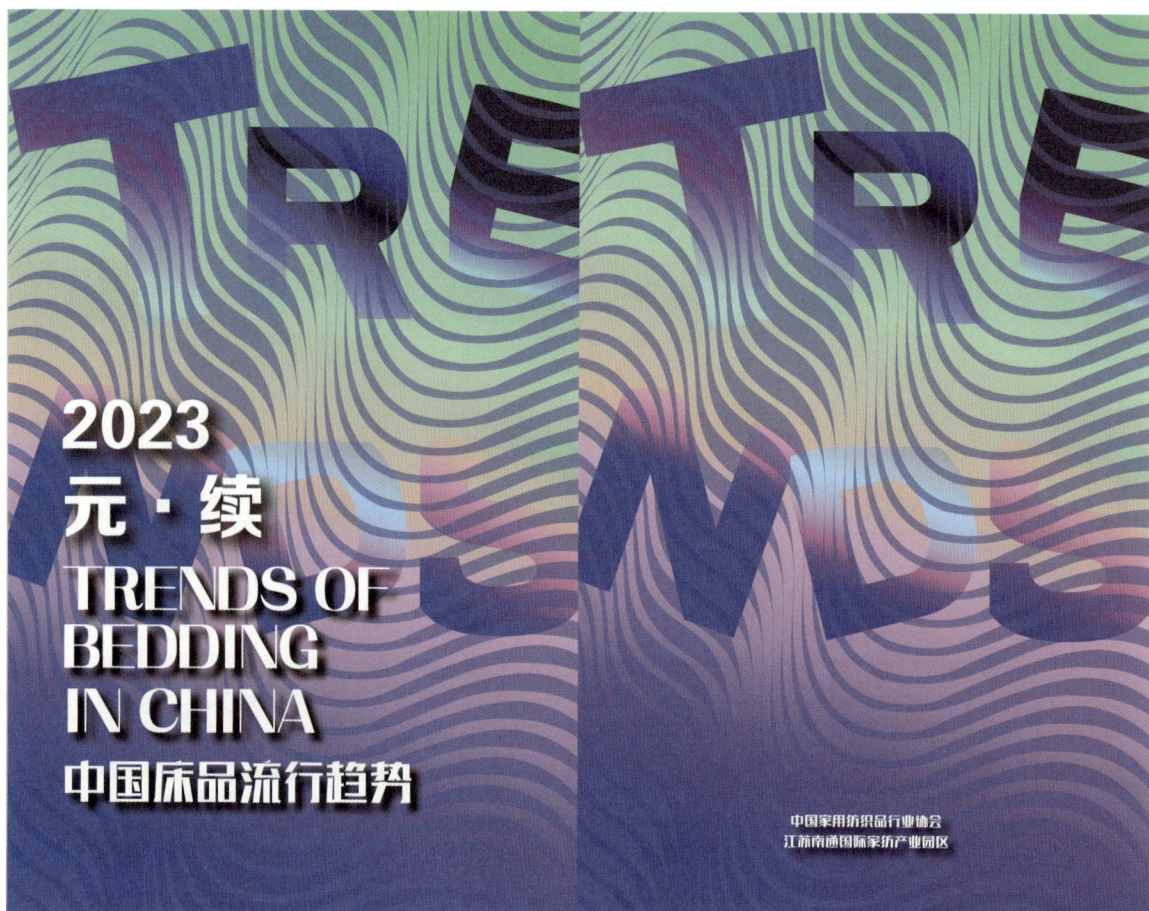

2023
元·续
TRENDS OF
BEDDING
IN CHINA
中国床品流行趋势

中国家用纺织品行业协会
江苏南通国际家纺产业园区

2023
TRENDS
OF BEDDING IN CHINA
中国床品流行趋势

发布单位：中国家用纺织品行业协会
　　　　　江苏南通国际家纺产业园区
研究单位：中国家用纺织品行业协会时尚研究拓展部

元·续

新冠肺炎疫情让人们的生活方式和基本需求发生变化，"幸福感"上升为社会层面的KPI（关键绩效指标），鼓励勇敢的创新力和富有想象力的情感表达显得尤为重要。

家在我们的生活中扮演着核心角色，他兼顾着生活场所和情感寄托，成为构建我们日常生活和安全基地的中心。人们致力于寻求一种愉悦洒脱的生活态度和充满活力的自我存在，床上用品带给人们身心放松、平和安全的抚慰，营造出创造舒适、个性表达、健康疗愈的空间；同时足不出户的居家生活加剧了人们对户外自然风光的渴望，随着生态问题日益明显，可持续时尚更加引领热潮，家居空间也开启了自然避护功能；线上模式的大力发展让我们迎来了新的技术与社会变革——元宇宙时代崛起。虚拟领域的信任度将不断被增加，加速模糊虚拟世界与物理世界的边界，也将改变我们的社交、工作和娱乐方式；在西方潮流持续盛行若干年后，我们终于迎来了国潮风的兴起，东西方文化复兴持续大热，在新时代的思潮中碰撞出绚丽的火花……

基于此，"2023中国床品流行趋势"派生出"情绪解码""生灵万物""元力觉醒"和"时代典藏"四大主题，以全新方式"元·续"2023居家新模式！

情绪解码

新冠肺炎疫情影响了人们的生活观念与生活方式，精神力量和心灵抚慰变得尤为重要，"治愈系"设计成为时尚发展的长期趋势。舒适、简约、有质感的床上用品与治愈系寝室空间一体化搭配，营造出温馨精致的氛围、搭建起情感链接的桥梁，抵抗不良情绪的入侵，完成自我取悦，打造心灵归宿与健康疗愈的居室氛围。

色彩

1. 13-0210 Fog Green
2. 13-1008 Bleached Sand
3. 15-1231 Clay
4. 11-4202 Star White
5. 14-1311 Evening Sand
6. 15-3807 Misty Lilac
7. 14-0837 Misted Yellow
8. 14-4500 Moon Struck
9. 15-4005 Dream Blue
10. 18-4214 Stormy Weather

本主题色彩饱和度较低，明度较高，更显柔和。温柔、舒缓的情质、暖意、浪漫且充满希望。深白色、奶汁、浅色沙滩、浅灰砖纹的岁月的痕迹更添纯净朴实之感。莫兰迪色系像给画面蒙上了一层薄薄的雾纱，营造神秘、柔和的气息。这组色系更令人愉悦的色彩元素融入了一顺其自然色彩的过渡感，搭配之间可自由设计、随心自在。

图案

图案关键点：去风格化 简约当道

本季的极简主义不同于过去的简单流行，"关于不堪重负的压力……关于消费文化的束缚"，它是一种懂得生活过剩的工具。源来致注于掌握事物的往返状态，它都松简单，实则精致，往往简洁达到以少胜多，以简胜繁的效果，温和的形态，唯一的图案，散漫而疏淡的装饰载，给人一种平衡有序的安定感和亲切感，大理石纹、水波纹、光焰形状等不规则的天然有机纹理，靠颜料层影涂活疏底料与淡朗的律韵场景形成制别对比，彰显并强化了粗犷温和繁美的特点。

织物

织物关键点：舒适耐用 卓越品质

当下的审慎型消费观更倾向于原料可溯源、经久耐用、四季通用的高品质产品：细腻蓬松的天丝纱，法兰绒、丝绒等受到人们的追捧；对舒适和自由的向往让人们更加依恋肌肤，具有良好吸湿排汗作用的棉、丝、麻与天然织物；符合人体工学设计、特细纤维、高支高密、细针针织等为提高舒适性保驾护航；轻盈蓬松的丝质面料给人以第二层肌肤般柔软细腻的精致体验……

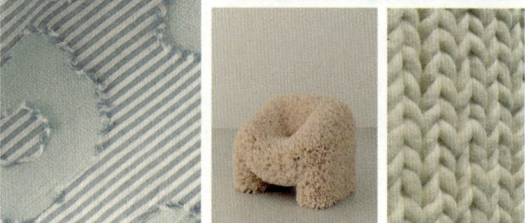

家居空间

生灵万物

当我们开始审视由人类行为导致的自然环境变化时，可持续生态化设计就成为人类社会化进程中的长远与必然需求，以一种新的方式获取、使用和循环自然的馈赠，汲取原始的纹理、时光的沉淀、天然的结构和生动的色彩。不再局限于常规的方式，而是更强调设计思维的变革向可持续方向迈进，顺应自然发展，巧妙地平衡人与自然的关系。地球是承载万物的载体，只有生生不息，才能永续发展……

色彩

1. 15-1050 Golden Glow
2. 18-0537 Golden Cypress
3. 18-1230 Coconut Shell
4. 14-1318 Coral Pink
5. 18-1160 Sudan Brown
6. 19-4526 Blue Coral
7. 16-0532 Moss
8. 18-5611 Dark Forest
9. 19-3915 Graystone
10. 19-3924 Night Sky

苔藓色、黄柏、蓝色珊瑚、暗夜森林等一系列自然感官的蓝绿色调大行其道，与温暖的金黄色、椰子壳、苏丹棕等大地色系组成了一幅秋日午后森林的浪漫画卷。珊瑚粉、玄武石点缀丰富了画面的层次，五彩斑斓的色彩汇聚在一起，犹如打翻了大自然的调色盘，还原自然万物的原生态美感。

图案

图案关键点：自然灵感 绿色生态

抽象的迷彩图案、微生物图案、自然纹理等依旧盛行。本季新耕加入的神秘海洋生物图案、海草斑斓、地衣形态、造境奇特的热带花卉等在水波纹的映衬下产生出仿生科技感。人们乐忠于参与设计属于自己的"生态环境"，并将持续地在这奇妙领地中耕耘和探索。

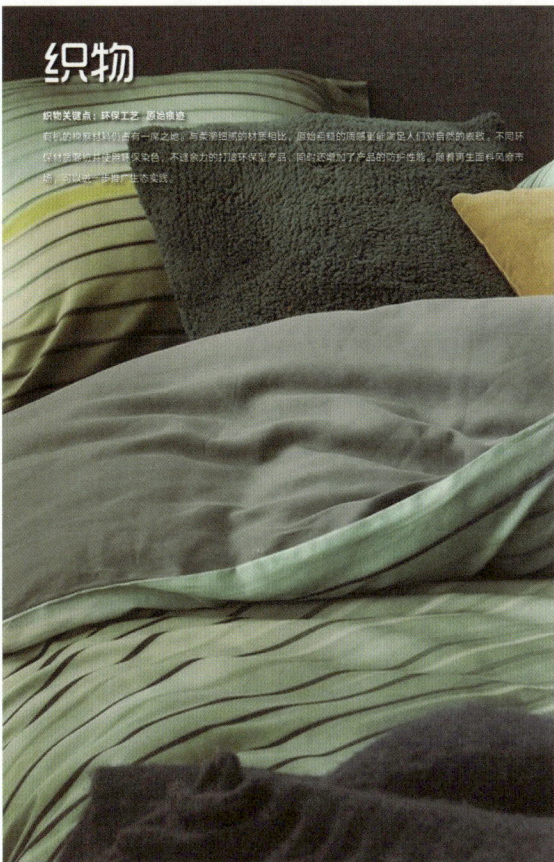

织物

织物关键点：环保工艺 原始痕迹

织物的棉织材料制造有一席之地，与奢华细腻的材质相比，原始粗糙的质感更能满足人们对自然的渴望。不同环保材质设计并无需深浅染色，不建涂太力的打造环保型产品，同时还增加了产品的防护性能，随着再生面料风靡市场，可以说，一步推广生态实践。

家居空间

元力觉醒

元宇宙的快速发展，使虚拟现实就像现实本身一样真实。我们处在一个占据现实与虚拟空间，且计算无处不在的世界中。数字触感正在成为一种新的体验类型，虚拟空间打破了现有自然和技术的孤岛，成为一种与自然世界重新连接的新方式。当数字现实无缝地成为技术设备的一部分，它将改变我们生活模式和探索世界的方式。通过技术，我们捕捉到内眼看不到的光波等元素，通过网络打造出一个"去中心化"互联的理想世界，让真实与虚幻间的壁垒逐渐消融——未来的生活模式是技术与社会变革的巧妙结合。

色彩

1. 18-1655 Mars Red
2. 13-2007 Veiled Pink
3. 16-1453 Exotic Orange
4. 13-0759 Solar Power
5. 19-4203 Moonless Night
6. 14-4105 Micro Chip
7. 18-4143 Super Sonic
8. 14-0115 Foam Green
9. 11-4800 Blanc de Blanc
10. 15-3716 Purple Rose

降低饱和度的撞色设计：以黑白灰和超声波、泡沫绿为基底色，搭配活力十足的太阳能、暮光之橙、火星红等明艳的色彩，非常具有生机和活力，表现出标桥个性的意味。朦胧粉和紫玫瑰让人置身于缥缈、梦幻、浪漫的虚拟之境，虚幻与现实的壁垒逐渐消融，所到之处，是人们心之所向的梦幻乌托邦。

图案

图案关键点：重复组合 趣味图案

自由和幻想能在这里得到充分表达！致敬传统的孟菲斯风格回潮，以大胆撞色不拘一格的表达出生活中的趣味性。以印花工艺表现有序、规律的组合拼衬，梦幻元素、拼图、几何拼贴、放射性图案、规则线条、视错觉、精密的网状结构、精准的程式化复刻等都展现了大火的个性潮流。多元化世界依然就是一副未来派风格的场景画面！

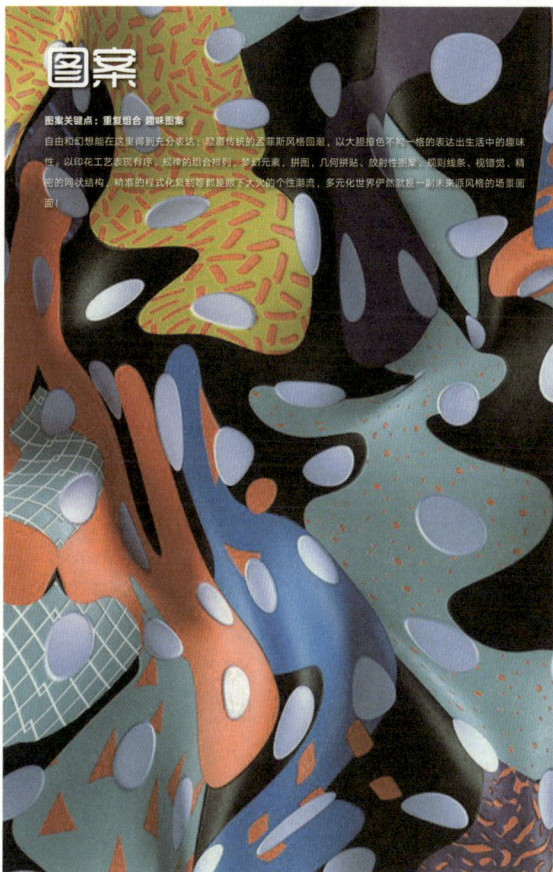

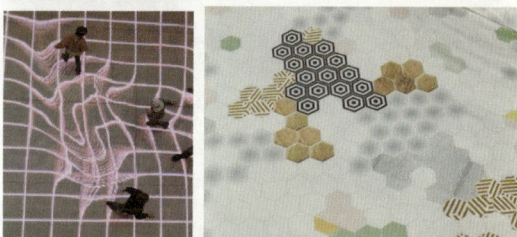

织物

织物关键点：数字化处理 多功能性

人们渴求在元宇宙世界里做更多尝试；超薄、可拆卸。创造更多多功能性的便捷可持续的智能家居产品开始出现。数码印刷、镂空、不规则肌理织造出的随机效果，不同材质和肌理的混搭拼贴出丰富的肌理组织。多元世界里人们紧跟数字化革新步伐，构筑流沉式消息的理想生活！

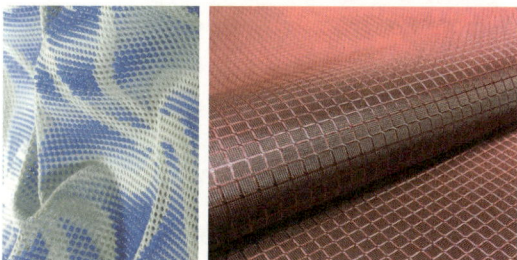

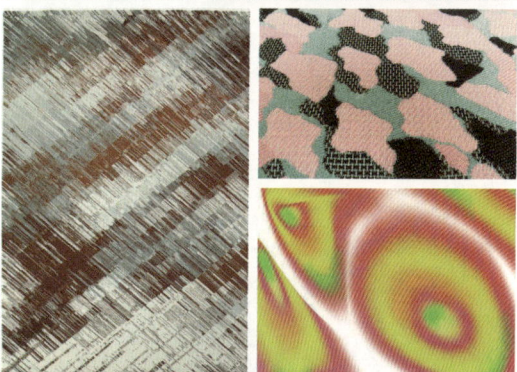

家居空间

时代典藏

复古是时尚界经久不衰的话题，工艺是一种象征文化遗产的视觉语言。时代的变迁并没有斩断人们与过去的联系，反而将怀旧情绪变得愈加浓烈，将各个时代的艺术、建筑风格与现代风格的空间混搭给人们带来充满戏剧性的视觉冲突。用新的设计语言表达失落的历史和现代化进程之间的断裂和纠葛，让手工艺传承文化，在过去、现在和未来的矛盾中构建统一、共生融合，塑造当下的经典与流行。

色彩

1. 10121C
2. 16-1511 Rose Tan
3. 19-4125 Majolica Blue
4. 18-4011 Goblin Blue
5. 19-2047 Sangria
6. 18-1336 Copper Brown
7. 18-4834 Deep Lake
8. 17-0336 Peridot
9. 15-0955 Old Gold
10. 19-1250 Picante

沉稳大气的珐琅蓝自带古典、高贵的属性，与深湖色、蓝色妖娆搭配温柔恬静的粉棕色系，恰好中和了自身的冷峻，并沾染了空气中的甜蜜气息；搭配古金色立显摩登现代的独立气质。柔和的橄榄石色在这里平添了些许轻松俏皮感，这组华丽典雅的浓郁色彩像在大型聚会的浪漫邂逅，浓烈的火红与果酒红、金棕柳作为点缀色，恰如一杯浓郁香甜的美酒。

图案

图案关键点：多元融合、重塑经典

从巴洛克到古典主义，从装饰艺术到极简主义，从波普艺术到新艺术……这里质浪漫主义者的天堂，多元文化和艺术史被解构重组，裁剪了不同地域、不同时代风格的摩登组合，也努力呈现一个包容、开放的现代都市氛围。玩转另类复古，成就时代典藏！

织物

织物关键点：高贵典雅 装饰细节

自带奇光的天鹅绒、丝绒织锦、金属丝丝、黏胶纤维等以印花、烧花、镂空、刺绣、棉绒拼贴等到绣，构成美技术，辅配一些精美繁复的装饰细节，如织带、流苏、钉珠、吊穗等，创造出不同凡响的作品。

家居空间

2022/2023中国家用纺织品行业发展报告

相关产业

2022年我国棉纺织行业运行及发展情况

中国棉纺织行业协会

摘要：2022年，在地缘政治冲突升级、新冠肺炎疫情冲击、逆全球化势力抬头等多重因素叠加下，棉纺织行业经历了原料价格大幅波动、下游需求显著收缩、市场预期持续低迷等困难，企业普遍承受了较大压力。面对困境，棉纺织企业沉着应对、顺势而为，承压之下稳住了基本盘。进入2023年，我国社会、经济迎来了稳步复苏，棉纺织行业也鼓足信心、蓄力前行，全面贯彻党的二十大精神，为实现高质量发展目标而奋斗。

一、2022年棉纺织行业运行情况

（一）纱、布产量

2022年，我国棉纺织行业承压发展，纱、布产量较前一年度有所下降。据中国棉纺织行业协会调研会商统计，2022年我国棉纺织行业纱产量为1787万吨，较2021年同比下降5.7%；布产量467.5亿米，较2021年同比下降6.1%。从图1中可以看出，近年来，我国棉纺织行业纱、布产量已进入平稳波动阶段。

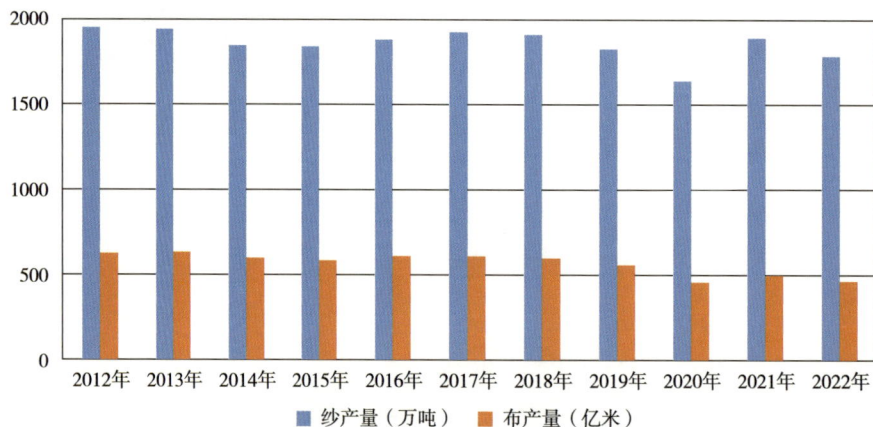

图1　2012~2022年我国棉纺织行业纱、布产量情况
数据来源：中国棉纺织行业协会

（二）市场价格

2022年，以棉花为代表的纺纱原料市场价格大幅波动，可大致分为三个变化阶段，如图2所示。

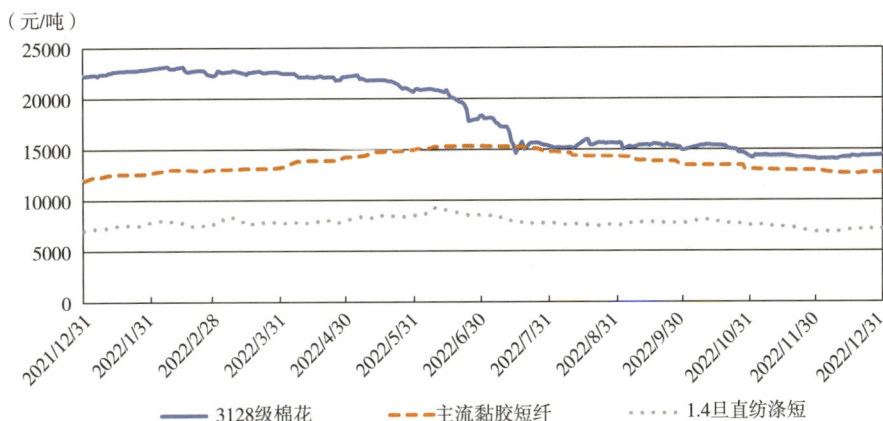

图2　2022年主要棉纺织原料价格走势
数据来源：TTEB 中国棉纺织行业协会

1~4月，平稳波动期。棉纤维价格基本维持上年末的水平，黏胶短纤价格平稳攀升，涤纶短纤价格波动上涨。

5~7月，快速变化期。棉花价格断崖式下跌，两个多月的时间价格下跌7000元/吨左右，降幅达30%以上，甚至出现低于黏胶短纤价格的情况；黏胶价格相对坚挺，作为棉花的替代品，价格达到全年最高值；涤纶短纤价格随之波动，达到全年高值后缓慢下降。原料价格的快速变化，为本就不够活跃的市场氛围带来沉痛一击，尤其对于未在期货市场进行套保的企业来说经营压力迅速加大。

8~12月，低位收官期。棉花快速下跌的趋势终于止步，价格在15000元/吨上下徘徊，与黏胶短纤间的价差大幅收窄。至此，自2021年第四季度开始的棉花价格高位运行期宣告结束。

此外，2022年，国内外棉价差大部分时间处于倒挂，如图3所示。受国际贸易保护主义不断加剧的影响，国产棉在国际市场的竞争力下降，价格走低。

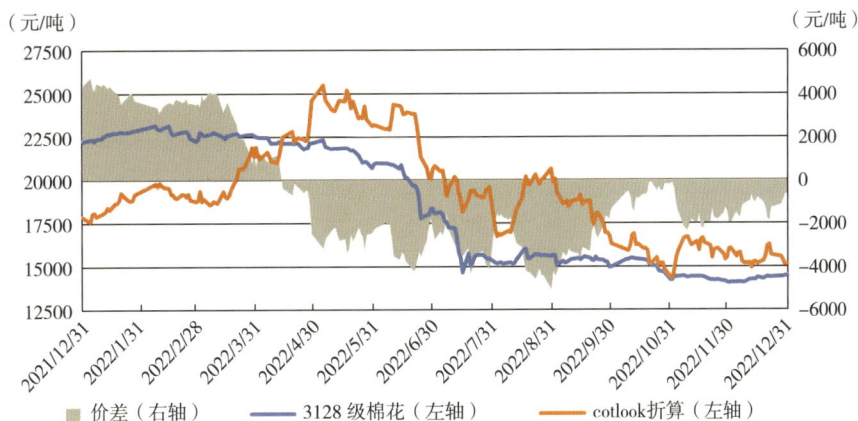

图3　2022年国内外棉花价格走势
数据来源：TTEB 中国棉纺织行业协会

2022年，纱、布产品价格同样迎来较明显的变化，如图4所示，但与原料变化不同的是，在原料价格回归平稳之后，产品价格下跌的步伐并未停止。纱、布产品于12月初分别迎来21800元/吨、4.43元/米的价格低谷。

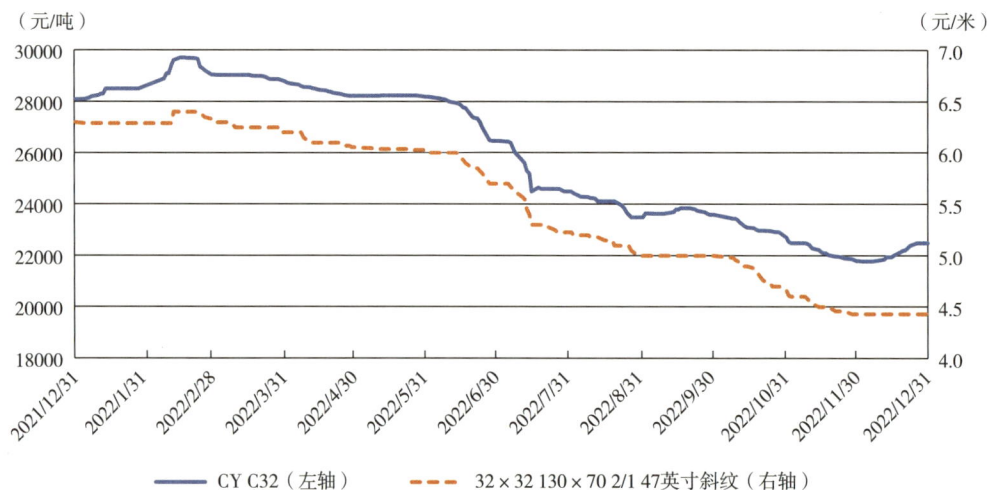

图4　2022年主要棉纺织产品价格走势
数据来源：TTEB 中国棉纺织行业协会

2022年与2021年棉纺织行业主流原料、产品年度均价见表1。与前一年度对比看，2022年各主流原料价格较2021年小幅上涨，其中涤纶短纤价格增幅相对明显；纱、布产品价格均有所下跌，其中布的价格降幅相对较大，棉纺织生产企业利润空间进一步压缩。上、下半年对比看，价格下跌成为2022年下半年的主旋律。

表1　2021~2022年市场价格变化情况

项目	3128级棉花（元/吨）	主流黏胶短纤（元/吨）	1.4旦直纺涤短（元/吨）	CY C32（元/吨）	32×32 130×70 2/1 47英寸斜纹（元/米）
2021年均价	18045	13574	7020	26269	6.1
2022年均价	18434	13796	7789	25848	5.5
增幅	2.16%	1.64%	10.95%	−1.60%	−9.84%
2022年上半年均价	21929	13761	8019	28471	6.1
2022年下半年均价	15159	13830	7572	23390	4.9
增幅	−30.87%	0.50%	−5.57%	−17.85%	−19.67%

数据来源：TTEB 中国棉纺织行业协会

（三）经济效益

2022年，我国棉纺织经济效益水平承压较大。据中国棉纺织行业协会对重点企业（以下简称重点企业）的跟踪统计，2022年，我国棉纺织行业重点企业营业收入较2021年累计同比下降0.2%，利润总额较2021年同比下降35.1%，棉纺织行业亏损企业数较2021年同比增长133.3%。

从图5可以看出，2022年重点企业营业收入累计同比不断下滑，利润总额累计同比数始终为负值，体现出经济活力走弱、盈利水平受到挤压的特点。2022年第三季度原料价格趋缓后，利润降幅有所收窄，但在经济运行低迷的大环境下，第四季度再次显著下滑。

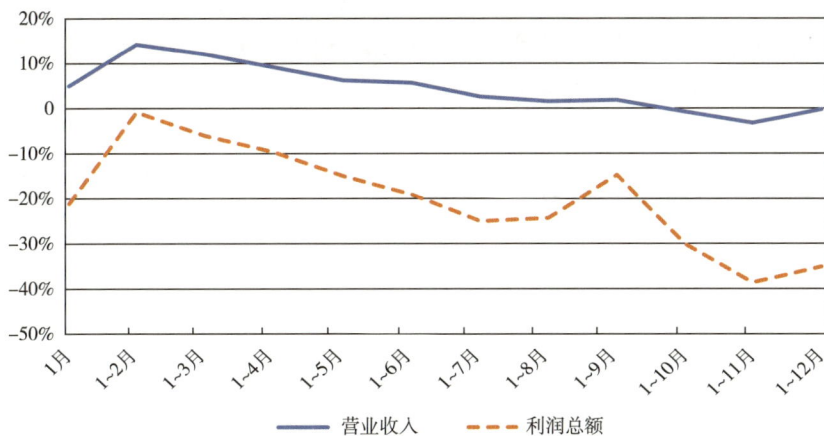

图5　2022年重点企业营业收入和利润总额累计同比变化
数据来源：中国棉纺织行业协会

（四）进出口市场

据海关数据统计，2022年1~12月，我国累计进口棉花192.76万吨，同比下降10.10%；2022/2023年度，我国累计进口棉花56.67万吨，同比增长54.27%。

2022年1~12月，我国累计进口棉纱117.64万吨，同比下降44.41%；累计出口28.45万吨，同比下降3.64%；2022/2023年度，我国累计进口棉纱31.04万吨，同比下降50.57%；累计出口10.05万吨，同比增长2.44%。

2022年1~12月，我国累计进口棉布2.31亿米，同比增长21.38%；累计出口64.26亿米，同比下降12.34%；2022/2023年度，我国累计进口棉布1.28亿米，同比增长114.60%；累计出口19.36亿米，同比下降15.74%，见表2。

表2　我国棉花、棉纱、棉布进出口情况

产品	进出口	2022年1~12月		2022/2023年度	
		进/出口量	增幅	进/出口量	增幅
棉花	进口（万吨）	192.76	−10.10%	56.67	54.27%
棉纱	进口（万吨）	117.64	−44.41%	31.04	−50.57%
	出口（万吨）	28.45	−3.64%	10.05	2.44%
棉布	进口（亿米）	2.31	21.38%	1.28	114.60%
	出口（亿米）	64.26	−12.34%	19.36	−15.74%

数据来源：中国海关总署

从销售额来看，2022年我国纺织品服装出口额再创新高，达3409.5亿美元，同比增长2.5%。其中，出口纺织品1568.4亿美元，同比增长1.4%；出口服装1841.1亿美元，同比增长3.4%。产品价格提升在其中发挥重要作用，纺织面料、纱线等具有较强国际竞争力，对东南亚、南亚、美洲等服装业快速发展国家和地区出口的稳步增长成为重要增长点。

从市场布局看，我国纺织品服装出口市场更加多元，贸易结构更趋合理。2022年我国对东盟出口纺织品服装582亿美元，同比增长14.8%，东盟首次成为行业第一大出口市场。东盟市场对行业的出口增长贡献率高达50%以上，带动RCEP出口增长贡献率提升至60%以上。跨境电商、海外仓等外贸新业态成为重要动能。

二、2022年棉纺织行业发展特点

（一）行业运行持续承压

中国棉纺织行业协会每月发布的景气指数显示，2022年棉纺织全年景气指数始终在50荣枯线以下，行业运行持续承压，如图6所示。7月，受原料价格大幅波动影响，景气指数达到全年最低值45.23；12月，随着新冠病毒感染实施"乙类乙管"，各地区管控解除，市场流通加快，企业信心有所恢复，景气指数达到全年最高值49.94。从全年来看，行业景气指数虽然始终处于低位波动，但整体呈现出震荡回升趋势，行业发展信心逐步恢复。

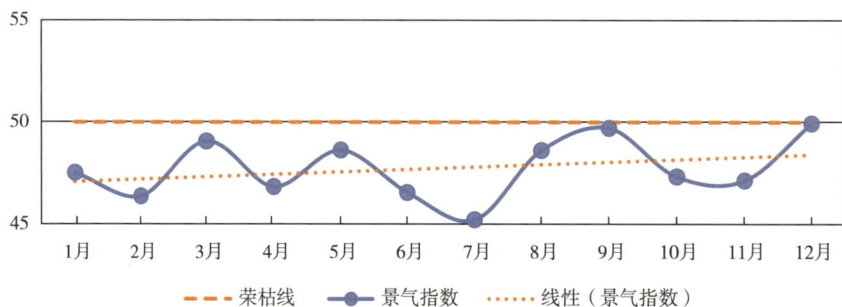

图6　2022年棉纺织景气指数
数据来源：中国棉纺织行业协会

生产方面，截至2022年12月底，中国棉纺织行业协会重点跟踪企业纺纱设备利用率91.70%，环比提高0.53个百分点，同比下降3.22个百分点；织造设备利用率89.88%，环比提高2.21个百分点，同比下降2.66个百分点。同样体现出全年设备利用情况较上一年度降低，但年末逐步恢复的趋势。

（二）非棉纤维应用占比继续上升

非棉纤维的发展不仅在一定程度上弥补了我国用棉缺口、稳定了原料市场，还为棉纺织产品新产品开发提供原动力。与棉花相比，非棉纤维市场化程度较高，受政策影响较小，在数量和质量方面有一定的优势，近年来在棉纺生产中的使用的比重不断上升，与棉花供需形成互补的关系，如图7所示。

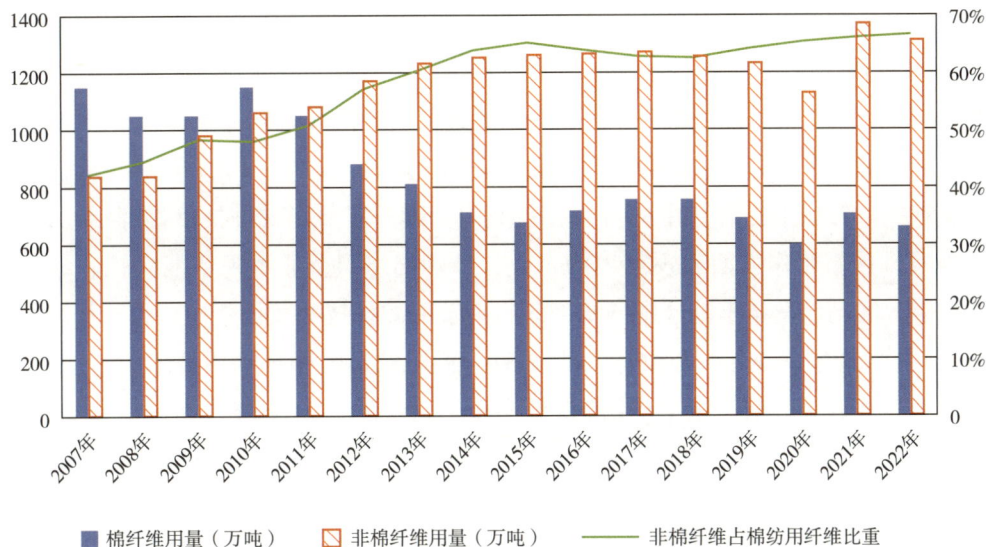

图7　2007~2022年非棉纤维在棉纺领域应用情况
数据来源：中国棉纺织行业协会

2011~2013年收储期间，棉花价格处于高位，非棉纤维在棉纺用纤维中的比重开始超过棉纤维，并快速上升。2016~2018年，在棉花储备、配额、目标价政策的多重引导下，棉花价格和品质均较为平稳，非棉纤维应用比重虽小幅下降，但基本保持平稳。2019年以来，受国际贸易局势影响，棉花价格出现波动，非棉纤维应用比重再次提高。

2022年，受经济活力不佳、下游需求疲软、新冠肺炎疫情冲击等因素影响，棉纺织行业纤维消耗量整体下降。从纤维应用占比看，由于逆全球化势力抬头、棉花价格波动明显等因素，非棉纤维再次发挥互补优势，在棉纺织行业的应用占比为纤维消耗总量的66.5%，较前一年度增加0.5个百分点，达到新高峰。

（三）产品创新力度不断加强

在终端消费需求走弱的环境下，棉纺织企业纷纷苦练内功，加强产品创新力度，提升产品优势，以争取更多的市场份额。

研发前沿产品的主动性提高。主要表现为企业积极扩充产品种类，为下游客户提供更多选择的空间；积极参与行业推广活动，以最快速度打开新产品知名度。2022年，由中国棉纺织行业协会作为主办单位之一的2023/2024中国纱线流行趋势活动中，纱线产品的原料种类、外观形态、功能品质进一步提升，充分体现了行业最新研发成果和热情。

培育优势产品的热情提高。企业积极树立行业名片，努力提升在专一产品上的市场地位。2022年，由中国纺织工业联合会组织开展的纺织行业专精特新中小企业（第三批）培育入库工作中，征集到棉纺织类企业及其产品数量是前一年度的4倍以上，最终成功入库的企业同样较前一年度大幅增长。

（四）对绿色发展的关注度升高

在整体绿色发展水平上提升。近年来，为贯彻落实《"十四五"工业绿色发展规划》和《工业领域碳达峰实施方案》，持续完善绿色制造体系，工信部持续开展国家级绿色制造名单推荐工作。2022年，企业参与热情显著提高，通过依次申报市级、省级、国家级绿色制造名单，与优秀企业对标，优化企业经营模式和发展方向。

在关键技术领域上提升。中棉行协在行业内持续开展节能减排技术推荐活动，推介在行业节能减排创新工作方面表现突出的企业，鼓励棉纺织企业重视节能降耗、绿色发展。截至2022年，活动已发布十批《中国棉纺织行业节能减排技术及创新应用目录》，征集技术310余个，主要包含设备升级与改造、能源/动力系统改造、循环利用技术、生产工艺创新和智能化生产等五个方面，推动棉纺织产品单位产出综合能耗下降，为进一步实现可持续发展助力。

（五）稳定资金链成为企业年度发展目标

从企业角度看，在市场运行压力较大的环境下，稳定资金链成为发展的重要目标。2022年，我国纺织行业固定资产投资增速较2021年有所下降，但仍呈增长势态。据国家统计局统计，2022年我国纺织业固定资产投资较上年增长4.7%，增速较2021年收窄7.2个百分点，企业扩张版图的步伐有所放缓，投资主体主要集中在实力雄厚的大中型企业。此外，企业大多还通过优化管理模式、改变工人排班方式、调整营销策略等手段，顺应时势，调整经营模式，以保证资金链平稳、避免工人流失、稳定市场订单。

三、2023年棉纺织行业发展面临的机遇与挑战

（一）发挥市场优势，国家层面消费提振举措越发明确

新年交替之际，企业对2023年的发展抱有较大期待，但外需转弱、订单转移、外贸受阻、内需复苏不及预期等问题迅速显现，终端市场的低迷情绪逐步传导至棉纺织环节，企业信心受挫。

2023年，中央经济工作会议要求把恢复和扩大消费摆在优先位置，各有关部门积极落实，为此商务部将2023年确定为"消费提振年"。面对错综复杂的国际贸易局势以及伴随的原料风险，为了推动内外贸一体化，扩大棉制纺织品服装消费，商务部、工信部、供销合作总社共同决定于4~6月组织开展"棉纺消费季"活动，发挥中国超大规模市场优势和纺织工业强大制造优势，联合各棉纺织产业集群、贸易平台、终端品牌等开展一系列消费提振活动。该活动对于促进棉纺织服装消费，弘扬传统文化，满足绿色健康消费升级需求，以及稳定棉纺织产业链、供应链都具有重要意义。在国家层面提振举措愈发明确的环境下，棉纺织产业链各环节应紧抓机遇，紧跟市场风向，同时在增品种、提品质、创品牌上不断努力，稳固并扩大自身优势。

（二）利用非棉原料优势，推动差别化产品快速发展

非棉纤维与棉纤维相比具有不受季节影响、产品相对稳定的特点。随着非棉纤维可纺种类持续扩宽、可纺性越来越稳定，对纱线、面料的新产品开发起到巨大推动作用。另外，非棉纤维市场化程度高，价格变化相对棉纤维更稳定，具有一定的可预判性，非棉纤维的应用有助于企业降低经营风险。因此，加强上下游产业链对接、提高市场信息灵敏度，对棉纺织企业加快研发效率、稳定经营水平、抢占市场先机具有重要意义。

与此同时，在上游纤维原料品种不断丰富，下游客户对产品多样性需求不断增加的双向拉动下，差别化产品在棉纺织行业的表现越来越亮眼。2022年，棉纺织行业非棉纤维应用比例继续提高，差别化纱线、面料的比重同步提升。多种纤维混纺交织已经成为纺织产业时尚化、功能化的主流，为棉纺织产品创新、纺纱织造技术进步奠定了基础。走差别化产品的发展方向对企业研发人员的要求较高，加强创新型人才的培养成为企业能否紧抓机遇的重要因素。

（三）终端消费习惯发生变化，市场活力恢复仍需时日

对于2023年的行业发展，棉纺织企业虽抱有较大期待，但经过三年疫情，全球终端消费习惯已悄然发生改变，人们将可支配收入保障在刚需领域，在纺织品服装的消费比重有所缩减，市场活力恢复仍需时日。面对这一现状，行业对2023年上半年的走势持谨慎态度，普遍认为短时间不会有太大反弹，预计下半年或将有所好转。对于企业来说，还需继续承受一段时间的经营压力。经过三年考验，多数企业已形成"低耗能"的发展模式，面对"旺季不旺"的心态已经逐步平稳。

（四）顺应时代潮流，拓宽智能制造应用范围

2023年是全面贯彻党的二十大精神的开局之年，我国棉纺织行业应顺势而为、乘势而上，遵循高质量发展道路。努力适应员工老龄化，扩大自动化、智能化设备的应用范围，积极应对、主动作为，减轻对人工操作的依赖度，逐步从劳动密集型向技术密集型转变。硬件设备上，推进智能化工厂的建设进程和水平，其中织造生产各环节间目前大多仍为人工运输，劳动强度较大，在自动化、智能化领域拥有更大发展空间。软件系统上，要建立完善、高效的在线监测、数据采集、分析系统，加强对产品质量控制水平。

（五）合理利用金融工具，加强资金风险防范意识

2023年，中国经济整体水平有望继续回升，但全球经济发展仍面临较大的不确定因素。国际货币基金组织预计2023年全球经济增长速度或将低于2%，世界银行也将2023年全球经济增长预期下调到1.9%。经历过2022年的价格风波，棉纺织企业对金融工具的关注度有所提高。针对当前地缘政治冲突仍在继续、逆全球化势力抬头等多重因素叠加的情况，关注大宗商品价格走势，合理利用期货、现货两个市场，对企业稳定资金链、保证平稳运行具有重要意义。

（六）化危机为转机，头部企业合理开展资源整合

对于具有雄厚实力的头部企业来说，行业震荡期也常暗藏机遇。在保证资金链的基础上，权衡自身实力及发展规划，瞄准时机，以较小的代价吸收行业落后产能、延伸产业链布局，将危机转化为企业发展的转机，重塑行业地位。对行业发展来说，这一过程中的产能结构也将得到优化，对纺织行业整体高质量发展具有推动作用。

撰稿人：杨秋蕾

2022年中国化纤行业运行分析与2023年展望

中国化学纤维工业协会

2022年，我国化纤行业面临的内外部发展环境更趋复杂严峻。在新冠肺炎疫情反复、地缘冲突、通胀高企等多重复杂因素叠加影响下，全球经济下行态势明显，国内需求收缩、供给冲击、预期转弱的"三重压力"也有所加大，我国化纤行业运行遭遇前所未有的挑战。原油价格高位大幅波动，下游需求持续低迷，导致行业开工负荷下降，盈利压力较为突出。但在整体严峻的行业形势下，化纤行业运行仍不乏亮点。国内碳纤维行业依然保持高景气度，市场需求保持增加；在国家新发展理念和"双碳"目标的指引下，生物基纤维产业规模保持较快增长；差异化、功能化纤维的研发步伐在加速，产品开发做得好、品牌做得好、国际化程度高的企业，受市场波动的影响相对较小；出口依然保持良好增长态势，化纤出口量又创新高。

一、2022年化纤行业运行基本情况

（一）化纤生产放缓，产量负增长

2022年，化纤行业产销压力加大，总体开工负荷较2021年明显下降。前三季度，行业在3~4月和7~8月出现两个比较明显的降负荷时期，前者是由于多地出现散发新冠肺炎疫情，特别是上海和长三角地区新冠肺炎疫情影响较大，主要体现在物流交通及内循环消费需求上；后者是由于传统淡季，面对高库存和弱需求的压力，叠加部分地区高温限电。这期间，产品库存持续上升，基本在7月中下旬达到高位。进入"金九"传统旺季，限电措施放松、取消，产业链对旺季均抱有一定期待，因此下游需求有所改善，行业开工负荷出现回升，但9月下半月重回谨慎，总体来说旺季表现不如往年。11月中旬以后，工厂工人感染增加，导致产业链上下游行业开工负荷均出现明显下降。

根据中国化纤协会统计，2022年化纤产量为6488万吨，同比微减0.55%（表1），这是近四十年来化纤产量首次出现负增长。其中，除黏胶长丝、腈纶产量分别同比增加7.45%、16.70%外，其他主要产品的产量均呈现负增长。国家统计局统计的化纤产量为6697.84万吨，同比减少0.96%。二者数据存在一定差异，可能是由于统计口径不同造成，比如POY和DTY。

表1 2022年中国化纤产量完成情况

产品名称	2022年产量（万吨）	同比（%）
化学纤维	6488	−0.55
人造纤维	423.5	−3.67
其中：黏胶纤维	385.3	−4.42
短纤	368	−4.91
长丝	17.3	7.45
合成纤维	6064.8	−0.33
其中：涤纶	5343	−0.38
短纤	1067	−0.93
长丝	4276	−0.24
锦纶	410	−1.20
腈纶	56.6	16.70
维纶	8.3	−4.34
丙纶	41.3	−3.50
氨纶	86.0	−0.92

资料来源：中国化学纤维工业协会

注 涤纶短纤中包含部分再生涤纶短纤，涤纶长丝中包含部分加弹产品。

（二）终端需求不足，下游表现低迷

从终端需求来看，纺织品服装内销市场需求不足，出口额虽再创新高，但下半年出口增速出现逐月回落。

内需方面，2022年，受居民收入增长放缓、消费场景恢复缓慢等因素影响，国内消费市场承压。国家统计局数据显示，2022年全国限额以上服装、鞋帽、针纺织品类商品零售额同比减少6.5%，自3月以来增速持续为负；网上穿类商品零售额同比增长3.5%，增速较2021年放缓4.8个百分点，但6月以来持续正增长，运动户外、健康保健等服装服饰消费仍具有良好增长韧性。

外需方面，2022年我国纺织品服装出口总额再创新高，连续第三年保持在3000亿美元以上，出口价格提升发挥了重要支撑作用。海关数据显示，2022年我国纺织品服装出口总额达3409.5亿美元，同比增长2.5%。主要出口产品中，纺织品出口金额1568.4亿美元，同比增长1.4%，纺织面料、化纤等产业链配套产品出口是重要增长点；服装出口金额达1841.1亿美元，同比增长3.4%。

终端需求不足导致化纤下游主要行业的开工率普遍较2021年同期有所下降。华瑞信息数据显示，江浙织机3月平均开工率约70%，较2021年同期下降16个百分点；4~8月的月平均开工率均在60%以下，9月、10月的月平均开工率回升至70%左右；10月下旬以来，开工率呈现下降趋势，12月上半月有小幅回升，但下半月又开始下降，至12月底已降至约25%。

（三）出口持续增长，竞争优势提升

海关数据显示，2022年化纤出口量为565.45万吨，同比增加8.76%（表2），比"十三五"（2015年）以来年均增速（7.54%）提升1.22个百分点，在2022年这种艰难形势下，化纤出口增长反映出国际市场需求增加以及我国化纤产品竞争力的提高。其中，腈纶出口同比增加明显。分析其原因：一是年初开始欧洲德绒20万吨的工厂关停导致供应出现缺口；二是年初至今人民币总体呈现贬值状态，加持腈纶出口的价格优势；三是相对于印度等国家和地区，国内产品质量也存在一定优势。

表2 2022年化纤主要产品及聚酯瓶片进出口情况

项目	进口量			出口量		
	2022年（吨）	2021年（吨）	同比（%）	2022年（吨）	2021年（吨）	同比（%）
化学纤维	615972.4	834545.7	−26.19	5654455.3	5199134.2	8.76
其中：涤纶长丝	88333.6	122881.6	−28.11	3353747.8	3050754.5	9.93
涤纶短纤	90620.6	163703.2	−44.64	1017213.4	947139.4	7.40
锦纶长丝	56995.8	68704.1	−17.04	381042.1	335840.4	13.46
腈纶	45586.3	74851.5	−39.10	66800.3	22703.6	194.23
黏胶长丝	2385.2	4035.9	−40.90	122697.7	118111.2	3.88
黏胶短纤	185508.5	212962.7	−12.89	334927.9	328612.9	1.92
氨纶	25896.5	36805.9	−29.64	87417.1	95975.4	−8.92
聚酯瓶片	51652.5	63081.5	−18.12	4313881.1	3179683.8	35.67

资料来源：据中国海关数据整理

此外，近两年聚酯瓶片出口表现亮眼，2021年出口量同比增长36.03%，2022年继续大幅增长35.67%。主要原因：一是自2021年四季度，部分海外装置意外停车，且短时间内未能恢复正常生产，2022年以来，全球能源紧张，海外装置因成本高涨导致开工积极性不高，海外瓶片供应存在较大缺口；二是随着疫情缓和，海外市场需求逐渐恢复；三是中国聚酯瓶片出口价格虽然也有上涨，但相较于高能源成本的海外产品，中国聚酯瓶片性价比较高；四是国内瓶片产能增长，而国内需求增长有限，因此工厂积极拓展出口市场。多重因素叠加，使我国聚酯瓶片出口刷新历史高点。

（四）化纤市场疲软，成本传导不畅

2022年以来，原油价格高位大幅波动，严重拖累了化纤市场，叠加需求不足，化纤市场整体表现疲软（图1、图2）。

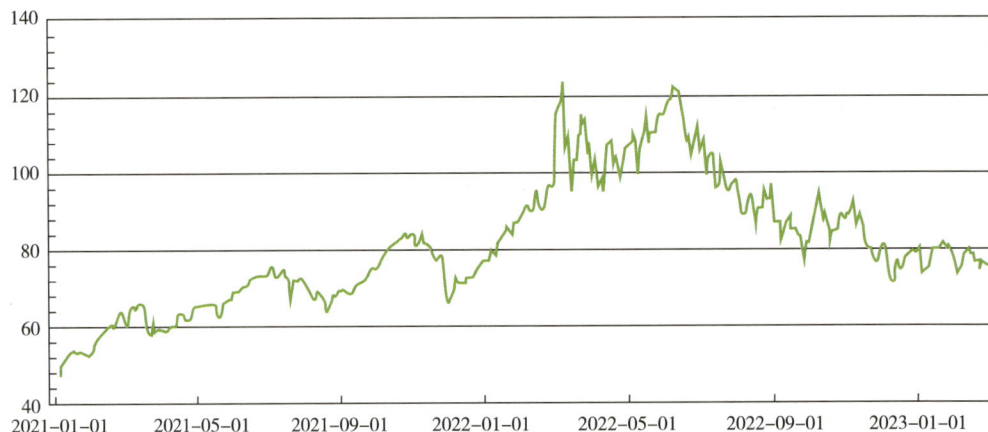

图1 2021~2023年2月WTI油价走势图
资料来源：中纤网

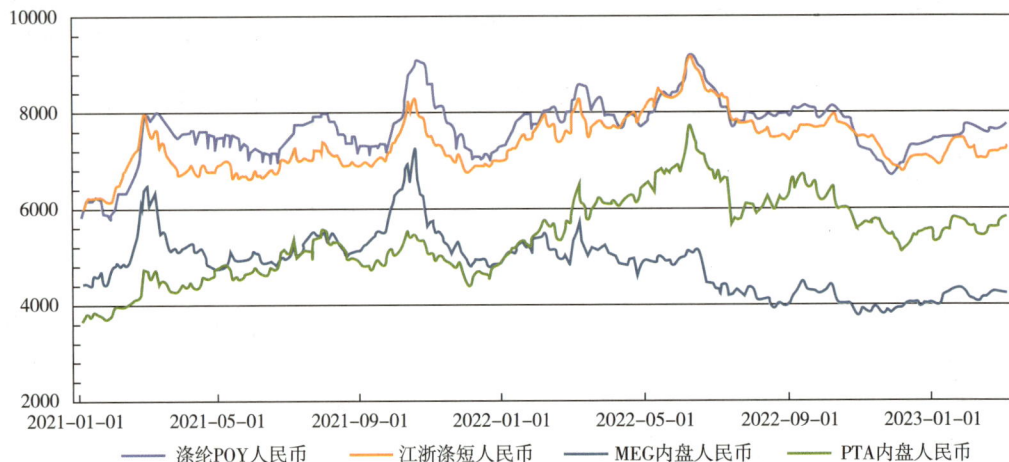

图2 2021~2023年2月涤纶及其原料价格走势图
资料来源：中纤网

上半年，原油价格震荡上涨，最高涨幅超过60%，大幅增加了化纤行业的原料成本和能源成本，但在"弱需求"的现实情况下，企业无法将"高成本"顺利传导，挤压了企业利润并且占用大量流动资金。下半年，原油价格快速下跌，一度跌回年初水平，企业原料成本虽然大幅减少，但化纤市场失去支撑，产品价格持续下跌造成销售更为困难。

（五）营收保持增长，利润下降明显

2022年化纤行业经济效益指标同比下降明显。国家统计局数据显示，化纤行业营业收入仍保持万亿元级别，为10900.74亿元，同比增加5.32%；实现利润总额241.29亿元，同比减少62.22%，化纤行业仅为纺织全行业贡献约12%的利润，较2021年下降了13个百分点；行业亏损面31.93%，较2021年扩大14.63个百分点，亏损企业亏损额同比增加102.67%（表3）。

表3 2022年化纤及相关行业经济效益情况

行业	营业收入（亿元）	同比（%）	营业成本（亿元）	同比（%）
纺织行业	51597.25	−0.84	45697.88	0.80
其中：纺织业	26157.62	−1.10	23177.16	−0.39
纺织服装、服饰业	14538.89	−4.56	12404.17	−4.02
化学纤维制造业	10900.74	5.32	10116.55	10.66
行业	利润总额（亿元）	同比（%）	亏损企业亏损额（亿元）	同比（%）
纺织行业	2005.9	−24.92	514.44	77.26
其中：纺织业	1000.79	−17.79	248.42	105.80
纺织服装、服饰业	763.82	−6.34	96.64	12.46
化学纤维制造业	241.29	−62.22	169.38	102.67

资料来源：国家统计局

注 表中纺织行业数据为其下三项合计。

分行业来看，涤纶、锦纶、腈纶和氨纶行业分别约贡献了化纤利润总额的31%、29%、6%和6%，其中腈纶行业利润总额明显增加，氨纶行业由于2021年的高基数，下降明显，但仍高于疫情前水平。此外，碳纤维行业依然保持高景气度，市场需求保持增加，产能规模快速增长，2022年全行业继续实现盈利。值得注意的是，在需求低迷、行业形势严峻的情况下，规模越大的企业，产销压力越大，有些大企业主动限产，造成单位产品的运营成本升高，对盈利改善不大，但却给更为灵活的中小企业腾出部分空间。

（六）固定资产投资增加，产能惯性增长

化纤行业固定资产投资较2021年有所下降，但仍保持了稳定增长。国家统计局数据显示，2022年化纤行业固定资产投资额同比增加21.4%，较2021年下降10.4个百分点。但这种增长很大程度上属于惯性增长，新增产能仍主要集中在头部企业，随着惯性减弱，叠加2022年的高基数，2023年化纤行业固定资产投资增速有可能明显回落（图3）。

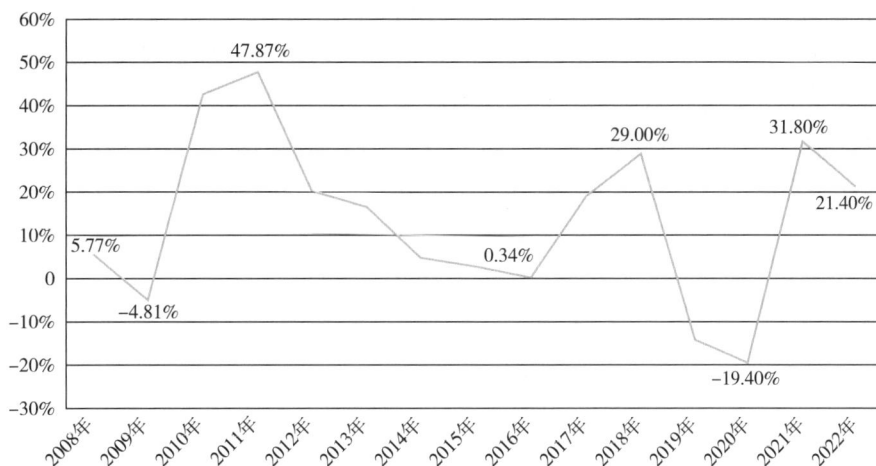

图3 2008~2022年化纤行业固定资产投资增速变化
资料来源：国家统计局

二、2023年化纤行业展望

当前，国际形势依然复杂严峻，经济恢复基础仍不牢固，2023年世界经济复苏将面临更大压力，中国将继续成为全球经济增长引擎。中央经济工作会议在部署做好2023年经济工作时，强调"要坚持稳字当头、稳中求进"，并进一步明确了做好经济工作要把握好的"六个更好统筹"，要求"加强各类政策协调配合，形成共促高质量发展合力"。党的二十届二中全会进一步强调，要努力扩大内需，切实提升产业链供应链韧性和安全水平。随着国内疫情防控转入新阶段，各项政策不断落实落细，生产生活秩序有望加快恢复，经济增长内生动力将不断积聚增强，对国内消费端复苏具有积极支撑。

2023年元宵节过后，下游织造、加弹企业开机率持续回暖，化纤行业总体开工负荷低位回升，但产业链价格传导不畅，经济效益未有较大改善。展望全年，化纤行业运行依然面临来自供需两端的压力，供需关系能否改善成为行业运行能否企稳回升的关键。从终端需求来看，内销市场具备平稳恢复基础，居民收入及预期改善为衣着鞋帽类的消费增长提供重要支撑，但疫情流行过渡期仍可能造成内销市场出现阶段性波动；纺织品服装出口市场压力增大，发达经济体衣着消费增长空间有限，同时新兴经济体产业链配套需求面临回落压力，我国纱线、面料等中间产品出口增速或有所放缓，化纤产品出口依然有望保持平稳。从供应端来看，化纤产能仍有可能保持惯性增长，在需求有效增长之前，行业企业应着力控制新增产能，避免供需矛盾进一步升级，以维护化纤行业持续稳定发展。此外，油价走势仍将是影响化纤市场运行的重要因素之一，2023年石油市场将在经济衰退与地缘政治间博弈，欧佩克表示，影响油价的经济因素向下行倾斜。在基准情形下，预计2023年油价较2022年震荡幅度减弱，且运行中枢较2022年会有所下降。

2023年是全面贯彻落实党的二十大精神的开局之年，也是"十四五"承上启下的关键之年。由工信部、国家发改委联合印发的《关于化纤工业高质量发展的指导意见》提出，到2025年，形成一批具备较强竞争力的龙头企业，构建高端化、智能化、绿色化现代产业体系，全面建设化纤强国。党的二十大擘画了全面建成社会主义现代化强国、以中国式现代化全面推进中华民族伟大复兴的宏伟蓝图，进一步为纺织化纤行业的高质量发展提供了根本遵循。面对新的战略机遇和任务、新的战略阶段和要求，化纤行业要面向科技前沿、面向消费升级、面向重大需求，完善创新体系；坚持节能降碳优先，扩大绿色纤维生产，构建清洁、低碳、循环的绿色制造体系；增加优质产品供给，培育纤维知名品牌，拓展纤维应用领域；加快数字化智能化改造，提升经营管理能力，推进产业链现代化建设。

撰稿人：吴文静　宁翠娟

2022/2023年中国印染行业发展报告

中国印染行业协会

2022年是我国踏上全面建设社会主义现代化国家新征程、向第二个百年奋斗目标进军的开局之年。这一年里，世界百年变局加速演进，国际地缘政治局势动荡不安，全球产业链、供应链遭受冲击；高通胀压力下，美欧等发达经济体加快收紧货币政策，世界经济下行压力加大；新冠肺炎疫情反复延宕，国内经济发展面临"需求收缩、供给冲击、预期转弱"三重压力。这一年，印染行业发展环境的复杂性、严峻性、不确定性显著上升，全年行业经济运行承受较大压力，主要经济指标增速回落，行业平稳运行经历严峻考验。展望2023年，一方面，世界经济发展仍存在诸多不确定因素，国际贸易格局变化将更加深刻复杂，经济弱、需求减、供应链重构、政治局势多变等发展环境对印染行业外贸形成压力。另一方面，行业发展的国内环境在持续改善，随着稳经济促消费政策持续发力，内销市场有望逐步恢复向好，更高水平的内循环对行业高质量发展的支撑作用将进一步加强。

一、2022年印染行业经济运行情况

（一）市场需求整体不足，产量规模下降

2022年，受多重超预期因素影响，在市场需求整体不足的背景下，印染行业产能利用率总体处于较低水平，全年印染布产量呈现负增长态势。根据国家统计局数据，2022年，印染行业规模以上企业印染布产量556.22亿米，同比下降7.52%，增速较2021年回落19.28个百分点。全年来看，印染布产量增速整体呈现波动下滑态势，1~8月增速逐步回落，9月降幅有所收窄，10~12月连续三个月降幅扩大，见图1。从月度产量来看，2022年仅1~2月产量高于2021年同期，其余月产量同比均有所下降，其中8月产量仅46.22亿米，同比下降14.33%，为年内最低水平，如图2所示。

分地区来看，2022年，我国印染产能仍主要集中在东部沿海地区，浙江、江苏、福建、广东、山东等省规模以上企业印染布产量占全国总产量的93.74%，占比较2021年提高2.08个百分点。从各省产量来看，2022年，东部沿海五省产量均有不同程度下降，其中江苏省下降幅度最大，同比减少17.89%，广东省产量降幅超过全国平均水平1.05个百分点；河北、湖北、

河南、江西、广西、湖南等中西部地区印染布产量实现逆势增长，其中湖南省产量增速最快，达到39.00%，见表1。

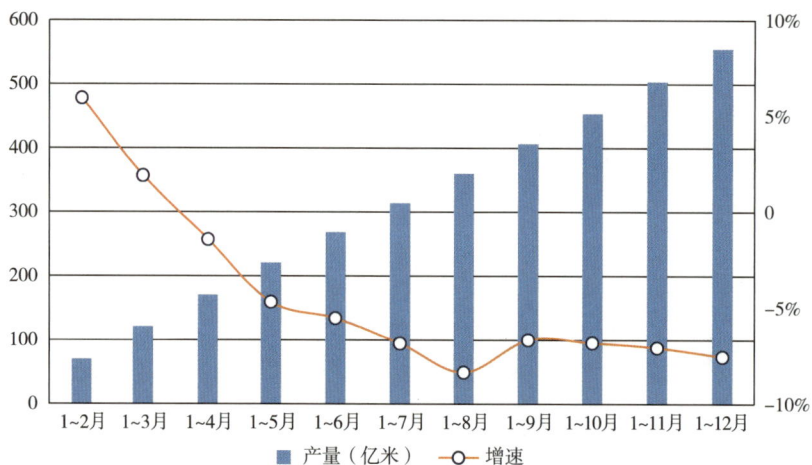

图1 2022年规模以上企业印染布产量及增速情况

资料来源：国家统计局

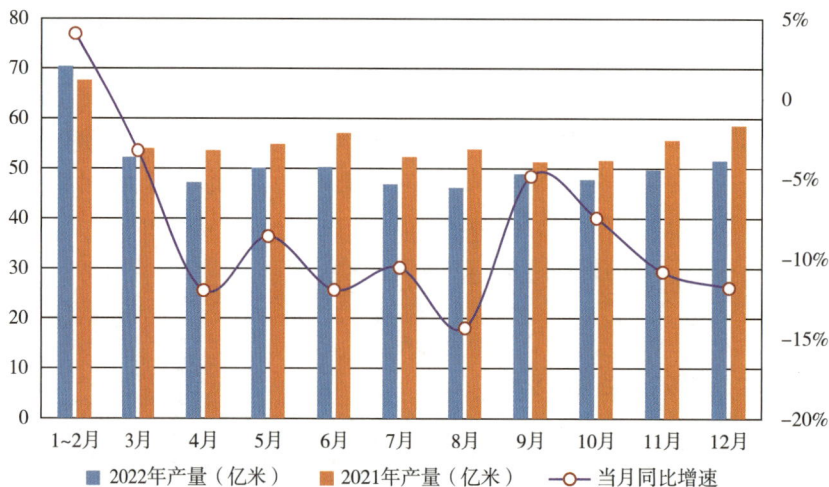

图2 2022年规模以上企业印染布月度产量及增速情况

资料来源：国家统计局

表1 2022年我国印染布主要生产省份产量增速情况

序号	地区	同比（%）	序号	地区	同比（%）
1	浙江	-6.56	8	湖北	5.07
2	江苏	-17.89	9	河南	10.86
3	福建	-4.43	10	江西	4.18
4	广东	-8.57	11	广西	2.88
5	山东	-6.01	12	安徽	-7.19
6	河北	17.86	13	湖南	39.00
7	四川	-8.68	14	山西	-1.68

资料来源：国家统计局

（二）出口保持增长，增速逐步回落

2022年，面对复杂严峻的外部环境，我国印染行业承压前行，展现出较强的发展韧性。立足产业规模优势和配套优势，我国主要印染产品出口呈现"量价齐升"态势，全年出口规模创2011年以来新高。根据中国海关数据，2022年，我国印染八大类产品出口数量292.28亿米，同比增长5.31%；出口金额313.46亿美元，同比增长9.06%；出口平均单价1.05美元/米，同比提高3.56%。

印染八大类产品出口增速呈现"前高后低"的走势，1~7月，出口规模整体维持了较高增速，7月以后，出口增速持续下行，12月增速达到年内低点（图3），反映出随着发达经济体货币政策逐步收紧，全球经济增长放缓，叠加高通胀压力，居民衣着消费意愿走弱，纺织品服装的需求和贸易受到影响。

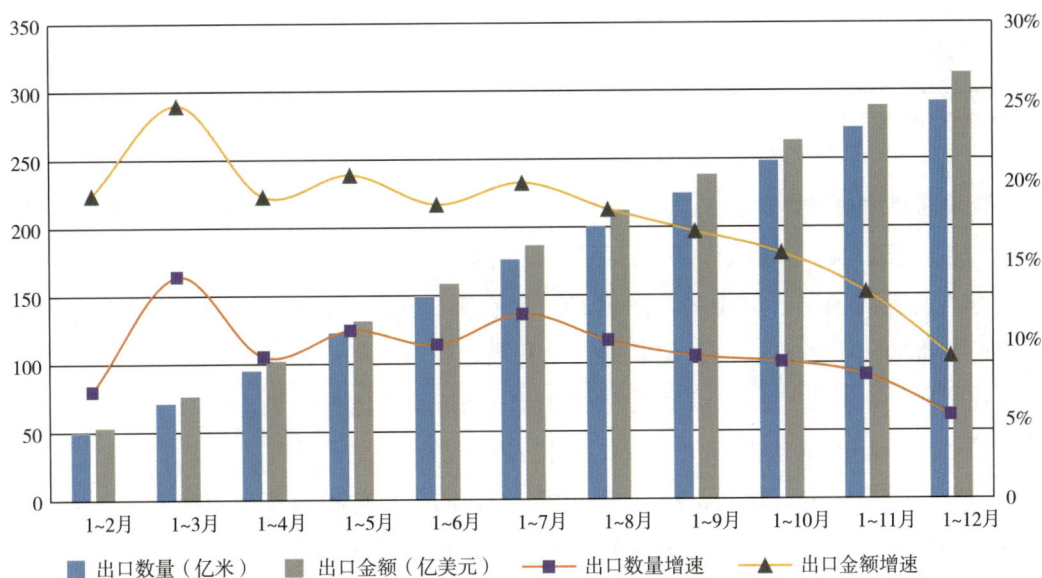

图3　2022年我国印染八大类产品出口总体情况
资料来源：中国海关

1. 主要产品出口情况

2022年，受美国实施新疆棉花禁令影响，我国棉制印染产品出口大幅下滑，纯棉染色布、纯棉印花布、棉混纺染色布、棉混纺印花布、T/C印染布出口数量分别下降16.70%、20.76%、3.47%、3.88%和3.54%，见表2。棉制产品出口受阻，国内印染企业逐步调整优化外贸产品类别，增加合成纤维织物的出口。中国海关数据显示，2022年，我国印染八大类产品中合成长丝织物和涤纶短纤织物的出口数量实现增长，其中，合成长丝织物出口数量214.57亿米，同比增长11.17%，占印染八大类产品出口总量的73.41%，占比较2021年提高5.04个百分点，是拉动印染行业出口增长的主要产品。出口平均单价方面，除涤纶短纤织物在2021年提高16.99%的基础上小幅回落外，其余大类产品均有不同程度的提高，其中，纯棉染色布、棉混纺染色布、棉混纺印花布三类产品出口单价实现两位数增长，明显高于印染八大类产品出口单价平均水平。

表2 2022年我国印染八大类产品出口情况

品种	出口数量（亿米）	数量同比（%）	出口金额（亿美元）	金额同比（%）	出口单价（美元/米）	单价同比（%）
纯棉染色布	12.67	−16.70	28.40	−6.27	2.24	12.52
纯棉印花布	12.50	−20.76	15.56	−18.84	1.24	2.41
棉混纺染色织物	3.78	−3.47	8.89	6.56	2.35	10.39
棉混纺印花布织物	0.61	−3.88	1.40	8.52	2.31	12.90
合成长丝织物	214.57	11.17	200.98	17.33	0.94	5.54
涤纶短纤织物	12.35	4.12	11.83	2.62	0.96	−1.44
T/C印染布	13.00	−3.54	17.23	−1.42	1.32	2.20
人纤短纤织物	27.79	−2.19	29.17	4.10	1.05	6.42
合计	292.28	5.31	313.46	9.06	1.05	3.56

资料来源：中国海关

2. 主要出口市场情况

2022年，尼日利亚、越南、印度尼西亚、孟加拉国、巴西仍是我国印染八大类产品出口数量排名前五的国家，但排名顺序较2021年有所变化，具体情况见表3。其中，对尼日利亚出口数量同比下降11.63%，但其依然是我国印染八大类产品出口数量最多的国家。近两年，我国印染八大类产品对印度尼西亚的出口保持快速增长态势，2021年、2022年出口数量分别大幅增长49.40%和36.55%，我国印染八大类产品对印度尼西亚出口数量已超过孟加拉国，跃升至第三位。此外，对巴基斯坦、缅甸的出口数量也实现较快增长，增速分别达到18.14%和38.52%。从出口金额来看，越南和孟加拉国作为全球纺织服装出口大国，对我国印染面料需求较大，我国印染八大类产品对这两国的出口规模分别达到36.13亿美元和24.37亿美元。

表3 2022年我国印染八大类产品出口前五国家情况

国家	出口数量（亿米）	数量同比（%）	出口金额（亿美元）	金额同比（%）	出口单价（美元/米）	单价同比（%）
尼日利亚	23.26	−11.63	17.61	−6.63	0.76	5.56
越南	22.70	8.25	36.13	3.82	1.59	−4.22
印度尼西亚	16.40	36.55	16.83	43.11	1.03	5.10
孟加拉国	15.45	0.32	24.37	8.94	1.58	8.97
巴西	11.26	5.53	9.07	18.10	0.81	12.50

资料来源：中国海关

东盟是我国印染八大类产品重要出口市场，2022年对东盟出口69.07亿米，同比增长

14.06%，占出口总量的23.63%，占比较2021年提高2.18个百分点。2022年，《区域全面伙伴关系协定》（RCEP）正式生效实施，我国印染行业对RCEP成员国出口规模进一步扩大，全年对RCEP贸易伙伴国出口数量74.71亿米，同比增长13.41%，增速高于印染八大类产品出口总量增速8.10个百分点。

（三）运行效率放缓，经济效益下滑

2022年，外部环境风高浪急，国内疫情跌宕反复，印染行业产业链供应链经受了严峻考验，主要运行质效指标多数下滑，行业发展承受巨大压力。

1. 运行质量有所下降

根据国家统计局数据，2022年，全国规模以上印染企业三费比例6.39%，同比降低0.32个百分点，其中，棉印染精加工企业为6.26%，化纤染整精加工企业为7.23%；产成品周转率17.10次/年，同比降低3.30%；应收账款周转率8.54次/年，同比降低0.61%；总资产周转率1.04次/年，同比降低0.72%。印染行业主要运行质量指标全年处于较低水平，反映行业受多重因素影响，运行效率整体不高，运行质量有所下降。

2. 经济效益明显下滑

2022年，印染行业多数经济效益指标较2021年有不同程度的下滑，经济运行压力超过预期。国家统计局数据显示，2022年，全国规模以上印染企业营业收入同比增长4.42%，利润总额同比下降16.49%；销售利润率4.25%，同比降低1.06个百分点；成本费用利润率4.55%，同比降低1.20个百分点。1716家规模以上印染企业亏损户数为532户，亏损面31.00%，较2021年扩大12.08个百分点，行业亏损面进一步扩大；亏损企业亏损总额35.08亿元，同比增长89.90%，亏损总额大幅增加，见表4。

表4　2022年规模以上印染企业主要经济效益指标增速情况

主要指标	2022年增速（%）	2021年增速（%）	主要指标	2022年增速（%）	2021年增速（%）
营业收入	4.42	15.06	成本费用利润率	-1.20（百分点）	0.54（百分点）
利润总额	-16.49	25.60	亏损面	12.08	-6.36
销售利润率	-1.06（百分点）	0.45（百分点）	亏损总额	89.90	-5.37

资料来源：国家统计局

2022年，印染行业营业收入增速逐月下滑，利润总额增速呈现波动下滑态势，销售利润率一季度维持增长，二季度开始较2021年同期均有所下降，如图4和图5所示。全年来看，印染行业营业收入实现小幅增长，但利润总额下滑明显，主要原因在于一方面原材料、能源、人工等生产要素成本上涨，企业利润空间受到挤压，国家统计局数据显示，2022年，印染行业规模以上企业营业成本同比增长5.96%，高于营业收入增速1.54个百分点；另一方面，受经济下行、市场订单不足等影响，行业市场竞争加剧，部分企业通过降低产品价格抢占市场份额，导致利润水平下滑。

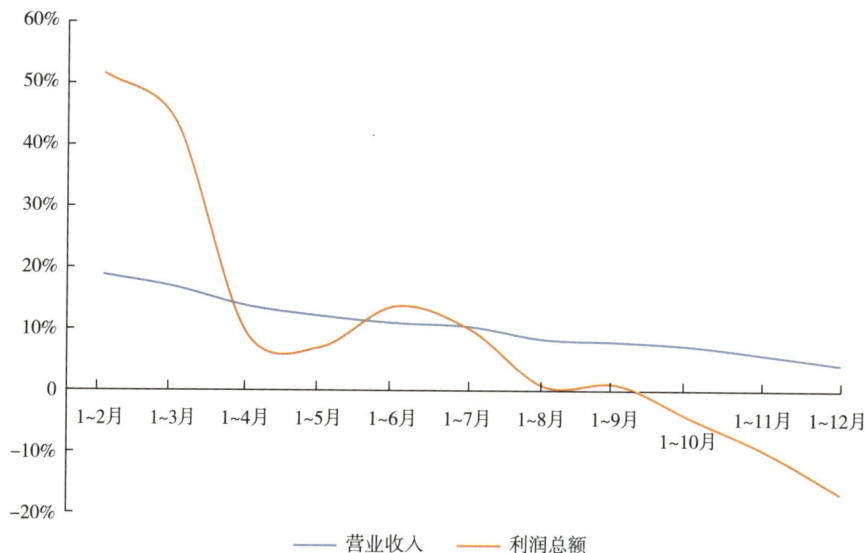

图4 2022年规模以上印染企业营业收入和利润总额增速情况
资料来源：国家统计局

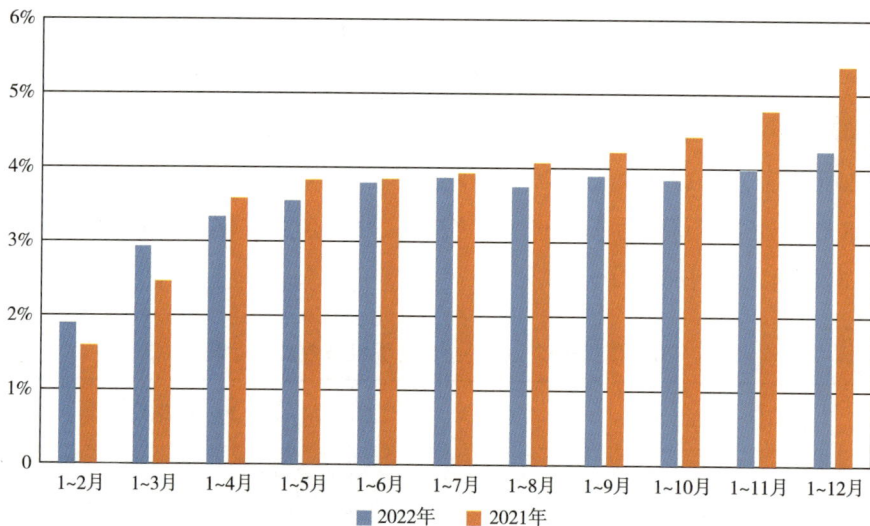

图5 2022年规模以上印染企业销售利润率情况
资料来源：国家统计局

二、2022年印染行业面临的主要问题

（一）内销市场承压，企业订单不足

2022年，订单不足、产能利用率不高是印染企业普遍面临的、贯穿全年的现实问题，内销市场需求疲软是导致这一现状的主要原因。这一年，国内新冠肺炎疫情多发散发频发，消费场景受到很大限制，居民消费信心不足，消费意愿持续低迷。国家统计局数据显示，2022年全国居民人均消费支出占人均可支配收入的比例为66.5%，较2021年下滑2.1个百分点，较

2019年下滑3.6个百分点，疫情的反复对居民消费形成明显抑制作用。由于纺织品服装的耐用品属性，消费市场动力不足对纺织行业造成的冲击更为明显。2022年，社会消费品零售总额下降0.2%，其中限额以上单位服装鞋帽、针纺织品类商品零售额下降6.5%，降幅明显高于全社会平均水平（图6）。在实物商品网上零售额中，2022年穿类商品同比增长3.5%，增速不及吃类（16.1%）和用类（5.7%）商品。

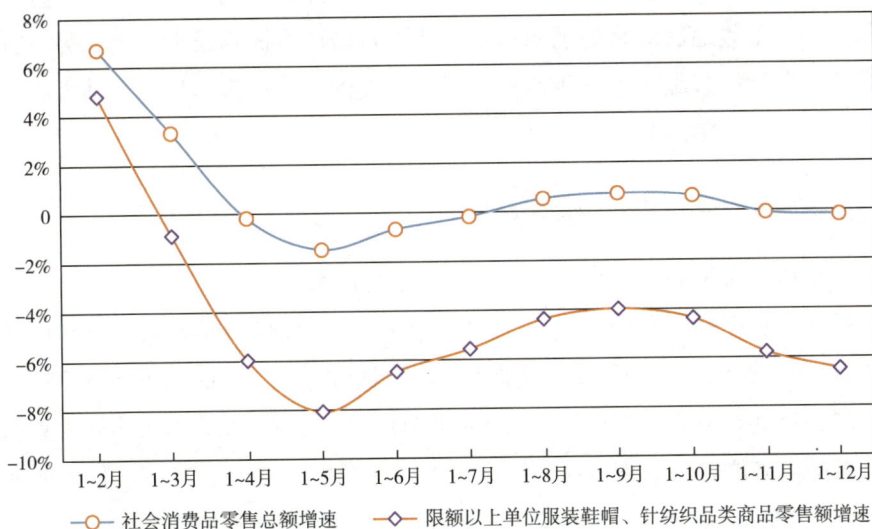

图6　2022年社会消费品零售总额和限额以上单位服装鞋帽、针纺织品类商品零售额增速
资料来源：国家统计局

（二）成本上涨明显，盈利压力较大

2022年，受国际动荡局势影响，全球大宗商品价格持续高位波动，印染行业在成本端承受较大压力。一是能源价格涨幅较高，国家统计局数据显示，2022年我国能源价格上涨11.2%，涨幅比2021年扩大2.9个百分点。能源是印染行业的基础生产要素，天然气、蒸汽、电力等能源价格上涨对印染企业的综合成本影响较大。二是原材料成本明显增加，2022年，棉纱、染料及部分基础化工原料价格涨幅较大，持续增加企业成本和管理压力。三是物流和人工成本增加，国内疫情反复致使交通物流受阻，物流不畅、物流成本增加给企业正常经营造成困扰，同时企业招工难的情况也更加突出，企业用工成本有所上升。综合生产成本大幅上涨迫使印染企业上调加工费，但在需求不足的背景下，加工费上调幅度不及成本涨幅，企业利润空间受到挤压，部分企业出现亏损情况。

（三）地缘政治风险加剧，贸易环境更趋复杂

2022年，国际贸易环境面临的不确定性显著增加。俄乌冲突持续演进，地缘政治变化通过原料、贸易、金融等渠道对全球产业产生深刻影响。美国实施"涉疆法案"，破坏了全球产业链供应链的秩序与稳定，对我国纺织产业的健康发展形成现实威胁，同时也间接推升纺织服装的价格水平，不利于抑制全球通货膨胀。高通胀压力下，欧美等发达经济体加速收紧货币政策，全球市场流动性趋紧，给市场投资和贸易带来较大压力，世界经济衰退风险大幅

上升，行业外贸发展面临环境的不确定性增多，挑战和压力显著增大。

三、2023年印染行业发展形势

2023年是全面贯彻落实党的二十大精神的开局之年，也是实施"十四五"规划承上启下的关键之年。展望2023年行业发展形势，一方面，外部环境仍然复杂严峻，世界经济增长疲弱，国际市场需求收缩趋势将更加明显，行业外贸出口将面临较大压力；另一方面，随着我国各项政策不断落实落细，生产生活秩序有望加快恢复，经济增长内生动力将不断积聚增强，行业经济将会整体好转。

（一）国际市场需求趋弱，出口面临回落压力

2023年，全球经济发展前景仍面临较大不确定性因素。大宗商品供应仍受制于地缘政治风险。全球通胀高位缓降，欧美等发达经济体仍将采取紧缩性货币政策，全球投资、消费和贸易将会走弱，世界经济下行压力有所加大。联合国发布的《2023年世界经济形势与展望》报告预测，2023年世界经济增长将从2022年的约3%降至1.9%，部分国家将面临衰退风险，预计美国、欧盟的经济增速将分别放缓至0.4%、0.2%，日本为1.5%，英国、俄罗斯的经济则将分别萎缩0.8%、2.9%。世界经济预期黯淡，将制约国际市场需求增长空间，印染行业在2022年出口规模较高基数的基础上，2023年出口或将呈现收缩态势。

（二）内销市场逐步恢复，发展质效有望提升

随着国内经济发展环境逐步改善，我国印染行业经济运行回稳向好态势将进一步巩固。从国内宏观环境看，2023年我国国民经济运转效率将稳步提升，经济增速将会向潜在增速回归。随着国家层面稳经济促消费政策措施蓄势发力，居民消费信心将得到改善，消费市场有望恢复向好，在外需趋弱的预期下，内需消费潜力逐步释放将推动印染企业盈利能力持续修复，企业将进一步加大装备升级改造、技术产品研发等的投资力度，行业高质量发展态势将进一步显现。从产业基础看，我国印染行业完善的产业链优势及规模优势依然明显，在生产能力、生产效率等方面具有显著竞争优势，强大的产业基础为行业有效应对外部风险挑战、更好实现平稳运行提供有力支撑。

四、2023年印染行业重点发展方向

（一）强化科技赋能，加快实现高水平科技自立自强

新一轮科技革命与产业变革深刻影响着经济社会运行方式、国际竞争范式和世界格局发展走势，坚定不移地走自立自强的科技创新之路，是印染行业产业升级和获取竞争新优势的重要保障。实现高水平的自立自强，印染行业将进一步强化印染基础工艺和关键技术的研究与应用，提高行业整体技术水平。加强功能性纺织品后整理、新型纺织纤维染整、智能纺织

品印染等高品质印染产品设计开发与制造技术，不断丰富品种、提升品质、增加价值。加快绿色高性能化学品开发及应用，推进少水/无水印染技术、低成本污染物治理技术的创新研发，着力提升行业绿色发展水平。积极拓展智能制造技术的应用场景，深入推进行业智能化转型。加大数码印花打印喷头、测色配色仪、印染MES系统、高性能传感器等"卡脖子"技术攻关力度，保障产业供应链安全。

（二）顺应消费升级趋势，引领产业向品质化高端化跃升

消费结构变化是消费升级的重要标志。随着居民对健康防护类功能性面料的需求持续增加，绿色环保理念得到更多消费者的价值认同，年轻一代对个性化时尚化消费更加青睐，消费升级的背后反映出消费者对美好生活的向往和追求。面对消费新需求、新变化，印染行业将坚持继续以市场需求为导向，深化供给侧结构性改革，以开发高品质印染产品作为技术创新的重要方向，注重技术和设计在产品中的创新应用。顺应功能、时尚、绿色等消费需求的新变化，积极拓宽新材料、新工艺在行业的应用范围，融合传统文化和现代时尚，推动色彩、图案、工艺的创新及多元化结合。提升高技术含量、高附加值、高文化内涵印染产品的供给能力，引领消费市场需求，加快促进产业向价值链高端延伸。

（三）坚持可持续发展理念，加快绿色低碳转型

党的二十大报告作出了"推动绿色发展，促进人与自然和谐共生""积极稳妥推进碳达峰碳中和""深入推进环境污染防治"等重大部署，作为纺织工业节能减排、绿色发展的核心领域，印染行业将进一步构建市场导向的绿色技术创新体系，推进行业重大节能技术装备创新突破和改造应用，稳步推进节能低碳转型。推进能源结构优化升级，提高清洁能源利用率。加强污染防治与资源综合利用，研发印染废水低成本深度处理及回用技术，推广废水废气中热能、水资源、染化料等的回收利用技术，提高资源利用效率。强化企业社会责任意识，加快构建绿色产品、绿色工厂、绿色园区、绿色供应链为主要内容的绿色制造体系建设。

撰稿人：林琳

2022年中国缝制机械行业经济运行及2023年发展展望

中国缝制机械协会

2022年，国内外形势发生了重要变化，新冠肺炎疫情反复、俄乌冲突、通胀高企、货币紧缩等冲击和挑战相互交织，世界经济复苏预期转弱，行业发展遭遇较大挑战。疫情对经济、消费、需求等造成持续反复冲击，下游需求快速萎缩，缝制设备内销由正增长转入断崖式下跌。海外全面解除疫情防控措施后，消费需求大幅反弹，为行业出口向好提供了重要支撑。

我国缝制机械行业全面贯彻落实党中央、国务院决策部署，坚持稳中求进的工作总基调，努力克服各种风险挑战。全年来看，行业经济逐季放缓和下行，产销回落到2020年相对低迷的水平，企业普遍承受高库存、低需求，高成本、低利润等压力和考验。全行业承压前行，调整结构，开拓创新，保持发展韧劲，积蓄增长动能。

一、2022年行业经济运行情况

（一）经济持续走弱，景气较为低迷

2021年末至2022年，行业景气指数从过热区间一路下滑，在稳定和渐冷区间徘徊，至年末12月跌至过冷区间。12月行业综合景气指数77.62，跌至近两年来最低点（图1）。其中，主营业务收入景气指数83.53，出口景气指数71.22，资产景气指数96.99，利润景气指数58.26，四项指数中仅资产景气指数在稳定区间，主营业务收入景气指数在渐冷区间，出口和利润指数均在过冷区间，行业发展所面临的压力不断加大。

（二）生产大幅下降，减库压力剧增

2022年，受内需不振和上年高库存影响，行业生产订单逐季减少，呈现产能过剩和生产收缩态势。

据国家统计局数据显示，2022年我国缝制机械行业规上企业工业增加值累计增速为-3.2%，远低于全国规上工业企业增加值3.6%的均值。而从行业月度工业增加值增速指标来看，自4月以来该指标由正转负，12月降至-11.3%的年内最低值，显示出行业经济触底徘徊，低迷状况持续（图2）。

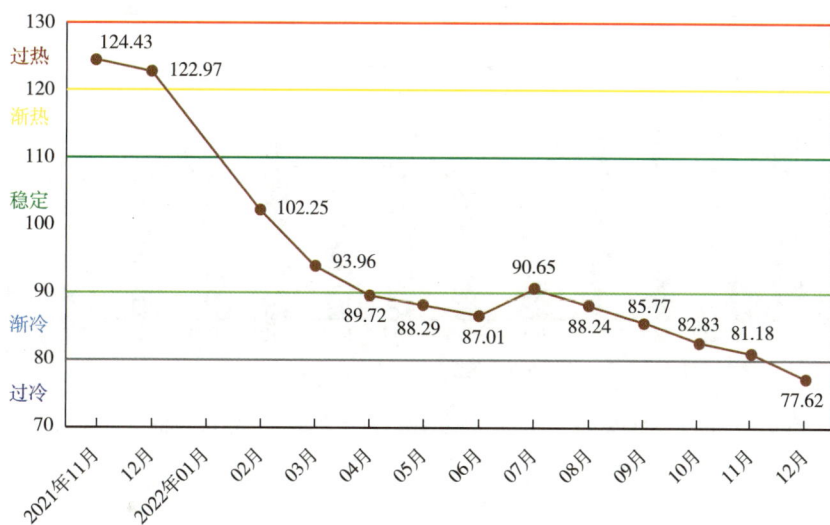

图1　2021年11月~2022年12月缝制机械行业综合景气指数变化情况
数据来源：中国轻工业信息中心

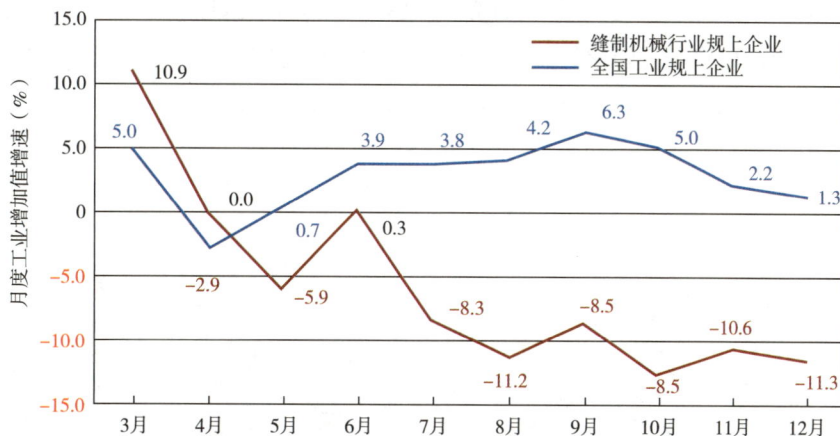

图2　2022年行业规上企业月度工业增加值累计增速走势图
数据来源：国家统计局

据初步估算，2022年行业累计生产各类家用及工业用缝制设备（不含缝前缝后）约970万台，同比下降35.3%。另据协会跟踪统计的百余家骨干整机企业数据显示，2022年百余家骨干整机企业累计生产缝制机械648万台，同比下降30.16%，12月末行业百余家骨干整机企业产品库存量约111万台，同比下降33.69%，较上年末明显下滑。

1. 工业缝纫机

初步估算，2022年全行业工业缝纫机总产量约为630万台左右，同比下降约37%（图3）。行业工业机库存仍有90余万台，同比约下降45%，相比上年末行业库存压力明显缓解，但在当前内外需求放缓和经济趋于低迷的态势下，减库压力依然较大。

2022年协会统计的百余家骨干整机企业累计生产工业缝纫机441万台，同比下降32.58%，年内生产呈现明显的"前高后低"态势：上半年行业百余家骨干整机企业工业缝纫机月均产量40余万台，至三四季度行业产量逐月下滑，年末月产量降至33万台。其中平、包、绷、厚

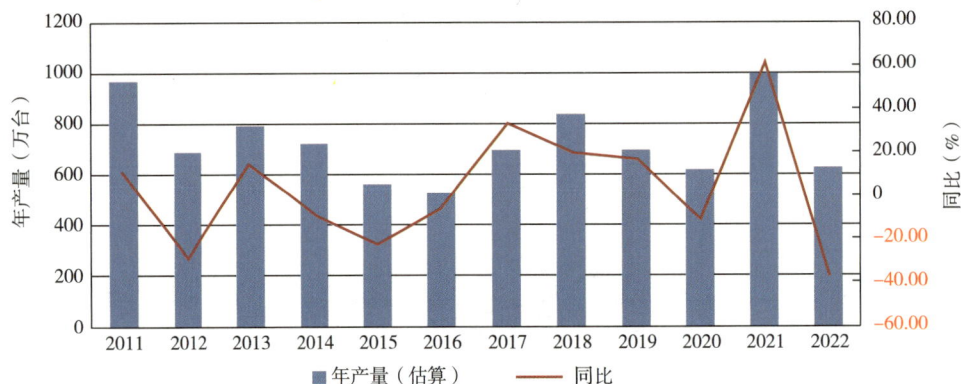

图3　2011~2022年我国工业缝制设备年产量变化情况（估算）
数据来源：中国缝制机械协会

料机设备产量同比下降35%左右，特种机同比下降5%，自动缝制设备产量同比下降16%，刺绣机产量同比增长7%。

2. 家用缝纫机

受"宅经济"消退影响，2022年海外市场对家用机需求大幅下滑。据初步估算，2022年我国家用机产量约340万台，同比下降32.00%。其中，普通家用机产量约为160万台，同比下降33.33%；多功能家用机产量约为180万台，同比下降30.77%（图4）。

图4　2015~2022年我国家用缝纫机（普通、多功能）年产量变化图
数据来源：中国缝制机械协会

2022年协会统计的百余家骨干整机企业累计生产家用缝纫机137万台，同比下降38.60%。其中，多功能家用机产量80万台，同比下降30.34%；普通家用机产量57万台，同比下降47.37%。

3. 缝前缝后设备

2022年，下游行业对各类缝前缝后设备需求有所增长。据协会统计的11家缝前缝后设备整机企业显示，2022年累计生产各类缝前缝后设备（含裁床、拉布、熨烫等）共71万台，同比增长35.98%。

（三）内需大幅下滑，低迷趋势持续

2022年，受国内疫情多点频发散发和封控影响，下游纺织服装等行业开工不足，销售受

阻，需求萎缩，发展信心和投资意愿大幅降低，中小型服装企业减产、减员甚至关停等现象较为普遍，我国缝制设备的内销环境较为严峻。据国家统计局数据显示，2022年我国规模以上服装企业营收同比下降3.3%，生产同比下降3.36%，利润同比下降7.4%，全国限额以上单位服装鞋帽、针纺织品零售额同比下降6.5%，全国服装家纺板块39家上市公司亏损高达23家。而东南亚、南亚、南美等海外服装鞋帽产区快速复产，进一步加剧国内下游纺织服装订单外移、需求萎缩。

自2022年初起行业内销持续疲软，需求在二三季度更呈现出断崖式下跌态势，部分企业内销同比降幅高达50%以上。初步估算，2022年行业工业缝纫设备内销总量约230万台，同比下降达36.1%（图5）。

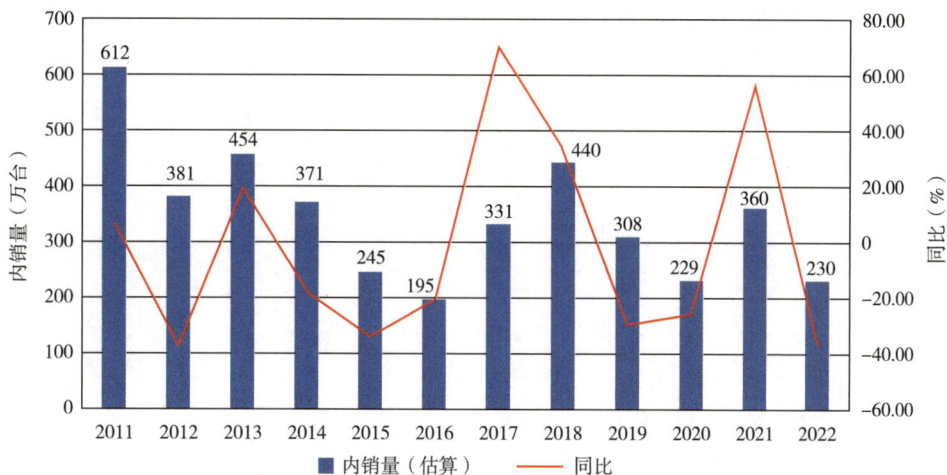

图5　2011~2021年工业缝纫机内销及同比情况
数据来源：中国缝制机械协会

据海关数据显示（图6），2022年我国缝制机械产品累计进口额8.49亿美元，同比下降11.83%。其中，工业缝纫机进口量4.41万台，进口额9151万美元，同比分别下降15.98%和21.68%，充分显示出内需的疲软和低迷。

图6　我国缝制机械产品年进口额变化情况
数据来源：海关总署

（四）外需稳中有增，发展前景向好

2022年，海外全面解除疫情防控措施，上年宽松的财政金融政策刺激海外消费需求持续释放，欧美等发达国家鞋服品牌商提前下单、超量下单，带来前三季度海外制衣制鞋等行业的火爆，南亚、东南亚等国服装加工业生产、出口大幅反弹，为行业出口向好提供了重要支撑。据有关统计数据显示，2022年，印度、孟加拉国、越南、柬埔寨等主要国家服装出口增速普遍超过15%，美国、欧盟、英国、澳大利亚、加拿大等发达地区服装进口均实现10%以上的中速增长。

1. 出口前高后低，再创历史新高

据海关总署数据显示（图7、图8），2022年中国缝制机械产品出口继续延续上年增长态势，全年累计出口缝制机械产品34.28亿美元，同比增长8.98%，相比上年末，行业出口增速放缓约24个百分点，出口额再创历史新高，成为今年支撑行业发展的重要动力和亮点。7月行业月出口额高达3.49亿美元，再次刷新近年来月出口额最高值。9月起受欧美通胀和需求下降影响，行业外贸开始呈现同比放缓、环比下降的触顶回落态势。

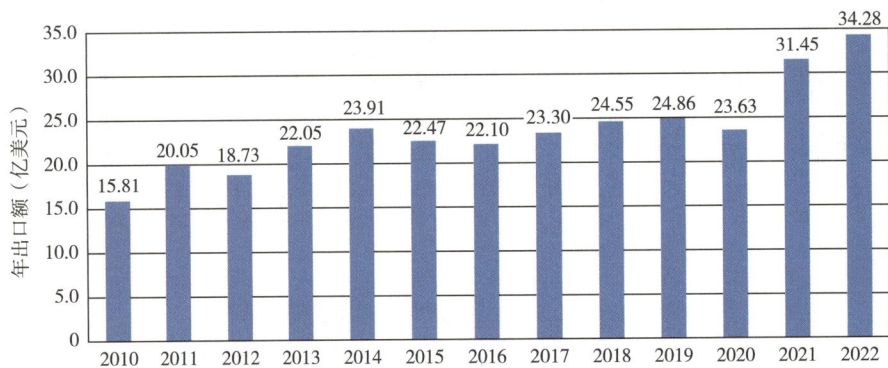

图7　我国缝制机械产品年出口额变化情况
数据来源：海关总署

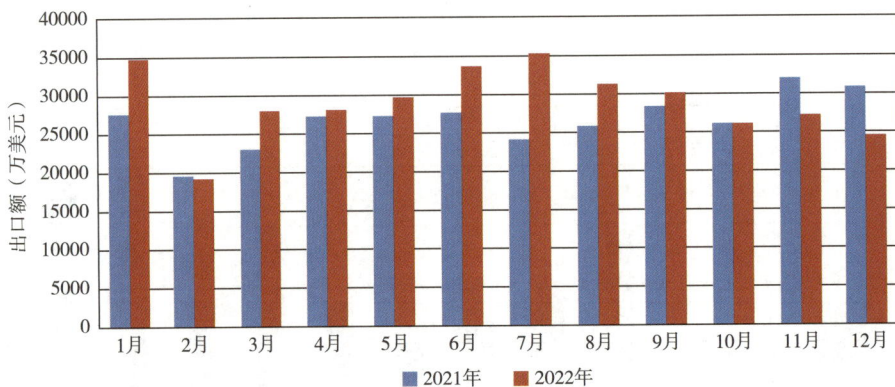

图8　我国缝制机械产品2021~2022年月出口额变化情况
数据来源：海关总署

分产品领域来看（表1），2022年我国缝制机械产品除家用缝纫机外，出口均呈明显增长

态势。其中，工业缝纫机出口量501万台（含翻新机），出口额17.59亿美元，同比分别增长5.03%和14.17%；缝前缝后设备出口量136万台，出口额4.51亿美元，同比分别增长9.12%和6.09%；缝纫机零部件出口额4.77亿美元，同比增长2.44%，也创该几类产品出口历史新高。刺绣机受印度、美国、越南、孟加拉国等重点市场需求回暖带动，出口量4.4万台（单价2000美金以上），出口额4.94亿美元，量、值同比增幅分别高达40.83%、43.35%；而家用缝纫机受"宅经济"消退影响，市场需求大幅下滑，出口量330万台（单价22美金以上），出口额2.10亿美元，同比分别下降32.98%和33.32%。

表1 2022年我国缝制机械分产品出口情况

单位：台，公斤，美元

产品分类	出口量		出口额	
	数据	同比（%）	数据	同比（%）
家用缝纫机	7179650	−37.71	242374468	−33.66
工业缝纫机	5011204	5.03	17589230	14.17
刺绣机	78749	103.20	497622517	43.06
缝前缝后设备	1362484	9.12	451432596	6.09
缝纫机零部件	80255253	−4.46	477172453	2.44
总计	—	—	3145107288	33.12

数据来源：海关总署

从出口价格来看（表2），2022年我国工业缝纫机出口均价达351美元/台，同比增长8.71%，出口均价提升原因一是由于制造成本持续上涨，产品出厂价有所提高；二是随着下游需求升级，产品附加值持续提升，2022年我国出口工业缝纫机中自动类设备出口量占比达68.08%，比重较上年同期增长1.86个百分点。刺绣机方面，2022年出口均价为6319美元/台，同比下降29.60%，出口均价下滑的原因主要是由于单价较低的单头刺绣机产品出口大幅增长。

表2 2022年我国缝制机械分产品出口均价情况

产品分类	出口均价（美元/台）	同比（%）	产品分类	出口均价（美元/台）	同比（%）
家用缝纫机	33.8	6.50	刺绣机	6319.1	−29.60
工业缝纫机	351.0	8.71	缝前缝后设备	331.3	−2.78

数据来源：海关总署

2. 区域分化加大，亚洲市场增势强劲

从出口大洲市场来看（表3），2022年中国对亚洲、拉丁美洲、大洋洲市场出口同比增长，而对欧洲、非洲、北美洲出口均呈同比下滑态势，区域出口形势分化加大。亚洲地区依然是中国缝制机械产品最主要的出口市场，2022年中国对亚洲市场出口缝制机械产品总额23.35亿美元，同比增长17.85%，占行业出口额比重的68.11%，比重较上年同期增长5.13个百分点；

对拉丁美洲、大洋洲市场出口额同比分别增长13.35%、30.14%；对非洲、欧洲、北美洲市场出口额同比分别下降16.70%、16.12%、4.68%。

表3　2022年我国缝制机械分大洲出口情况

大洲	出口额（美元）	同比（%）	比重（%）	比重增减（%）
亚洲	2334605362	17.85	68.11	5.13
非洲	242129974	−16.70	7.06	−2.18
欧洲	300368511	−16.12	8.76	−2.62
拉丁美洲	336737486	13.35	9.82	0.38
北美洲	192549558	−4.68	5.62	−0.81
大洋洲	21134215	30.14	0.62	0.10

数据来源：海关总署

从主要出口区域市场来看（图9），2022年中国对"一带一路"沿线缝制机械产品出口额高达22.88亿美元，同比增长16.36%，占行业出口额比重高达66.76%，较上年同期增长4.23个百分点。各区域市场中，中国对东盟市场出口额9.25亿美元，同比增长15.70%；对南亚市场出口额7.64亿美元，同比增长26.51%；对西亚市场出口额3.25亿美元，同比增长32.84%；对欧盟市场出口额1.82美元，同比下降22.23%；对东亚市场出口额1.68亿美元，同比下降7.50%；对中亚市场出口额9528万美元，同比增长14.72%。

图9　2022年我国缝制机械出口主要市场区域情况
数据来源：海关总署

从出口国家来看（表4、图10），2022年，我国缝制机械行业出口的203个海外市场中近六成市场出口额同比均呈现不同程度的增长态势，前20大出口市场中，14个市场出口额呈现增长态势，其中增幅超两位数的13个，超30%的4个。印度、越南、美国依然稳居行业前三大出口市场，印度超越越南成为中国出口第一大缝制机械市场。2022年我国对印度出口额4.66亿美元，同比增长58.23%；对越南出口额3.82亿美元，同比增长4.31%；对美国出口额1.80亿美元，同比下降2.08%。此外，我国对孟加拉国、土耳其、新加坡、印度尼西亚、马来西亚、俄罗斯、柬埔寨、阿联酋等市场出口额增速均达两位数以上，而对日本、巴基斯坦、巴西、乌兹别克斯坦、韩国、德国、尼日利亚等市场出口额同比负增长。

表4　2022年我国缝制机械产品出口重点市场

市场	出口额（美元）	同比（%）	比重（%）	比重增减（百分点）
印度	465539275	58.23	13.58	4.23
越南	382172940	4.31	11.15	−0.50
美国	180282999	−2.08	5.26	−0.59
孟加拉国	156854006	16.99	4.58	0.31
土耳其	137041502	15.72	4.00	0.23
新加坡	126949395	19.23	3.70	0.32
日本	117325071	−4.73	3.42	−0.49
巴基斯坦	116308132	−17.03	3.39	−1.06
印度尼西亚	116007312	20.22	3.38	0.32
巴西	94216621	−2.47	2.75	−0.32
马来西亚	92539054	22.72	2.70	0.30
俄罗斯	84609142	10.72	2.47	0.04
柬埔寨	79544077	15.58	2.32	0.13
阿联酋	71565891	53.57	2.09	0.61
墨西哥	55634040	22.84	1.62	0.18
乌兹别克斯坦	51102444	−4.23	1.49	−0.21
韩国	48823608	−14.59	1.42	−0.39

数据来源：海关总署

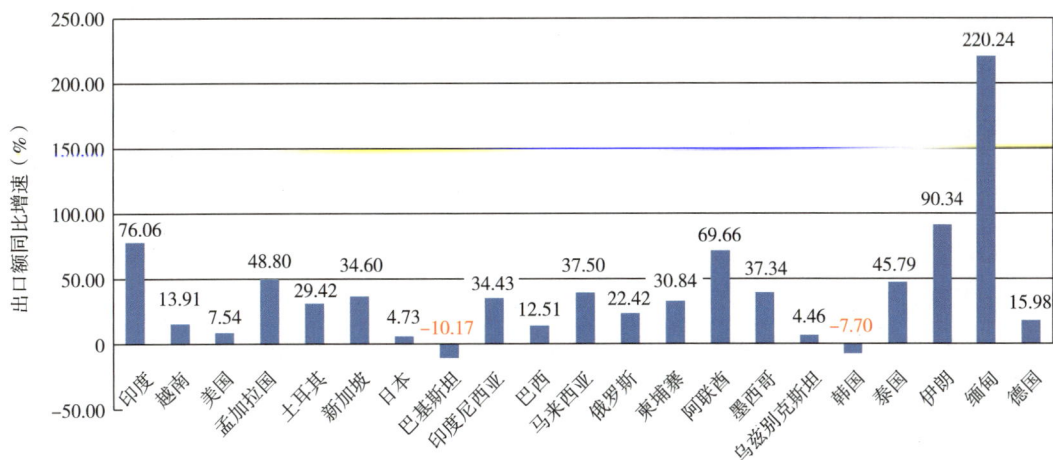

图10　2022年我国缝制机械分区域出口增长情况
数据来源：海关总署

3. 效益明显下降，盈利能力承压

2022年，随着行业产销下滑，库存高企，企业规模效益明显收缩，制造及运营成本增加，亏损企业明显增多。

据国家统计局数据显示（图11），2022年行业规上企业营收同比下降10.82%，利润同比下降22.20%，营业收入利润率5.65%，低于全国工业6.09%的均值，同比下降12.76%；亏损企业数同比增长86.21%，亏损面达20%，亏损额同比增长478.08%；总资产周转率同比下降14.27%，但产成品周转率、应收账款周转率同比分别增长3.53%和5.54%。从调研情况来看，行业规模以下的中小企业，产销、利润等降幅明显高于规上企业，很多企业陷入基本不盈利或亏损状态。

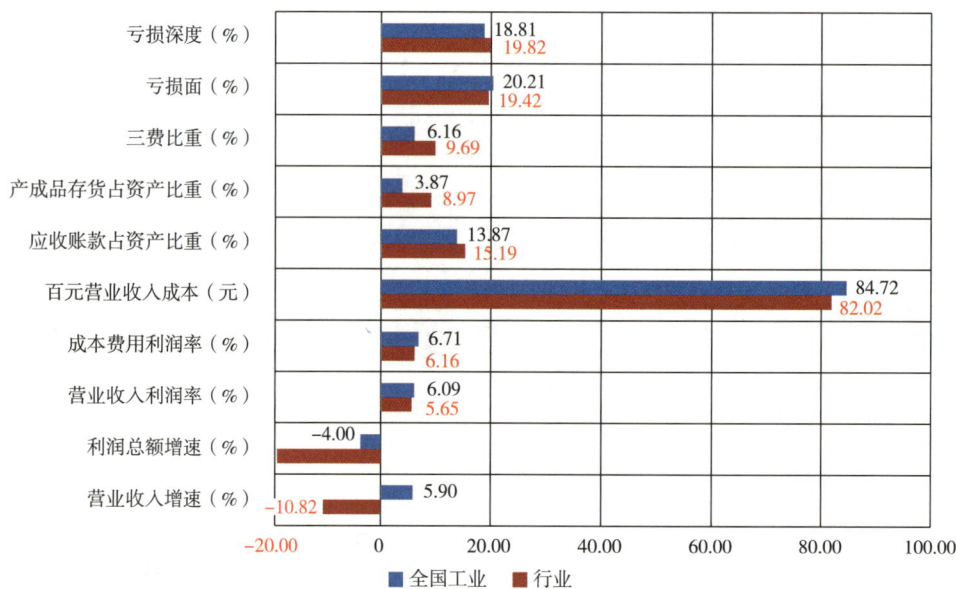

图11　2022年行业规上企业经营情况

数据来源：国家统计局

二、2022年行业运行特点

（一）高库存透支市场，减库减产渡难关

2021年，在中国抗疫稳定、订单回流和需求反弹的良好条件下，企业乐观判断复苏趋势会延续到2022年，纷纷提产能扩库存。据初步统计，2021年末，行业工业机库存接近150万台，创下历史新高。

2022年，在疫情持续影响下，内销市场呈现断崖式下跌，造成市场饱和和库存滞销，过多的库存提前透支了市场。为消化库存回笼资金，行业企业主动减产、减员，积极构建产销新格局，力促企业良性稳健发展。据统计显示，2022年行业工业机生产下降约37%，库存下降约46%，其中，电脑平缝机生产下降近40%，包缝机、绷缝机等主导性产品生产下降近50%，厚料机、特种机也呈现近30%的降幅，重点零部件企业生产普遍下降达40%~50%，行

业生产降幅明显高于销售降幅。协会统计显示，百余家骨干整机企业2022年工业缝纫机产销率达118.46%，12个月中有9个月产销率高于100%。

（二）下游需求变化带动行业产品结构性调整

在新冠肺炎疫情全面影响下，下游需求正在快速发生变化，同时也带动了我国缝制设备产品的阶段性和结构性调整。

一是海外疫情封控全面解封，防疫服饰需求大大下降，海外群众基本恢复了正常的生产生活秩序，居家和工作模式快速切换，对衣着消费需求发生了重要变化。一方面居民宅家时间减少，对家用机等手工活动需求锐减，导致家用机需求明显下滑，据统计显示，2022年我国多功能家用机出口同比下降达30%；另一方面，对防护服和居家休闲类针织服装需求明显减少，导致市场对包缝机、绷缝机等针织设备需求锐减，据统计显示，2022年我国包缝机产量下降达55%。

二是受疫情影响，导致劳动力不足和生产效率下降，市场普遍对省人工、操作更便捷高效的贴袋机、门禁机、开袋机、下摆机、上领机、模板机等产品需求持续增长，自动化缝制设备、缝制单元等得到进一步的创新和规模化、系列化发展，产品技术更趋成熟，自动化水平持续提高，上工、祥泰、杰克等公司的中高端自动缝制单元设备产销均实现明显增长。

三是下游生产模式对数字化、智能化管理的需求增大，整厂智能解决方案需求和应用逐渐增多，越来越多的大型服装企业开始引进设备数字化管理和物联方案，促进了行业数字和服务经济的发展。如杰克智联数字化服装样板工厂在杭州临平正式投入使用，并与多家服装龙头达成战略合作；鲍麦克斯整合物联网终端、智能终端、平台软件、AI软件形成等各类资源，推出了智能化服装生产的PMES管理系统；"汉羽"科技推出第二代数字化智能缝制平台"P10"，首次将IOT物联网的概念引入缝制设备中，实现了设备与企业数字化系统的数据互通。

（三）创新成为行业跨越周期的主要动能

我国缝制机械行业的市场周期明显缩短，产销波动逐步加大，企业坚持创新引领，以创新激发需求、引导需求，在市场低迷和经济下行周期顺利渡过难关，部分企业甚至实现逆势增长，创新已经成为支撑行业跨越周期的主要动能。

一是研发投入持续增长。2022年，全年我国缝制机械行业专利申请各类专利总计8112件，连续两年保持高位增长，专利质量稳步提升，专利保护和布局意识日益增强。杰克、上工、大豪、TP、信胜、越隆、错美科等骨干企业的创新投入仍保持较高强度，行业骨干企业科研投入占比为5.13%，企业越发重视技术创新和知识产权保护。如大豪全新一代MATE A8高端刺绣机电控系统推向市场，A15个性化刺绣电控系统销量突破15000台；琦星、沪龙等荣获2022年度国家级、省级"知识产权示范企业"双项荣誉。

二是技术创新持续深入。行业技术创新的脚步没有停息，物联技术、步进技术、机械手抓取技术、视觉纠偏技术、AI技术等先进技术在行业应用持续深入，智能柔性缝制中心、智能生产线、智能生产管理控制系统等产品和解决方案增多，在下游企业应用范围较快扩大，为用户数字化、智能化转型提供更多可能。如在 CISMA2021 新产品评选中，涌现出三合一平台物联网智慧平缝机、AI 智能验布机、智能柔性缝制中心、ET-6625 全自动信封式枕套机、TS 系列云端直控吊挂系统、自动袖口罗纹机、智能识别分层取料机械臂贴袋机、智能服装生产管理控制系统、双机头的可编程 CNC 自动牛仔裤贴袋机、智能模板包缝机、优产物联工单系统组合生产线、自动裁片贴标机、CNC 步进电机技术的自动开袋机、数控烫片刺绣一体机等一大批具有较高水平和引领性、创新性新产品。

三是创新更贴近下游个性化、柔性化发展需求。围绕用户需求，行业创新日渐向各细分领域延伸，定制化、个性化、专业化创新日渐活跃，如上工申贝针对细分客户、新兴领域推进精准研发，在鞋面加工自动化、安全气囊自动生产线、汽车内饰件加工等方面实现多项技术革新，继续引领全球技术发展；禾丰持续聚焦鞋面刺绣工艺及自动化设备研发，差异化发展优势凸显；信胜研发的单头烫片机全新亮相，能实现多种特种的烫片效果，引领个性时尚；汉羽科技围绕国内针织缝制企业开展精准研发，量身定制自动化智联产线，完善全流程的设备和人力资源合理分配。

（四）行业高质量发展取得新成就

一是经营理念持续升级。面对新冠肺炎疫情和百年未有之大变局，企业纷纷转变经营思路，把推动高质量发展作为转型升级的主动选择，发展规划更加务实理性，更加注重质量、效率与效益。如上工申贝秉持"创新与服务双轮驱动促发展"的发展经营理念，围绕客户难点痛点，加速服务型制造转型，深耕智慧缝制技术创新研发，锻造具有全球竞争力的先进装备制造商；美机坚持科技创新，聚焦打造"三机精品"，加强与国际优秀企业合作，全力打造高端缝机品质标杆；中捷聚焦产业发展，专注平台化、数智化建设，打造卓越的"销售渠道、技术团队和运营能力"。

二是调结构练内功，发展韧劲彰显。应对疫情影响，骨干企业调结构，练内功，聚焦优势，积极转型专精特新，用务实行动在周期转换中打造企业竞争新优势，涌现出一批具有引领和带动作用的专精特新、隐形冠军企业。如信胜工业刺绣机、拓卡奔马裁床被工信部认定为第七批制造业单项冠军产品；琼派瑞特（TPET）入围国家级专精特新"小巨人"企业榜单，耐拓、雅诺科技等一大批骨干中小企业被评为省级专精特新中小企业；杰克推出成套智联解决方案及"高保值"系列举措，启动 SAP S/4 HANA 项目，持续升级和重构信息化管理系统；琼派瑞特（TPET）调整产品战略，从家纺领域向产业用纺织品领域延伸；杰克、美机、汇宝、顺发、琦星、精亮、振盛等企业开展不同层级的主题培训、学习、分享、团建等活动，打造高效团队，加强人才建设。

三是夯实质量品牌，竞争力增强。杰克、美机、中捷、汇宝等骨干企业以实施标准"领跑者"计划为手段，提升技术指标，强化过程制造，提高产品质量，产品的美誉度和竞争力大大提升；美机坚定实施三机精品战略，打造高端品质标杆 Q7T 双步进电脑平缝机；中捷全面升级 6S 精益化管理；富山转型高端，打造高端形象、高端品牌、提升国货竞争力；杰克、顺发、精亮、佳岛、凯斯等企业通过实施质量年、质量月、质量攻坚战、质量大会等活动，狠抓源头，注重细节，持续改进，产品质量大幅提升；琼派瑞特（TPET）荣获"苏州市质量奖"和第七届中国工业大奖提名奖。

相关产业

四是聚焦智能制造，制造水平提升。骨干企业以打造先进制造能力、构建现代化产业体系为抓手，持续加大自动化、智能化改造推动企业高质量发展和转型升级。如琦星智造产业园全面启用，利用智能工厂先进的设施，实现产品设计数字化、生产过程智能化、存储物流立体化；美机公司投资建设8万平方米"智能制造大楼"，助推制造模式向高质量发展转型；中捷"高效智能缝制设备生产集成化改造项目"顺利竣工并投入使用；上工黄岩智能制造工厂项目验收全面完成，缝制设备生产流程数字化、智能化水平显著提高；精亮公司全面导入工业互联网，实现生产品质可追溯和高效管理，成为零部件行业第一家实现加工设备互联互通、现场数据化管理的企业；杰克获评浙江省"未来工厂"，浙江大豪荣获省级数字化车间、省级数字工厂培育企业和省级第八批大数据应用示范企业称号。

五是克服疫情影响，拓展海外市场。为把握"后疫情时代"发展机遇，加快国际市场布局，将企业新产品、新技术、新方案、新理念输出到国际市场，杰克、顺发、汇宝、宝宇、中捷、大豪等骨干行业和一批有创新精神的青年企业家克服疫情影响，勇敢走出国门，赴中东、非洲、南美、东南亚等市场考察，零距离接触下游用户，参加土耳其、越南等纺织制衣展览会，加大品牌推广和市场开拓，不断构建本土化营销服务体系。

六是聚焦用户需求，不断深化服务。杰克在全球各地联合重点经销商，开展产品培训、技能培训、服务巡检和参加展会，联合众联成业科技公司启动服务信息化建设，通过系统提供的全流程管理能力，实现业务过程受控、数据可视化，保证服务质量；衣拿服务团队开展系统软硬件培训、精益生产管理培训、售后服务巡检，服务广大客户；中捷、汇宝、乐江、杰羽等企业联合各地经销商，组织开展了针对终端用户的服务万里行活动；杰羽举办"吐槽大会"，深入倾听市场一线和用户的真实声音及需求，持续优化和改进产品及服务；琦星服务云小程序正式上线，让售后服务更轻松、用户更省心；美机举行品质体验官评选，加强用户交流，改进提升产品。

（五）内外部挑战加剧企业经营压力

2022年，受内外部环境及形势变化影响，企业面临的挑战压力增大。主要表现在：

一是疫情影响增大。国内疫情散发多发，封控时间和封控范围扩大，造成下游需求锐减，导致行业经济持续下滑。广东、上海、宁波等重点地区阶段性封控，企业生产不畅，间歇性强制停工停产时有发生，对行业的生产、出口以及供应链等造成明显影响。12月，随着感染人员增多，企业一度面临生产及经营活动暂停等阶段性挑战，给企业有效产出带来一定损失。

二是上年高库存对今年的生产和销售带来较大压力，为盘活存量，企业不得不大幅减员减产，通过各种促销等活动来调整结构，清理库存，造成营销成本上升，经济效益下滑。

三是上半年原材料价格波动较大，对企业制造成本影响较大，劳动力等资源要素成本持续提高，进一步加剧企业盈利能力下滑。

四是俄乌冲突、通胀、加息、资金紧缩等带来的直接和间接影响，造成海外大多数国家汇率波动、货币贬值和外汇不足，导致巴基斯坦、土耳其、中亚等部分国家和区域市场的购买力明显下滑，使行业的出口受到一定抑制。

五是受国际疫情防控和影响，国际旅行、交通等尚未完全恢复，部分重点市场如印度无法签证，导致营销服务人员出国不便，国际化的技术服务、营销、品牌推广、展会等活动无法有效展开，制约了企业海外市场拓展。

三、2023年行业面临的机遇和挑战

2023年，是行业全面贯彻落实党的二十大精神的开局之年，也是全面推进高质量发展和深入推进数字化、智能化转型的重要一年。行业面临的外部环境依然复杂严峻，全球通胀和加息负面影响持续显现，俄乌冲突长期化趋势增强，大国博弈、中美技术脱钩和地缘冲突越演越烈，逆全球化发展和贸易保护主义加剧，全球经济逐步降温、持续放缓的趋势越发明显。综合来看，行业发展既面临重要挑战，同时也面临一些机遇。坚定信心，苦练内功，危中寻机，稳中求进，创新变革，依然是企业面临的重要任务。具体来看：

（一）面临三大挑战

1. 全球经济持续放缓

2022年，全球主要经济体表现不佳，超过90个国家央行被动加息，引发了15年以来最大规模的全球加息潮，美元加速回流，世界多国货币贬值，市场需求和经济增长明显收缩。2023年，战争、加息、通胀、地缘冲突、供应链脱钩等多重因素依然相互交织，全球贸易生态逐步遭到破坏，主要经济体的衰退和滞涨风险有所增加，欧美银行业危机爆发，制约着全球经济增长。联合国《2023年世界经济形势与展望》报告预测，2023年世界经济增长将从2022年的约3%降至1.9%。经合组织预测2023年全球经济增长将放缓至2.2%，全球产出将损失约2.8万亿美元，美国和欧元区等最大的经济体将几乎处于增长停滞状态；WTO预测2023年全球货物贸易量增长将从3.5%降至1%。

2. 消费需求恢复承压

当前，全球通胀降温十分缓慢，多数国家仍面临较大的通胀压力，正以紧缩性的政策抑制需求。

从国内来看，实体经济发展正在缓慢恢复，社会投资和消费信心有所不足，居民预防性储蓄增大，2022年住户存款增加额增幅高达80%，社会消费品零售、人均衣着消费支出较为疲软，预示着经济和消费复苏基础仍较脆弱。预计国内经济和消费短期内反弹后或将继续承压，上半年国内消费大概率还将维持弱势复苏态势，下半年有望迎来实质性回升和反弹。

从海外来看，许多经济体正经历大范围通胀和购买力下降等挑战，美国、欧盟等世界主要纺织品服装零售市场均呈现需求走弱和下行态势，越南、孟加拉国、柬埔寨等供应国服装出口大幅回落，外需已经迎来实质性下降。从近期数据来看，欧洲通胀率仍处高位，美国通胀有所回落，但仍还未迎来拐点，预计持续加息、高通胀压力以及各国货币紧缩政策等滞后效应影响将持续对国际消费形成明显抑制，上半年海外需求和消费将持续放缓和下行，下半年随着加息、通胀等压力逐步缓解，预计海外消费需求有望逐步企稳回升。

3. 新冠病毒影响持续消退

从国内来看，基本建立了阶段性免疫屏障，国内生产、生活等恢复正常，新冠病毒感染对经济的影响已经大幅降低，经济活动从2023年初开始逐步复苏。从海外来看，新加坡已经率先宣布疫情结束，其他国家和地区陆续将新冠病毒感染列为地方流行病进行管理是大势所趋，国内国外新冠病毒的发展和防控将逐步并轨，国际交通、旅行、贸易、交流等将全面恢复，预计新冠病毒的影响将会被限制在很小的范围内。

（二）面临三大机遇

1. 国内经济复苏带动内销走出低迷

2023年，我国经济运行逐渐回归正常轨道，在各地全力拼经济的带动下，2月制造业PMI为52.6%，社会消费品零售总额同比增长3.5%，限额以上服装、鞋帽、纺织品等零售额同比增长5.4%，迎来比较明显的恢复性回升。党的二十大强调坚持把发展经济的着力点放在实体经济上，中央经济工作会议中着力扩大国内需求等相关精神、国务院印发的《扩大内需战略规划纲要（2022—2035年）》等，都将为行业发展注入信心。国家预计将在扩内需、稳经济、保增长、提信心、强基建等层面持续发力，各项主导性政策将进一步支持实体经济发展，推动需求端复苏，纺织服装行业景气度有望稳步回升。同时，在世界经济和格局动荡的大环境下，中国完整的产业链，稳定的经济、政治和货币体系等优势将助力经济恢复和发展。联合国发布《2023年世界经济形势与展望》报告预测，2023年中国经济增长将达到4.8%。穆迪预测2023年中国GDP将增长5%。国际货币基金组织预测，2023年中国将成为世界经济的最大积极因素，中国经济可能从第二季度开始大幅反弹。我国政府将2023年经济增长目标设定为5%左右，缝制机械作为顺周期行业，国内经济复苏有利于内需的恢复和提升。

2. 下游市场依然具有潜在发展机遇

一是下游产业转移和调整带来新的市场增量。当前，全球纺织服装第五次大转移正加速推进，能源危机等正带来国际纺织服装产业链、供应链竞争发展格局的区域性和战略性重构，国际服装供应链不断向区域化、本土化、多元化、安全化转变，欧美订单加快向南美、中东、非洲等邻近区域和国家转移，国际缝制服装供应链呈现出国际大循环转向区域小循环的发展趋势。在纺织服装产业转移和调整过程中，通过下游行业的新布局、新建厂、新扩产，将加快缝制设备更新换代，撬动存量并不断形成新的市场增量，这将给我国缝制设备出口持续稳健增长带来重要机遇。

二是海外缝制设备即将迎来换代升级的重要机遇。相比国内市场，海外缝制设备存量大都为传统的缝制设备居多，越南、孟加拉国、柬埔寨等东南亚国家服装生产管理比较粗放，在精益化、自动化、数字化方面有非常大的提升空间。随着纺织服装产业的转移，随着海外人工成本逐年上升，自动化缝制设备等需求将快速加大，传统缝制设备更新升级将成为热点，有望促进我国高附加值缝制设备的出口。

三是下游数字化、智能化转型，为行业开创发展新空间创造新机遇。在推动制造业智能化等高质量发展战略引领下，特别是经历疫情考验后，下游行业的头部企业和品牌企业，更加重视数字化管理和智慧工厂建设，在国际纺织服装产业的转移压力下，国内服装企业将加快提质增效，通过改进生产模式、升级缝制产线等来提升国际竞争力，在此背景下，行业的产品创新和智能化升级将迎来新的进展，自动化设备、自动化生产线、智能成套物联设备及解决方案等，将打开行业新的发展空间，形成新的品种和市场增量，推动行业进入新的发展阶段。

3. 行业韧劲足、潜力大的优势持续提升

一是行业制造优势、产业链优势凸显。随着我国缝制机械企业的竞争力快速增强，外资品牌的普通型标准款机器与中国企业贴牌加工的合作日渐加深，一方面增加了国内企业的产能，另一方面促进中国品牌常规产品的国际竞争力提升，从制造的角度和市场份额来说，中国制造在全球的占比持续提升，将不断夯实中国缝制机械制造大国的地位，中长期来看我国制造优势将十分明显。

二是行业迈向中高端的实力明显提升。近年来行业质量提升和技术进步明显，在智能化、数字化方面快速缩短与国际水平的差距，部分已经引领国际技术发展潮流。质量提升、技术创新、品牌崛起，已经逐渐构建起支撑我国缝制机械由大变强的要素体系，中国缝制机械的品牌、竞争力和形象在国内外正处于较快上升势头，势必将在中高端市场层面不断挤压国外品牌的空间，迎来更多的需求和机遇。

三是全球缝制设备市场存量巨大有效支撑行业稳健发展。据初步估计，全球缝制设备保有量接近9000万台，每年自然更新换代的需求将为600万~700万台，随着全球人口的增长，缝制设备存量的增加，未来全球缝制设备的需求将保持稳中有增态势，为行业持续稳健发展提供了重要的支撑。

四、2023年行业发展展望

2023年上半年，我国缝制机械行业预计将遭遇内需相对疲软、外需逐步放缓的双向压力，行业经济将持续在谷底徘徊。下半年，随着俄乌冲突、全球通胀、货币紧缩等挑战不断趋于缓解，各种积极因素逐渐增多，我国缝制机械行业将先后迎来"内需回暖"和"外需企稳"的新机遇。总体来看，2023年行业经济将逐步修复和企稳，上下游库存基本得到出清，2024年在全球经济持续复苏的带动下，行业经济将迈入恢复性增长新周期。

（一）经济发展趋势

1. 内需触底回升，中低速增长

从我国缝制设备内销近年周期性趋势来看，呈现出"增一年、降两年"的发展态势。2021年我国缝制设备内销大幅反弹后，2022年、2023年持续疲软将是主要趋势。2022年三季度起，国内经济触底回升，服装内销呈现改善恢复趋势。从服装板块近期终端动销来看，消费复苏趋势明确，库存结构加速优化。

2023年，随着疫情影响消退，"稳增长"系列政策持续显效发力，我国经济增长将触底回升，稳步向好的宏观基本面、全面恢复的消费场景、不断释放的内需潜力和稳定有利的政策环境，都将为纺织服装等行业畅通内循环提供积极支撑。停滞一年多的缝制设备内销市场，

需求正在累积，行业补库和用户需求的空间将会逐步打开。预计内销在上半年相对疲软、弱势回升，下半年随着消费和投资信心的修复，我国缝制设备内销有望呈现阶段性回升和反弹，在上年低基数基础上，有望实现中低速增长。

2.外需触顶回调，增速下行

2022年，行业出口创新高，是上年国际财政刺激政策和国外疫情解封红利双向拉动所产生的特殊市场环境和需求。2022年四季度，受全球高通胀、大范围加息和经济放缓影响，欧美等国家和地区消费能力已经开始下滑，鞋服零售商库存高企，东南亚等海外供应市场服装出口订单缩减，市场对缝制设备需求开始放缓。据相关数据显示，美国服装及面料库存同比增长50%以上，欧盟各国服装零售额同比开始下降，越南、孟加拉国等主要国家服装业三季度订单下降，四季度订单缺乏。2022年11月，美国、欧盟从自越南、孟加拉国、印度、柬埔寨等进口服装均呈现个位数甚至两位数的下降，中国对东盟出口面料同比下降11%，降幅呈现逐月增大趋势。这一轮海外需求放缓和下行的趋势将会延续到2023年上半年，在下游鞋服需求回落和国际经济增长放缓的影响下，我国缝制设备外销将进入一个触顶回调、阶段性回落过程。

2023年初以来，欧美等的金融政策仍在维持紧缩状态，美元依然较为强势，制约着海外消费能力的恢复，海外市场形势不容乐观。上半年行业出口持续放缓直至增速转负，下半年随着海外鞋服品牌商进入补库周期，随着通胀缓解和购买力逐渐释放，行业出口三季度有望企稳触底，四季度明显回升。在上年高基数基础上，预计行业出口增速较快放缓并呈现小幅下行。

3.经济谷底徘徊，弱势回升

从行业整个发展周期来看，经过2021年的大幅反弹后，预计行业仍将会进入为期两年的放缓和下行周期。2023年，地缘冲突升级、经济持续放缓、高通胀和低需求背景下的经济低迷状态仍将持续一段时间，行业发展面临的压力和挑战依然较大。行业内销回升和外需放缓的发展态势，将在一定程度上形成相互对冲，上年大力减产清库所释放出来的部分机种补库空间增大，将带动行业生产的明显回升。预计下半年行业将进入市场明显复苏、生产能力和库存的较快修复阶段。综合以上判断，2023年行业经济将逐步走出低谷、企稳向上，在新冠病毒影响快速消退和上年低基数背景下，经济增长预计将呈现小幅回升态势。

4.2024年行业有望进入恢复性增长新周期

从国际经济复苏态势和行业自身经济周期、库存周期等规律来看，2023年将是行业经济修复企稳阶段，2024年将是行业恢复性发展增长阶段，从2024年起，预计行业将有望持续近两年的恢复性增长。国际货币基金组织（IMF）发布的最新一期《世界经济展望》报告显示，预计2023年全球经济增长2.9%，2024年将升至3.1%，欧元区通胀将从2023年的5.6%持续下降至2.5%，全球经济和消费将持续复苏。

（二）产业发展趋势

1.数字化、智能化转型持续引领行业变革

"后疫情时代"，智能化、数字化，正在成为制造业转型升级的主要抓手，下游纺织服装

行业正加快"产业大脑"和"未来工厂"建设，统筹推进智能工厂、数字化车间、企业上云等工作，提升纺织行业全产业链柔性快速反应能力。缝制设备企业将把握发展机遇，加大缝制设备的自动化、智能化和数字化的创新及应用，解决用工难、提升质量效率的自动缝制单元和自动化缝制设备产线，解决下游企业数字化管理和高效生产模式的整厂缝制设备智能物联解决方案等将快速成为市场发展主流，不断满足客户对自动化生产、数字化管理和平台化运营的转型需求，持续引领我国缝制机械行业及下游服装鞋帽等行业的变革。

2.深耕国际市场成为发展主旋律

当前，全球第五次纺织服装产业大转移正持续推进，在中美贸易摩擦加剧等多重影响下，服装、鞋帽加工产业向劳动力丰富和低成本、低关税国家转移势不可挡，海外缝制设备市场占比将持续增大，成为我国缝制设备行业发展的最大市场，深耕国际市场已经显得非常迫切。

2023年，我国缝制设备主干企业势必将加快走出去步伐，深入拓展重点新兴市场和潜力市场，将营销服务中心、技术支持中心、产品研发中心等资源进一步向海外倾斜，加大海外本土化服务和运营体系，加大技术培训和先进的方案产品推广，积极探索建立海外仓储基地或设备第三国中转基地，提升市场响应能力和反应速度，提升各种政治和突发事件的抗风险能力，努力从单一的产品输出向品牌、技术、服务输出乃至体系输出等国际运营模式转型，将成为企业的重要战略性调整。

3.中国缝机加快挺进中高端市场

一是我国缝制设备的现代化制造能力和品质大幅提升，国产品牌的含金量和实力已经越来越接近国际品牌；二是自动缝制单元、个性化智能缝制设备等，已成为中高端市场的敲门砖，我国缝制机械行业具有产品优势、品种优势和技术优势，杰克、祥泰、舒普、川田等国产品牌已经开始批量进入国际一流大厂；三是智能成套缝制解决方案和云平台等在下游重点企业试点应用后，技术不断成熟，价值不断彰显，得到越来越多的用户熟悉和认可，将有望成为中高端客户的需求爆发点；四是在逆全球化、全球本土化等发展趋势下，国产品牌、国产设备、中国制造、民族认同，将会使中国缝制设备得到国内更多的中高端客户的接受和认可。

4.现代化制造能力进一步提升

随着市场竞争和行业内卷进一步加剧，制造业回归发展本质，聚焦产品、品质、功能，实现产品为王，是必然趋势。先进的制造能力，是企业品质、品牌和效率的重要支撑，是未来行业竞争的重要门槛，是产品稳定性、一致性和交货能力的象征。高品质、快交货、低成本、上规模，必将成为缝制设备企业进一步突出优势，抢占先机和争取主动的战略选择。缝制设备企业通过改进生产流程，引进智能化加工及物流装备，打造智能化、数字化生产工厂，进一步挖潜增效，提升产能和品质，提升产品投放市场的主动权和能力，增强经销商和客户信心，将成为主干企业未来开展技术改造的重要方向。

附 录

附录一　2022年度中国纺织工业联合会奖项获奖名单

中国纺织工业联合会科学技术奖：科技进步奖（家纺）

一等奖

项目名称	主要完成单位	主要完成人
棉织物印染废水深度处理与强碱和水的再生利用技术	青岛大学、愉悦家纺有限公司、江苏元捷环境科技有限公司、山东黄河三角洲纺织科技研究院有限公司、天津工业大学	王玉平、房宽竣、张国清、王栋、高志超、范全城、刘秀明、林凯、李雷雷、张磊、贺佩芝、高洪国、常景新、刘玉杰、申春苗

二等奖

项目名称	主要完成单位	主要完成人
家纺床品高效短流程关键技术及应用	山东魏桥嘉嘉家纺有限公司、东华大学、浙江衣拿智能科技股份有限公司、杭州中服科创研究院有限公司、山东魏桥纺织科技研发中心有限公司	张洁、张艳红、宋海英、徐楚桥、张红梅、张明、吕治家、王晓燕、吕新、张兴坤
全流程印染过程数字化控制技术研究与应用示范	华纺股份有限公司、滨州华纺工程技术研究院有限公司、滨州华创网络科技有限公司	盛守祥、李春光、王国栋、吕建品、赵奇生、于剑、刘宝图、刘国锋、于诗辉、薛建成

中国纺织工业联合会产品开发贡献奖获奖企业（家纺）（排名不分先后）

达利丝绸（浙江）有限公司	上海东隆家纺制品有限公司
华纺股份有限公司	无锡万斯家居科技股份有限公司
孚日集团股份有限公司	愉悦家纺有限公司
罗莱生活科技股份有限公司	浙江小轩窗家居股份有限公司
南方寝饰科技有限公司	

2022年度纺织创新产品（家纺）

申报品类	产品名称	企业名称
时尚创意产品	"天光云影"新疆长绒棉色织提花床品套件	浙江罗卡芙家纺有限公司
	"溪山行旅"色织提花床品套件	凯盛家纺股份有限公司
	新疆长绒棉高支高密床品套件	江苏明源纺织有限公司
	"芦森"新疆棉磨毛床品套件	宁波博洋家居科技有限公司
	"女王殿下"新疆长绒棉刺绣床品套件	湖南梦洁家纺股份有限公司
	"贝格尔"精梳棉拼色绣花床品套件	上海恐龙生活科技有限公司
	"序曲"炫彩浮雕大提花床品套件	青岛莫特斯家居用品有限公司
	光敏变色窗帘	海聆梦家居股份有限公司
	"浮生一梦"提花窗帘	海宁千百荟织造有限公司
	"心心向绒"绒布窗帘	海宁金佰利纺织有限公司
	数码印花真丝无缝墙布	鑫缘茧丝绸集团股份有限公司 海安鑫缘数码科技有限公司
非遗创新产品	"凤冠霞帔"刺绣婚庆床品套件	凯盛家纺股份有限公司
	"山水雅集"手推绣床品套件	江苏堂皇集团有限公司
	"高定·东方"全棉色织提花床品套件	宁波博洋家居科技有限公司
	"黛染"扎染印花床品套件	无锡万斯家居科技股份有限公司
	盘金福禄手绣蚕丝被	北京弘华之锦服饰有限公司
	"周村丝绸染织技艺"织锦画	淄博凯利丝绸有限公司
	"翊水"丝绸家居生活抱枕	吴江桑尚丝绸有限公司
数字科技产品	"无微呵护"智能床垫	山东魏桥嘉嘉家纺有限公司 太极石股份有限公司
	石墨烯热疗型音乐助眠枕芯	江苏斯得福纺织股份有限公司 苏州捷迪纳米科技有限公司
	智能按摩温养枕	成都晓梦纺织品有限公司
	"延·感"智能纺织品艺术展品	广州市源志诚家纺有限公司、广州美术学院
消费场景创新产品	露营被	无锡万斯家居科技股份有限公司
	U型眼罩多用护颈旅行枕	成都晓梦纺织品有限公司
	"孔明锁"助眠抱枕	烟台明远创意生活科技股份有限公司

申报品类	产品名称	企业名称
舒适功能产品	旋磁按摩护腰宝	江苏健睡宝健康科技有限公司
	鹅绒侧睡枕	杭州康浩一家家居科技有限公司
	五分区微流动粒子抗菌护颈枕	罗莱生活科技股份有限公司
	托玛琳蜂巢舒压枕	上海珍奥生物科技有限公司
	"花漾渐映"爽丝绒™床品套件	华纺股份有限公司
	艾阳绒®磨毛床品套件	江苏金太阳纺织科技股份有限公司
	"鹅卵石"3D凉感毯	孚日集团股份有限公司
	分区控温加热毯	愉悦家纺有限公司 山东黄河三角洲纺织科技研究院有限公司
	碳能发热白鹅绒冬被	南方寝饰科技有限公司
	羊毛羽绒被	上海恒源祥家用纺织品有限公司
	低致敏夏被	上海水星家用纺织品股份有限公司
	微棉抗菌浴巾	南通市怡天时纺织有限公司
	新科技4D桁架款床垫	宁波博洋家居科技有限公司
	托玛琳多用床垫	上海妙宅科技发展有限公司
易护理产品	双面真丝神经酰胺补水润养枕套	江苏华佳丝绸股份有限公司
安全防护产品	阻燃灭火毯	思迈（青岛）防护科技有限公司
健康卫生产品	"暗香盈袖"微纳米嵌纺抑菌床品套件	山东魏桥嘉嘉家纺有限公司 魏桥纺织股份有限公司 山东魏桥特宽幅印染有限公司
	抗菌防螨仿鹅绒保暖盖被	吉祥三宝高科纺织有限公司
	木棉抗菌防螨床垫套	杭州朗润纺织有限公司
	聚乳酸纤维抗菌防螨绒枕	江苏富之岛美安纺织品科技有限公司
生态环保产品	聚乳酸纱盖丝针织家居服	安徽丰原生物纤维股份有限公司
	"墨色烟雨"抗菌负离子无乳胶地毯	滨州东方地毯有限公司
	再生羽绒夏被	上海东隆家纺制品有限公司
	玉米抱抱被	愉悦家纺有限公司 安徽丰原生物纤维股份有限公司
	零碳莫代尔纤维碳柔网格巾被	孚日集团股份有限公司
	零柔软剂生态纱布床品套件及被毯	深圳全棉时代科技有限公司
	聚乳酸纤维缎纹床品套件	江苏卓泰微笑艺术家居营销股份有限公司
	"梦·境"聚乳酸/竹浆莱赛尔床品套件	江苏悦达家纺有限公司
	小熊植物洗脸巾	杭州白贝壳实业股份有限公司 赛得利（福建）纤维有限公司

附录二 "海宁家纺杯"2022中国国际家用纺织品创意设计大赛获奖名单

创意组获奖名单

金奖

作品名称	姓名	单位名称	指导老师
林居·禅意	卫泽丰	清华大学美术学院	贾京生/张宝华/张树新

银奖

作品名称	姓名	单位名称	指导老师
漠野迷踪	朱盈颖	北京服装学院	邓晓珍
秋韵渐浓	王冉冉/赵诗梦	青岛大学	马君弟
鼓鼓声象	李绪津	鲁迅美术学院	吴一源

铜奖

作品名称	姓名	单位名称	指导老师
城乡潮	陈欣雨	东华大学	沈沉
空山鸟语	梁耀朴	清华大学美术学院	张红娟
数码城市	朱珀颐	北京服装学院	刘晓萍
盐都灯城	尹俪璇	四川轻化工大学	卓千晓
唐·潮美东方	张弼超	青岛大学	任雪玲

软装组获奖名单

金奖

作品名称	姓名	单位名称	指导老师
第三空间	傅瑾琦	浙江理工大学科技与艺术学院	周倩

银奖

作品名称	姓名	单位名称	指导老师
虎符	杨慧明	杭州科技职业技术学院	荆晓亮
见·素（Xian Su）	何徐涛	成都纺织高等专科学校	杨震华、王齐霜
潮-音	张笑影	北京服装学院	刘晓萍

铜奖

作品名称	姓名	单位名称	指导老师
杏竹烟雨	薛增妍	鲁迅美术学院	赵莹
东方秘境	郭丹婕/高丽靓	中国美术学院	王小丁
莫干山居	王芊荃/关诗雨	鲁迅美术学院	李湛
锦钰山居	刘宜航	鲁迅美术学院	莫莉
山岚	刘锦杨	浙江纺织服装职业技术学院	付岳莹

附录三 "张謇杯"2022中国国际家用纺织品产品设计大赛获奖名单

金奖

参赛类别	作品名称	参赛者/单位
海外布艺	Grape	Baek mija
家居布艺、饰品类	共生	徐晓莲、袁可
床品类	幻影 空间	江苏悦达家纺有限公司

银奖

参赛类别	作品名称	参赛者/单位
海外布艺	A little girl Danji's memory	Jin Young Lee
海外布艺	Santorini	Yoo Myoung Ja
床品类	觅夏	无锡万斯家居科技股份有限公司
毛巾地毯类	鸣·古	英昊贤
海外产品	色彩缤纷的花园	Susanne Khalil Yusef Studio
床品类	图腾印迹	无锡万斯家居科技股份有限公司

铜奖

参赛类别	作品名称	参赛者/单位
床品类	憧憬	威海市芸祥绣品有限公司
床品类	加洛林王朝	南通市通州区瑞麟家用纺织品有限公司
毛巾地毯类	巾彩	不懒人纺织品有限公司
床品类	森林秘境	南通蓝蚂蚁家纺设计有限公司
海外产品	石榴	INDO– ITALIAN FURNITURE CO.PVT.LTD
家居布艺、饰品类	探趣	周禧婷
床品类	溪山行旅	史玲玲
床品类	下一个视野	烟台北方家用纺织品有限公司
毛巾地毯类	源·缘	汤怀东、沈三群

品牌潮流风尚奖

参赛类别	作品名称	参赛者/单位
床品类	江山如画	江苏大唐纺织科技有限公司
床品类	佛春晓	江苏老裁缝家纺工业有限公司
床品类	几何遐思	福建佳丽斯家纺有限公司
床品类	埃莉诺	慕思健康睡眠股份有限公司
毛巾地毯类	"张謇"牌鸡脚棉色织提花巾类卫浴系列	南通市纺织工业协会、江苏斯得福纺织股份有限公司

设计市场潜力奖

参赛类别	作品名称	参赛者/单位
床品类	躺赢日历	上海罗莱生活科技有限公司
床品类	几何印记	无锡万斯家居科技股份有限公司
床品类	星河之迹	江苏美罗家用纺织品有限公司

未来设计师之星

参赛类别	作品名称	参赛者/单位
家居布艺、饰品类	自然之理	解凯、李彤
家居布艺、饰品类	枫涵枕水	郭盈、王雪
床品类	蓝印新韵	邵志远、王爱静、侯雄锋

附录四 "震泽丝绸杯"2022中国丝绸家用纺织品
创意设计大赛获奖名单

金奖

作品名称	作者姓名	参赛单位
苏州印象	郑清月	四川艺术职业学院

银奖

作品名称	作者姓名	参赛单位
桃坞·遇	李思睿	苏州大学
金声玉振	杨广攀	山东农业工程学院
纱绣星空	朱珀颐	北京服装学院

铜奖

作品名称	作者姓名	参赛单位
晚霞之梦	克里曼·阿不力米提	新疆大学
游园畅想·惊梦	毛佳薇	西安美术学院
几何青绿	钱禹瑾	清华大学
热带旅行	闫佳昱	北京服装学院
原色	张会敏	南通大学杏林学院

最佳创意设计应用奖

作品名称	作者姓名	参赛单位
静谧之境	陈玘	新疆大学
境	胡威	湖北美术学院
西沙印象	刘宜航	鲁迅美术学院
天·禄	赵一泓	北京服装学院
故里	朱梓妍	中原工学院

最佳创意设计题材奖

作品名称	作者姓名	参赛单位
陶·东方韵	陈忠元	苏州大学
忆·江南	崔宁嘉桐	鲁迅美术学院
浮生楼雨	李海妹	天津美术学院
印象震泽	任泓谕	北京服装学院

最佳传统纹样表现奖

作品名称	作者姓名	参赛单位
青鸟语夏	程晓敏/周彤/汪雨桐	南通理工学院
锦筵	李思博	鲁迅美术学院
隼结·方胜	卫泽丰	清华大学
繁花簇锦	钟智聪	广州美术学院

附录五　2022年国民经济和社会发展统计公报

表1　2022年居民消费价格比上年涨跌幅度

指标	全国（%）	城市（%）	农村（%）
居民消费价格	2.0	2.0	2.0
其中：食品烟酒	2.4	2.6	2.1
衣着	0.5	0.6	0.3
居住	0.7	0.5	1.3
生活用品及服务	1.2	1.2	1.0
交通通信	5.2	5.2	5.0
教育文化娱乐	1.8	1.9	1.7
医疗保健	0.6	0.6	0.8
其他用品及服务	1.6	1.5	2.0

表2　2022年居民消费价格月度涨跌幅度

项目	1月	2月	3月	4月	5月	6月	7月	8月	9月	10月	11月	12月
月度同比（%）	0.9	0.9	1.5	2.1	2.1	2.5	2.7	2.5	2.8	2.1	1.6	1.8
月度环比（%）	0.4	0.6	0.0	0.4	−0.2	0.0	0.5	−0.1	0.3	0.1	−0.2	0.0

表3　2022年房地产开发和销售主要指标及其增长速度

指标	单位	绝对数	比上年增长（%）
投资额	亿元	132895	−10.0
其中：住宅	亿元	100646	−9.5
房屋施工面积	万平方米	904999	−7.2
其中：住宅	万平方米	639696	−7.3
房屋新开工面积	万平方米	120587	−39.4
其中：住宅	万平方米	88135	−39.8

指标	单位	绝对数	比上年增长（%）
房屋竣工面积	万平方米	86222	−15.0
其中：住宅	万平方米	62539	−14.3
商品房销售面积	万平方米	135837	−24.3
其中：住宅	万平方米	114631	−26.8
本年到位资金	亿元	148979	−25.9
其中：国内贷款	亿元	17388	−25.4
个人按揭贷款	亿元	23815	−26.5

表4　2018~2022年国内生产总值及其增长速度

项目	2018年	2019年	2020年	2021年	2022年
数值（亿元）	919281	986515	1013567	1149237	1210207
增幅（%）	6.7	6.0	2.2	8.4	3.0

表5　2018~2022年全部工业增加值及其增长速度

项目	2018年	2019年	2020年	2021年	2022年
数值（亿元）	301089	311859	312903	374546	401644
增幅（%）	6.1	4.8	2.4	10.4	3.4

表6　2018~2022年全国居民人均可支配收入及其增长速度

项目	2018年	2019年	2020年	2021年	2022年
数值（元）	28228	30733	32189	35128	36883
增幅（%）	6.5	5.8	2.1	8.1	2.9

表7　2018~2022年社会消费品零售总额及增长速度

项目	2018年	2019年	2020年	2021年	2022年
数值（亿元）	377783	408017	391981	440823	439733
增幅（%）	8.8	8.0	−3.9	12.5	−0.2

兴邦彩纤

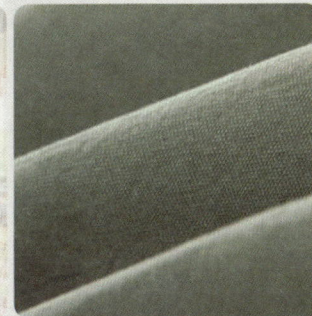

绿色时尚 健康生活

滁州兴邦聚合彩纤有限公司是专业研发及生产差别化涤纶短纤的企业，生产的纤维产品绿色环保，不含重金属，不含APEO，广泛应用于各类服装、家用及产业用纺织品等领域。尤其是原液着色及亲肤抗菌类纤维产品能够助力家纺行业的绿色环保和创新升级。

详情咨询：17755026668 王先生

兴邦彩纤

无染彩

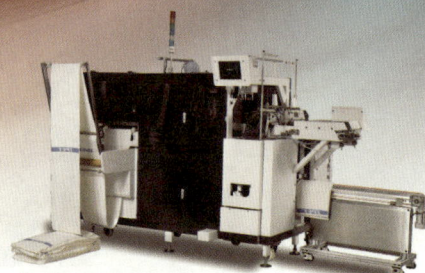

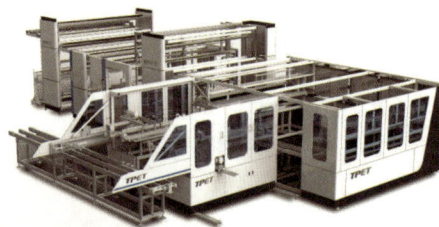

NOW

inter**textile**
SHANGHAI home textiles

中国国际家用纺织品及辅料(春夏)博览会

2024.3.6-8

国家会展中心（上海）

National Exhibition and
Convention Center (Shanghai)

www.intertextile-home.com.cn

展会官微

NOW

中家纺 CHTA　绿智展织会 GREPIT SEC　messe frankfurt

intertextile

SHANGHAI home textiles

中国国际家用纺织品
及辅料(秋冬)博览会

2024.8.14-16

国家会展中心（上海）

National Exhibition and
Convention Center (Shanghai)

www.intertextile-home.com.cn

展会官微

messe frankfurt